教育部职业教育与成人教育司推荐教材
中等职业教育技能型紧缺人才教学用书

桥梁工程施工

(市政施工专业)

本教材编审委员会组织编写

主编 牟晓岩 谢铜华
主审 邵传忠 赵中良

中国建筑工业出版社

图书在版编目（CIP）数据

桥梁工程施工/本教材编审委员会组织编写；牟晓岩，谢铜华主编. 北京：中国建筑工业出版社，2007
教育部职业教育与成人教育司推荐教材. 中等职业教育技能型紧缺人才教学用书. 市政施工专业
ISBN 978-7-112-08585-9

Ⅰ. 桥... Ⅱ. ①本...②牟...③谢... Ⅲ. 桥梁工程-工程施工-专业学校-教材 Ⅳ. U445

中国版本图书馆 CIP 数据核字（2006）第 153781 号

教育部职业教育与成人教育司推荐教材
中等职业教育技能型紧缺人才教学用书

桥梁工程施工
（市政施工专业）

本教材编审委员会组织编写
主编 牟晓岩 谢铜华
主审 邵传忠 赵中良

*

中国建筑工业出版社出版、发行（北京西郊百万庄）
各地新华书店、建筑书店经销
霸州市顺浩图文科技发展有限公司制版
廊坊市海涛印刷有限公司印刷

*

开本：787×1092 毫米 1/16 印张：20¾ 字数：503 千字
2007 年 1 月第一版 2015 年 9 月第三次印刷
定价：28.00 元
ISBN 978-7-112-08585-9
（15249）

版权所有 翻印必究
如有印装质量问题，可寄本社退换
（邮政编码 100037）

本社网址：http://www.cabp.com.cn
网上书店：http://www.china-building.com.cn

本书注重实用和技能的阐述，共分为5个单元，主要介绍：桥梁结构构造，施工准备工作，桥梁施工测量放样，桥梁上部与下部结构及附属工程施工操作程序、技术要求、资料整理、质量控制和验收标准，并介绍了桥梁施工组织设计的一般要求，还介绍了桥梁工程常用施工机械与设备的基本性能和施工应用；对桥梁工程施工的新工艺、新技术、新材料也作了说明。

本书突出了对施工企业技术员、施工员、质检员、材料员等实际岗位要求的应知应会内容，既可作为建筑类中等职业学校市政施工专业的教材，也可供建筑及市政施工企业岗位培训和工程技术人员参考使用。

* * *

责任编辑：朱首明　王美玲　吉万旺

责任设计：董建平

责任校对：王雪竹

本教材编审委员会名单
（市政施工专业）

主 任 委 员： 陈思平

副主任委员： 邵建民　胡兴福

委　　　员： （按姓氏笔画为序）

马　玫　王智敏　韦帮森　白建国　邢　颖　刘文林

刘西南　刘映翀　汤建新　牟晓岩　杨玉衡　杨时秀

李世华　李海全　李爱华　张宝军　张国华　陈志绣

陈桂德　邵传忠　谷　峡　赵中良　胡清林　程和美

程　群　楼丽凤　戴安全

出版说明

为深入贯彻落实《中共中央、国务院关于进一步加强人才工作的决定》精神，2004年10月，教育部、建设部联合印发了《关于实施职业院校建设行业技能型紧缺人才培养培训工程的通知》，确定在建筑（市政）施工、建筑装饰、建筑设备和建筑智能化四个专业领域实施中等职业学校技能型紧缺人才培养培训工程，全国有94所中等职业学校、702个主要合作企业被列为示范性培养培训基地，通过构建校企合作培养培训人才的机制，优化教学与实训过程，探索新的办学模式。这项培养培训工程的实施，充分体现了教育部、建设部大力推进职业教育改革和发展的办学理念，有利于职业学校从建设行业人才市场的实际需要出发，以素质为基础，以能力为本位，以就业为导向，加快培养建设行业一线迫切需要的技能型人才。

为配合技能型紧缺人才培养培训工程的实施，满足教学急需，中国建筑工业出版社在跟踪"中等职业教育建设行业技能型紧缺人才培养培训指导方案"（以下简称"方案"）的编审过程中，广泛征求有关专家对配套教材建设的意见，并与方案起草人以及建设部中等职业学校专业指导委员会共同组织编写了中等职业教育建筑（市政）施工、建筑装饰、建筑设备、建筑智能化四个专业的技能型紧缺人才教学用书。

在组织编写过程中我们始终坚持优质、适用的原则。首先强调编审人员的工程背景，在组织编审力量时不仅要求学校的编写人员要有工程经历，而且为每本教材选定的两位审稿专家中有一位来自企业，从而使得教材内容更为符合职业教育的要求。编写内容是按照"方案"要求，弱化理论阐述，重点介绍工程一线所需要的知识和技能，内容精炼，符合建筑行业标准及职业技能的要求。同时采用项目教学法的编写形式，强化实训内容，以提高学生的技能水平。

我们希望这四个专业的教学用书对有关院校实施技能型紧缺人才的培养具有一定的指导作用。同时，也希望各校在使用本套书的过程中，有何意见及建议及时反馈给我们，联系方式：中国建筑工业出版社教材中心（E-mail：jiaocai@cabp.com.cn）。

中国建筑工业出版社
2006年6月

前 言

目前，中等职业技术教育正面临着新的发展机遇和严峻挑战。为此，根据教育部《中等职业学校建筑（市政）施工专业领域技能型紧缺人才培训指导方案》的要求，本着以培训社会需要、企业需求、高素质的应用型人才；转变中等职业学校的教育思路，更新观念，改革课程体系、教学内容和方法；突出专业特点，适应建筑行业的实际需要为目的，编写了《桥梁工程施工》一书。

本书体系结构新，以施工程序和工序为主体，引入了许多现场观摩教学、实训实习试验项目，使教学实践一体化，符合学生的认知规律，适用于项目教学法等先进职业教育教学模式的实施。同时，还注重实用和技能，突出了与施工企业技术员、施工员、质检员、材料员等实际岗位要求的应知应会内容，直观易懂，通过教学、实训、参观等环节，使学生能达到相应的职业资格要求，适应今后的工作岗位。本书还可作为施工企业培训一般技术、管理人员的教材。

本教材适用教学时数为80学时，另外配合三周实习。教师可根据教学内容合理安排。实训课题可根据本教材提示的观摩教学、实操训练安排。观摩教学可采用现场参观或多媒体教学。实操训练可安排在施工现场实际操作，也可在学校实验室或校内模拟操作。

本书共分5个单元，由施工企业技术人员与学校教师共同编写，是学校教学与企业培训人才的共同需要和有机结合。其中1、2单元由牟晓岩编写，第3、4单元由谢铜华编写，第5单元由吕红编写，书中部分章节及实训课题由李湛编写。本教材由四川建筑职业技术学院邵传忠和徐州市市政工程公司赵中良主审。

本书在编写过程中，参考、参阅了大量的技术文献，在此谨对有关专家和作者致以诚挚的感谢。

由于编写人员水平有限，不妥之处在所难免，敬请使用本书的教师和读者给予批评指正。

编者
2006 年 12 月

目 录

单元 1 桥梁工程施工基础知识 ………………………………………………………… 1
- 课题 1 桥梁的组成与分类 …………………………………………………………… 1
- 课题 2 桥梁构造与识图 ……………………………………………………………… 7
- 课题 3 桥梁施工方法分类与选择 …………………………………………………… 29
- 课题 4 桥梁施工准备 ………………………………………………………………… 36
- 课题 5 桥梁施工测量 ………………………………………………………………… 40
- 实训课题 ……………………………………………………………………………… 46
- 思考题与习题 ………………………………………………………………………… 47

单元 2 桥梁下部工程施工 ……………………………………………………………… 48
- 课题 1 明挖扩大基础施工 …………………………………………………………… 48
- 课题 2 桩基础施工 …………………………………………………………………… 73
- 课题 3 沉井基础 ……………………………………………………………………… 147
- 课题 4 墩台施工 ……………………………………………………………………… 165
- 实训课题 ……………………………………………………………………………… 181
- 思考题与习题 ………………………………………………………………………… 182

单元 3 桥梁上部工程施工 ……………………………………………………………… 184
- 课题 1 钢筋混凝土及预应力钢筋混凝土梁桥施工 ………………………………… 184
- 课题 2 装配式梁桥的起吊运输与安装 ……………………………………………… 227
- 课题 3 拱桥施工 ……………………………………………………………………… 237
- 课题 4 城市人行桥施工 ……………………………………………………………… 250
- 课题 5 其他桥型的施工工艺简介 …………………………………………………… 258
- 实训课题 ……………………………………………………………………………… 283
- 思考题与习题 ………………………………………………………………………… 284

单元 4 桥面及附属工程施工 …………………………………………………………… 286
- 课题 1 桥梁支座施工 ………………………………………………………………… 286
- 课题 2 桥梁伸缩缝施工 ……………………………………………………………… 296
- 课题 3 桥面系施工 …………………………………………………………………… 301
- 实训课题 ……………………………………………………………………………… 307
- 思考题与习题 ………………………………………………………………………… 307

单元 5 桥梁工程施工组织设计的编制 ………………………………………………… 309
- 课题 1 编制桥梁工程施工组织设计的原则和一般程序 …………………………… 309
- 课题 2 桥梁工程施工组织设计的编制 ……………………………………………… 311
- 实训课题 ……………………………………………………………………………… 323
- 思考题与习题 ………………………………………………………………………… 323

主要参考文献 ……………………………………………………………………………… 324

单元 1　桥梁工程施工基础知识

【知识点】

1. 桥梁由桥跨结构、支座系统、桥墩、桥台、墩台基础等五大部件和桥面铺装、排水系统、栏杆、伸缩缝、灯光照明等五小部件组成。
2. 桥梁一般按主要承重结构体系、用途、跨径、材料等要素进行分类。
3. 桥梁基础形式主要有扩大基础、桩基础、沉井基础、管桩基础等；桥梁上部主要采用预制安装和现浇两种施工方法。
4. 桥梁施工准备通常包括技术准备、劳动组织准备、物资准备和施工现场准备等工作。
5. 桥梁施工测量主要包括中线测量控制、高程测量控制、墩台定位及细部施工放样。

【教学目标】

通过本单元学习应清楚桥梁的组成、分类和基本施工方法；了解梁桥、拱桥的一般构造，并能识读施工图；熟练掌握桥梁施工测量的内容和方法。

课题 1　桥梁的组成与分类

1.1　桥梁的组成

关于"桥梁的基本组成部分"，随着大型桥梁的增多、结构先进性和复杂性的增强、对桥梁使用品质的要求越来越高，对桥梁各组成部分的传统提法不足以体现有些部件在结构、功能方面的重要性。现在的提法是：桥梁由"五大部件"与"五小部件"组成。

1.1.1　五大部件

所谓"五大部件"是指桥梁承受汽车或其他运输车辆荷载的桥跨上部结构与下部结构，如图 1-1 所示，它们必须通过承受荷载的计算与分析，是桥梁结构安全性的保证。这五大部件是：

（1）桥跨结构（或称桥孔结构、上部结构）。它是路线遇到障碍（如江河、山谷或其他路线等）中断时，跨越这类障碍的结构物。

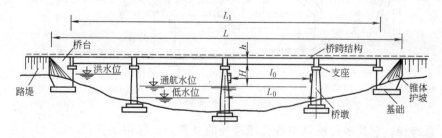

图 1-1　桥梁的基本组成

(2) 支座系统。是将桥跨结构所承受的荷载传递于桥梁的墩台系统（构件）上，它应能保证上部结构在预计的荷载、温度变化或其他因素作用下的位移功能。

(3) 桥墩。是设在河中或岸上以支承桥跨上部结构的结构部件。

(4) 桥台。是设在桥梁两端的结构。桥台的一端与路堤相接并防止路堤滑塌，另一端则支承桥跨上部结构的端部。为保护桥台和路堤填土，桥台两侧常做一些防护工程。

(5) 墩台基础。是保证桥梁墩台安全并将荷载传至地基的结构。基础工程在整个桥梁工程施工中是比较困难的部分，而且常常需要在水中施工，因而遇到的问题也很复杂。

上述前两个部件属桥梁的上部结构，后三个部件属桥梁的下部结构。

1.1.2 五小部件

所谓"五小部件"，是直接与桥梁服务功能有关的部件，总称桥面构造。过去，由于在桥梁设计施工中对此重视不够而使桥梁服务质量低下、外观粗糙。随着技术水平和社会经济水平的提高，人们对行车舒适性和结构物的观赏性要求越来越高，因而在桥梁设计施工中对五小部件越来越加以重视。这不仅是"外观包装"问题，更重要的是它关系到桥梁的服务功能。这五小部件是：

(1) 桥面铺装（或称行车道铺装）。铺装的平整、耐磨性、不翘曲、不渗水是保证行车舒适的关键。特别是在钢箱梁上铺设沥青路面时，其技术要求更严。

(2) 排水防水系统。应能迅速排除桥面积水，并使渗水的可能性降至最小限度。此外，城市桥梁排水系统应保证桥下无滴水和结构上无漏水现象。

(3) 栏杆（或防撞栏杆）。它既是保证安全的构造措施，又是观赏的最佳装饰件。

(4) 伸缩缝。是在桥跨上部结构之间或桥跨上部结构与桥台端墙之间所设的缝隙，可以保证结构在各种因素作用下的变位。为使行车顺适、不颠簸，桥面上要设置伸缩缝构造。尤其是大桥或城市桥梁的伸缩缝，不但要保证结构建造牢固、外观光洁，而且需要经常扫除掉入伸缩缝中的泥土、杂物，以保证其功能。

(5) 灯光照明。现代城市中，大型桥梁通常是一个城市的标志性建筑，大多装置了灯光照明系统，从而构成城市夜景的重要组成部分。

1.1.3 桥梁主要尺寸和术语名称。

(1) 净跨径。对于梁式桥是设计洪水位上相邻两个桥墩（或桥台）之间的净距，用 l_0（图 1-1）表示；对于拱式桥是每孔拱跨两个拱脚截面最低点之间的水平距离（图 1-2）。

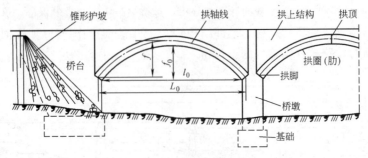

图 1-2 拱桥概貌

(2) 总跨径。它是多孔桥梁中各孔净跨径的总和，也称桥梁孔径（$\sum l_0$），它反映了桥下泄洪的能力。

(3) 计算跨径。对于具有支座的桥梁，是指桥跨结构相邻两个支座中心之间的距离，用 L_0 表示。对于图 1-2 所示的拱式桥，是两相邻拱脚截面形心点之间的水平距离。因为拱圈（或拱肋）各截面形心点的连线称为拱轴线，故也就是拱轴线两端点之间的水平距离。桥跨结构的力学计算是以 L_0 为基准的。

(4) 桥梁全长，简称桥长。是桥梁两端两个桥台的侧墙或八字墙后端点之间的距离，以 L 表示。在一条线路中，桥梁和涵洞总长的比重反映它们在整段线路建设中的重要程度。

(5) 桥梁高度，简称桥高。是指桥面与低水位之间的高差，或为桥面与桥下线路路面之间的距离。桥高在某种程度上反映了桥梁施工的难易。

(6) 桥下净空高度。是设计洪水位或计算通航水位至桥跨结构最下缘之间的距离，以 H 表示。它应保证能安全排洪，并不得小于对该河流通航所规定的净空高度。

(7) 建筑高度。是桥上行车路面标高至桥跨结构最下缘之间的距离，以 h 表示。它不仅与桥梁结构的体系和跨径的大小有关，而且还随行车部分在桥上布置的高度位置而异。

(8) 净矢高。是从拱顶截面下缘至相邻两拱脚截面下缘最低点连线的垂直距离，以 f_0 表示。

(9) 计算矢高。是从拱顶截面形心至相邻两拱脚截面形心连线的垂直距离，以 f 表示。

(10) 矢跨比。是拱桥中拱圈（或拱肋）的计算矢高与计算跨径之比（f/L_0），也称拱矢度。是反映拱桥受力特性的一个重要指标。

(11) 涵洞。它是用来宣泄路堤下水流的结构。通常在建造涵洞处路堤不中断。为了区别于桥梁，凡是多孔跨径、全长不到8m和单孔跨径不到5m的泄水结构，均称为涵洞。

1.2 桥梁的分类

桥梁的种类繁多，它们都是人们在长期的生产活动中，通过反复实践和不断总结逐步创造发展起来的。桥梁的分类方法也有很多种。

1.2.1 按桥梁的主要承重结构体系分类

按桥梁的主要承重结构体系分类，传统上分为梁式桥、拱桥（拱式桥）、悬索桥（吊桥）、刚架桥、组合体系桥五类；其中把斜拉桥归入组合体系桥。不过，由于技术的进步和不同桥型在现阶段所处的地位有所改变，按结构体系分类时也有不同的提法。目前倾向于把斜拉桥另做一类，并把悬索桥、斜拉桥合称缆索承重体系（又称缆支体系或索支体系）。

(1) 梁式桥

梁式桥是一种在竖向荷载作用下无水平反力的结构（图 1-3）。由于外力（恒载和活载）的作用方向与承重结构的轴线接近垂直，故与同样跨径的其他结构体系相比，在其梁内产生的弯矩最大。

(2) 拱式桥

拱式桥的主要承重结构是拱圈或拱肋（图 1-4）。这种结构在竖向荷载作用下，桥墩或桥台将承受水平推力。同时，水平推力也将显著抵消荷载所引起的在拱圈（或拱肋）内的弯矩作用。因此，与同跨径的梁相比，拱的弯矩和变形要小得多，但其下部结构和地基

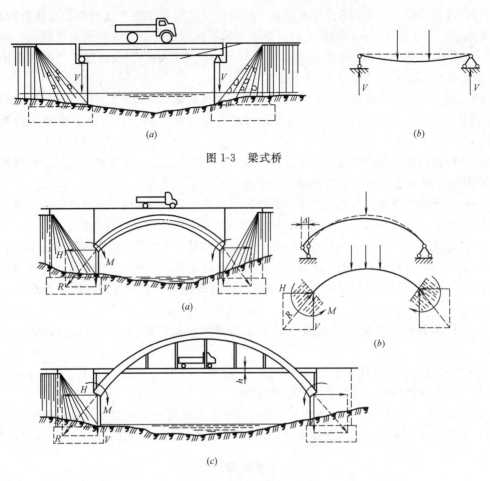

图 1-3 梁式桥

图 1-4 拱式桥

必须经受住很大的水平推力。

(3) 刚架桥

刚架桥的主要承重结构是梁（或板）和立柱（或竖墙）整体结合在一起的刚架结构，梁和柱的连接处具有很大的刚性（图 1-5a）。在竖向荷载作用下，梁主要受弯，而在柱脚处也具有水平反力（图 1-5b），其受力状态介于梁式桥与拱桥之间。因此，对于同样的跨径，在相同荷载作用下，刚架桥的跨中正弯矩要比一般梁式桥小，但柱及柱脚的受力却比梁式桥的桥墩要复杂。T 形刚构桥（图 1-5c）是结合了刚架桥和多跨静定悬臂梁桥的特点发展而来，它与一般的刚架桥有所不同，在竖向荷载作用下不产生水平反力，其实质属于悬臂体系。

(4) 吊桥

传统的吊桥均用悬挂在两边塔架上的强大缆索作为主要承重结构（图 1-6）。在竖向荷载作用下，通过吊杆使缆索承受很大的拉力，通常就需要在两岸桥台的后方修筑非常巨大的锚碇结构；吊桥也是具有水平力（拉力）的结构。现代的吊桥，广泛采用抗拉性能优异的钢缆，因此结构自重较轻，能以较小的建筑高度跨越其他任何桥型都无法比拟的特大跨度。但相对于上述其他体系而言，吊桥的自重轻，结构的刚度差，在车辆动荷载和风荷

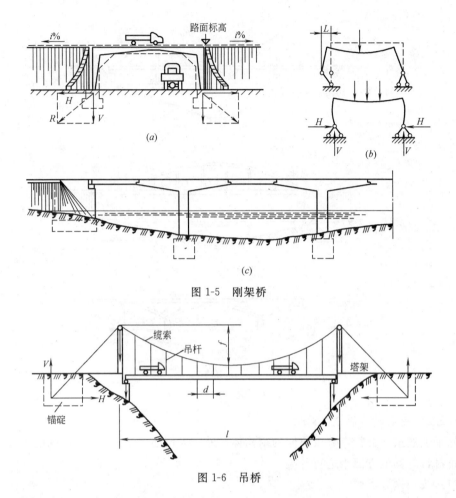

图 1-5 刚架桥

图 1-6 吊桥

载作用下,桥有较大的变形和振动。

(5) 斜张(拉)桥

斜拉桥其实也是一种组合体系桥,是由主梁与斜缆相结合的组合体系(图 1-7a)。悬挂在塔柱上被张紧的斜缆将主梁吊住,使主梁像多点弹性支承的连续梁一样工作,这样既发挥了高强材料的作用,又显著减小了主梁截面,使结构减轻而获得很大的跨越能力。但斜缆的拉力在主梁上的轴向分量很大,这一问题在大跨径斜拉桥中将变得非常突出。

(6) 组合体系桥

根据结构的受力特点,由几个不同体系的结构组合而成的桥梁称为组合体系桥。图 1-7(b)所示,为一种梁和拱的组合体系,其中梁和拱都是主要承重结构,两者相互配合共同受力。由于吊杆将梁向上(与荷载作用的挠度方向相反)吊住,这就显著减小了梁中的弯矩;同时由于拱与梁连接在一起,拱的水平推力就传给梁来承受,这样梁除了受弯以外还受拉。这种组合体系桥跨越能力比一般简支梁桥大,且对墩台没有推力作用,因此对地基的要求就与一般简支梁桥一样。图 1-7(c)为将拱置于梁的下方、通过立柱对梁起辅助支承作用的组合体系桥。组合体系桥的种类很多,但究其实质,不外乎利用梁、拱、吊杆三者的不同组合,采用上吊下撑以形成新的结构。

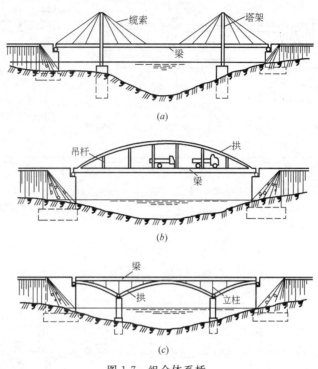

图 1-7 组合体系桥

1.2.2 桥梁的其他分类简述

除了上述按受力特点分成不同的结构体系外,人们还习惯地从桥梁的用途、大小规模和建桥材料等其他方面来进行分类。

(1) 按用途分类

按用途可分为公路桥、铁路桥、公路铁路两用桥、农用桥、人行桥、运水桥(渡槽)及其他专用桥梁(如通过管线、电缆等)。

(2) 按桥梁跨径分类

《公路工程技术标准》规定了特大、大、中、小桥的划分标准,见表 1-1。

桥梁涵洞按跨径分类 表 1-1

桥涵分类	多孔跨径总长 $L(m)$	单孔跨径 $L_0(m)$	桥涵分类	多孔跨径总长 $L(m)$	单孔跨径 $L_0(m)$
特大桥	$L \geq 500$	$L_0 \geq 100$	小桥	$8 \leq L \leq 30$	$5 \leq L_0 \leq 20$
大桥	$100 \leq L < 500$	$40 \leq L_0 < 100$	涵洞	$L < 8$	$L_0 < 5$
中桥	$30 < L < 100$	$20 \leq L_0 < 40$			

注:圆管涵及箱涵不论管径或孔径大小、孔数多少,均称为涵洞。

不过,这种分类只能理解为一种行业管理的分类,它不能反映桥梁工程设计、施工的复杂程度。在实际应用中一般认为单跨跨径小于 150m 属于中小桥梁、大于 150m 称为大桥;特大桥就不仅仅凭跨径认定,还应与桥型有关,能称为特大桥的,一般是主跨大于 1000m 的悬索桥、主跨大于 500m 的斜拉桥或钢拱桥、主跨大于 300m 的混凝土拱桥等。

(3) 按主要承重结构所用的材料分类

按主要承重结构所用的材料可分为圬工桥(包括砖、石、混凝土桥)、钢筋混凝土桥、预应力混凝土桥、钢桥和木桥等。

（4）按跨越障碍的性质分类

按跨越障碍的性质一般分为：跨河桥、跨谷桥、跨线桥和高架线路桥。

（5）按上部结构的行车道位置分类

按上部结构的行车道位置可分为上承式桥、下承式桥和中承式桥。桥面布置在主要承重结构之上的称为上承式桥（图 1-4a），桥面布置在主要承重结构下缘的称为下承式桥（图 1-7a），桥面布置介于上、下缘之间的称为中承式桥（图 1-4c）。

上承式桥构造较简单，施工方便，且其主梁或拱肋等的间距可按需要调整，以求得经济合理的布置。一般来说，上承式桥梁的承重结构宽度可做得小些，因而可节约墩台圬工数量。此外，在上承式桥上行车时，视野开阔、感觉舒适。对于城市桥梁，有时受周围建筑物等的限制，不容许过分抬高桥面标高时，也可修建下承式桥。

除了上述各种固定式桥梁外，还有按特殊的使用条件修建的活动桥（开启桥、升降桥）、浮桥、漫水桥等。

课题 2　桥梁构造与识图

2.1　梁式桥的构造与识图

2.1.1　简支板桥的构造

板桥的承重结构就是矩形截面的钢筋混凝土或预应力混凝土板，其主要特点是构造简单、施工方便，而且建筑高度较小。从力学性能上分析，受弯的梁式构件截面中位于受拉区域的混凝土材料不但不能发挥作用，反而增加了结构的自重，当跨径稍大时就显得笨重而不经济。因此，简支板桥只在小跨径的桥梁上得到应用。

（1）整体式板桥的构造

整体式简支板桥具有整体性好、横向刚度大、易于浇筑成所需形状等优点，在 10m 以下跨径的桥梁上得到广泛的应用。

整体式板桥的横断面一般都设计成等厚度的矩形截面，有时为了减小自重也可将受拉区稍加挖空做成矮肋式板桥（图 1-8）。整体式板桥的跨径通常与板宽相差不大，故在荷载作用下除了沿跨径方向引起弯曲受力外，板在横向也发生挠曲变形，由此可见，整体式简支板是一块双向受力的弹性薄板。因此，除了在板内配置纵向受力钢筋外，还要在板内设置垂直于主钢筋的横向分布钢筋。

板内主筋直径应不小于 10mm，间距不大于 200mm。板内主筋可以不弯起，也可以

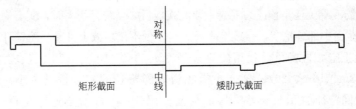

图 1-8　板桥横断面

弯起。当弯起时，通过支点的不弯起钢筋，每米板宽内不少于3根，截面积不少于跨中主筋截面积的1/4。弯起角度为30°或45°，弯起的位置为沿板跨中线的1/6～1/4计算跨径处。对于分布钢筋，应采用直径不小于6mm，间距不大于250mm，同时在单位长度板内的截面积应不少于单位宽度板内主筋截面积的15%。板的主筋与板边缘间的净距离应不小于20mm，分布钢筋设置在主筋的内侧。

图1-9所示为标准跨径6m、行车道宽7m、两边设0.25m安全带的某整体式简支板桥的构造图。

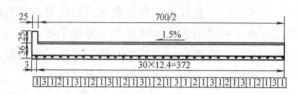

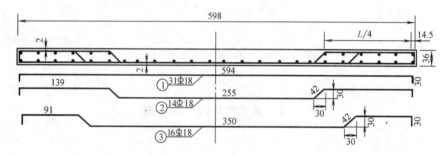

图1-9 整体式板桥构造（单位：cm）

（2）装配式板桥的构造

常用的装配式板桥，按其截面形式主要有实心板和空心板两种。

1）矩形实心板桥

这种板桥是目前采用最广泛的形式，它具有形状简单、施工方便、建筑高度小、施工质量易于保证等优点；其跨径通常不超过8m。装配式钢筋混凝土实心矩形铰接板桥标准图的跨径为1.0m、2.0m、3.0m、4.0m、5.0m、6.0m和8.0m。

图1-10所示为标准跨径6m、行车道宽7m、两边设0.25m安全带的装配式简支实心板桥行车道板构造。块件安装后在企口缝内填筑C30小石子混凝土，并浇筑厚60mm的C30防水混凝土铺装层使之连成整体。为了加强预制板与铺装层的结合以及相邻预制板的连接，将板中的箍筋伸出预制板顶面，待板安装就位后将这段钢筋放平，并与相邻预制板中的箍筋相互搭接，以钢丝绑扎，然后浇筑于混凝土铺装层中。预制板的混凝土强度等级为C25。

2）矩形空心板桥

无论是钢筋混凝土还是预应力混凝土装配式板桥，当跨径增大时，实心矩形截面就显得不合理，因而将截面中部挖空，做成空心板。这样做不仅能减小自重，而且可充分利用材料。

钢筋混凝土空心板桥目前使用的跨径为6m、8m、10m、13m；预应力混凝土空心板桥的跨径为13m、16m、20m、25m。空心板较同跨径的实心板重量小，运输安装方便，建筑高度又较同跨径的T形梁小，因而目前使用较广。相应于这些跨径的板厚，对于钢筋混凝土板为0.4～0.8m，对于预应力钢筋混凝土板为0.6～1.0m。

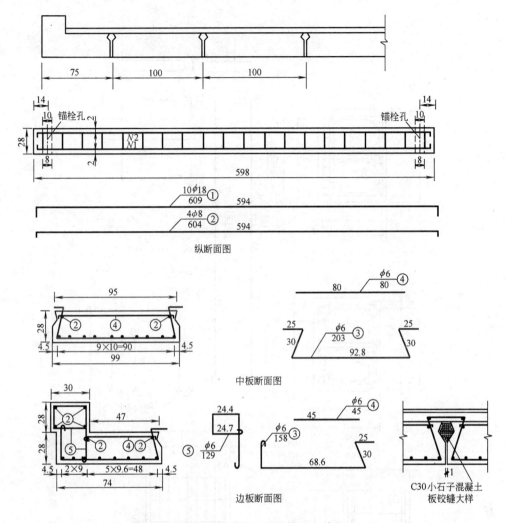

图 1-10 装配式矩形实心板桥构造（单位：cm）

空心板的开孔形式很多，图 1-11 所示为几种常用的开孔形式。其中图（a）和图（b）开成单个较宽的孔，挖空率最大，重量最小，但板顶需配置横向受力钢筋以承担车轮荷载。图（a）的开孔略呈微弯形，可以节省一些钢筋，但模板较图（b）的复杂。图（c）的开孔成两个圆形，施工时用无缝钢管作心模较方便，但挖空率较小，自重较大。图（d）开两个上下均为圆端头的孔，孔的心模由两个半圆和两块矩形侧模组成（目前，已多使用胶囊芯模）。当板的厚度改变时，只需更换两块侧模即可，故较图（c）的为好。空心板横截面最薄处不得小于 70mm。为了保证抗剪强度，应在截面内按计算需要配置弯起钢筋和箍筋。

图 1-12 所示为标准跨径 20m 的装配式预

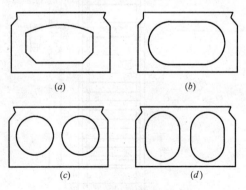

图 1-11 空心板截面形式

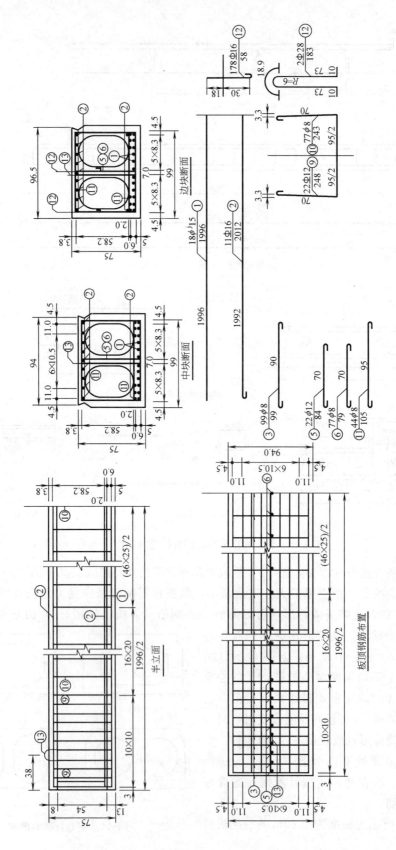

图 1-12 装配式预应力混凝土空心板桥构造（单位：cm）

应力空心板桥的构造。桥面净宽为净—7+2×0.75m人行道,总宽9m。由9块宽990mm的空心板组成,板与板之间的间隙10mm。板全长19.96m,计算跨径19.50m,板厚750mm。空心板横截面采用圆端头开孔形成。预制空心板采用C40混凝土,铰缝采用C40小石子混凝土;预应力筋采用φ15高强度低松弛钢绞线18根,其强度设计值为1860MPa,每根钢绞线张拉力为195.3kN,钢绞线长度为板内实际需要长度,下料长度视张拉设备而定。

(3) 装配式板的横向连接

为了使装配式板块具有整体性,使外荷载作用下相邻板块能共同工作,块件之间必须设置横向连接。常用的连接方法有企口混凝土铰连接和钢板焊接连接。

1) 企口混凝土铰连接

企口式混凝土铰的连接形式有圆形、菱形、漏斗形等三种(图1-13)。它是在块件安装就位后,在企口缝内用C30～C40小石子混凝土填筑密实而成的。实践证明,这种铰确能保证传递横向剪力,使各块板共同受力。如果要使桥面铺装层也参与受力,也可将预制板中的箍筋伸出以与相邻板同样伸出的箍筋互相搭

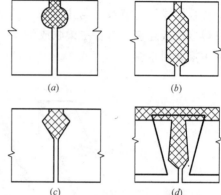

图1-13 企口混凝土铰连接构造

接,再将其浇筑在铺装层内(图1-13)。

2) 钢板焊接连接

由于企口混凝土铰需要现场浇筑混凝土,并需待混凝土达到设计强度后才能通车,为了加快工程进度,亦可采用钢板连接(图1-14)。它的构造是:用一块钢盖板N1焊在相邻两构件的预埋钢板N2上。连接构造的纵向中距通常为800～1500mm,根据受力特点,在跨中部分布置较密,向两端支点处逐渐减疏。

2.1.2 装配式简支T形梁桥的构造

钢筋混凝土或预应力混凝土简支梁桥属于单孔静定结构,它受力明确,构造简单,施工方便,是中小跨径桥梁中应用最广泛的桥型。简支梁桥的结构尺寸易于系列化和标准化,有利于在工厂内或工地采用工业化施工,组织大规模预制生产,并用现代化的起重设备进行安装。采用装配式的施工方法,可以大

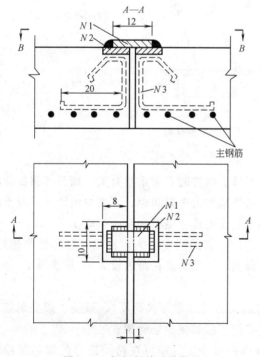

图1-14 钢板焊接连接构造

量节约模板支架木材,降低劳动强度,缩短工期,显著加快建桥速度。因此,在中小跨径桥梁中,装配式钢筋混凝土简支梁桥或预应力混凝土简支梁桥被广泛应用。

装配式简支梁桥,考虑到起重设备的能力和预制安装的方便,一般采用多梁式结构,主梁间距通常在 2.0m 以内。随着起重能力的提高,高强度材料的应用,轻型薄壁结构的推广,目前已有加大主梁间距减少梁数的趋势,使设计更加经济合理。

(1) 装配式钢筋混凝土简支梁桥

装配式钢筋混凝土简支梁桥,以 T 形梁桥最为普遍。图 1-15 所示就是典型的装配式 T 形梁桥上部构造概貌,它由几片 T 形截面的主梁并列在一起装配连接而成。T 形梁的顶部翼板构成行车道板,与主梁梁肋垂直相连的横隔梁的下部以及 T 形梁翼板的边缘,均设焊接钢板连接,将各主梁联成整体,这样就能使作用在行车道板上的局部荷载分布给各片主梁共同承受。

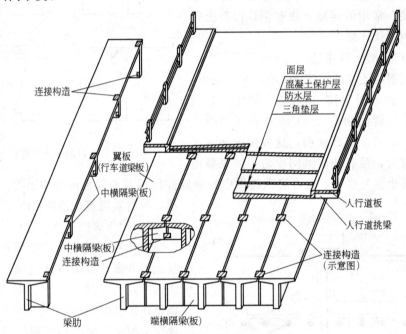

图 1-15 装配式 T 形简支梁桥概貌

1) 构造布置

主梁间距的大小不但与钢筋和混凝土的用量、构件的安装重量有关,而且与翼板的刚度有关。一般来说,对于跨径大一些的桥,适当地加大主梁间距,可减少钢筋和混凝土的用量。但构件重量的增大也使吊运和安装工作更加困难。主梁间距一般取 1.5~2.2m。

横隔梁在装配式梁桥中起着连接主梁的作用,它的刚度愈大,桥梁的整体性能越好,在荷载作用下各主梁就能更好地共同受力,因此,T 形梁需在跨内设 3~5 道横隔梁。

2) 主梁的钢筋布置

装配式 T 形梁的主梁钢筋包括主筋、弯起钢筋(也称为斜钢筋)、箍筋、架立钢筋和防收缩钢筋。由于纵向主钢筋的数量多,常采用多层焊接钢筋骨架。

主筋设在梁的下缘,随着弯矩值向支点逐渐减少。主筋可在跨间适当位置切断或弯起。为保证主梁在梁端有足够的钢筋数量,伸过支点截面的钢筋不应少于主筋截面积的20%,且不少于 2 根。主梁中每片骨架的纵向钢筋根数一般为 3~7 根,竖直排焊接钢筋的总高度不宜大于梁高的 0.15~0.20 倍。伸过支点截面的钢筋应弯成直角顺梁端延伸到顶部与架立钢筋焊接。

斜钢筋的作用是抵抗剪力及主拉应力。当主钢筋弯起数量不足时，可在主钢筋和架立钢筋上加焊斜钢筋。斜钢筋与梁的轴线一般布置成 45°。弯起钢筋应按圆弧弯折，圆弧半径（至钢筋轴线）不小于 $10d$。弯起钢筋的数量（包括根数和直径）由斜截面抗剪强度计算确定。弯起钢筋的弯起点位置还需满足桥涵设计规范的有关要求。现行规范规定简支梁第一排（对支座而言）弯起钢筋的弯终点应位于或超过支座中心截面处，以后各排弯起钢筋的弯终点应落在或超过前一排弯起钢筋的弯起点截面。这样布置可以保证可能出现的任一条斜裂缝至少能遇到一排弯起钢筋与之相交。当纵筋弯起形成的弯起钢筋不足以承担梁的剪力时，可采用两次弯起或补充附加斜筋；当纵筋经计算不需要弯起时，其多余的纵筋可按弯矩要求在适当位置将其切断。但万不可采用不与主钢筋焊接的斜筋（浮筋）。

箍筋的作用也是抵抗剪力，其间距不应大于梁高的 3/4 和 500mm，直径不小于 6mm，且不小于 1/4 主钢筋直径。在主梁和横梁交叉处不设箍筋，在支座附近箍筋宜加密或采用四肢箍，并在支座部位的梁底部加设钢筋网。

架立钢筋布置在梁的上缘，主要起固定斜钢筋和箍筋的作用，并使梁内全部钢筋形成骨架。

防收缩钢筋是防止梁肋侧面因混凝土收缩等原因而导致的裂缝。其钢筋面积 $A_g = (0.0015 \sim 0.002)bh$（$b$ 为梁肋宽度，h 为梁高）。钢筋直径为 $6 \sim 10mm$，靠近下部布置得密些，靠近上部布置得疏些。

为了防止钢筋受到大气影响而锈蚀，并保证钢筋与混凝土之间的粘结力充分发挥作用，钢筋至混凝土边缘需设保护层。若保护层太薄，就不能达到以上目的；太厚则混凝土表面距钢筋太远，减小了钢筋混凝土截面的有效高度，而且容易造成混凝土剥落。因此，主钢筋与梁底面的净距不小于 30mm，也不大于 50mm；主钢筋与梁侧面的净距不小于 25mm；箍筋或防收缩钢筋与梁侧面的净距不小于 15mm（图 1-16）。

为了使混凝土的骨料能填满整个梁体，以免形成灰浆层或空洞，各主钢筋之间必须保证有足够的净距：主钢筋为三层或三层以下者不小于 30mm，且不小于钢筋直径；三层以上者不小于 40mm，且不小于钢筋直径的 1.25 倍（图 1-16）。

在焊接钢筋骨架中，为保证焊接质量，使焊缝处强度不低于钢筋本身的强度，焊缝长度必须满足下述要求（图 1-17）：

a. 利用主钢筋弯起的斜筋，在弯起处应与其他主钢筋相焊接。焊缝长度：双面焊为 $2.5d$；单面焊为 $5.0d$。

b. 附加斜筋与主钢筋或架立钢筋的焊缝长度：双面焊为 $5.0d$；单面焊为 $10d$。

c. 各层主钢筋相互焊接的焊缝长度：双面焊为 $2.5d$；单面焊为 $5.0d$。

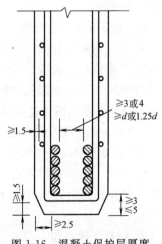

图 1-16 混凝土保护层厚度和钢筋（单位：cm）

翼缘板内的受力钢筋沿横向布置在板的上缘，以承受悬臂的负弯矩。在顺桥向还应设置分布钢筋（图 1-18）。板内主钢筋的直径不小于 10mm，间距不宜大于 200mm。分布钢

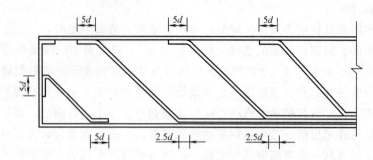

图 1-17　多层焊接钢筋的焊缝长度（图中为双面焊缝尺寸）

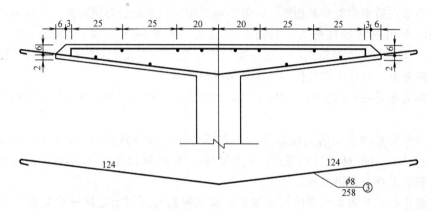

图 1-18　翼缘板内钢筋布置（单位：cm）

筋不小于 6mm，间距不大于 250mm，且单位板宽内分布钢筋截面积不小于主梁钢筋截面积的 15%。在有横隔梁部位，分布钢筋面积应增至主钢筋面积的 30%，以承受因集中轮载作用产生的局部弯矩，所增加的分布钢筋每侧应通过从横隔梁轴线伸长 $L/4$（L 为板的跨径）的长度。

3）主梁钢筋构造实例

图 1-19 所示为标准跨径 20m、行车道宽 7m、两边设 0.75m 人行道的装配式钢筋混凝土简支 T 形梁块件构造。

图 1-20 所示为横隔梁的钢筋构造。在每片横隔梁上缘配置 2 根受力钢筋，下缘配置 4 根受力钢筋，各用钢板连接成骨架。同时，在上、下钢筋骨架中均加焊锚固钢板的短钢筋（$N2$，$N4$）。横隔梁的箍筋是抵抗剪力的。

4）主梁的横向连接构造

装配式 T 形梁的横向连接是保证桥梁整体性的关键，因此连接处应有足够的强度和刚度，使其在使用过程中不致因受荷载的反复作用而发生松动。连接的方法有以下两种：

a. 钢板连接（图 1-21）。它是在横隔梁上下进行钢板焊接。在端横隔梁靠桥台一侧，因不好施焊，没有设置钢板焊接接头。这种有横隔梁的 T 形梁，翼缘板之间均做成企口铰接式的简易连接（图 1-22）。

b. 混凝土连接（图 1-23）。它是在横隔梁上下伸出连接钢筋，并进行主钢筋焊接，现浇接头混凝土。

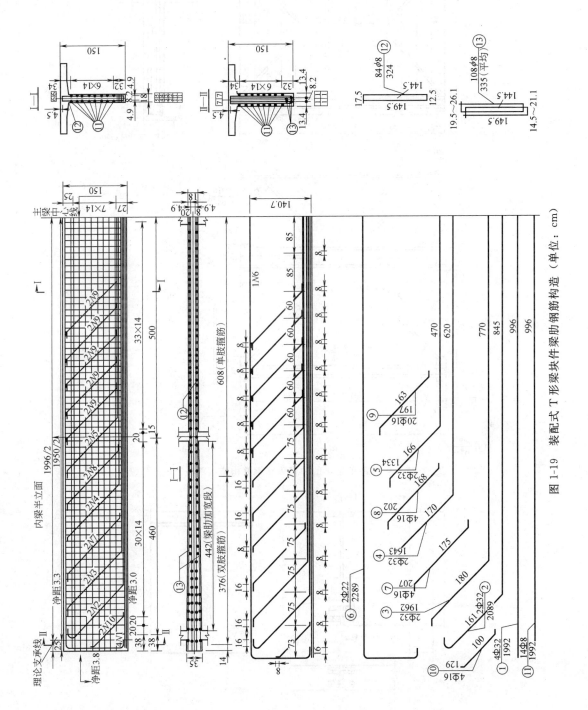

图 1-19 装配式 T 形梁块件梁肋钢筋构造（单位：cm）

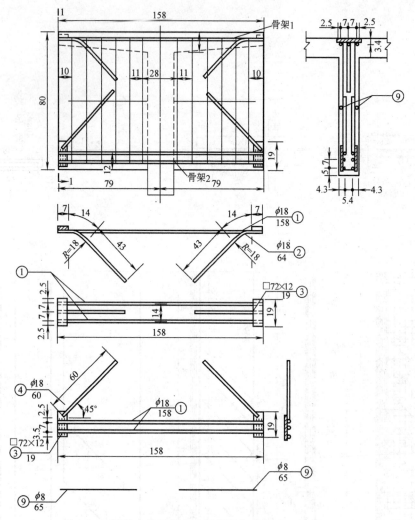

图 1-20 装配式 T 形梁的中横隔梁钢筋构造（单位：cm）

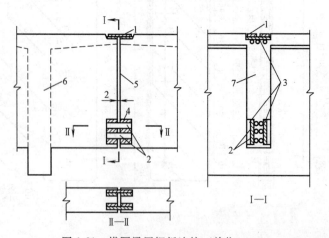

图 1-21 横隔梁用钢板连接（单位：cm）

1—2□160mm×60mm×12mm 盖接钢板；2—2□160mm×60mm×12mm 盖接钢板；
3—预埋钢板；4—焊缝；5—砂浆塞缝；6—主梁；7—横隔梁

图 1-22 用铺装层做成的铰接连接（单位：cm）

(2) 装配式预应力混凝土简支 T 形梁桥

对于装配式钢筋混凝土简支 T 形梁桥，当跨径超过 20m 时，不但耗钢量大，而且混凝土开裂现象也比较严重，影响结构的耐久性。因此实践中，当跨径大于 20m 时，特别是 25m 以上的跨径，往往采用预应力混凝土结构。

1) 构造布置

主梁间距大多采用 1.6m。对于跨径较大的预应力混凝土简支梁桥，主梁间距通过计算适当加大，但横向应采用现浇混凝土连接。

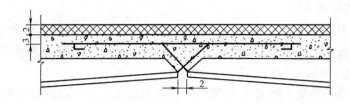

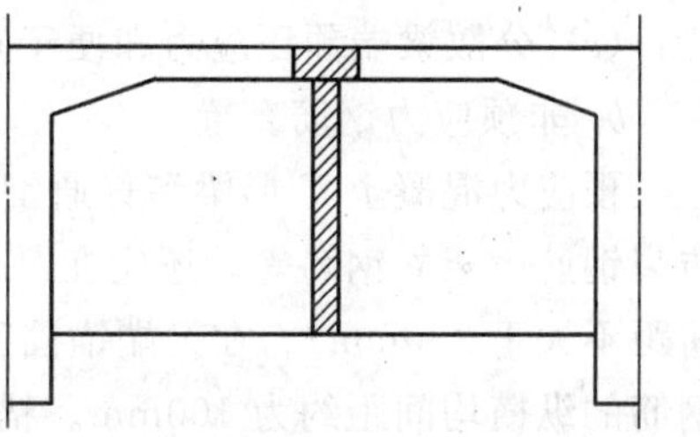

图 1-23 横隔梁用混凝土连接

主梁高度按截面形式、主梁片数及建筑高度要求，可在较大范围内变化。对于常用的等截面简支梁，其高跨比可在 1/25～1/15 内选取，通常随跨径增大而取较小值，随主梁片数减少而取较大值。从经济观点出发，当桥梁建筑高度不受限制时，采用较大的梁高显然是有利的。因为加高腹板使混凝土量增加不多，而节省预应力钢筋数量较多，故对于一般中等跨径的预应力混凝土 T 形梁，高跨比可取 1/18～1/16 左右。

T 形梁翼缘板的厚度对于中小跨径可按钢筋混凝土 T 形梁同样的原则来确定。为了减小翼缘板和梁肋连接处的局部应力集中和便于脱模，在该处一般还要设置折线形承托或圆角。

主梁梁肋的宽度，由于预应力混凝土梁内的有效压应力和弯起预应力筋的作用，肋中的主拉应力较小，一般按构造要求确定，取 0.14～0.16m，即满足预应力筋的保护层要求和便于浇筑混凝土。在梁高较大的情况下，过薄的梁肋对剪力和稳定性是不利的，此时肋宽不宜小于肋高的 1/5。为了承受梁端部每个锚具的局部压力，在梁端约 2m 范围内，梁肋的宽度可逐渐加宽到满足布置锚具和承受局部压力的要求宽度。T 形梁的下缘若布置预应力筋较多，可将下缘做成马蹄形，其面积不宜过小，一般占总面积的 10%～20%。马蹄宽度约为肋宽的 2～4 倍，并随着预应力筋的弯起向梁端部逐渐升高，以至到梁端使梁肋与下缘马蹄同宽。这样不仅能满足预应力筋的变化要求，也能满足锚具布置的要求，同时对承受梁端的局部压应力也有好处。

预应力混凝土 T 形梁的横隔梁设置与钢筋混凝土 T 形梁相同；不过，为了能减小自重，有时也会在横隔梁中开洞，这样做还能为梁就位后在翼缘板下给施工穿行提供方便。

装配式预应力混凝土 T 形梁的横向连接构造一般与钢筋混凝土 T 形梁一样。但也可在横隔梁预留孔道内采用横向预应力筋张拉集整的方法进行连接。这样的连接，整体性好，但对梁的预制精度要求较高，施工稍复杂。

2) 主梁配筋特点

装配式预应力混凝土 T 形梁的主梁钢筋包括预应力筋，其他非预应力钢筋如箍筋、水平纵向防裂钢筋、锚固端加固钢筋网、预应力筋定位钢筋网和架立钢筋等。

a. 预应力钢筋布置

在装配式预应力混凝土简支 T 形梁中，预应力筋在一定区段内逐渐弯起，有以下三个目的：

（a）简支梁的弯矩从跨中向支点逐渐减小，故预应力筋的偏心距也应逐渐减小，否则上缘的拉应力过大。为此，必须将部分预应力筋弯起，以减小支点的负弯矩。

（b）在临近支点的区段剪力很大，可用弯起预应力筋所产生的竖向分力来抵消它。

（c）分散梁端预压应力和便于布置锚具。

b. 非预应力钢筋布置

预应力混凝土 T 形梁和普通钢筋混凝土 T 形梁一样，应按规定布置箍筋、水平纵向防裂钢筋、架立钢筋等。还应在马蹄中设置闭合钢筋，间距不大于 150mm（梁肋内箍筋间距不大于 250mm）。在梁端锚固区内（即一倍梁高长度内）配钢筋网（图 1-24a），网格钢筋的纵横均间距约为 100mm。锚具下设置垫板，垫板厚度不小于 16m。为使锚底局部应力不过于集中，垫板下设置螺距 30mm，长 210mm，直径 90mm 的螺旋筋一根（图 1-24b）。

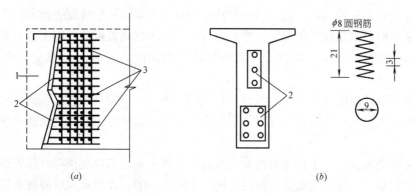

图 1-24　梁端非预应力钢筋构造（单位：cm）
1—后浇封头混凝土；2—垫板；3—钢筋网

3) 主梁钢筋构造实例

图 1-25 所示为标准跨径 30m，行车道宽 7m，两边设 0.75m 人行道，装配式预应力简支 T 形梁块件构造。图 1-26 为弯起的圆弧线预应力钢丝束。图 1-27 为标准跨径 25m 的装配式预应力简支 T 形梁构造。跨中下部配置 7 根预应力钢丝束（图 1-27a），每根钢丝束由 24 根高强碳素钢丝组成，采用后张法张拉。为适应梁的弯矩、剪力和主拉应力，预应力钢丝束分五次弯起，其中三次是每次弯 1 根（$N5$、$N6$、$N7$），两次是每次弯 2 根（$N1$ 和 $N2$，$N3$ 和 $N4$）。

梁肋箍筋用直径 8mm，中部间距为 200mm，端部间距为 100mm 的 HPB235 钢筋。马蹄形的箍筋用直径 10mm，间距为 100mm 的 HPB235 钢筋（图 1-27b）。翼缘板钢筋同钢筋混凝土 T 形梁一样。架立钢筋和纵向防裂钢筋已在图中示出。

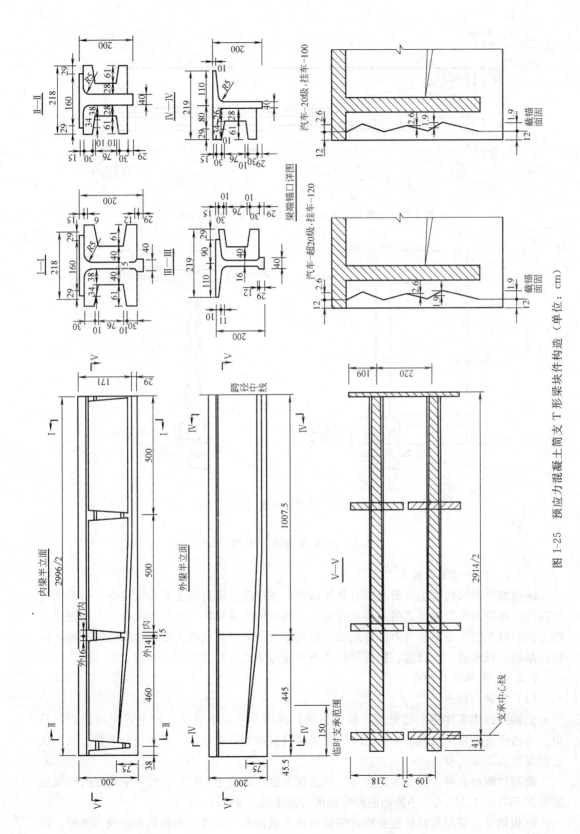

图 1-25 预应力混凝土简支 T 形梁块件构造（单位：cm）

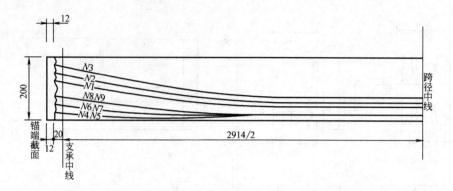

图 1-26 主梁预应力钢丝束的纵向布置（单位：cm）

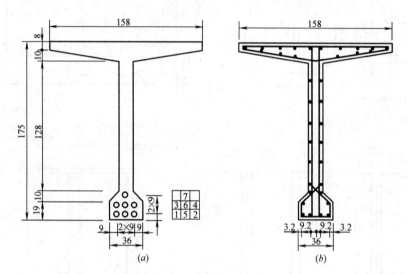

图 1-27 主梁横截面钢筋布置（单位：cm）

2.2 拱桥的构造及识图

2.2.1 拱桥的主要组成

拱桥的桥跨结构由主拱圈及拱上建筑构成，主拱圈是拱桥的主要承重构件。由于拱圈呈曲线，在桥面系与拱圈之间需要有传递压力的构件或填充物，使车辆在桥面上行驶。这些主拱圈以上的桥面系和传力构件或填充物统称为拱上建筑或拱上结构。拱桥的桥墩、桥台、基础、行车道、人行道、栏杆等构造的功能与梁式桥基本相同，如图 1-28 所示。

2.2.2 主拱圈的构造

(1) 板拱的构造

主拱圈做成实体矩形截面的，称为板拱；板拱具有构造简单、施工方便的特点，是中、小跨拱桥最常用的截面形式之一。按照砌筑拱圈的石料规格，还可以分为料石拱、块石拱及片石拱等类型。

砌筑拱圈的石料，要求未经风化，其强度等级不得小于 MU30。大、中跨度的砂浆强度等级不得小于 M7.5，小跨径的砂浆强度等级不得小于 M5。

石板拱可以采用等截面圆弧拱、等截面或变截面悬链线拱。用粗料石砌筑拱圈时，拱

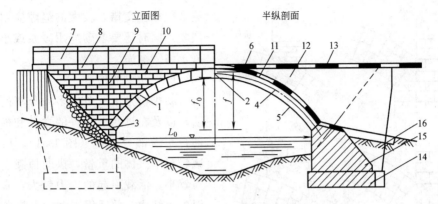

图 1-28 实腹拱桥的主要组成部分

1—主拱圈；2—拱顶；3—拱脚；4—拱轴线；5—拱腹；6—拱背；7—栏杆；8—人行道块石；9—变形缝；10—侧墙；11—防水层；12—填料；13—路面；14—桥台基础；15—桥台；16—盲沟

石需要随拱轴线和截面形式不同而分别进行编号，以便于拱石的加工。等截面圆弧线拱圈（图 1-29a），因截面相等，又是单心圆弧线，拱石规格较少，编号比较简单。变截面拱圈（图 1-29b），由于截面发生变化，使拱石类型较多，编号较复杂，给施工带来较大的难度。因此，目前修建石板拱桥中采用等截面拱最为广泛。

砌筑石板拱时，根据受力的需要，主拱圈的构造应满足下列要求：

1) 拱石受压面的砌缝应与拱轴线相垂直。

2) 当拱圈厚度不大时，可采用单层拱石砌筑（图 1-29a）；当拱厚较大时，可采用 2~4 层拱石砌筑（图 1-29c），并应纵横错缝，错缝间距应≥100mm。这样，在纵向和横向剪力作用下，可避免仅由砂浆缝承受剪力，增强拱砌体的抗剪刚度和整体性。

3) 灰缝的宽度宜≤20mm。

4) 拱圈与墩台及空腹式的腹拱墩连接处，应采用特制的五角石（图 1-30a），以改善连接处的受力状况。五角石不得带有锐角，以免施工时易破坏和被压碎。现在也常采用现浇混凝土拱座及腹孔墩底梁（图 1-30b）来代替制作复杂的五角石。

5) 当用块石砌筑拱圈时，应选择石块中较大平整面的一面与拱轴线垂直，并使块石的大头在上，小头在下。石块间的砌

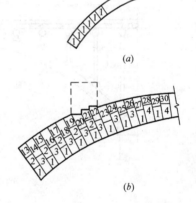

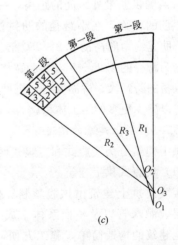

图 1-29 拱石的编号

(a) 圆弧拱；(b) 变截面悬链线拱；(c) 等截面悬链线拱

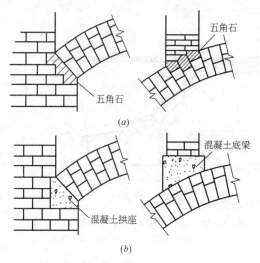

缝必须相互交错，较大的缝隙应用小石块嵌紧，同时还要求砌缝用砂浆或小石子混凝土将缝灌满。

（2）肋拱的构造

肋拱桥是由两条或多条分离的平行拱肋，以及在拱肋上设置的立柱和横梁支承的行车道部分组成（图1-31）。拱肋多可减轻整个拱体的重量，拱肋恒载引起的内力较小，活载引起的内力较大，宜用钢筋混凝土结构，并适用于大、中跨度拱桥。

拱肋是肋拱桥的主要承重结构，拱肋的数目、间距以及截面形式等，均应根据使用要求（跨径、桥宽等）、所用材料和经济性等条件综合比较确定。一般在起重能力许可的条件下，宜选用较少的拱肋数量。同时，为了保证肋拱桥的横向整体稳定性，

图1-30 五角石及混凝土拱座、底梁

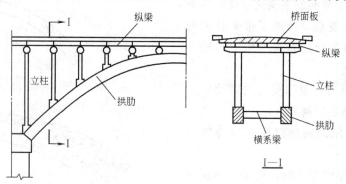

图1-31 肋拱桥

肋拱桥两侧拱肋最外缘间的距离，一般不应小于跨径的1/2。

拱肋的截面，在小跨径的肋拱桥中多采用矩形（图1-32a）。肋高约为跨径的1/40～1/60，肋宽约为肋高的0.2～2.0倍。在较大跨径中，拱肋常做成工字形截面（图1-32b）。肋高约为跨径的1/25～1/35。肋宽约为肋高的0.4～0.5倍。其腹板厚度常采用0.3～0.5m。当肋拱桥的跨径大、桥面宽时，拱肋还可以采用箱形截面，这就可以减少更多的圬工体积。

2.2.3 拱上建筑的构造

拱上建筑分为实腹式和空腹式两大类。

（1）实腹式拱上建筑

实腹式拱上建筑由拱腹填料、侧墙、护拱、变形缝、防水层、泄水管以及桥面系体组成（图1-33）。由于实腹

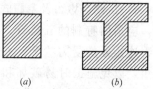

图1-32 拱肋截面形式

式拱上建筑的构造简单，施工方便，填料数量较多，恒载较重，一般适用于小跨径的板拱桥。

拱腹填料分为填充式和砌筑式两种。填充式拱腹填料应尽量就地取材，通常采用透水

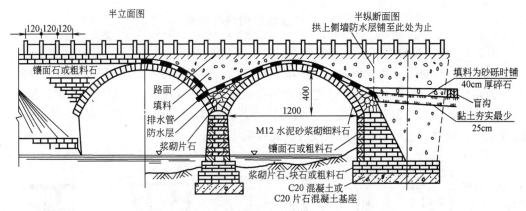

图 1-33 实腹式拱桥（单位：cm）

性好、侧压力小的砾石、碎石、粗砂或卵石类、黏土等材料分层夯实填充。当地质条件较差，要求减小拱上建筑的重量时，可采用其他轻质材料（如炉渣与黏土的混合物，陶粒混凝土等）作填料。砌筑式拱腹在粒料不易取得时，采用的干砌圬工或浇筑贫混凝土。

侧墙设置在拱圈两侧，作用是围护拱腹填料，通常采用浆砌块石或片石，有美观要求时，可用料石镶面。侧墙一般要求承受填料土侧压力和车辆荷载作用下的土侧压力，应按挡土墙进行设计。对于浆砌圬工侧墙，顶面厚度一般为500～700mm，向下逐渐增厚，墙脚厚度采用该处墙高的0.4倍。对混凝土或钢筋混凝土板拱，也可用钢筋混凝土护壁式侧墙，此类侧墙可与主拱浇筑为一体，其内配置的竖向受力钢筋应伸入拱圈内至少一个锚固长度。

护拱设于拱脚处，一般用现浇混凝土或砌块、片石砌筑，以便加强拱脚段的拱圈，同时还便于对多孔拱桥在护拱处设置防水层和泄水管。

(2) 空腹式拱上建筑

空腹式拱上建筑由多孔腹孔结构和桥面组成。由于腹孔结构分为拱式腹孔和梁式腹孔，因此空腹式拱上建筑又分为拱式和梁式两种，如图 1-34 所示。

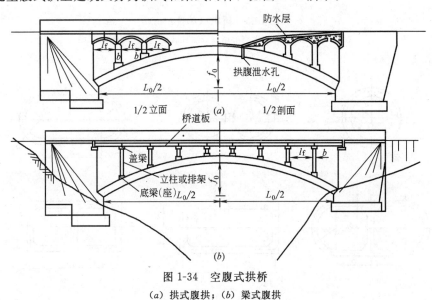

图 1-34 空腹式拱桥
(a) 拱式腹拱；(b) 梁式腹拱

2.3 桥梁墩台构造与识图

2.3.1 桥墩的构造

桥墩按其构造可分为实体墩、空心墩、柱式墩、框架墩等（图 1-35）；按其受力特点可分为刚性墩和柔性墩；按施工工艺可分为就地砌筑或浇筑桥墩、预制安装桥墩；按其截面形状可分为矩形、圆形、圆端形、尖端形及各种截面组合而成的空心桥墩（图 1-36）。墩身侧面可竖直，也可以是斜坡式或台阶式（图 1-37）。

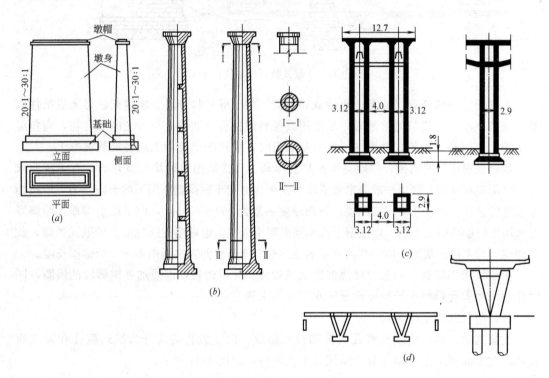

图 1-35 桥墩（单位：m）
(a) 实体墩；(b) 圆形空心墩；(c) 柱式墩；(d) V形框架墩

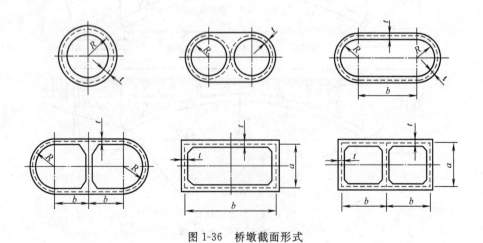

图 1-36 桥墩截面形式

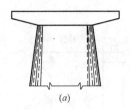 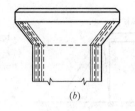 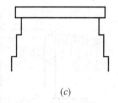

图 1-37　桥墩侧面的变化

2.3.2　桥台构造

(1) 重力式桥台

梁桥和拱桥上常用的重力式桥台为 U 形桥台，它们是由台帽、台身和基础三部分组成。由于台身是由前墙和两个侧墙构成的 U 形结构，故而得名。梁桥、拱桥桥台构造示意图如图 1-38 (a)、(b) 所示。从图 1-38 中两图比较可以看出，二者除在台帽部分有所差别外，其余部分基本相同；拱桥桥台一般较梁桥台要大。U 形桥台的优点是构造简单，可以用混凝土或片、块石砌筑。它适用于填土高度在 8~10m 以下或跨度稍大的桥梁；缺点是桥台体积和自重较大，也增加了对地基强度等条件的要求。此外，桥台的两个侧墙之间填土容易积水，结冰后冻胀，使侧墙产生裂缝。所以，宜用渗水性较好的土夯填，并做好台后排水措施。

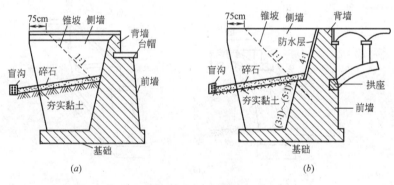

图 1-38　U 形桥台
(a) 梁桥桥台；(b) 拱桥桥台

(2) 轻型桥台

与重力式桥台不同，轻型桥台力求体积轻巧、自重小；它借助结构物的整体刚度和材料强度承受外力，可节省材料，降低对地基强度的要求和扩大应用范围，为在软土地基上修建桥台开辟经济可行的途径。轻型桥台的种类繁多，主要有以下几种：

1) 设有支撑梁的轻型桥台。这种桥台的特点是，台身为直立的薄壁墙，台身两侧有翼墙。在两桥台下部设置钢筋混凝土支撑梁，上部结构与桥台通过锚栓连接，构成四铰框架结构系统，并借助两端台后的被动土压力来保持稳定。

按照翼墙（侧墙）的形式和布置方式，这种桥台又可分为：a. 一字形轻型桥台（图 1-39a）；b. 八字形轻型桥台（图 1-39c）；c. 耳墙式轻型桥台（图 1-39b）。

2) 埋置式桥台。埋置式桥台是将台身埋在锥形护坡中，只露出台帽在外以安置支座及上部构造（图 1-40）。这样，桥台所受的土压力大为减小，桥台的体积也就相应减小。

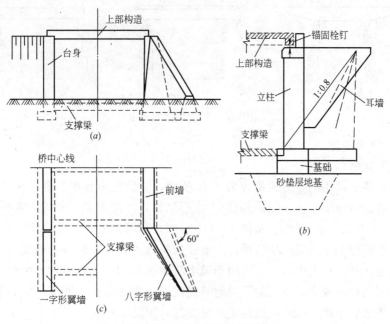

图 1-39 设置地下支撑梁的轻型桥台

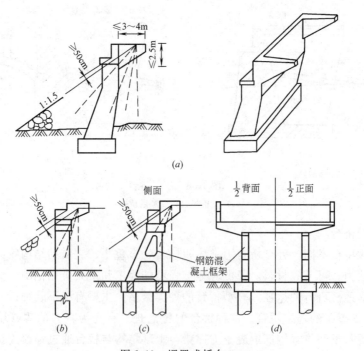

图 1-40 埋置式桥台

埋置式桥台不需要侧墙,仅附有短小的钢筋混凝土耳墙。台帽部分的内角到护坡表面的距离不应小于500mm,否则应在台帽两侧设置挡板,用以挡住护坡的填土,并防止土、雪等拥入支承平台上。耳墙与路堤衔接,伸入路堤的长度一般不小于500mm。

3) 钢筋混凝土薄壁桥台。钢筋混凝土薄壁桥台由扶壁式挡土墙和两侧的薄壁侧墙构成（图1-41）。挡土墙由厚度不小于150mm（一般为150～300mm）的前墙和间距为2.5～3.5m的扶壁组成。台顶由竖直小墙和支于扶壁上的水平板构成，用以支承桥跨结构。两侧薄壁可以与前墙垂直，有时也做成与前墙斜交。前者称U形薄壁桥台，后者称八字形薄壁桥台。这种桥台不仅可以减少圬工体积40%～50%，同时因自重减小从而减小对地基的压力，故适用于软弱地基，但其构造和施工比较复杂，且钢筋用量较多。

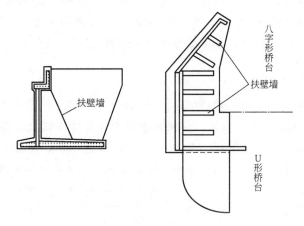

图1-41 钢筋混凝土薄壁桥台

2.4 桥面构造与识图

桥面构造通常包括桥面铺装、防水和排水设备、伸缩缝、桥面简易连续、人行道（或安全带）、路缘石、栏杆（或防撞护栏）和灯柱等构造（图1-42）。由于桥面构造敞露对大气影响十分敏感，车辆行人来往众多，且多成地方标志建筑，对美观也至关重要，因此，如何合理改进桥面的构造和施工，已愈来愈为人们所关注。

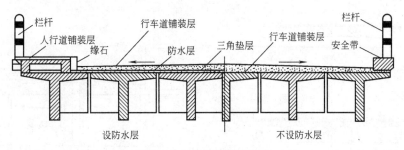

图1-42 桥面构造横截面

2.4.1 桥面铺装

桥面铺装也称行车道铺装，其功用是保护属于主梁整体部分的行车道板不受车辆轮胎或履带的直接磨耗，防止主梁遭受雨水的浸蚀，并能对车辆轮压重的集中荷载起一定的分布作用。桥面铺装部分在桥梁恒载中占有相当的比重，特别对于小跨径桥梁尤为显著，故应尽量设法减小铺装的重量。如果桥面铺装采用水泥混凝土，其强度等级不得低于桥面板混凝土的强度等级。

（1）桥面横坡的设置

为了迅速排除桥面雨水，除在桥梁上设有纵向坡度外，尚应将桥面铺装沿横向设置双向的桥面横坡。对于沥青混凝土或水泥混凝土铺装，横坡为1.5%～2.0%。行车道路面普遍采用抛物线形横坡，人行道则用直线形。对于板桥或就地浇筑的肋梁桥，为了节省铺装材料并减小恒载重量，也可将横坡设在墩台顶面而做成倾斜的桥面板（图1-43a），此时，铺装层在整个桥宽上就可做成等厚的。对于装配式肋梁桥，为架设和拼装方便，通常都采用不等厚的铺装层（包括混凝土三角垫层和等厚的桥面铺装层）以构成桥面横坡（图1-43b）。在较宽的城市桥梁中，用三角垫层设置横坡将使混凝土用量与恒载重量增加过多。在此种情况下也可直接将行车道板做成双向倾斜的横坡（图1-43c），但这样会使主梁的构造和施工稍为复杂。

(2) 桥面铺装的类型

钢筋混凝土和预应力混凝土梁桥的桥面铺装，目前采用下列几种形式：

1) 在非严寒地区的小跨径桥上，多采用普通水泥混凝土或沥青混凝土铺装，通常桥面内可不做专门的防水层，而直接在桥面上铺筑50～80mm的普通水泥混凝土或沥青混凝土铺装层。铺装层混凝土一般用与桥面板混凝土相同的或略高的强度等级，在铺筑时要求有较好的密实度。为了防滑或减弱光线的反射，最好将混凝土做成粗糙表面。混凝土铺装层造价低，耐磨性能好，适合于重载交通，但其养护期比沥青混凝土长，日后修补也较麻烦。沥青混凝土铺装层重量较小，维修养护也较方便，在铺筑后只等几个小时就能通车营运。桥上的沥青混凝土铺装可做成单层式的（50～80mm）或双层式的（底层40～50mm，面层30～40mm）。

2) 防水混凝土铺装

对位于非冰冻地区的桥梁需作适当的防水时，可在桥面板上铺筑80～100mm厚的防水混凝土作为铺装层（图1-44a）。防水混凝土的强度等级一般不低于桥面板混凝土的强度等级，为了延长桥面的使用年限，宜在上面铺筑30～60mm厚的沥青混凝土作为可修补的磨耗层。

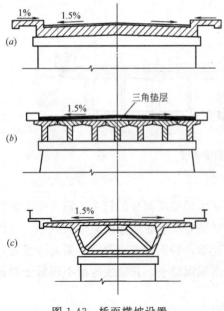

图1-43 桥面横坡设置

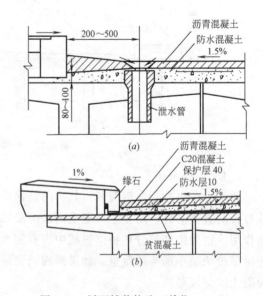

图1-44 桥面铺装构造（单位：mm）

3) 具有贴式防水层的水泥混凝土或沥青混凝土铺装

在防水程度要求高或在桥面板位于结构受拉区而可能出现裂纹的桥梁上，往往采用柔性的贴式防水层（图1-44b）。贴式防水层设在强度等级低的混凝土排水三角垫层上面，其做法是：先在垫层上用水泥砂浆抹平，待硬化后在其上涂一层热沥青底层，随即贴上一层油毛毡（或麻袋布、玻璃纤维织物等），上面再涂一层沥青胶砂，贴一层油毛毡，最后再涂一层沥青胶砂。通常这种所谓"三油两毡"的防水层，其厚度约为10~20mm。为了保护贴式防水层不致因铺筑和翻修路面而受到损坏，在防水层上需用厚约40mm、强度等级不低于C20的细骨料混凝土作为保护层。等它达到足够强度后再铺筑沥青混凝土或水泥混凝土路面铺装。由于这种防水层的造价高，施工也麻烦费时，故应根据建桥地区的气候条件、桥梁的重要性等，在技术和经济上经充分考虑后再采用之。

此外，国外也曾使用环氧树脂涂层来达到抗磨耗、防水和减小桥梁恒载的目的。这种铺装层的厚度通常为3~10mm。为保证其与桥面板牢固结合，涂抹前应将混凝土板面洗刷干净。但这种铺装的费用昂贵。

对于装配式梁桥，当桥面铺装采用混凝土以及贴式防水层时，为了加强接缝处的强度以免混凝土沿纵向裂开，就需要在接缝处的混凝土铺装层内或保护层内设置一层小直径（$\phi 8 \sim \phi 12$）的钢筋网，网格尺寸为200mm×200mm或250mm×250mm。如果铺装层在接缝处参与受力，则钢筋的具体配置应由计算确定。

2.4.2 桥面排水系统

为了迅速排除桥面积水，防止雨水积滞于桥面并渗入梁体影响桥梁的耐久性，在桥梁设计时要有一个完整的排水系统。在桥面上除设置纵横坡排水外，常常需要设置一定数量的泄水管。

通常当桥面纵坡大于2‰，而桥长小于50m时，一般能保证从桥头引道上排水，桥上就可以不设泄水管。此时，可在引道两侧设置流水槽，以免雨水冲刷引道路基。

当桥面纵坡大于2‰，而桥长大于50m时，为防止雨水积滞，桥面就需要设置泄水管，每隔12~15m设置一个。

当桥面纵坡小于2‰时，泄水管就需要设置更密一些，一般每隔6~8m设置一个。

泄水管的过水面积通常每平方米桥面上不小于200~300mm^2，泄水管可沿行车道两侧左右对称排列，也可交错排列。

泄水管也可布置在人行道下面。桥面水通过设在缘石或人行道构件侧面的进水孔流入泄水孔，并在泄水孔的三个周边设置相应的聚水槽，起到聚水、导流和拦截作用。为防止大块垃圾进入堵塞泄水道，在进水的入口处设置金属栅门。

课题3 桥梁施工方法分类与选择

3.1 桥梁基础工程施工方法

在桥梁工程中，通常采用的基础形式有扩大基础、桩基础、沉井基础等，见表1-2。

3.1.1 扩大基础

所谓扩大基础，是将墩（台）及上部结构传来的荷载由其直接传递至较浅的支承地基

桥梁基础分类及施工方法　　　　　　　　　表1-2

基础形式	分　类	主要施工工艺、方法
扩大基础	围堰开挖基坑	机械开挖;人工开挖
	有地下水开挖基坑	集水坑排水;深井降水;井点降水
	无支护开挖基坑	草袋围堰;钢板桩围堰;土围堰
	有支护开挖基坑	挡板支护;钢板桩支护;喷射混凝土支护
桩基础	沉入桩	锤击法;振动法;静力压桩法;射水辅助沉桩;预钻孔辅助沉桩
	人工挖孔灌注桩	砖护壁挖孔;混凝土护壁挖孔;钢套管护壁挖孔
	机械成孔灌注桩	螺旋钻机成孔法;潜水钻机成孔法;冲击钻机成孔法;正循环回转成孔法;反循环回转成孔法;冲抓钻机成孔法;旋挖钻成孔法
沉井基础	普通沉井基础	排水开挖下沉法
		不排水开挖下沉法
	特殊沉井基础	空气幕下沉法
		泥浆润滑套下沉法
管柱基础		射水振动下沉;吸泥振动下沉
地下连续墙		抓斗式挖掘浇筑法;冲击挖掘浇筑法;回旋式挖掘浇筑法

的一种基础形式,一般采用明挖基坑的方法进行施工,故又称为明挖扩大基础或浅基础。其主要特点是:

(1) 由于能在现场用眼睛确认支承地基的情况下进行施工,因而施工质量可靠;

(2) 施工时的噪声、振动和对地下污染等建设公害较小;

(3) 与其他类型的基础相比,施工所需的操作空间较小;

(4) 在多数情况下,比其他类型的基础造价省、工期短。

扩大基础施工的顺序是开挖基坑,对基底进行处理(当地基的承载力不满足设计要求时,需对地基进行加固),然后砌筑圬工或立模、绑扎钢筋、浇筑混凝土。其中,开挖基坑是施工中的一项主要工作,而在开挖过程中,必须解决挡土与止水的问题。

当土质坚硬时,对基坑的坑壁可不进行支护,仅按一定坡度进行开挖。在采用土、石围堰或土质疏松的情况下,一般应对开挖后的基坑坑壁进行支护加固,以防止坑壁坍塌。支护的方法有挡板支护加固、混凝土及喷射混凝土加固等。

扩大基础施工的难易程度与地下水处理的难易有关。当地下水位高于基础的设计底面标高时,施工时则须采取止水措施,如打钢板桩或考虑采用集水坑用水泵排水、深井排水及井点法等使地下水位降低至开挖面以下,以使开挖工作能在干燥的状态下进行。但扩大基础的各种施工方法都有各自特有的制约条件,在选择时应特别注意。

3.1.2 桩基础

桩是深入土层的柱形构件,其作用是将作用于桩顶以上的荷载传递到土体中的较深处。

根据不同情况,桩可以有不同的分类法。现按成桩方法对桩进行分类,并分别叙述其不同的施工方法和工艺如下:

(1) 沉入桩

沉入桩是将预制桩用锤击打或用振动法沉入地层至设计要求标高。预制桩包括木桩、混凝土桩和钢桩，一般有如下特点：

1) 因在预制场内制造，桩身质量易于控制，质量可靠；
2) 沉入施工工序简单，工效高，能保证质量；
3) 易于水上施工；
4) 多数情况下施工噪声和振动的公害大，污染环境；
5) 受运输和起吊设备能力等条件的限制，其单节预制桩的长度不能过长；沉入长桩时要在现场接桩；桩的接头施工复杂、麻烦，且易出现构造上的弱点；接桩后如果不能保证全桩长的垂直度，将降低桩的承载能力，甚至在沉入时造成断桩；
6) 不易穿透较厚的坚硬地层，当坚硬地层下仍存在较弱层，设计要求桩必须穿过时，则需辅以其他施工措施，如射水或预钻孔等；
7) 当沉入地基的桩超长时，需截除其超长部分，截桩不仅较困难，且不经济。

沉入桩施工方法主要有：锤击沉入桩、振动沉入桩、静力压桩、辅助沉桩等。

(2) 灌注桩

灌注桩是在现场采用钻孔机械（或人工）将地层钻挖成预定孔径和深度的孔后，将预制成一定形状的钢筋骨架放入孔内，然后在孔内灌入流动的混凝土而形成桩基。水下混凝土多采用垂直导管法灌注。灌注桩特点是：

1) 与沉入桩的锤击法和振动法相比，施工噪声和振动会小得多；
2) 能修建比预制桩的直径大的桩；
3) 与地基土质无关，在各种地基上均可使用；
4) 施工时应特别注意孔壁坍塌形成的流砂，以及孔底沉淀等的处理，施工质量的好坏，对桩的承载力影响很大；
5) 因混凝土是在泥水中灌注的，混凝土质量较难控制。

灌注桩施工按成孔的机械不同，通常有旋转锥钻孔法、潜水钻机成孔法、冲击钻机成孔法、正循环回转法、反循环回转法、冲抓钻机成孔法以及人工挖孔法等。

(3) 大直径桩

一般认为，直径2.5m以上的桩可称为大直径桩。目前最大桩径已达6m。近年来，大直径桩在桥梁基础中得到广泛应用，结构形式也越来越多样化，除实心桩外，还发展了空心桩。大直径桩与普通桩在施工上的区别主要反映在钻机选型、钻孔泥浆及施工工艺等方面。

3.1.3 沉井基础

沉井基础是一种断面和刚度均比桩的孔径和刚度大得多的筒状结构，施工时在现场重复交替构筑并开挖井内土方，使之沉落到预定的地基上。在岸滩或浅水中建造沉井时，可采用"筑岛法"施工；在深水中建造时，可采用浮式沉井，先将其浮运至预定位置，再进行下沉施工。按材料、形状和用途不同，可将沉井分成很多种类，但各种沉井基础均有如下的共同特点：

(1) 沉井基础的适宜下沉深度一般为10～40m；
(2) 与其他基础形式相比，沉井基础的抗水平力作用能力及竖直支承力均较大，由于刚度大，其变形较小。

沉井基础施工的难点在于沉井的下沉，主要是通过从井孔内除土，清除刃脚正面阻力及沉井内壁摩阻力后，依靠其自重下沉。沉井下沉的方法可分为排水开挖下沉和不排水开挖下沉。另外还有加压重，采用高压射水或炮振（必要时），降低井内水位减少浮力以增加沉井自重，采用泥浆润滑套或空气幕等一些沉井下沉的辅助施工方法。

3.1.4 管柱基础

管柱基础因其施工的方法和工艺相对来说比较复杂，所需的机械设备也较多，一般的桥梁极少采用，仅当桥址处的水文地质条件十分复杂，应用通常的基础施工方法不能奏效时，方采用这种基础形式。因此，对于大型的深水或海中基础，特别是深水岩面不平、流速大的地方采用管柱基础是比较适宜的。

管柱基础的施工一般包括：管柱预制、围笼拼装与浮运，下沉定位和下沉管柱以及在管柱底基岩上钻孔，在管柱内安放钢筋笼并灌注水下混凝土等内容。管柱有钢筋混凝土管桩、预应力钢筋混凝土管桩和钢管三种。其下沉方法与前述沉入桩类似，大多采用振动法并辅以射水、吸泥等措施。管柱的下沉必须要有导向装置，浅水时可用导向架，深水时则用整体围笼。

3.1.5 地下连续墙

地下连续墙是用膨润土泥浆进行护壁，在防止开挖壁面坍塌的同时，按设计位置开挖一条狭长端圆的深槽，然后将钢筋骨架放入槽内，并灌注水下混凝土，从而在地下形成连续墙体的一种基础形式。该方法目前在国内还多用于临时支挡设施，在国外则已有作为永久基础的实例。地下连续墙有墙式和排柱式之分，但一般多用墙式。地下连续墙的特点有：

（1）施工时噪声、振动小；

（2）墙体刚度大，截水性能优良，对周边地基无扰动；

（3）获得的支承力大，可用作刚性基础，将墙体进行适当组合，可用以代替桩基础和沉井基础；

（4）可用于逆法施工，并适用于多种地基条件；

（5）在挖槽时因采用泥浆护壁，如管理不当，有槽壁坍塌的问题。

地下连续墙的施工方法种类甚多，根据机械类型和开挖方法可分为抓填式、冲击式和旋转切削式三类。

3.2 桥梁墩台施工方法

3.2.1 承台

位于旱地、浅水河中采用土石筑岛进行桩基施工的桥梁，其承台的施工方法与扩大基础的施工方法相类似，可采取明挖基坑、简易围堰后开挖基坑等方法进行施工。

对深水中的承台，可供选择的施工方法通常有：钢板桩围堰、钢管桩围堰、双壁钢围堰及套箱围堰等，不论何种围堰，其目的都是为了止水，以实现承台在干处施工。钢板桩和钢管桩围堰实际上是同一类型的围堰形式，只不过所用材料不同；双壁钢围堰通常是将桩基和承台的施工一并考虑，在桩顶设钻孔平台，桩基施工结束后拆除平台，在堰内进行承台施工；套箱多采用钢材制作，分有底和无底两种类型，根据受力情况不同又可设计成单壁式或双壁式。

3.2.2 墩（台）身

墩（台）身的施工方法根据其结构形式的不同而各异。对结构形式较简单、高度不大的中、小桥墩（台）身，通常采取传统的方法，立模（一次或几次）现浇施工。对于中、小桥梁，有的设计为石砌墩（台）身，其施工工艺虽较简单，但必须严格控制砌石工程的质量。

3.3 桥梁上部结构施工方法

桥梁上部结构的形式是多种多样的，其施工方法的种类也较多，但除一些比较特殊的施工法之外，大致可分为预制安装和现浇两大类。现将常用一些施工方法（见表1-3）的特点和适用性分述如下：

桥梁上部结构施工方法 表1-3

施工形式	主要施工工艺和方法
预制安装法	自行式吊车吊装；跨墩龙门安装；架桥机安装；扒杆吊装；浮吊架设；浮运整孔架设；缆索吊装；提升；逐孔拼装；悬臂拼装
现浇法	固定支架法；逐孔现浇法；悬臂现浇法
转体法	平转施工法；竖转施工法
劲性骨架法	型钢骨架法；钢管骨架法

3.3.1 预制安装法

预制安装可分为预制梁安装和预制节段式块件拼装两种类型。前者主要指装配式的简支梁板，如空心板梁、T形梁、I形梁及小跨径箱（形）梁等的安装，然后进行横向联结或施工桥面板而使之成为桥梁整体；后者则将梁体（一般为箱梁）沿桥轴向分段预制成节段式块件，运到现场进行拼装，其拼装方法一般多采用悬臂法。连续梁、T构、刚构和斜拉桥都可应用这种方法进行施工。

(1) 自行式吊车吊装法

这种吊装法多采用汽车吊、履带吊等机械，有单吊和双吊之分，此法一般适用于跨径在30m以内的简支梁板的安装作业。在现场吊装孔跨内或引道上应有足够设置吊车的场地，同时应确保运梁道路的畅通，吊车的选定应充分考虑梁体的质量和作业半径后方可决定。

(2) 跨墩龙门安装法

在墩台两侧顺桥向设置轨道，其上安置跨墩的龙门吊，将梁体在吊起状态下运到架设地点安装在预定位置。此法一般可将梁的预制场地安排在桥头引道，以缩短梁体的运距。其优点是：施工作业简单、迅速，容易保证施工安全。但要求架设地点的地形应平坦且良好，梁体应能沿顺桥向搬运，桥墩不能太高。因设备的费用较大，架设安装的孔跨数不能太少。

(3) 架桥机安装法

这是预制梁的典型架设安装方法。在孔跨内设置安装导梁，以此作为支承梁来架设梁体，这种作为支承梁的安装梁结构称为架桥机。目前架桥机的种类甚多，有专用的架桥机设备，也有应用常备构件（万能杆件和贝雷桁片等）自行拼装而成的。按形式的不同，架桥机又可分为单导梁、双导梁、斜拉式和悬吊式等等。悬臂拼装和逐跨拼装的节段式桥梁也经常采用专用的架桥机设备进行施工。其特点是：不受架设孔跨的桥墩高度影响，亦不受梁下条件的影响；架设速度快，作业安全度高，对于跨数较多的桥梁更具优越性。

(4) 扒杆吊装法

扒杆吊杆是一种较原始但简单易行的方法，对一些质量轻的小型构件比较适宜，目前已很少采用。但近年国内亦有采用扒杆吊装大跨径（330m）桁式拱的经验，单件吊装最大重量达200t。

(5) 浮吊架设法

这种方法一般适用于河口或海上长大桥梁的架设安装，包括整孔架设和节段式块件的悬臂拼装。采用此法施工工期较短，但梁体的补强、趸船的补强以及趸船、大型吊具、架设用的卡具等设备均较大型化。浮吊和趸船移动，会使梁体产生摇动，因此在装载、浮运架设过程中应充分考虑其倾覆问题。

(6) 浮运整孔架设法

是将梁体用趸船载运至架设地点后进行架设安装的方法，可有两种方式：第一种方式是用两套卷扬机（或液压千斤顶装置）组合提升吊装就位；第二种方式是利用趸船的吃水落差将整体梁体安装就位。

(7) 缆索吊装法

当桥址位于深谷、急流等处，桥下净空不能利用时，在桥台或桥台后方设立钢塔架，塔架上悬挂缆索，以缆索作为承重索进行架设安装的施工方法。缆索吊装法较多地应用于拱桥的拼装施工，并有直吊式和斜拉式之分。梁式桥及其他桥型亦有采用此法施工的。缆索吊装法比其他方法的架设机械庞大且工期长，采用时对其经济性应进行充分分析。

(8) 提升法

提升法有两种形式：一是采用卷扬机装置进行提升，适用于悬臂拼装的桥梁；另一种是采用液压式千斤顶装置进行连续提升，适用于重型构件的架设安装。

(9) 逐孔拼装法

逐孔拼装法一般适用于节段式预应力混凝土连续梁的施工。在施工的孔跨内搭设落地式支架或采用悬吊式支架，将节段预制块件按顺序吊放在支架上，然后在预留孔道内穿入预应力筋，对梁施加预应力使其成为整体，这种方法形象的通俗名称为"穿糖葫芦"。

(10) 悬臂拼装法

悬臂拼装法多用于预应力混凝土梁体的施工，其他类型的桥梁亦可选用。此法是将梁体分节段预制，墩顶附近的块件用其他架设机械安装或现浇，然后以桥墩为对称点，将预制块件沿桥跨方向对称起吊、安装就位后，张拉预应力筋，使悬臂不断接长直至合拢的施工方法。悬臂拼装法施工速度快，桥梁上、下部结构可平行作业，预制块件的施工质量易控制，但预制节段所需的场地较大，大跨桥梁的施工中拼装精度要求较高，因此，此法可在跨径100~200m左右的大桥中选用。这种施工方法可不用或少用支架，施工时不影响通航或桥下交通，宜在跨深水、山谷和海上进行施工，并适用于变截面预应力混凝土梁桥。

3.3.2 现浇法

(1) 固定支架法

这是在桥跨间设置支架、安装模板、绑扎钢筋、现场浇筑混凝土的施工方法，特别适用于旱地上的钢筋混凝土和预应力混凝土中小跨径连续梁桥的施工。支架按其构造的不同可分为满布式、柱式、梁式和梁柱式几种类型，所用材料有门式支架、扣件式支架、碗扣式支架、贝雷桁片、万能杆件及各种型钢组合构件等。在这种施工法中，支架虽为临时结构，但施工中需承受梁体的大部分恒重，因此必须有足够的强度和刚度，同时支架的地基要可靠，必要时需对地基进行加固处理。固定支架法施工的特点是：梁的整体性好，施工平稳、可靠，不需大型起吊设备，施工中无体系转换的问题，但需要大量施工支架，并需要有较大的施工场地。

（2）逐孔现浇法

1）在支架上逐孔现浇施工

这是一种与前述的固定支架法相类似的施工方法；逐孔现浇施工与固定支架法的区别是仅在梁的一孔（或二孔）间设置支架，完成后将支架整体转移到下一孔进行连续施工，因此这种方法可仅用一孔（或二孔）的支架和模板周转使用，所花施工费用较少。

2）移动模架逐孔现浇施工

这种方法是使用不着地移动式的支架和装配式的模板进行连续地逐孔现浇施工。此法对于多跨长桥如高架桥、海湾桥使用十分方便，施工快速，安全可靠，机械化程度高，节省劳动力，减轻劳动强度，少占施工场地。施工时不会受桥下各种条件的影响，能周期循环施工，同时也适用于弯、坡、斜桥。但因其模架设备的投资较大，拼装与拆除都较复杂，所以此法一般适用于跨径20～50m的预应力混凝土连续梁桥的施工，且桥长至少应在500m以上。

移动模架可分为：在梁下以支架梁等支承梁体重量的活动模架（支承式）和在桥面上设置的主梁以支承梁重的移动悬吊模架两种形式。

（3）悬臂拼装法

这种方法最常用的是采用挂篮悬臂浇筑施工，在桥墩两侧对称逐段就地浇筑混凝土，待混凝土达到一定强度后张拉预应力筋，移动挂篮继续进行施工，使悬臂不断接长，直至合拢。挂篮的构造形式很多，通常由承重梁、悬吊模板、锚固装置、行走系统和工作平台几部分组成。挂篮的功能是：支承梁段模板，调整位置，吊运材料机具，浇筑混凝土，拆模和在挂篮上进行预应力张拉工作。挂篮除强度应保证安全可靠外，还要求造价省，用材料少，操作使用方便，变形小，稳定性好，装拆移动灵活和施工速度快等。

悬臂浇筑施工不需在跨间设置支架，使用少量施工机具设备，便可以很方便地跨越深谷和河流，适用于大跨径连续梁桥的施工。同时根据施工受力特点，悬臂施工一般宜在变截面梁中使用。

（4）顶推法

顶推施工是在桥台的后方设置施工场地，分节段浇筑梁体，并用纵向预应力筋将浇筑节段与已完成的梁体联成整体，在梁体前端安装长度为顶推跨径0.7倍左右的钢导梁，然后通过水平千斤顶施力，将梁体向前方顶推出施工场地。重复这些工序即可完成全部梁体的施工。顶推法最早是1959年在奥地利的阿格尔桥上使用的，其特点是：由于作业场所限定在一定范围内，可设置顶棚使施工不受天气影响，全天候施工。连续梁的顶推跨径以

30~50m 左右最为经济有利。如竣工跨径大于此值，则需有临时墩等辅助手段。逐段顶推施工宜在等截面的预应力混凝土连续梁桥中使用，也可在结合梁和斜拉桥的主梁上使用。用顶推法施工，设备简单、施工平稳、噪声低、施工质量好，可在深谷和宽深河道上的桥梁、高架桥以及等曲率曲线桥、带有部分竖曲线的桥和坡桥上采用。

顶推施工的方法依顶推作用点不同可分为单点顶推和多点顶推两种。

3.3.3 转体施工法

转体法多用于拱桥的施工，亦可用于斜拉桥和刚构桥。这种施工法是在岸边立支架（或利用地形）预制半跨桥梁的上部结构，然后借助上、下转轴偏心值产生的分力使两岸半跨桥梁上部结构向桥跨转动，用风缆控制其转速，最后至就位合拢。该法最适用于峡谷、水深流急、通航河道和跨线桥等地形特殊的情况，具有工艺简单、操作安全、所需设备少、成本低、速度快等特点。转体法分平转和竖转两种，施工中又分为有平衡重和无平衡重两种方式。

3.3.4 劲性骨架法

以钢骨架作为拱圈的劲性拱架，采用现浇混凝土包裹骨架，最后形成钢筋混凝土拱桥。这种埋入式拱架，国外称为"米兰拱"，骨架可采用型钢或钢管等材料制作。

3.4 桥梁施工方法的选择原则

施工方法的分类是一种按理论原理分析的办法，实际施工中不太可能仅采用分类中某一种施工方法；多数情况下是将几种方法组合起来应用的。另一方面，桥梁的施工方法很多，本书不可能全部包罗，即使在同一种方法中也有不同的情况，所需的机具、劳动力、施工步骤和施工期限也不一样。因此，在确定桥梁施工方法时应根据桥梁的设计要求、施工的现场、环境情况、设备和经验等各种因素综合分析考虑，以合理选择最佳的施工方法。

选择桥梁施工方法时应考虑的主要因素有：桥梁的结构形式和规模；桥位处的地形、自然环境和社会环境；施工机械和施工管理的制约；以往的施工经验；安全性和经济性等。

课题4 桥梁施工准备

施工准备工作的基本任务是为桥梁工程的施工准备必要的技术和物资条件，统筹安排施工力量和施工现场布置，是施工企业搞好目标管理，实现工程质量、成本、工期、安全等目标的重要依据，也是施工得以顺利进行的基本保证。

施工单位在承接了施工任务后，要尽快做好各项准备工作，创造有利的施工条件，使施工工作能连续、均衡、有节奏、有计划地进行，从而按质、按量、按期完成施工任务。

施工准备通常包括技术准备、劳动组织准备、物资准备和施工现场准备等工作。

4.1 技术准备

技术准备是施工准备的核心。任何技术上的差错和隐患都可能危及人身安全和造成质量事故，带来生命、财产和经济的巨大损失，因此必须认真做好技术准备工作。

4.1.1 熟悉设计文件、研究施工图纸并进行现场核对

施工单位在收到拟建工程的设计图纸和有关技术文件后，应尽快组织工程技术人员熟悉、研究所有技术文件和图纸，全面领会设计意图；检查图纸与其各组成部分之间有无矛盾和错误；几何尺寸、坐标、标高、说明等方面是否一致；技术要求是否正确；并根据现场情况进行核对。同时要作出详细记录，记录应包括对设计图纸的疑问和有关建议。

4.1.2 原始资料的进一步调查分析

对拟建工程进行实地勘察，进一步获得有关原始数据的第一手资料，对于正确选择施工方案、制定技术措施、合理安排施工顺序和施工进度计划是非常必要的。

1. 自然条件的调查分析

（1）地质

应了解的主要内容有：地质构造、墩（台）位处的基岩埋深、岩层状态、岩石性质、覆盖层土质、地基土的性质和类别以及承载力、土的冻结深度、妨碍基础施工的障碍物、地震级别和烈度等。

（2）水文

应了解的主要内容有：河流流量和水质、年水位变化情况、最高洪水位和最低枯水位的时期及持续时间、流速和漂浮物、地下水位的高低变化、含水层的厚度和流向；冰冻地区的河流封冻时间、融冰时间、流冰水位、冰块大小；受潮汐影响河流或水域中潮水的涨落时间、潮水位的变化规律和潮流等情况。

（3）气象

调查的内容一般包括：气温、气候、降雨、降雪、冰冻、台风（含龙卷风、雷雨大风等突发性灾害）、风向、风速等变化规律及历年记录，冬、雨期的期限及冬季地层冻结厚度等情况。

（4）施工现场的地形地物

2. 技术经济条件的调查分析

主要内容包括：施工现场的动迁状况、当地可利用的地方材料状况、水泥与钢材等材料供应状况、地方能源和交通运输状况、地方劳动力和技术水平状况、当地生活物资供应状况、可提供的施工用水用电状况、设备租赁状况、当地消防治安状况以及分包单位的实力状况等。

4.1.3 施工前的技术交底

技术交底一般由建设单位（业主）主持，设计、监理和施工单位（承包商）参加。先由设计单位说明工程的设计依据、意图和功能要求，并对特殊结构、新材料、新工艺和新技术提出设计要求，进行技术交底。然后由施工单位根据研究图纸的记录以及对设计意图的理解，提出对设计图纸的疑问、建议和变更。最后在统一认识的基础上，对所探讨的问题逐一做好记录，形成"设计技术交底纪要"，由建设单位正式行文，参加单位共同会签盖章，作为与设计文件同时使用的技术文件和指导施工的依据，以及建设单位与施工单位进行工程结算的依据。

4.1.4 制定施工方案、进行施工设计

在全面掌握设计文件和设计图纸，正确理解了设计意图和技术要求，以及进行以施工为目的的各项调查之后，应根据进一步掌握的情况和资料，对投标时初步拟定的施工方法

和技术措施等进行重新评价和深入研究,以制定出详尽的和更符合现场实际情况的施工方案。

施工方案一经确定,即可进行各项临时性结构的施工设计,诸如,基坑围堰、钻孔桩水上工作平台、预制场地和张拉台座、悬浇桥梁的挂篮、导梁或架桥机、模板支架及脚手架、施工便桥便道的设计等。施工设计应在保证安全的前提下,尽量考虑使用现有材料和设备,因地制宜,使设计出的临时结构经济适用、装拆简便、通用性强。

4.1.5 编制施工组织设计

施工组织设计是施工准备工作的重要组成部分,也是指导工程施工中全部生产活动的基本技术经济文件。编制施工组织设计的目的在于全面、合理、有计划地组织施工,从而具体实现设计意图,优质高效地完成施工任务。

4.1.6 编制施工预算

施工预算是根据施工图纸、施工组织设计或施工方案、施工定额等文件进行编制的。施工预算是施工企业内部控制各项成本支出、考核用工、签发施工任务单、限额领料以及基层进行经济核算的依据,也是制订分包合同时确定分包价格的依据。

4.2 劳动组织准备和物资准备

4.2.1 劳动组织准备

1. 建立组织机构

确定组织机构应遵循的原则是:根据工程项目的规模、结构特点确定机构中各职能部门的设置;人员的配备应力求精干,以适应任务的需要;坚持合理分工与密切协作相结合,分工明确,责权具体,以便于指挥和管理。

2. 合理设置施工班组

施工班组的建立,应认真考虑专业和工种之间的合理配置,技工和普(通)工的比例应满足合理的劳动组织,并符合流水作业生产方式的要求,同时还要制订出工程的劳动力需要量计划。

3. 集结施工力量,组织劳动力进场

进场后应对工人进行技术、安全操作规程以及消防、文明施工等方面的培训教育。

4. 施工组织设计、施工计划和施工技术交底

在单位工程或分部分项工程开工之前,应将工程的设计内容、施工组织设计、施工计划和施工技术等要求,详尽地向施工班组和工人进行交底,以保证工程能严格按照设计图纸、施工工艺、安全技术措施、降低成本措施和施工验收规范的要求进行施工;新技术、新材料、新结构和新工艺的实施方案和保证措施要落实;有关部位的设计变更和技术措施等事项必须贯彻执行。

5. 建立健全各项管理制度

通常有以下内容:

技术质量责任制度、工程技术档案管理制度、施工图纸会审制度、技术交底制度、技术部门及各级人员的岗位责任制、工程材料和构件的检查与验收制度、工程质量检查与验收制度、材料出入库制度、安全操作制度、机具使用保养制度等。

4.2.2 物资准备

物资准备工作的内容主要包括：

(1) 材料准备，如钢材、木材、水泥、砂石材料等。
(2) 工程施工设备的准备。
(3) 其他各种小型生产工具、小型配件等的准备。

4.3 施工现场准备

施工现场的准备工作，主要是为工程的施工创造有利的施工条件和物资保证。其具体内容如下：

4.3.1 施工控制网测量

按照勘测设计单位提供的桥位总平面图和测图控制网中所设置的基线桩、水准标高以及重要桩志的保护桩等资料，进行三角控制网的复测，并根据桥梁结构的精度要求和施工方案补充加密施工所需要的各种标桩，建立满足施工要求的平面和高程施工测量控制网。

4.3.2 补充钻探

桥梁工程在初步设计时所依据的地质钻探资料往往因钻孔较少、孔位过远而不能满足施工的需要，因此必须对有些地质情况不甚明了的墩位进行补充钻探，以查明墩位处的地质情况和可能的隐蔽物，为基础工程的施工创造有利条件。

4.3.3 搞好"三通一平"

"三通一平"是指水通、电通、路通和平整场地。为蒸汽养护及寒冷地区采暖的需要，还要考虑暖气供热的要求。

4.3.4 建造临时设施

按照施工总平面图的布置，建造所有生产、办公、生活、居住和储存等临时用房，以及临时便道、码头、混凝土搅拌站、构件预制场地等。

4.3.5 安装调试施工机具

对所有施工机具都必须在开工之前进行检查和试运转。

4.3.6 材料的试验和储存堆放

按照材料的需要量计划，及时提出材料的试验申请计划，如混凝土和砂浆的配合比和强度、钢材的机械性能等试验，并组织材料进场，按规定的地点和指定的方式进行储存堆放。

4.3.7 新技术项目的试制和试验

按照设计文件和施工组织设计的要求，认真组织新技术项目的试验研究。

4.3.8 冬、雨期施工安排

按照施工组织设计要求，落实冬、雨期施工的临时设施和技术措施，做好施工安排。

4.3.9 安全、环保及文明施工措施

建立安全、环保及文明施工等组织机构和有关的规章制度，提出和安排好安全、环保及文明施工等措施。这些对城市桥梁施工尤为重要。

4.3.10 建立健全施工现场各项管理制度

根据工程特点，制定施工现场必要的各项规章制度。

4.4 施工准备工作计划

为更好地落实各项施工准备工作，应根据各项准备工作的内容、完成时间和人员，编制出施工准备工作计划，将责任落实到人，并加强计划的检查和监督，以使准备工作能如期完成。

施工准备工作计划可参考表1-4。

施工准备工作计划　　　　　　　　　　　　　表1-4

序号	施工准备项目	简要内容	负责单位	负责人	起止期限		备注
					月日	月日	

课题5　桥梁施工测量

桥梁施工测量的主要任务是精确地测定墩台中心位置、桥轴线的测量及对构造物各细部构造的定位和放样。对大型桥梁来讲，首先必须建立平面控制网、高程系统及测量桥位中线（桥轴线）的长度，以确保桥梁走向、跨距、高程等符合规范和设计要求。

为使测量工作顺利进行，测量人员必须重视测量工作，具有熟练的操作技能、良好的协作精神及严格遵守测量规范的习惯。测量前必须做好必要的技术和组织准备工作；要熟悉设计文件、图纸和有关测设资料；要与监理单位办理好现场固定桩的交接工作；还应做好测量人员的分工、仪器的校验、施工步骤的制订等各项准备工作。

5.1 桥梁中线测量

测量桥轴线长度的方法，通常采用光电测距法（目前使用电子全站仪测量更为方便）、直接丈量法、三角网法等。对于直线桥梁可以直接采用此三种方法进行测量；对于曲线桥梁，应结合曲线桥梁的轴线在曲线上的位置而定。

5.1.1 光电测距法

近年来光电测距仪已得到广泛应用，其精度高、操作快、计算简便，在通视方面不受地形限制，是测定桥轴线比较好的一种仪器。

采用光电测距时应在气象比较稳定，大气透明度好，附近没有光电信号干扰的情况下进行，且应在不同的时间进行往返观测。观测时间的选择，应注意不要使反光镜面正对太阳的方向。

当照准方向时，待显示读数变化稳定后，测3、4次，取平均值，此平均值即为斜距。为了得到平距，还应读取垂直角，经倾斜改正后，即为单方向的水平距离观测值（如果用的是电子全站仪，可直接得到平距）。如果往返观测值之差在容许范围之内，则取往返观测值的平均值作为该边的距离观测值。

5.1.2 直接丈量法

沿桥各轴线方向，地势平坦，可以通视，则可采用直接丈量法测量桥轴线长度。这种方法所用设备简单，精度也可靠，是一般中小桥梁施工测量中常用的方法。

为了保证施工期间的长度丈量精度和量具精度的一致性，在量距之前应对所用的钢尺进行严格的检定，以便取得尺长改正数 ΔL。

用钢尺量距的方法如下：

(1) 沿桥轴线 AB 方向用经纬仪定线，钉出一系列木桩如图 1-45 所示，桩的标志中心偏离直线最大不得超过 $\pm 10\text{mm}$。为了便于丈量，桩的间距应比钢尺的全长略为短一些（约 20mm）。

(2) 用水准仪测出相邻桩顶间的高差，为了校核精确应测两次，读至 mm，两次高差之差应不超过 2mm。

(3) 丈量时应对钢尺施以标准拉力，每一尺段可连续测量三次，每次读数时均应变换钢尺的前后位置，以防差错。读数取至 0.1mm，三次测量结果的误差不得超过 1～2mm。在测量距离的同时应记下当时的温度，以便进行温度改正。

(4) 计算桥轴线长度。每一尺段的丈量结果应进行尺长改正 ΔL、温度改正 Δt 及倾斜改正 Δh。

5.1.3 三角网法

采用直接丈量法有困难时，或不能保证必要的精度时，可采用间接丈量法测定桥轴线，如图 1-46 所示。即把桥轴线 AB 作为三角网的一个边长，测量基线长度 AC、AD，用三角测量的原理测量并解算，即可得出桥轴线的长度 AB。

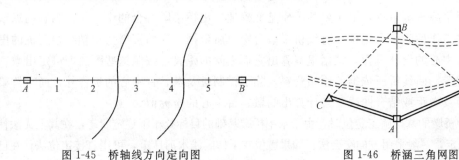

图 1-45 桥轴线方向定向图　　　图 1-46 桥涵三角网图

5.2 桥涵施工的高程测量

在桥梁施工阶段，除了建立平面控制，还需建立高程控制。一般在河流两岸分别布设若干个水准基点，作为施工阶段高程放样以及桥梁营运阶段沉陷观测的依据。因此，在布设水准基点时，点的密度及高程控制的精度，均应考虑这两方面的要求。布设水准点可由国家水准点引入，经复测后使用。

为了施工方便起见，应在基点的基础上设立若干施工水准点。基点是永久性的，它既要满足施工要求，又要满足变形观测时永久使用要求。施工水准点只用于施工阶段，要尽量靠近施工地点。

无论是基点还是施工水准点，均要选在地基稳固、使用方便，且不易破坏的地方。根据地形条件，使用期限和精度要求，可分别埋设混凝土标石、钢管标石、管柱标石或钻孔标石。

桥梁的施工水准网需要较高的精度施测，因为它直接影响桥梁各部高程放样的相对精度。规范要求 2000m 以上的特大桥一般为三等，1000～2000m 的特大桥为四等，1000m

以下的桥梁为五等。

跨河水准测量路线，应选在桥址附近且河面最窄处。为了避免折光影响，水准视线不宜跨过沙滩及施工区密集的地方。观测时间及气候条件，应选在物镜成像最稳定的时刻。为了提高精度，跨河桥梁的水面宽超过300m时，应采用双线过河，且应组成闭合环。并应注意以下几点：

（1）测量前应检校好仪器；

（2）应在坚实地面上设站和选定转点，并尽可能使前后视距相等；

（3）视线长度一般在100m以内，视线高度高于地面一般不小于0.3m，瞄准和读数时，要仔细对光，消除视差；

（4）读数前要严格使管式水准器内的气泡居中，读数后应及时检查气泡的位置；

（5）读数不要漏掉大数或零；

（6）标尺要扶竖直；

（7）仪器搬站时，前视尺垫不能动，但可以将标尺取下，在下站观测时，再将标尺放上；

（8）观测时间应选在成像清晰的时候，中午温度高、折光强时，不宜观测；

（9）阳光较强时，应使用遮阳伞。

5.3 桥梁墩台定位与轴线测量

在桥梁施工测量中，最主要的工作是准确地定出桥梁墩、台的中心位置和它的纵横轴线，这些工作称为墩台定位。直线桥梁墩台定位所依据的原始资料为桥轴线控制桩的里程和墩、台中心的设计里程，根据里程算出它们之间的距离，按照这些距离即可定出墩、台中心的位置。曲线桥所依据的原始资料，除了控制桩及墩、台中心的里程外，尚有桥梁偏角、偏距及墩距或结合曲线要素计算出的墩、台中心的坐标值。

水中桥墩的基础施工定位时，由于水中桥墩基础的目标处于不稳定状态，在其上无法使测量仪器稳定，一般采用方向交会法；如果墩位在干枯或浅水河床上，可用直接定位法；在已稳固的墩（台）基础上定位，可以采用方向交会法、距离交会法、极坐标法或直角坐标法。

5.3.1 直线桥梁的墩台定位

位于直线段上的桥梁，其墩、台中心一般都位于桥轴线的方向上，如图1-47所示。根据桥轴线控制桩A、B及各墩、台中心的里程，即可求得其间的距离。墩位的测设，根据条件可采用直接丈量法、光电测距法或交会法。

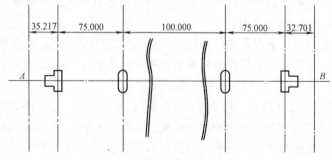

图1-47 直线桥梁位置图

(1) 直接丈量法

当桥墩位于地势平坦，可以通视，人可以方便通过的地方，用钢尺可以丈量时，可采用这种方法。丈量前钢尺要检定，丈量方法与测定桥轴线相同。不同的只是此处是测设已知长度，在测设前应将尺长改正数、温度改正数及倾斜改正数考虑在内，将已知长度转化为钢尺丈量长度。为了保证丈量精度，施测时的钢尺拉力应与检定时的钢尺拉力相同。

(2) 光电测距法

只要墩台中心处能安置反光镜，且经纬仪和反光镜之间能通视，则用此法是迅速方便的。但测设时应根据当时测出的气压、温度和测设距离，通过气象改正，得出测设的显示斜距。在测设出斜距并根据垂直角折算为平距后，与应有的（即设计的）平距进行比较，看两者是否相等。根据其差值前后移动反光镜，直至两者相符，则反光镜处即为要测设的墩位。

(3) 方向交会法

如图 1-48 所示，AB 为桥轴线，C、D 为桥梁平面控制网中的控制点，P_i 为第 i 个桥墩设计的中心位置（待测设的点）。A、C、D 三点上各安置一台经纬仪，A 点上的经纬仪瞄准 B 点，定出桥轴线方向；C、D 两点上的经纬仪均先瞄准 A 点，并分别测设根据 P_i 点的设计坐标和控制点坐标计算的交角，以正倒镜分中法定出交会方向线。

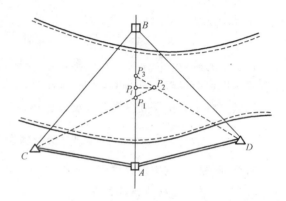

图 1-48 三方向交会法的误差三角形

理论上从 C、A、D 指来的三条方向线是交于一点的，该交点就是要测设的桥墩中心位置。但实际上由于测量误差的存在，三条方向线一般不是交于一点，而是构成误差三角形 $\triangle P_1 P_2 P_3$。如果误差三角形在桥轴线上的边长（$P_1 P_3$）在容许范围之内（对于墩底放样为 25mm，对于墩顶放样为 15mm），则取 C、D 两点指来的方向线的交点 P_2 在桥轴线上的投影 P_i 作为桥墩放样的中心位置。

(4) 极坐标及直角坐标法

在使用经纬仪加测距仪（或使用全站仪），并在被测设点位上可以安置棱镜的条件下，若用坐标法放出桥墩中心位置，则更为精确和方便。

对于极坐标法，原则上可以将仪器置于任何控制点上，按计算的放样数据——角度和距离测设点位。

对于全站仪，则还可以根据测站点、后视点及待放点的直角坐标，自动计算出待放点相对于测站点的极坐标数据，再以此测设点位。

5.3.2 墩台纵横轴线的测设

墩、台中心测设定位以后，尚需测设墩、台的纵横轴线，作为墩、台细部放样的依据。

在直线桥上，墩、台的横轴线与桥的纵轴线重合，而且各墩、台一致，可以利用桥轴线两端控制桩来标志横轴线的方向，不再另行测设标志桩。

在测设桥墩、台纵轴线时，应将经纬仪安置在墩、台中心点上，然后盘左、盘右以桥轴线方向作为后视，然后旋转90°（或270°），取其平均位置作为纵轴线方向，如图1-49所示。因为施工过程中经常要在墩台上恢复纵横轴线的位置，所以应于桥轴线两侧各布设两个固定的护桩。

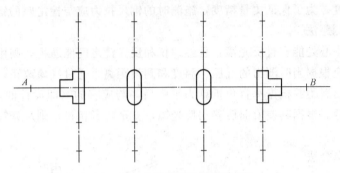

图1-49　直线桥梁纵横轴线图

在水中的桥墩，因不能架设仪器，也不能钉设护桩，则暂不测设轴线，等筑岛、围堰或沉井露出水面以后，再利用它们钉设护桩，准确地测设出墩、台中心及纵横轴线。

当墩、台定好位及其纵横轴线测设已毕，就为细部施工放样做好了准备。

5.4　桥涵细部施工放样

桥梁细部施工放样内容很多，不同结构形式放样方法也各异。

5.4.1　明挖基础的施工放样

在基础开挖前，应首先根据基底尺寸，开挖深度、放坡情况等计算出原地面的开挖边线，然后根据墩台中心及其纵横轴线即可放出基坑的边线。当基坑开挖到设计标高以后，应进行基底平整或基底处理，再在基底上放出墩台中心及其纵横轴线，作为安装模板、灌注混凝土基础及墩身的依据。

注意基坑底部尺寸应根据实际情况较设计尺寸每边增加0.5~1m的富余量，以便于支撑、排水与立模板。

基础或承台模板中心偏离墩台中心不得大于±20mm，墩身模板中心偏离不得大于±10mm；墩台模板限差为±20mm，模板上同一高程的限差为±10mm。

5.4.2　桩基础的施工放样

在墩基础的中心及纵横轴线已经测设完成的情况下，可以纵横轴线为坐标轴，根据设计提供的桩与墩中心的相对位置，用支距法放出各桩的中心位置，其误差为±20mm，如图1-50所示。放出的桩位经复核后方可进行施工。对于单排桩，桩数较少，也可根据已知资料，以极坐标法放样。水中桩位或沉井位置的放样，可参照水中墩位的施工放样方法，在水中平台或围堰等构筑物上测定桩或沉井的位置，经复测后方可进行基础

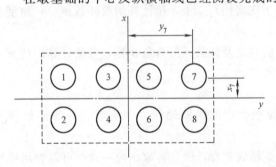

图1-50　纵横轴线坐标图

施工。

5.4.3 桥梁墩台的细部放样

墩身和台身的细部放样，也是主要以它的纵横轴线为依据，在立模板的外面需要预先画出它的中心线，然后在纵横轴线的护桩上架设经纬仪，照准该轴线方向上的另一护桩，根据这一方向校正模板的位置，直至模板中心线位于视线的方向上。

在施工过程中，经常要利用护桩恢复墩、台的纵横轴线，即在墩、台身一侧的护桩上架设经纬仪，照准另一侧的护桩。但墩身筑高以后，视线被阻，就无法进行，此时，可在墩身尚未挡视线以前，将轴线方向用油漆标记在已成的墩身上，以后恢复轴线时可在护桩上架设仪器，照准这个标志即可。

如果桥墩位于水中，无法标示出桥墩的纵横轴线时，可用光电测距仪或交会法恢复墩中心的位置。在用光电测距仪时，墩的横轴线方向是利用桥轴线的控制桩来确定的。在桥轴线一端的控制桩上安置仪器，照准另一端的控制桩，则视线方向即为桥轴线方向，也是墩的横轴线方向（直线桥）。在此视线方向上，于墩中心附近前后各找出一点 a_1 和 a_2 安置反光镜，测出它至控制桩的距离 d，于两点间用钢尺定出墩中心的位置，如图 1-51 所示。

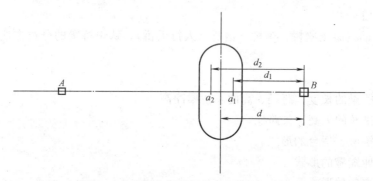

图 1-51 利用光电测距仪定出墩中心位置

利用交会法测设墩中心时，同前所述，应至少选三个以上的方向进行交会。误差三角形最大边在墩的下部不超过 25mm，在墩的上部不超过 15mm，取三角形的重心作为墩中心的位置。

在墩、台帽模板安装到位后应再一次进行复测，确保墩、台帽位置符合设计要求。模板位置中心的偏差不得大于 10mm，并在模板上标出墩顶标高，以便控制灌注混凝土的标高。当混凝土灌注至墩帽顶部时，在墩的纵横轴线及墩的中心处，可埋设中心标志，在纵轴线两侧的上下游埋设两个水准点，并测定出中心标志的坐标和水准点的高程，作为大致安置支座位置的参考依据，如图 1-52 所示。对于支座位置及高程的确定，由于牵涉桥梁荷载的设计和传递，应慎重对待，

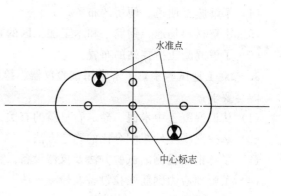

图 1-52 在墩顶埋设中心及水准点标志图

必须重新对其进行测量、放样，以避免误差的积累。

墩台各部分的高程，一般是通过设在墩、台身或围堰上的临时水准点来控制的，可直接由临时水准点用钢尺向上或向下量取距离来确定所需的高程，也可以采用水准仪，从已浇注的临近墩台上设置的临时水准点测量来控制。但是在墩台顶的最后施工阶段，应该采用水准仪直接施测来控制高程。

5.4.4 梁体施工时的测量工作

梁体施工是桥梁主体结构施工的最后一道工序。桥梁上部结构较为复杂，要求对墩台方向、距离和高程以较高的精度测定。由于各种桥梁结构不同，施工时的控制方法各异，在此仅做粗略说明。

墩台施工时，对其中心点位、中线方向和垂直方向以及墩顶高程都作了精密测定，但当时是以各墩台为单元独立进行的。梁体施工需要将相邻墩台联系起来，考虑其相关精度，中心点间的方向、距离和高差符合规范要求。

实 训 课 题

【观摩教学】

1. 参观钢筋混凝土梁桥、拱桥、钢桥（人行天桥），认识桥梁的分类方法和各组成部分的结构构造。

内容要求：

（1）认识桥梁的长度、跨径、高度及桥梁净高。

（2）了解拱桥的矢高、矢跨比。

（3）了解桥墩、桥台的形式。

（4）了解伸缩缝的形式。

（5）了解支座的形式。

2. 参观桥梁工程施工现场，了解施工准备工作内容及施工现场布置。

内容要求：

（1）了解施工平面布置图的要求。

（2）了解工地办公室、生活区的布置。

（3）了解施工用水、用电的布置。

（4）了解施工便道、便桥的布置。

（5）了解材料场地、钢筋工和木工加工区的布置。

（6）了解混凝土搅拌站的布置。

3. 参观工地试验室，了解常用试验仪器、检测设备及桥梁工程主要试验内容。

内容要求：

（1）认识混凝土中水泥、砂、石材料的有关试验方法及仪器设备。

（2）掌握混凝土砂浆配合比的确定方法。

（3）了解钢筋检测的试验方法及仪器设备。

（4）了解预应力钢筋张拉设备及检测方法。

【实操训练】

1. 结合某简支梁桥施工图进行识图,并计算各部位的工程量。

任务要求:

(1) 明确桥梁的各部位的尺寸。

(2) 计算桥梁各部位的混凝土、钢筋的工程量及附属构筑物的工程量。

2. 建立某桥梁工程施工控制网,并将墩、台进行放样。

任务要求:

(1) 建立桥梁平面控制网及高程控制网。

(2) 在地面上按规范要求精度放出墩台的尺寸。

思考题与习题

1. 名词解释

(1) 计算跨径

(2) 矢跨比

(3) 梁式桥

(4) 拱式桥

(5) 刚架桥

(6) 重力式桥台

2. 思考题

(1) 桥梁一般由那几部分组成?如何进行分类?

(2) 简述整体式板桥的配筋特点?

(3) 装配式板桥的截面形式有哪两种?各种截面形式的板厚、跨径一般是如何规定的?

(4) 装配式 T 形梁为何要设置横隔梁?横隔梁的构造有几种?

(5) 简述实腹式拱桥的主要组成部分。

(6) 桥墩的分类方法有几种?桥台一般分几种形式?

(7) 桥梁基础和上部结构的施工方法一般有几种?

(8) 桥梁施工的技术准备工作和现场准备工作有哪些内容?

(9) 桥梁中线的测量方法有几种?

单元2 桥梁下部工程施工

【知识点】

1. 扩大基础一般分浆砌片石、浆砌块石、片石混凝土和钢筋混凝土等几种形式。基坑开挖必须全面考虑气象、工程地质及水文地质条件，在确保基坑和周围环境安全的前提下，合理选用支护方式和降水措施，做到安全可靠、经济合理、便利施工、缩短工期的要求。

2. 桩基础是一种应用广泛的深基础形式，从施工方法上主要分沉桩（预制桩）和钻孔灌注桩两种。沉入桩是将木桩、混凝土桩或钢桩采用锤击或振动的方法沉入地层至设计要求标高。灌注桩是在现场采用钻孔机械（或人工）将地层钻挖成预定孔径和深度的孔后，将预先制成的钢筋骨架放入孔内，然后在孔内浇筑混凝土而形成。

3. 沉井基础是一种断面和刚度均比桩基础大很多的筒状深基础形式。施工时先在地面上预制，形成井状结构，然后在沉井内不断挖土，借助井体自重而逐步下沉到预定的地基上，然后进行封底，浇筑底板、顶板，形成桥梁基础。

4. 桥梁墩、台一般分为石砌墩、台和混凝土或钢筋混凝土墩、台，桥墩主要有实体桥墩、空心桥墩、柱式桥墩等形式，桥台一般分为重力式桥台和轻型桥台。

【教学目标】

通过本单元学习，应了解桥梁下部工程的施工程序、工艺要求和技术标准。重点掌握基坑开挖时降水和支护方法；沉入桩基础中钢筋混凝土桩的制作、下沉的方法；灌注桩基础成孔工艺、水下混凝土的浇注工艺；沉井基础的沉井制作、下沉方法及墩台施工中的石砌工艺和混凝土浇筑工艺。能基本掌握扩大基础的基底检验方法、桩基的桩身质量和单桩承载力检测方法。

课题1 明挖扩大基础施工

1.1 基坑开挖

基坑开挖是个临时性工程，安全储备相对小些。但不同地区有不同的地质条件，多种复杂因素交互影响，也应当引起高度重视。

基坑开挖造价较高，但是临时性工程，一般不愿投入较多资金，在软土和地下水位较高的地区开挖基坑，如果方法选择不合理，很容易产生土体滑移、基坑失稳、桩体变位、坑底隆起，支撑结构严重漏水和漏土，对周边建筑物、地下设施及管线的安全会造成很大威胁。在基坑开挖中，挡土、支护、防水、降水、挖土等都是紧密联系的环节，其中的某一环节失效将会导致整个工程的失败，处理十分困难，造成的经济损失影响往往会十分严重。

1.1.1 基坑开挖准备工作

基坑开挖与自然条件较为密切，施工中必须全面考虑气象、工程地质及水文地质条件，充分了解工程周围环境与基坑开挖的关系。在确保基坑及周围环境安全的前提下，合理地满足施工的易操作性和工期要求，准确地选用支护结构。根据工程的特点，选择合理的施工方案，充分吸取当地施工技术和工程成功经验及失败的教训，做到安全可靠、经济合理、便利施工、缩短工期的要求。

(1) 了解工程地质及水文地质资料

一般在施工前都要先掌握工程地质报告，对基坑所处的位置，相应地查找地层构造、土层的分类、土的参数、地层描述地质剖面图以及勘探点地质柱状图。地质勘探深度，一般在软土地层中要达到开挖深度的2～3倍。一般要求的勘探资料及土工参数见表2-1。

基坑工程施工所需的勘探资料及土工参数　　　　表2-1

标高(m)	深度(m)	层厚(m)	土的名称	标准贯入度击cm/30击	颗粒分析				土颗粒重力密度γ_s(kN/m³)	土天然重力密度γ_e(kN/m³)	天然含水量w(%)	液限w_L(%)	塑限w_p(%)	塑性指数I_p	液性指数I_L	孔隙比e	压缩系数a(kPa)	固结系数C_v	渗透系数		无侧限抗压强度q_u(kPa)	内摩擦角φ	粘聚力c(kPa)	均匀系数d_{60}/d_{10}	弹性模量(MPa)	十字板抗剪强度(kPa)
					砾(%)	砂(%)	粉土(%)	黏土(%)											水平k_h(cm/s)	垂直k_v(cm/s)						

1) 水文地质调查

基坑支护方案和开挖施工方案中，必须查清基坑处的水文地质条件，为此在基坑施工前作如下水文地质调查：

a. 地下各层含水层地下水位的高度及升降变化规律。

b. 地下各层土层竖向和水平向的渗透系数。

c. 潜水、承压水的水质、水压及地下贮水层流向。

d. 特别要注意可能导致基坑失稳的流砂和水土流失问题，注意调查研究关于黏性土中的薄砂层流动的可能性。

2) 地下障碍物的勘探调查

基坑开挖前必须对基坑围护范围及其外周边以内地层中的地下障碍物进行勘探调查，以便采取必要的措施，勘探调查内容如下：

a. 是否存在旧的建筑物基础。

b. 是否存在废弃的地下室、人防工程、废井、废管道及其他管线。

c. 是否存在工业和建筑垃圾。

d. 是否存在有木桩和块石驳岸的暗流，老河道的深度、范围及走向。

(2) 工程周围环境调查

基坑的开挖带来地层的地下水位下降和水平位移会对周围建筑物、构筑物、道路管线及地下设施带来影响，因此在基坑支护结构、支撑及开挖施工时，必须对周围环境进行周密调查，采取措施，将基坑施工对周围环境的影响限制在允许范围内。为此，需调查如下内容：

1) 基坑周围邻近建筑的状况

a. 周围建筑物分布状况（地形现状图）。

b. 周围建筑物与基坑边线的平面距离。

c. 周围建筑物性质、结构形式及各建筑物在不同沉降下的反应，则需收集这些方面的资料，作出标记，进行照相和绘图形成原始资料并对其承受变形的性能做出分析鉴定。

2) 周围管线及地下构筑物设施状态

a. 场地内和邻近地区地下管道资料：包括管道使用功能，管道与基坑相对位置、埋深、管径、埋设年代、构造及接头形式等，主要管线有煤气、热力、上水、电缆、下水等。

b. 地下构筑物及设施（人防、共同沟、地铁隧道、公路隧道、地铁车站、地下车库、地下商场、地下通道、地下油库）的建筑结构平面及剖面资料，基础形式与基坑相对位置。

3) 周围道路状况

a. 周围道路的性质、类型、宽度。

b. 交通状况（交通流量、车载重量）。

c. 交通通行规则（单行道、双行道、禁止停车）。

d. 道路路面结构、道路基础及损坏的修复方法。

4) 邻近地区对地面沉降很敏感的建筑设施资料和要求

烟囱、变电站、气柜、锅炉、电视塔、医疗手术设施、化工装置、精密仪表设备、铁路道轨、铁路信号机柱及基础、铁路道岔、铁路上的信号和电话通讯电缆。

5) 地下障碍

废旧管道的管径、长度、埋深、贮水量、管道结构状况、废弃的水井、废旧桥梁驳岸基础、工业或建筑垃圾坑。

(3) 掌握工程的施工条件

基坑的现场施工条件也是确定基坑施工方案重要的依据，主要有以下几个方面：

1) 根据施工现场所处地段的交通、行政、商业及特殊情况，了解是否允许在整个施工期间进行全封闭施工或阶段性封闭施工。如工地处于交通要道处等，政府部门给予场地的封闭时间是有限的、阶段性的，则在基坑开挖时必须采取具体措施，以满足交通要求。

2) 了解所处地段是否对基坑围护结构及开挖支撑施工的噪声和振动有限制，以决定是否采用锤击式打入或振动式打入进行围护桩施工和支撑拆除。

3) 了解施工地段是否有场地可供钢筋加工制作、施工设备停放、施工车辆进出和土方材料堆放。如场地不能满足，则必须选择土方外运和其他场地。

4) 了解当地的常规施工方法、施工设备、施工技术，在安全可靠经济合理的前提下，因地制宜确定施工方案，使施工方法适应当地的情况。

1.1.2 无支护加固坑壁的基坑开挖

(1) 适用条件

1) 在干涸无水河滩和河沟中，或虽有水但经改河或筑堤能排除地表水的河沟中；

2) 地下水位低于基底，或渗透量小，不影响坑壁的稳定；

3) 基础埋置不深，施工期较短，挖基坑时不影响邻近建筑物的安全。

(2) 基坑底平面尺寸

雨期施工，有基坑排水设计或基础模板设计的，依设计所需基坑大小而定；基础地基需要进行加固的，按设计加固范围和作业需要确定；一般情况按基础平面尺寸四周各边增宽 0.5～1.0m，以便在基础底面外安置基础模板，设置排水沟、集水坑。在干旱晴天施工时坑壁垂直的无水基坑坑底，可按基础平面尺寸不必加大，直接利用垂直坑壁作外模浇（砌）筑基础。

(3) 基坑形式

1) 垂直坑壁基坑（图 2-1a）

对于天然湿度接近最佳含水量，构造均匀，不致发生坍滑、移动、松散或不均匀下沉的基土，基坑可采取垂直坑壁的形式。

不同土类状态的垂直坑壁基坑容许深度见表 2-2。基坑深度超过表 2-2 规定时按下述 2)、3) 处理。

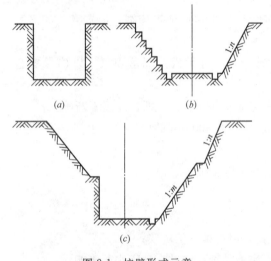

图 2-1 坑壁形式示意
(a) 垂直坑壁；(b) 斜坡和阶梯形坑壁；(c) 变坡度坑壁

无支护加固的垂直坑壁基坑容许深度

表 2-2

土　类	容许深度(m)
密实、中密的砂类土和砾类土（充填物为砂类土）	1.00
硬塑、软塑的低液限粉土、低液限黏土	1.25
硬塑、软塑的高液限黏土、高液限黏质土夹砂砾土	1.50
坚硬的高液限黏土	2.00

2) 斜坡和阶梯形坑壁基坑（图 2-1b）

基坑深度在 5m 以内，土的湿度正常，土层构造均匀，基坑坑壁坡度可参考表 2-3，采用斜坡开挖或按相应斜坡高、宽比值挖成阶梯形坑壁，每梯高度以 0.5～1.0m 为宜。阶梯可兼作人工运土的台阶。

基坑深度大于 5m 时，可参照表 2-3 坑壁坡度适当放缓，或加做平台。土的湿度超过坑壁稳定的湿度时，应采用缓于该湿度土的天然坡度，或采取加固坑壁的措施。

3) 变坡度坑壁基坑（图 2-1c）

开挖穿过不同土层时，坑壁边坡可按各层土质采用不同坡度。当下层土质为密实黏质土或岩石时，下层可采用垂直坑壁。在坑壁坡度变换处可视需要设至少 0.5m 宽的平台。

(4) 施工注意事项

1) 基坑开挖前应先做好地面排水，在基坑顶缘四周应向外设排水坡，并在适当距离设截水沟，且应防止水沟渗水，以免影响坑壁稳定；

基坑坑壁坡度　　　　表 2-3

坑 壁 土 类	坑壁坡度（高：宽）		
	基坑顶缘无荷载	基坑顶缘有静载	基坑顶缘有动载
砂类土	1：1	1：1.25	1：1.5
砾类土	1：0.75	1：1.0	1：1.25
粉质土、粉土质砂	1：0.67	1：0.75	1：1.0
黏质土	1：0.33	1：0.5	1：0.75
极软岩	1：0.25	1：0.33	1：0.67
软质岩	1：0	1：0.1	1：0.25
硬质岩	1：0	1：0	1：0

2) 坑缘边应留有护道，静载（弃土及材料堆放）距坑缘不小于0.5m，动载（机械及机车通道）距坑缘不小于1.0m；在垂直坑壁坑缘边处护道应适当增宽，堆置弃土的高度不得超过1.5m；

3) 施工时应注意观察坑缘顶地面有无裂缝，坑壁有无松散塌落现象，以确保安全施工；

4) 基坑施工不可延续时间过长，自基坑开挖至基础完成，应抓紧连续不断施工；

5) 如用机械开挖基坑，挖至坑底时应保留不小于300mm的厚度，待基础浇砌圬工前，再用人工挖至基底标高；

6) 相邻基坑深浅不等时，一般按先深后浅的顺序施工。

1.1.3 挡板支护坑壁的基坑开挖

(1) 适用条件

在下列情况下宜采用挡板支护坑壁：

1) 基坑坑壁土质不易稳定，并有地下水的影响；

2) 放坡开挖工程量过大，不符合多快好省要求；

3) 受施工场地或邻近建筑物限制，不能采用放坡开挖。

(2) 支护坑壁的形式

木挡板支护坑壁有垂直挡板式和水平挡板式两种。不同支护形式的适用范围和支护方法见表2-4。此外还有用水平挡板与垂直挡板混合支护的形式，即上层用水平挡板连续支护至一定深度后改用垂直挡板支护，见图2-2。

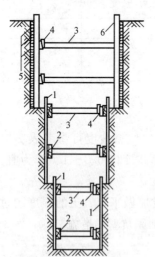

图 2-2　水平挡板与垂直挡板混合支护

1—垂直挡板；2—水平横枋；3—撑木；4—锲木；5—水平挡板；6—立木

(3) 挡板支护坑壁的基坑开挖

挡板支护坑壁要根据坑壁的土质情况，采取挡板紧密铺设或间隔铺设、一次挖成或分段开挖，但每次开挖不宜超过2m。坑壁支护木材应采用质量良好的针叶材，如松木、杉木，不宜使用杂木。楔块、垫木宜用硬木。

挡板与坑壁间的空隙应用原土填实，使挡板与土壁严密接触。

挡板支护坑壁形式　　　　表2-4

序号	支护名称	适用范围	简图(剖面)	支护方法
1	垂直挡板支护	硬塑状黏质土，基坑尺寸较小，深度≤3m，一次开挖到底		挖至设计高程后，立即设置垂直挡板1，两侧上下各设水平横枋2一根，用撑木3及楔木4顶紧。如土质允许，在垂直挡板间亦可酌留间隔
2	垂直挡板支护	软塑或硬塑状的黏质土分层开挖，可达较大深度。缺点是出土不太方便		挖至可能的深度(不加支护，短期内能稳定)后设置垂直挡板，两侧上下设置水平横枋2一根，用撑木3及楔木4顶紧。继续下挖，随挖随打下垂直挡板加横枋、撑木并楔紧。依次不断下挖，如法支撑直至基底
3	水平挡板间断支护	硬塑状黏质土，深度≤3m		两侧挡板5水平设置，用撑木3及楔木4顶紧，挖一层、支顶一层
4	水平挡板断续支护	硬塑状黏质土，密实砂类土深度≤5m，一次开挖到底		挡板5水平设置，挡板间酌留间隔，两侧对称设立木6，用撑木3及楔木4顶紧
5	水平挡板连续支护	软塑状黏质土，中密或稍松砂类土，深度≤5m，一次开挖到底		挡板5水平设置，互相紧靠不留间隔，两侧对称设立木6，用撑木3及楔木4顶紧
6	水平挡板连续支护	软塑状黏质土，中密或稍松砂类土，分层开挖，深度不限		挖至可能的深度(不加支撑短时期内能稳定)，然后水平设置挡板5，互相紧靠不留间隔，两侧对称设立木6，用撑木3及楔木4顶紧。继续下挖，依次如法支挡直至基底

续表

序号	支护名称	适用范围	简图(剖面)	支护方法
7	水平挡板锚拉式支护	用挖掘机开挖的较大基坑,不能安装横撑的		柱桩12一端打入土内,另一端用锚杆7与远处锚柱8拉紧,挡板5水平设置在柱桩12的内侧。档土板内侧回填土9
8	水平挡板斜柱支护	用挖掘机开挖的较大基坑,不能安装横撑又不能采用锚拉式支撑的		挡板5水平设置在柱桩12的内侧,由斜柱10支撑,斜柱的底端顶在撑桩11上,然后在挡土板内回填土9
9	水平挡板短柱支护	开挖宽大的基坑,下部放坡不足或有小规模坍塌,基底为石或硬土		小短木桩(或钢钎)11一半露出地上,一半打入地下,地上部分背面水平设置挡板5后回填土9
10	临时挡土墙支护	开挖宽大基坑当部分地段下部放坡不足时		沿坡脚用石块或草袋装土13叠砌

坑壁土压因土的湿度增加而变大,可能影响支撑的变形,故应随时检查,防止出现受力不匀和应力集中等情况。检查时除观察支撑变形、开裂等现象外,可用小锤敲击,按音响判别受力大小。受力小的音钝,受力大的音脆;受力过大的支木会发出格格响声;对已变形或受力过大的支撑,应随即加固或更换。加固的方法有打紧受力较小部分的楔木,或增加立木、撑木等。

施工中应注意防止碰撞撑木,在有可能碰撞的撑木部位,应加设垂直护板或采取其他有效措施。

换移支撑时,应先设新撑再拆旧撑。支撑施工时应预先考虑完工后拆除支撑的次序,一般应按立木或直挡板分段分层逐步进行,拆除一段(或一层)并经回填夯实后再拆一段(或一层),直至地面。

1.1.4 加固坑壁的基坑开挖

加固坑壁一般采用混凝土或钢筋混凝土以及喷射混凝土或钢筋网喷锚混凝土进行加固,适用范围较广,适用于直径或边长为1.5～10.0m,深度为6～30m的较大基坑,以及地下水渗流不严重的各类土质基坑。

基坑平面有矩形、圆形、圆端矩形，而以圆形坑壁受力较为有利。井壁有等厚度、变厚度及逐节向内收缩等形式。向内变厚与逐节收缩的井壁适用于土压较大的较松软土质，但内壁各节尺寸不一，将要增加现浇混凝土模板规格和支安工作量，如图 2-3 所示。

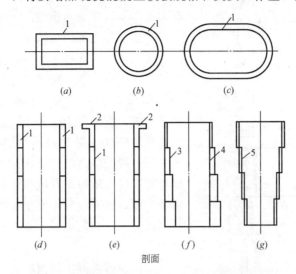

图 2-3 混凝土加固坑壁基坑平面及井壁形式示意

(a) 矩形；(b) 圆形；(c) 圆端矩形；(d) 井壁等厚；(e) 井口设台座；(f) 井壁厚度不等；(g) 井壁逐节收缩

1—井壁；2—井口台座；3—向内变厚井壁；4—向外变厚井壁；5—逐节向内收缩的井壁

（1）现浇混凝土、钢筋混凝土加固坑壁

现浇混凝土加固坑壁需用的机械设备简单，模板以用定型钢模为宜，拆装简便，现以圆形基坑为例加以说明，如图 2-4 所示。

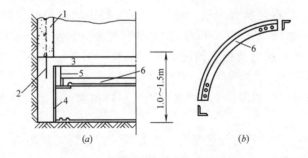

图 2-4 混凝土加固坑壁钢模示意

(a) 采用钢模的现浇混凝土护壁；(b) 钢模支撑

1—护壁混凝土；2—连接钢筋；3—浇筑口；4—钢模；5—$\phi 16mm$ 卡具；6—钢模支撑

基坑采取分节开挖，每节深度视土质稳定情况或既有定型钢模宽度而定，一般以 1.0~1.5m 为一节。每挖一节即安装模板、浇筑混凝土，再挖下一节，拆上节模板立下节模板，浇下节混凝土，如此循环作业直至设计深度。

安装模板时在上下节之间应留出高 200mm 的浇筑口，待该节混凝土灌满后用混凝土堵塞浇筑口。两节之间应预留连接钢筋。护壁厚度视基坑大小及坑壁土质而定，一般厚

55

80～150mm；混凝土强度等级应不低于C20，并掺加速凝剂。拆摸时间要根据掺速凝剂的效果和当时气温情况而确定，以混凝土达到支撑强度为准，一般需经24h以上方可拆模。

钢筋混凝土加固坑壁示意如图2-5所示。

施工程序与混凝土加固坑壁基本相同，只是增加绑扎钢筋工序。竖筋可用φ6或φ8，间距为200mm或250mm；水平主筋可用φ8～φ12，每米不少于4根，视侧壁土压而定。当土压较大时，可采取变厚度护壁（图2-3f），并对称设置内外双层水平主筋，所需钢筋截面积按偏心受压构件计算。根据基坑上层土质情况及坑顶地面自然横坡，坑口可加做台座，台座混凝土强度等级要求不低于C20。

混凝土、钢筋混凝土施工应符合有关施工规范要求。

（2）喷射混凝土加固坑壁

喷射混凝土加固坑壁是用喷射机将混凝土喷向坑壁表面，它先期骨料嵌入坑壁并为后继料流所充填包裹，在喷层与坑壁间形成嵌固层，喷层与嵌固层同具加固和保护坑壁使之避免风化和雨水冲刷，

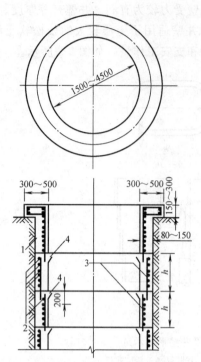

图2-5 钢筋混凝土加固坑壁示意（mm）
1—井壁；2—水平筋；3—竖筋；4—浇灌口

并起支护土体免于浅层坍塌剥落的作用，适用于坑壁自稳时间较短的各类岩土和较深的基坑，施工简便快捷，所需费用相对较低。

喷射混凝土加固坑壁的施工程序：

1）在基坑口挖环形沟槽作土模，浇筑C15混凝土坑口护筒（护筒亦可预制挖土下沉），护筒顶面高出地面100～200mm，护筒厚度视基坑大小及土质而定，一般为150～400mm，护筒深度按上层土质稳定情况而定，一般为1.0～1.5m，护筒内径略大于基坑的直径。

基坑土质较好时，可利用弃土堆成环状作为坑口护圈，必要时在弃土圈表面喷射混凝土加固（图2-6）。

2）护筒浇筑后3～5d即可开挖基坑。护筒以下开挖时，从中心向外挖，周壁力求圆顺，视地质情况每次挖深0.5～1.5m，开挖边坡可采用垂直或1∶0.1的坡度，随即喷射混凝土护壁，挖一节喷一节，直至设计深度。

3）喷射混凝土厚度可根据坑壁的径向压力和混凝土早期强度通过计算决定，最小厚度不应低于50mm；坑壁土含水量较大时不低于80mm；最大不宜超过200mm。喷射混凝土之前应对待喷的坑壁进行清理，包括清除松动石块，用高压风管清除坑壁粉尘杂物，埋设控制喷射混凝土厚度的标志。喷射作业应分段分片由下而上成环进行，分段长度不宜过长，并以适当厚度分层喷射，初喷厚度不得小于40mm。

4）喷射混凝土终凝2h后，应喷水养护，养护时间一般不小于7d。基坑已达设计高程并经检验合格后立即浇砌基础圬工，不宜等待时间过长。喷射混凝土机械配置及现场布

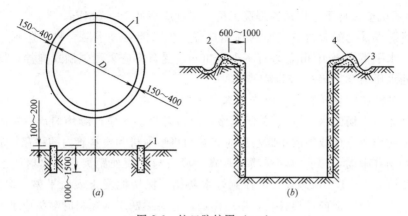

图 2-6 坑口防护圈（mm）
(a) 混凝土防护圈；(b) 堆土防护圈表面喷射加固
1—混凝土防护圈；2—弃土圈；3—排水沟；4—表面喷射混凝土加固

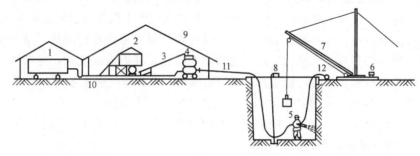

图 2-7 喷射混凝土护壁作业示意
1—空压机；2—搅拌机；3—皮带运输机；4—喷射机；5—喷射手；
6—卷扬机；7—摇头扒杆；8—抽水机；9—搅拌堆料棚；
10—高压管路；11—混凝土喷射管路；12—高压水管路

置如图 2-7 所示。

5）喷射混凝土、砂浆材料应符合下列要求：

a. 水泥：宜优先选用早强水泥和普通硅酸盐水泥，也可采用矿渣硅酸盐水泥。水泥等级不得低于 32.5。

b. 速凝剂：使用前应做速凝效果试验，要求初凝不超过 5min，终凝不超过 10min。应根据水泥品种、水灰比等，通过试验确定速凝剂的最佳掺量，并应在使用时准确计量。

c. 砂：喷射混凝土应采用硬质洁净的中砂或粗砂。砂的细度模数宜大于 2.5，含水量一般为 5%～7%，使用前一律过筛。

d. 石料：采用坚硬耐久的碎石或卵石，粒径不宜大于 15mm，级配良好，注意使用碱性速凝剂时，石料不得含活性二氧化硅。

e. 水：水质应符合工程用水有关标准。

f. 喷射混凝土施工注意事项：

(a) 喷射混凝土配合比（质量比）应通过试验选定，满足强度值设计和喷射工艺的要求，或参照下列数据选用：灰集比 1:4～1:5；集料含砂率 45%～60%；水灰比 0.4～0.5。初喷时，水泥:砂:石应取 1:2:(1.5～2)。喷射混凝土强度等级一般应不低于

C20，在软弱坑壁条件下还应适当提高。抗渗强度应不低于 0.8MPa。

（b）喷射混凝土配套机具应密封性能良好，生产能力（干混合料）达到 3~5m³/h；输料距离：水平不小于 100m，垂直不小于 30m；混合料应采用强制式搅拌；供水设施应保证喷头处水压为 0.15~0.2MPa。

（c）喷射机在作业开始时，应先送风，后开机，再给料；作业结束时，应先停止供料，待料喷完后再切断水（电）、关闭风路；向喷射机供料应连续均匀；料斗内应保持足够存料。喷射作业完毕或因故中断喷射时，必须将喷射机和输料管内的积存料清除干净。

（d）喷射作业时，喷头宜与受喷面垂直，喷头与受喷面距离应与喷射机工作气压相适应，一般以 0.6~1.2m 为宜；要控制好水灰比，保持混凝土表面平整、湿润有光泽。喷头应缓慢不停地作横向环形移动，循序渐进，遇突然断水或断料时喷头应迅速移离喷射面；严禁用高压气体或高压水冲击尚未终凝的混凝土；应尽量采用新技术以减少回弹率，回弹率应控制在 20% 以内，回弹物不得重新用作喷射混凝土材料。喷射作业区的气温不应低于 5℃；混凝土强度未达到 6MPa 前，不得受冻；气温低于 5℃ 时不得喷水养护。

（e）如遇坑壁涌水，可采用竹、铁或塑料导管插入渗水孔将水引流至集水坑抽出。当涌水范围较大时，可设排水导管后再喷射，且在再喷射时应改变配合比，增加水泥用量，先干喷混合料，待其与涌水融合后，再逐渐加水喷射。喷射混凝土时，先喷渗水较少处，由远及近逐步向涌水点逼近，最后在导管附近喷射，保留管子引水排出。

（f）施工过程中，应随时观察基坑四周地面及已喷护的坑壁有无开裂变形或起空壳脱皮等现象，如有发生应立即采取措施重喷补强或凿除重喷，确保坑壁的稳定。

1.1.5 锚喷混凝土加固支护坑壁

锚喷混凝土加固支护坑壁是在喷射混凝土加固的基础上，由喷射混凝土、各类锚杆（包括锚索、锚管、锚栓）和钢筋网联合支护加固坑壁的一种施工方法。对于喷射混凝土不易与坑壁充分粘结的基坑应以锚喷混凝土加固支护为宜。锚喷混凝土首先是根据坑壁情况选定锚杆类型和钻孔机具，设定锚杆孔位和深度。

（1）锚杆类型主要有：

1）全长粘结型　普通水泥或早强水泥砂浆锚杆；

2）端头锚固型　机械锚固、快硬水泥卷锚固、树脂锚固；机械锚固又分楔缝式、胀壳式和倒楔式；

3）摩擦型　缝管锚杆、楔管锚杆；

4）预应力锚索或预应力锚杆。

（2）现以全长粘结型锚杆为例简介锚喷混凝土的施工要点如下：

1）初喷混凝土

初喷混凝土及其以前各项施工程序及要点，与喷射混凝土相同。

2）钻孔

钻孔需在初喷混凝土后尽快进行，钻孔机械可采用一般凿岩机械，在土层中钻孔宜采用干式排碴的回旋式钻机。孔径应大于杆体直径 15mm，孔位允许偏差 ±15mm，孔深允许偏差 ±50mm。

3）灌浆

砂浆配合比（质量比）宜为水泥：砂：水＝1:(1~1.5):(0.45~0.5)；砂的粒径不

宜大于3mm，使用前应过筛。砂浆应拌合均匀，随拌随用，一次拌合的砂浆应在初凝前用完，砂浆强度不宜低于20MPa。灌浆可采用风动牛角泵，也可使用挤压式注浆泵，注浆孔口压力不大于0.4MPa，注浆管应插至距孔底50～100mm处，随水泥砂浆的注入缓慢匀速拔出，随即迅速将杆体插入。如岩孔口无砂浆溢出，应将杆体拔出重新补注。注浆作业开始或中途停止超过30min时，应用水润滑灌浆罐及其管路。对于早强水泥砂浆应测定砂浆坍落度，其值小于10mm时，不得注入罐内使用。如遇孔内出水，应在附近另行钻孔后再安设锚杆，亦可采用速凝早强药包套锚杆或采用锚管锚杆向坑壁压浆止水。

4）安插锚杆

紧随灌浆进度，及时将杆体插入灌满砂浆的钻孔，锚杆埋入孔内长度不应小于设计规定的95%，锚杆杆体露出岩面的长度不应大于喷射混凝土的厚度。杆体宜采用螺纹钢$\phi16\sim\phi22$，锚杆安设后不得随意敲击，其端部三天内不得悬挂重物，锚杆抗拔力应不低于50kN。

5）铺设钢筋网

钢筋网钢筋宜采用HPB235（Ⅰ级钢）$\phi6\sim\phi8$，间距150～300mm。钢筋网应随受喷面的起伏铺设，与受喷面的间隙一般不大于30mm，钢筋网必须与锚杆连接牢固，在喷射混凝土时不应有晃动。钢筋网一般为一层，如采用双层钢筋网时，第二层钢筋网应在第一层钢筋网被混凝土喷射覆盖以后铺设。

6）喷射混凝土

钢筋网铺设牢固后，即可在原初喷过的壁面上分次、分片、分段，按自下而上顺序加喷混凝土。开始喷射时应减小喷头至受喷面的距离并调节喷射角度以保证钢筋与壁面之间的距离和混凝土密实性；此时回弹率的限制允许放宽5%。钢筋网喷射混凝土厚度不应小于100mm，亦不应大于250mm，必要时可加设混凝土圈梁，使锚杆与圈梁连成一体。钢筋网保护层厚度应不小于20mm。如坑壁在喷射混凝土或锚杆发挥作用以前就有可能出现不稳时，还可以采用钢架喷射混凝土，以增加支护抗力，抑制坑壁的较大变形。

1.2 围堰工程

在水中修筑桥梁基础时，开挖基坑前需在基坑周围先修筑一道防水围堰，把围堰内的水排干，再开挖基坑修筑基础。如排水较困难，也可在围堰内进行水下挖土，挖至预定标高后先灌注水下封底混凝土，再将水抽干，然后继续修筑基础。在围堰内不但可以修筑浅基础，也可以修筑桩基础等。

在水中修筑的围堰种类很多，有土围堰、草（麻）袋围堰、钢板桩围堰、双壁钢围堰和地下连续墙围堰等。各种围堰都应符合以下要求：

1）围堰顶面标高应高出施工期间可能出现的最高水位0.5m以上，有风浪时应适当加高。

2）修筑围堰将压缩河道断面，使流速增大引起冲刷，或堵塞河道影响通航，因此要求河道断面压缩一般不超过流水断面积的30%。对两边河岸河堤或下游建筑物有可能造成危害时，必须征得有关单位同意并采取有效防护措施。

3）围堰内的尺寸应满足基础施工要求，具有适当工作面积，基坑边缘至堰脚距离一般不小于1m。

4）围堰结构应能承受施工期间产生的土压力、水压力以及其他可能发生的荷载，满足强度和稳定的要求。围堰应具有良好的防渗性能。

1.2.1 土围堰和草袋围堰

在水深较浅（2m以内）、流速缓慢、河床渗水较小的河流中修筑基础可采用土围堰（图2-8）或草袋围堰（图2-9）。

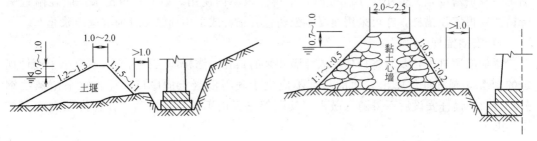

图2-8 土围堰（单位：m）　　　图2-9 草袋围堰（单位：m）

土围堰用黏性土填筑，无黏性土时，也可用砂土类填筑，但需加宽堰身以加大渗流长度，砂土颗粒越大堰身越要加厚。围堰断面应根据使用土质条件、渗水程度及水压力作用下的稳定性确定。若堰外流速较大时可在外侧用草袋柴排防护。

此外，还可以用竹笼片石围堰和木笼片石围堰做水中围堰，其结构由内外二层装片石的竹（木）笼中间填黏土心墙组成。黏土心墙厚度不应小于2m；为避免片石笼对基坑顶部压力过大，并为必要时变更基坑边坡留有余地，片石笼围堰内侧一般应距基坑顶缘3m以上。

1.2.2 钢板桩围堰

当水较深时，可采用钢板桩围堰。钢板桩围堰一般适用于河床为砂土、碎石土和半干硬性黏土的情况，并可嵌入风化岩层。

打钢板桩所用桩锤一般使用复打汽锤，下配桩帽，用吊机吊置于桩上锤击（如图2-10）。为加速打桩进度并减少锁口渗漏，宜事先将2～3块钢板桩拼成一组。组拼时，在锁口内填充防水混合料，混合料的配比为：黄油：沥青：干锯末：干黏土＝2：2：2：1，将锁口咬合再用棉絮、油灰嵌缝严密。与封底混凝土接触的钢板桩面涂防水混合料作为隔离层，以减小后来拔桩时的阻力。组拼时每隔3～6m以与围堰弧度相同的夹具夹紧，要求组拼后的钢板桩两端平齐，误差不大于3mm，每组上下宽度一致，误差不大于30mm。

钢板桩围堰在使用过程中应防止围堰内水位高于围堰外水位，一般可在低于低水位处设置连通管；待围堰内抽水时，再将连通管孔予以封闭。

围堰内抽水到各层支撑导梁处，应逐层将导梁与钢板桩之间的缝隙用木楔楔紧，使导梁受力均匀。

围堰内除土一般采用 $\phi150$～$\phi250$ 的空气吸泥机进行，吸泥达到预计标高就可清底灌注水下混凝土封底，然后在围堰内抽水。水抽干后在封底混凝土顶面清除

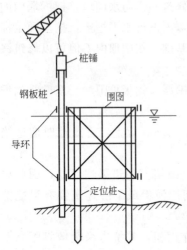

图2-10 围图法打钢板桩

浮浆和污泥然后修筑基础及墩身，墩身出水后再拆除钢板桩围堰，钢板桩可继续周转使用。

拔出板桩时，应先将钢板桩与导梁间焊接物切除，再在围堰内灌水至高出围堰外水位1～1.5m，可使钢板桩较易与水下混凝土脱离。拔除时先在下游处选择一组或一块较易拔除的钢板桩，略锤击振动试拔高1～2m，然后依次将钢板桩均拔高1～2m，使其全部松动后，再从下游开始分两侧向上游依次拔除。

1.3 基坑排水

1.3.1 各种排水方法的适用条件

1) 集水坑排水法：适用较广，除严重流砂外，一般情况均可适用。
2) 井点排水法：基坑土质不好，地下水位较高，用集水坑排水有流砂涌泥现象产生时，可采用井点排水法，以降低地下水位。
3) 板桩法、沉井法：适用基坑较深，土质渗透性较大的基坑。
4) 帷幕法：将基坑周围土用冻结法、硅化法、水泥灌浆法、沥青灌浆法等处理成封闭不透水的帷幕。

1.3.2 集水坑排水法

改移河沟挖排水沟：在宽坦浅滩、流量不大的基坑开挖时，应先在上游利用地形筑坝拦水，改移河沟开挖大型排水沟排除地表水，使基坑处在干滩上开挖。

如图2-11所示，开挖基坑中如有渗水时：沿坑底四周基础范围以外挖集水沟和集水坑，使坑壁渗水沿四周集水沟汇合于集水坑，然后用水泵排出坑外，使基坑中间挖土部分处于干处。当挖至接近有水时，可反复加深集水沟和集水坑，经常保持坑底和水沟底有一定高差，达到排水通畅，使坑底始终处于干处，以提高挖土效率。

集水沟、集水坑的大小，主要根据渗水量的大小而定，排水沟深0.5m，底宽应不小于0.3m，纵坡为1‰～5‰。如排水时间较长或土质较差时，沟壁可用木板或荆笆支撑防护。集水坑一般设在下游位置，设一个或数个水坑，集水坑深度一般应大于0.7m或大于进水笼头的高度，集水坑可用荆笆、竹篾、编筐或木笼围护，以防止泥砂堵塞吸水笼头。抽水时应有专人负责维护集水沟和集水坑，使其不淤、不堵，不停地将水排出。

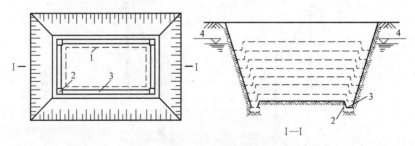

图2-11 坑内明沟排水

1—基础边线；2—集水井；3—排水沟；4—地下水位线

1.3.3 井点排水法

井点排水法，因需要设备较多，费用较大，在桥涵基础施工中要进行技术经济比较后采用。如系粉细砂质基坑，土质较差，有流砂现象，地下水位较高，挖基较深，坑壁不易稳定，或施工场地受限制，用集水坑排水有困难时，可采用井点排水法。井点排水法主要有轻型井点、喷射井点、电渗井点和深井泵井点四种，可根据土的渗透系数、要求降低水位的深度及工程特点，参照表2-5选用。

各种井点的适用范围　　　　　　　　　　　　表2-5

序　号	井　点　类　别	土层渗透系数(m/d)	降低水位深度(m)
1	轻型井点	0.1～80	≤6～9
2	喷射井点	0.1～50	8～20
3	射流泵井点	0.1～50	≤10
4	电渗井点	0.1～0.2	5～6
5	管井井点	20～200	3～5
6	深井泵井点	10～80	>15

(1) 轻型井点

1) 轻型井点的布置

布置轻型井点前，需要决定水位降低的深度、排水量以及合理的井管距。

一般轻型井点抽水最大吸程约为7m（自离心泵轴心起算）。例如水泵安装在其轴心高于水面0.7m处，则排水深度不宜超过6m。井点管的布置还要考虑基坑的平面大小，当基坑水位降深和宽度小于5m，井点管可采用单排，布置在基坑地下水流的上游一侧，如图2-12（a）；当基坑宽长或土质渗透系数较大时，井点管宜按双侧布置，如图2-12（b）所示，并可布置成环形。为便于基坑出土，可在地下水下游方向，留出一段不予封闭。环

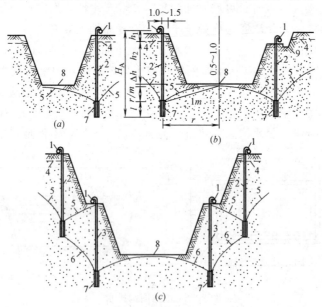

图2-12 各类轻型井点布置示意（m）

(a) 单侧布置；(b) 双侧布置；(c) 二级布置

1—集水总管；2—第一级井点管；3—第二级井点管；4—正常地下水位；5—当从第一级抽水时地下水降落曲线；6—当从第二级抽水时地下水降落曲线；7—滤水管；8—基坑；9—排水明沟

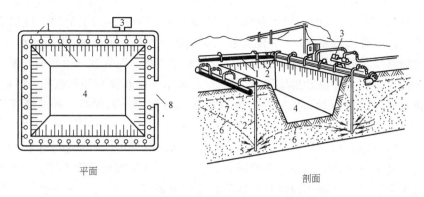

图 2-13 环形井点布置示意
1—集水总管；2—井点管；3—抽水设备；4—基坑；5—滤水管；
6—地下水降落曲线；7—原地下水位线；8—挖土机出入口

形井点布置如图 2-13 所示。

基坑深度超过 6m 时，尽可能采用明沟排水与井点相结合的方法，如图 2-12（b）右半所示，将总管安装在原有地下水位线以下。必要时可采用二级井点如图 2-12（c）所示，先用第一层井点管将水位降低，挖基至一定深度（4～5m），再安装第二层井点管，以同样设备降低地下水位；下层井点抽出的水量较上层井点的多，但下降的水位则较第一层少，二级井点最大降水总深约为 9m。

井点管间距根据土壤渗透系数大小采用 0.8～1.6m，井管长度应按地下水位及挖基深度而定，滤管顶端应在基底以下 1.0～1.5m，一般井管长 8m，包括管端 1.5～2.0m 的滤水管，或通过计算决定。要求各井管滤管顶端处于同一高程，最大相差不大于 100mm，以免影响降水效果。为充分利用泵的抽吸能力，集水总管标高宜尽量接近地下水位线，并沿抽水水流方向有 0.25%～0.5% 的上仰坡度，水泵轴心与总管齐平。一套抽水系统设备的工作范围，用 V5 型真空泵机组时，集水管总长不超过 100m，如用 V6 型真空泵机组，一般不大于 120m。超过此范围时，可在集水总管上设闸阀，分成若干段，各分段布置独立抽水设备。

2）轻型井点降水设备

井点降水设备可分为管路部分和抽水部分。

a. 管路部分：包括滤管、井管及集水总管。

(a) 滤管：分普通滤管和射水式滤管二种，均用 $\phi40\sim\phi50$mm 无缝钢管制成，长约 1.0～2.0m，滤管的滤孔面积约为滤管表面积的 20%～25%，滤孔直径约为 19mm，孔距约为 30～40mm，滤管外面的防滤设施正规的做法是：先用 $\phi3.2$mm 铁丝缠绕成螺旋形，间距 10～20mm，外面再包 100 目的

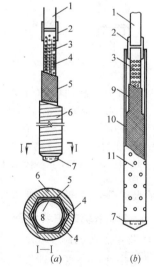

图 2-14 普通滤管构造
(a) 无外管的滤管；(b) 有外管的滤管
1—井管；2—连接螺丝套管；3—滤管；
4—3.2mm 铁丝；5—100 目铜丝网 1～2 层，外缠 1.6mm 铁丝；6—2～3 层棕皮外缠 3.2mm 铁丝；7—管帽；8—滤孔；9—尼龙布一层；10—尼龙窗纱 2 层；11—有孔外罩钢管

铜丝网1~2层,用φ6mm的铁丝缠绕捆扎,间距10~20mm。为了节约,可用2层尼龙窗纱代替铜丝网。外面再用2~3层棕皮包扎,以钢丝捆扎,间距也为10~20mm。有的只在滤管外面直接包扎4层棕皮,也起到良好的滤砂作用。滤管顶端设管帽,抽水时防止泥砂吸入管内。另有一种滤砂措施如图2-14(b)所示,是在滤管外面包扎一层尼龙丝布,再在外面包扎二层尼龙窗纱,然后又在外面用有孔的钢管外罩保护。普通滤管构造如图2-14所示。

射水式滤管的滤砂措施与普通滤管相同,但射水式滤管可以直接射水下沉埋设。它是在有外管的普通滤管下面,装设一个球形阀门管筒,二者用螺丝套管连接。球形阀门管筒下面设置锯齿形管靴。球形阀门使用原理示意图如图2-15所示。

(b)井点管:直径与滤管相同,也用无缝钢管制成,长度根据需要确定。井点管上接集水总管,下接滤管,其间用螺丝套管连接。

(c)集水总管:可用φ102~φ127mm无缝钢管制成。按井点管距离焊装接头短管,以胶管将井管与接头管连接,再用夹箍夹紧。其连接示意如图2-16所示。

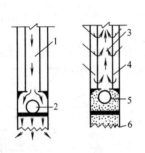 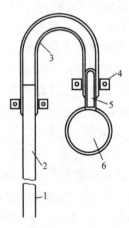

图2-15 射水式滤管示意
(a)水向下冲时;(b)抽水时
1—水向下压;2—球阀下落,阀门开放;
3—水向上抽;4—地下水进入;5—球
阀上升,阀门关闭;6—锯齿管靴

图2-16 井点管与集水总管连接示意
1—下接滤管;2—井管;3—胶管;
4—夹箍;5—接头短管;6—集水总管

b.抽水部分:主要包括真空泵、集水箱、离心泵、气水分离器及连接管等仪表。每一套井点系统的主要设备(按集水总管长100m计)见表2-6。

3)轻型井点法的施工

a.埋设井管:井管的埋设,当井点管管端设有射水用球阀时,可直接利用井点管水冲下沉埋设,也可另用射水管冲孔或冲孔后再将井点管沉入埋设以及以带套管的射水法或振动射水法下沉。

现介绍用射水管埋设井点管的施工程序如下(用其他方法埋设井管时亦可参照):

用吊机(吊高不小于10m),吊起射水管,对准井点位置,用压力射水成孔。水压根据土的种类而定,一般原状细砂用0.5MPa,中粒砂用0.45~0.55MPa,黄土用0.6~0.65MPa,原状中粒砂用0.6~0.7MPa,中等密实黏土用0.6~0.75MPa,砾类土用0.85~

每一套井点系统的主要设备表　　　　　　　　　　表 2-6

部分	名称	规格	单位	数量	附注
抽水部分	真空泵	V5 或 V6	台	2	包括电机,一台为备用
	离心泵	排水量 60～80m³/h	台	2	包括电机,一台为备用
	冷却小水泵		台	1	循环用水
	集水箱		个	1	
	气水分离器		个	1	
管路部分	滤管	$\phi(40\sim50)$mm	m	200	管长按 2.0m 计
	井管	$\phi(40\sim50)$mm	m	750	管长按 7m 计,包括接头管间距 1.0m
	集水管	$\phi(120\sim150)$mm	m	100	
	胶管	与井管配套	套	100	
其它	真空表		只	2	
	压力表		只	1	
	夹箍	与胶管配套	套	200	

0.9MPa,塑性粗砂用 0.8～1.15MPa,密实黏土及密实黏砂土用 0.75～1.25MP。射水深度应比井管深 1.0m,射水管头如图 2-17。成孔后,拔出射水管,即将井点管插入孔中,同时四周回填粗砂,距地面 1.5m 内,改用黏土封口,防止漏气。插管有困难时,可射水插管。

b. 连接井点管与集水管:将已经插入土中的井点管上端用橡胶软管与集水管的连接管头连接起来,并用铁夹箍紧,接头处不得漏气。

c. 连接抽水系统:将集水管的三通与已经组装完成的抽水系统连接在一起。

d. 开动抽水系统抽水:各部分管路及设备经检查认为合格后,即可开动真空泵,集水箱内部形成部分真空,真空表指示 400mmHg 左右,地下水开始从滤管吸入集水箱,即可开动离心泵,将水排出。排水时要及时调节出水阀,使集水箱内吸水的水量与排出的水量平衡。真空表升至 600mmHg 时,即表示排水量与地下水涌入量达到平衡。

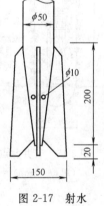

图 2-17　射水管头（mm）

e. 拔管:施工结束,拆除连接管时,用吊机或借助倒链或用扒杆卷扬机将井管拔出。所留孔洞用砂或土填塞,各种机械设备均要进行维修整理,滤管要拆开清洗,重新组装,供以后再用。

4）施工注意事项

a. 施工场地要作出合理的排水规划,及时排除抽出的地下水及地表雨雪水。施工时冲孔的雨雪水也要用水沟引出。所有管道沟渠不要妨碍工地交通。

b. 井点法降低地下水位,一经开始,就要不间断地进行,否则井点滤管易被堵塞,故机械和电源设备都要有保证,真空泵和离心泵要有备用的。

c. 在使用前,对各接头处要详细检查,保证严密不漏气;开动前,必须将所有进出口的各种阀门关闭,达到一定的真空度之后,再慢慢开启进水阀,让地下水进来。

d. 抽水初期,所排出的水可能夹带一部分细砂,待滤管四周形成了过滤层之后,水即变为清水;但若滤网孔眼过大或抽水泵水量过大,砂粒仍会不断抽出来,这时就应将水管阀关小来调整。

e. 如发现真空度不够,出水量很少,应首先找出原因是在抽水方面还是管道方面。检查时先关闭进水管的总阀,这时,真空度应上升到 600mmHg 以上。如若仍停在低真空不动,则说明是属于抽水系统本身的问题,否则为管道部分漏气造成的。

f. 抽水系统应设在每一组集水管的中间,使各井点进水比较均匀。集水管向抽水管的方向,应保持有一定的坡度,使流水畅通。

g. 在严寒季节,如因故停机,或施工完毕停机时,应即将管道内及机械内的存水放尽;井管如不拔出,应将外露部分包扎防寒。

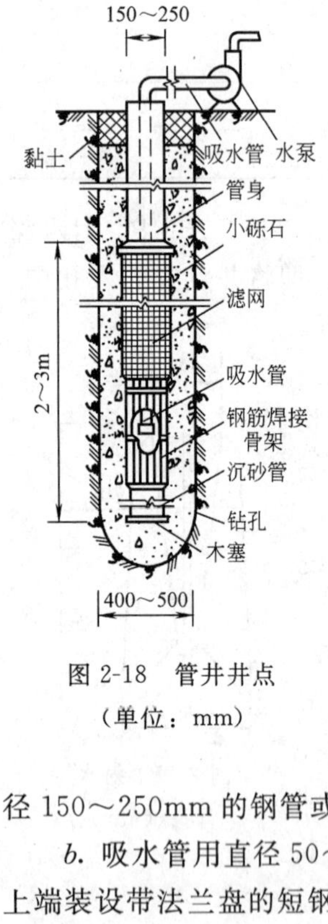

(2) 管井井点(图 2-18)

管井井点即大口径井点,适用于渗透系数大(20~200m/d)、地下水丰富的粗砂层、砂砾类土层或用明沟排水法易造成土粒大量流失,引起边坡坍方及用轻型井点不易解决的场合。本法一般要求每个管井埋设滤水井管,每个井管单独用一台水泵,不断地抽水,以降低地下水位。

1) 管井布置

沿桥梁墩台基坑外围,每隔一定距离设置一个管井,每个管井埋设滤水井管。井管中心距基坑边缘的距离,依据所用钻机钻孔方法而定,当采用冲击式钻机用泥浆护壁法时,为 0.5~1.5m;当用套管法时不小于 3m。管井埋设的深度和距离,须根据基坑涌水量等因素而定,其计算方法与轻型井点相同。管井埋设最大深度可为 5~7m,管井间距可为 10~50m。

图 2-18 管井井点
(单位:mm)

2) 管井井点主要设备

a. 滤水井管的过滤部分采用钢筋焊接骨架,外包孔眼为 1~2mm 的镀锌钢丝网点焊于钢筋上,长 2~3m。井管部分宜用直径 150~250mm 的钢管或其他竹、木、棕皮、麻袋、混凝土等材料制成。

b. 吸水管用直径 50~100mm 的胶皮管或钢管,其底部(即进水口处)装有逆止阀,上端装设带法兰盘的短钢管一节。吸水管插入滤水井管,长度应大于水泵抽吸高度,同时应沉入管井抽吸时最低水位以下。

c. 水泵,采用离心式水泵,其型号可根据计算需要的排水流量选择。当水泵的排水量大于单孔滤水井管涌水量数倍时,则可另设集水总管,把相邻的相应数量的吸水管连接起来,共用一台水泵。

3) 滤水井管的埋设

先用冲击钻机钻孔,一般可用泥浆护壁。钻孔直径比滤水井管外径大 150~250mm。钻孔过程中的破碎岩石和钻渣用抽筒取出,并补充清水保持孔内水压,防止地下水渗入而使孔壁坍塌。碎石和钻渣取出后继续钻进时,还需加入适量的黏土,使孔中泥浆不致过稀,这样循环操作至需要深度为止。关于钻孔和清孔操作详细方法可参阅钻孔灌注桩。经过清孔后，即可将滤水井管放置于孔中心。井管底口用圆木塞堵住，滤水井管与土壁间用3~15mm砾石填充作为过滤层，地面下0.5m处用黏土填充夯实。

4）排水操作

排水操作时，应经常对电动机、传动机械、电流、电压等进行检查，并对井内水位下降和流量进行观测和记录。

5）井管的拔出

使用完毕，拔出滤水井管时，可先将井口周围深0.3m的土挖除，用钢丝绳将管口套紧，再用人字扒杆配合倒链滑车将井管徐徐拔出。滤水管拔出后，将泥砂洗去可再用，孔洞则用砂砾填充夯实。

（3）深井泵井点

当土层渗透系数较大（10~80m/d）而且要求的降水深度为15~50m时，可采用深井泵井点。深井泵井点的布置及设计计算与管井井点基本相同，主要设备由深井泵或深井潜水泵及井管滤网等组成。

1）深水泵的选择

经过设计计算求出了单井的出水量和井泵埋置深度以后，按下列公式求出深井泵所需总扬程 H：

$$H=1.1(H_1+h)$$

式中 H_1——井内动水位至扬水管出口之高度（m）；

h——扬水管的管路摩擦损失，一般取每100m长损失3~5m（m）；

1.1——扬程增加的宽裕系数。

然后选择深井泵或深井潜水电泵的型号。

2）深井井点施工程序

深井井点施工程序为：井位放样 → 做井口、安护筒 → 钻机就位、钻孔 → 回填井底砂垫层 → 吊放井管 → 回填管壁与孔壁间的过滤层 → 安装抽水控制电路 → 试抽 → 降水井正常工作。

3）深井泵的安设及操作注意事项

先用钻孔机或水冲法冲钻孔，井径宜大于井管200mm，井孔深度应根据井泵安设的深度加上抽水期内沉淀物可能沉积的高度，再加深3~5m。钻井孔时力求垂直，钻孔如用泥浆护壁时，则在钻孔深度达到要求后，立即进行清孔，然后安设井管。井管内径应大于深井泵泵身的外径60~100mm。井管外与井壁的孔隙用小砾石填充，其粒径应大于滤管网的孔径。井管下端安装滤管，其构造与轻型井点相同。滤管底与井底之间可填以较大粒径的碎石和卵石。

深井泵电动机的台座应安设平稳并有足够大的面积，以防下沉，且电动机严禁逆向转动（应有阻逆装置）。

深井潜水泵的泵身，地下管道（扬水管）与地面管道依靠地面上的泵座连接并支承着整个潜水泵地下部分的重量，故施工安装时，井口须用混凝土基础并保证质量符合要求。潜水泵的电缆应有可靠绝缘。

1.4 地基加固处理

1.4.1 换填法

换填法是将基础底面以下一定范围内的不良土层挖去，换填素土、灰土、砾类土、中粗砂、碎砾、工业废渣等强度较高、压缩性较低、没有侵蚀性的材料，分层压实，从而在基础底面和土基之间形成相当厚度的垫层，故本法亦称垫层法。

换填法的优点是：能就地取材，不需要特殊的机械设备、施工简便、工期较短、造价较低，是一种适用范围较广的浅层加固方法，因而得到普遍的采用。缺点是：换填深度如大于3m，施工就比较困难，成本相应增高，因此需考虑与其他加固方法综合处理。例如，对湿陷性黄土地基，作局部换填可以降低湿陷等级，但对自重湿陷性黄土地基和要求浸水不出现湿陷变形的地基，则应采取全部换填，当换填厚度太大时应首先考虑强夯或桩基等加固方法。

在软塑黏质土地区，如表层土天然含水量小于下层土含水量；表层强度和变形模量都比下卧层的高时，则不宜采取换填，而应首先考虑采取夯压、桩体挤密和预压等降低地下水位的方法加固。

(1) 换填素土

用素土垫层是先挖去基坑下的部分土层或全部土层（一般是挖掉软土），然后回填素土，分层夯实。素土垫层一般适用于处理湿陷性黄土和杂填土层地基。垫层厚度根据垫层底部土层的承载力决定，使垫层传给软弱土层的压力不超过软弱土层顶部承载力，一般不宜大于3m；垫层的宽度则根据应力扩散角来确定。

(2) 换填砂垫层或砂石垫层

砂垫层和砂石垫层地基，宜采用颗粒级配良好、质地坚硬的中砂、粗砂、砾砂、卵石和碎石。一般按设计要求规定处理，石子最大粒径不宜大于50mm。

砂石垫层应按级配拌合均匀，再铺填捣实，厚度一般250mm一层，底面宜铺设在同一标高上，多层分段施工，每层接头错开0.5~1m，要充分捣实；有条件时可采用压路机往复辗压，达到密实度为准。

(3) 换填灰土垫层

灰土垫层地基，是用石灰和黏性土拌合均匀，然后分层夯实而成，体积配合比一般宜用2:8或3:7（石灰:土）。灰土的土可尽量采用地基槽挖出的土。凡有机质含量不大的黏性土都可以作灰土的土料，表面耕植土不宜采用。土应过筛，粒径不宜大于15mm。

用作灰土的熟石灰应过筛，粒径不宜大于5mm，并不得夹有未消化的生石灰块和含有过多的水分。

灰土施工时，应适当控制其含水量，以用手紧握土料可成团、两指轻捏能碎为宜；如土料水分过多或不足时，可以晾干和洒水润湿。灰土应拌合均匀，颜色一致，拌好后应及时铺好夯实。灰土厚度虚铺不宜超过250mm，夯实或压实后的厚度控制为180~200mm。

1.4.2 桩体挤密法

(1) 砂桩加固地基。砂桩一般用于加固饱和软土层的地基，也有用于加固松散杂填土地基的。后者只起到挤密作用，前者则有排水固结及挤密两种作用。

砂桩可用天然级配的中砂、粗砂或其他代用材料，粒径以0.3~3mm为宜，含泥量不宜超过5%，具有良好渗水性的材料均可作为砂桩材料用。

砂桩桩径可采用$\phi220\sim\phi320$，桩长$7\sim8m$。在非饱和水的土层能形成直立的桩孔时，则可采用钢管或木桩打入土中成孔，然后拔出钢管或木桩，填砂捣实即成。在饱和水层和软黏土层（淤泥），则成孔灌砂方法可按混凝土灌注桩做法进行，并应注意如下各点：

a. 打砂桩时可提高$0.5\sim1m$的覆土，待打完砂桩后，将覆土挖至设计标高。如坑底的土不够密实，可辅以人工夯实。

b. 在砂桩顶铺设一层厚度不小于200mm的砂垫层，设整个基底作为排水通道，使土壤受挤压时，水分沿砂桩上升至砂垫层，并经砂垫层向外排泄。

c. 砂桩施工顺序，应由两侧向中间进行。

d. 一般可采用振动桩机，将钢管下沉、灌砂、拔管即成。采用灌水的方法，可使砂桩更密实。

e. 灌砂时砂的含水量可控在7%～9%。

(2) 旋喷法基底加固，是用高压泵将水泥浆液，通过钻杆端头的特别喷头，以高速水喷入土体，借助液体的冲击力使钻头切削土层，同时钻杆一面以一定的速度（20r/min）旋转，一面缓缓提升（一般为$150\sim200$mm/min），使土体与水泥浆充分搅拌混合凝固，完成搅拌桩后，桩顶用压顶板把桩身压实，形成具有一定强度（可达$0.5\sim8$MPa）的圆柱固结体（旋喷桩），从而使地基得到加固处理。

桩径一般为$\phi500$mm，深度根据土质情况确定，桩的含灰量在12%左右，强度达到要求后，要进行单桩承载力的抽测，保证满足设计要求。间距根据计算得出，梅花形布置。注意桩长和含灰量的控制。

1.4.3 岩层基底处理

(1) 风化的岩层，应挖至满足地基承载力要求或其他方面的要求为止。

(2) 在未风化的岩层上修建基础前，应先将淤泥、苔藓、松动的石块清除干净，并洗净岩石。

(3) 坚硬的倾斜岩层，应将岩层面凿平，倾斜度较大，无法凿平时，应凿成多级台阶，台阶的宽度宜不小于0.3m。

1.5 基底检验

基坑已挖至基底设计高程，或已按设计要求加固并处理完毕后，须经过基底检验，方得进行基础圬工施工。

为使基底检验及时，以免因等候检验使基底暴露时间过长而风化变质，施工负责人应提前通知检验人员，安排检验。

1.5.1 检验内容

(1) 检查基坑的平面位置、坑底尺寸、高程是否符合设计要求，偏差值是否在现行有关规定允许范围以内。

(2) 检验基坑底面土质及其均匀性和稳定性，坑壁坡面是否平顺稳定，有无排水措施，容许承载力能否满足设计要求。

(3) 检查挖基和地基加固、处理过程中的有关施工记录和试验等资料。

(4) 检验基底地基经加固、处理后的效果是否达到设计要求。

1.5.2 检验方法

(1) 小桥和涵洞基底的地基检验

1) 一般采用直观或触探器确认土质与设计要求符合时，即可浇砌基础。

2) 经过直观或触探，对土质有疑问时，应取土样做土的物理力学性能试验。如进行颗粒分析，天然密度、天然含水量、天然孔隙比、液限、塑限、比重、可塑性、压缩性和抗剪强度的试验等，以鉴定土的容许承载力；或钻探2～4m以上，检查下卧层土质。

3) 对地基沉降有严格要求，属于下列不良土质情况时，宜进行载荷试验。

 a. 风化颇重的岩层；

 b. 松散砂类土的相对密实度 $D_r \leqslant 0.33$；

 c. 黏质土的天然孔隙比超过下列限度时：黏土质砂（SC）$e_0>0.7$，低液限黏土（CL）$e_0>1$，高液限黏土（CH）$e_0>1.1$；

 d. 含有大量有机物的杂填土或砂土、黏土；

 e. 含有大块杂质（尤其是多量碎砖瓦等）的杂填土。

4) 对经过加固处理后的地基，应根据不同加固方法的质量要求采用相应的检验方法；包括量测加固范围、桩位偏差和桩体垂直度偏差；用环刀法取样或灌砂法测定压实度或干密度；用静力触探或动力触探检验加固处理后的效果。

(2) 大、中桥和填土高在12m以上涵洞基底的地基检验

1) 一般由检验人员用直观、触探、挖试坑或钻探（钻探至少4m）试验等方法确定土质容许承载力，确认符合设计要求后，方可进行基础施工。

2) 在地质特别复杂或在设计文件中有特殊要求必须做载荷试验时，才做载荷试验；必要时还应做土工试验以与载荷试验核对。

3) 在特殊地基上已经加固处理又经触探和密实度检验后，尚有疑问时，则应再做载荷试验。确认符合设计要求后，才能进行基础圬工的施工。

(3) 检验注意事项

1) 地基经检验后需要做加固处理时，应由施工单位邀请建设单位及设计单位共同研究确定。加固处理完毕，应再经检验合格后，方可进行基础施工。

2) 桥涵地基检验，除了平面位置、尺寸和地基变形观测外，检验方法主要有：静力触探、动力触探、标准贯入试验；土压力、孔隙水压力及土位移测试；载荷试验、旁（横）压试验。采用排水固结法加固的地基有时还需做十字板剪切试验。无论何种测试方法，都有一定的局限性，故宜采用多种方法进行综合评价；现场测试要辅以取样做室内土工试验；如加固设计已规定有检验项目和检验方法的，按设计规定办理。

3) 为了有较好的可比性，加固前后两次的测试项目应力求对应，最好由同一组织、用同一仪器按同一标准进行。

4) 检验后应按规定格式填写"地基检验表"，由参加检验人员会签，作为竣工验收原始资料。

1.6 基 础 施 工

扩大基础的种类有浆砌片石、浆砌块石、片石混凝土、钢筋混凝土等几种，现将其施工方法分别介绍如下。

1.6.1 块石（片石）基础

(1) 材质的选定

1) 块石（片石）基础，应按图纸要求选择石料。

2) 块石（片石）质地应均匀、坚硬、无风化现象，并具有一定的抗冻性能。

3) 强度不小于设计要求，山皮石不能使用。

4) 块石尺寸应大于250mm，并应有一个基本的平面。

(2) 砂浆的配比

1) 砂浆强度按设计要求，根据水泥品种选用配比。

2) 砂浆稠度一般要求：

砌筑片石　　　稠度50～70mm

砌筑料石　　　稠度70～90mm

灌浆　　　　　稠度120～150mm

3) 砂浆搅拌要均匀，搅拌时间一般不少于1min。

4) 砂浆要随拌随用，如已超过初凝时间不得再使用。

(3) 砌筑的方法

1) 基础砌筑时，如有地下水，需经常抽水，以保证砌体砂浆不被水浸泡。

2) 料石、块石在使用前应清除表面污泥等，以免影响砂浆与片石的结合，砌筑前要用水湿润片石和料石。

3) 砌筑块石应做到：

a. 采用分层砌筑，每工作段的水平缝应大体一致。竖缝应错开，不得贯通。

b. 砌石时，石与石之间砂浆应饱满，有空隙应用砂浆灌缝，缝隙较大时可以在砂浆中加小石块。

c. 在砌石过程中，不得有孔洞，砌筑时必须互相咬接。砌筑料石应错缝，同一层中用一丁一顺或一层丁石一层顺石，确保立面垂直、平整、好看、坚固。片石砌体缝宽不大于30mm，块石砌缝宽不大于15mm。

d. 新砌而尚未完全凝固的砌层要避免碰撞，并禁止向其上掷抛片石或凿打片石。

e. 砌筑一定高度中断或砌完后，应将表面清扫干净，用草袋或草帘子覆盖，洒水湿润养护，一般不少于5天。

f. 若砌筑斜面或锥面的基础，四周要有样板挂线逐层收坡。

g. 有沉降缝的基础，根据图纸要求施工。一般可采用10mm厚的木板，两侧刷沥青油防腐，置于设计规定位置处，做到沉降缝的两侧平整、缝子整齐竖直，满足沉降的要求。

4) 表面勾缝

a. 勾缝前应用清水冲洗干净，清除多余砂浆。

b. 缝型应根据设计要求施工：可勾平缝、凹缝或凸缝，但同一段的勾缝要一致。

c. 勾缝砂浆可采用1∶2.5水泥砂浆，砂子必须过筛。

d. 勾缝完毕后，应进行覆盖，并洒水养护，缝边要整齐，空鼓的缝子要砸掉重新施作。

(4) 质量要求

1) 石料强度应达到设计要求，风化、山皮石石料不能使用。
2) 砂浆应饱满，石料间缝隙不宜过大，并不得有通缝。
3) 砂浆强度应达到设计要求。

1.6.2 混凝土和钢筋混凝土基础

(1) 模板的制作与安装

1) 目前施工单位使用的模板类型较多，有散拼的、有整体的、有木制的、钢制的、有钢木组合的、钢模板等多种形式，都要符合模板质量标准。
2) 木模一般采用变形小的红、白松制作含水率不宜大于25％。
3) 定型钢模板配置异型模板时，其不足部分可采用木模板加衬铁皮填补。
4) 对大体积基础，可采用定型模板和大型整体模板，规格尺寸的配合误差，应按机加工的质量标准执行，使用单位要建立验收制度。
5) 重复使用的模板应始终保持其表面平整，任何翘曲、隆起或损坏的模板在重复使用前必须修整，达到质量要求方可使用。
6) 雨期施工，要注意防雨，以免模板变形，混凝土要求一次完成，不留中间施工缝。

(2) 钢筋绑扎和安装

绑扎钢筋前应认真熟悉图纸，核对各部位尺寸、规格、编号，对加工的半成品要检查核对。具体绑扎程序：

1) 可利用基础垫层混凝土的表面画线确定主筋的位置。
2) 按画线位置进行摆筋。
3) 绑扎固定已摆好的钢筋。
4) 大型基础应设架立筋，架立筋固定后，再绑上层筋。
5) 水泥垫块要用铁丝固定，防止移动和掉落，以确保钢筋保护层的厚度；水泥垫块的强度等级与混凝土中砂浆的等级相同，且在强度达到要求时，方可使用。
6) 钢筋绑扎后，根据实际情况，可在适当的位置加一个电焊焊点，以免钢筋错位。
7) 预埋的钢筋根数和位置要准确，必要时可点焊固定。

(3) 混凝土浇筑与养护

1) 混凝土浇筑前应按规定详细检查模板和支架，并对钢筋和预埋件进行隐蔽工程验收。清除模板内的杂物；根据气候条件，适当洒水湿润垫层混凝土，必要时可在垫层或新旧混凝土接触面处先浇小量同强度等级的砂浆，以确保连接。
2) 混凝土入模后，要分层振捣，一般浇筑分层厚度不超过500mm，插入式振捣器，前后的插入距离不超过振捣器作用半径的1.5倍。上下层混凝土水平距离保持在1.5m左右，每层浇筑的时间不超过2h，若超过初凝时间应按施工缝处理。
3) 如浇筑混凝土高度超过2m时，混凝土入模要采用串筒，以免混凝土离析。一般混凝土要连续浇筑，中间交接班时，上一班的人员应将已入模混凝土全部振捣完毕后，方可离开工作岗位，防止漏振。
4) 大体积混凝土施工时，可在混凝土中填充片石，一般不超过混凝土体积15％左右。
5) 浇筑混凝土时，严禁在混凝土中随意加水，以免影响混凝土的强度。

课题 2 桩基础施工

2.1 桩基础的特点、分类与构造

2.1.1 桩基础的特点

当地基浅层土质不良，采用浅基础无法满足建筑物对地基强度、变形和稳定性的要求时，往往需要采用深基础。

桩基础是一种历史悠久而应用广泛的深基础形式。近年来，随着工程建设和施工技术的发展，桩的类型和成桩工艺、桩的承载力与桩体结构完整性的检测等各方面均有较大的发展或提高，使桩与桩基础的应用更为广泛，更具有生命力。它不仅可作为建筑物的基础，而且还广泛用于软弱地基的加固和地下支挡结构物。

(1) 桩基础的特点

桩基础可以是单根桩（如一柱一桩的情况），也可以是单排桩或多排桩。对于双（多）柱式桥墩单排桩基础，当桩外露在地面上较高时，桩与桩之间用横系梁相联，可以加强各桩的横向联系。多数情况下桩基础是由多根桩组成的群桩基础，基桩可全部或部分埋入地基土中。群桩基础中所有桩的顶部由承台联成一整体，在承台上再修筑墩身或台身及上部结构，如图 2-19 所示。承台的作用是将外力传递给各桩并将各桩连成一整体共同承受外荷载。桩基的作用在于穿过软弱的压缩性土层或水，使桩底坐落在更密实的地基持力层上。各桩所承受的荷载由桩通过桩侧土的摩阻力及桩端土的抵抗力将荷载传递到桩周土及持力层中，如图 2-19 (b) 所示。

桩基础具有承载力高、稳定性好、沉降量小而均匀的特点，且在深基础中相对来说耗用材料少、施工简便；在深水河道中，采用桩基可避免（或减少）水下工程，简化施工设备和技术要求，加快施工速度并改善工作条件。近代在桩基础的类型、沉

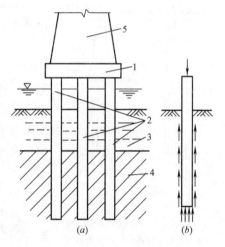

图 2-19 桩基础
1—承台；2—基桩；3—松软土层；
4—持力层；5—墩身

桩机具和施工工艺以及桩基础理论等方面都有了很大发展。采用桩基不仅便于机械化施工和工厂化生产，而且能以不同类型的桩基础适应不同的水文地质条件、荷载性质和上部结构特征，因此，桩基础具有较好的适应性。

(2) 桩基础的适用条件

在下列情况下可采用桩基础：

1) 荷载较大，地基上部土层软弱，适宜的地基持力层位置较深，采用浅基础或人工地基在技术上、经济上不合理时；

2) 河床冲刷较大，河道不稳定或冲刷深度不易计算正确，位于基础或结构物下面的土层有可能被侵蚀、冲刷，采用浅基础不能保证基础安全时；

3) 当地基计算沉降过大或建筑物对不均匀沉降敏感时，采用桩基础穿过松软（高压缩）土层，将荷载传到较坚实（低压缩性）土层，可减少建筑物沉降并使沉降较均匀；

4) 当建筑物承受较大的水平荷载，需要减少建筑物的水平位移和倾斜时；

5) 当施工水位或地下水位较高，采用其他深基础施工不便或经济上不合理时；

6) 在地震区采用桩基础可增加建筑物抗震能力，消除或减轻地震对建筑物的危害。

以上情况也可以采用其他形式的深基础，但桩基础耗材少、施工快速简便，往往是优先考虑的深基础方案。

当上层软弱土层很厚，桩底不能达到坚实土层时，此时桩长较大、桩基础稳定性稍差、沉降量也较大，或者当覆盖层很薄，桩的入土深度不能满足稳定性要求时，则不宜采用桩基础。设计时应综合分析上部结构特征、使用要求、场地水文地质条件、施工环境及技术力量等，经多方面比较，以确定适宜的基础方案。

2.1.2 桩与桩基础的分类

为满足建筑物的要求，适应地基特点，随着科学技术的发展，在工程实践中已形成了各种类型的桩基础，它们在本身构造上和桩土相互作用性能上具有各自的特点。了解桩和桩基础的分类，目的是掌握其特点以便设计和施工时更好地发挥桩基础的特长。

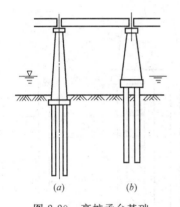

图 2-20 高桩承台基础和低桩承台基础
(a) 低桩承台；(b) 高桩承台

下面按承台位置、沉入土中的施工方法、桩土相互作用特点及桩身材料等分类进行介绍。

(1) 桩基础按承台位置分类

桩基础按承台位置可分为高桩承台基础和低桩承台基础（简称高桩、低桩承台），如图 2-20 所示。

高桩承台的承台底面位于地面（或冲刷线）以上，低桩承台的承台底面位于地面（或冲刷线）以下。高桩承台的结构特点是基桩部分桩身沉入土中，部分桩身外露在地面以上（称为桩的自由长度），而低桩承台则基桩全部沉入土中（桩的自由长度为零）。

高桩承台由于承台位置较高或设在施工水位以上，可减少墩台的圬工数量，避免或减少水下作业，施工较为方便。然而，由于承台及桩基露出地面的一段自由长度周围无土来共同承受水平外力，基桩的受力情况较为不利，桩身内力和位移都比同样水平外力作用下的低桩承台要大，其稳定性也比低桩承台差。

近年来由于大直径钻孔灌注桩的采用，桩的刚度、强度都较大，因而高桩承台在桥梁基础工程中已得到广泛采用。

(2) 桩按施工方法分类

桩基的施工方法不同，不仅在于采用的机具设备和工艺过程的不同，而且将影响桩与桩周土接触边界处的状态，也影响桩土间的共同作用性能。桩按施工方法的分类较多，但其基本形式可分为沉桩（预制桩）和灌注桩。

1) 沉桩（预制桩）

沉桩可按设计要求在地面良好条件下制作（长桩可在桩端设置钢板、法兰盘等接桩构造，分节制作），桩体质量高，可大量工厂化生产，加速施工进度。

a. 打入桩（锤击桩）

打入桩是通过锤击（或以高压射水辅助）将各种预先制造好的桩（主要是钢筋混凝土实心桩或管桩，也有木桩或钢桩）打入地基内达到所需要的深度。这种施工方法适应于桩径较小（一般直径在 0.60m 以下），且地基土质为砂性土、塑性土、粉土、细砂以及松散的不含大卵石或漂石的碎卵石类土的情况。

b. 振动下沉桩

振动下沉桩是将大功率的振动打桩机安装在桩顶（预制的钢筋混凝土桩或钢管桩），利用振动力以减少土对桩的阻力，使桩沉入土中。它对于桩径较大，且土的抗剪强度受振动时有较大降低的砂土等地基效果更为明显。

c. 静力压桩

在软塑黏性土中利用重力将桩压入土中，称为静力压桩。这种压桩施工方法免除了锤击的振动影响，是软土地区特别是在不允许有强烈振动的条件下桩基础施工的一种有效方法。

d. 预制桩有如下特点：

（a）不易穿透较厚的砂土等硬夹层（除非采用预钻孔、射水等辅助沉桩措施），只能进入砂、砾、硬黏土、强风化岩层等坚实持力层不大的深度。

（b）沉桩方法一般采用锤击，由此产生的振动、噪声污染必须加以考虑。

（c）沉桩过程产生挤土效应，特别是在饱和软黏土地区沉桩可能导致周围建筑物、道路、管线等的损失。

（d）一般说来预制桩的施工质量较稳定。

（e）预制桩打入松散的粉土、砂砾层中，由于桩周和桩端土受到挤密，使桩侧表面法向应力提高，桩侧摩阻力和桩端阻力也相应提高。

（f）由于桩的贯入能力受多种因素制约，因而常常出现因桩打不到设计标高而截桩，造成浪费。

（g）预制桩由于承受运输、起吊、打击应力，需要配置较多钢筋，混凝土强度等级也要相应提高，因此其造价往往高于灌注桩。

2）灌注桩

灌注桩是在现场地基中钻挖桩孔，然后在孔内放入钢筋骨架，再灌注桩身混凝土而成的桩。灌注桩在成孔过程中需采取相应的措施和方法来保证孔壁稳定和提高桩体质量。针对不同类型的地基土可选择适当的钻具设备和施工方法。

a. 钻孔灌注桩与挖孔灌注桩

钻孔灌注桩系指用钻（冲）孔机具在土中钻进，边破碎土体边出土渣而成孔，然后在孔内放入钢筋骨架、灌注混凝土而形成的桩。为了顺利成孔、成桩，需采用包括制备有一定要求的泥浆护壁、提高孔内泥浆水位、灌注水下混凝土等相应的施工工艺和方法。钻孔灌注桩的特点是施工设备简单、操作方便，适用于各种砂性土、黏性土，也适用于碎、卵石类土层和岩层。但对淤泥及可能发生流砂或承压水的地基，施工较困难，施工前应做试桩以取得经验。

挖孔灌注桩是依靠人工（用部分机械配合）在地基中挖出桩孔，然后与钻孔桩一样灌注混凝土而成的桩。它不受设备限制，施工简单；适用桩径一般大于 1.4m，多用于无水或渗水量小的地层；对可能发生流砂或含较厚的软黏土层的地基施工较困难（需要加强孔壁支撑）；在地形狭窄、山坡陡峻处可用以代替钻孔桩或较深的刚性扩大基础。因能直接检验孔壁和孔底土质，所以能保证桩的质量。还可采用开挖办法扩大桩底以增大桩底的支承力。

　　b. 沉管灌注桩

　　沉管灌注桩系指采用锤击或振动的方法把带有钢筋混凝土桩尖或带有活瓣式桩尖（沉桩时桩尖闭合，拔管时活瓣张开）的钢套管沉入土层中成孔，然后在套管内放置钢筋笼，并边灌混凝土边拔套管而形成的灌注桩；也可将钢套管打入土中挤土成孔后向套管中灌注混凝土并拔出套管成桩。它适用于黏性土、砂性土、砂土地基。由于采用了套管，可以避免钻孔灌注桩施工中出现的流砂、坍孔的危害和用泥浆护壁所带来的排渣等弊病。但桩的直径较小，常用的尺寸在 0.6m 以下，桩长常在 20m 以内。在软黏土中由于沉管对邻桩有挤压影响，且挤压时产生的孔隙水压力易使拔管时出现混凝土桩缩颈现象。

　　3）各类灌注桩有如下共同的优点：

　　a. 施工过程中无大的噪声和振动（沉管灌注桩除外）。

　　b. 可根据土层分布情况任意变化桩长；根据同一建筑物的荷载分布与土层情况可采用不同桩径；对于承受侧向荷载的桩，可设计成有利于提高横向承载力的异形桩，还可设计成变截面桩，即在受弯矩较大的上部采用较大的断面。

　　c. 可穿过各种软、硬夹层，将桩端置于坚实土层和嵌入基岩，还可扩大桩底以充分发挥桩身强度和持力层的承载力。

　　d. 桩身钢筋可根据荷载性质、荷载沿深度的传递特征以及土层的变化配置，无需像预制桩那样配置起吊、运输和打击应力筋，配筋率远低于预制桩。

　　4）管柱基础

　　大跨径桥梁的深水基础，或在岩面起伏不平的河床上的基础，可采用振动下沉施工方法建造管柱基础。它是将预制的大直径（直径 1～5m 左右）钢筋混凝土或预应力钢筋混凝土或钢管柱（实质上是一种巨型的管桩，每节长度根据施工条件决定，一般采用 4m、8m 或 10m，接头用法兰盘和螺栓联接），用大型的振动沉桩锤沿导向结构将其振动下沉到基岩（一般以高压射水和吸泥机配合帮助下沉），然后在管柱内钻岩成孔，下放钢筋笼骨架，灌注混凝土，将管柱与岩盘牢固连接，如图 2-21 所示。管柱基础施工可以在深水及各种覆盖层条件下进行，不受季节限制，但施工需要有振动沉桩锤、凿岩机、起重设备等大型机具，动力要求也高，所以在一般桥梁施工中很少采用。

　　(3) 桩按桩土相互作用特点的分类

　　建筑物荷载通过桩基础传递给地基，其中垂直荷载一般由桩底土层抵抗力和桩侧与土产生的摩阻力来支承。由于地基土的分层和其物理力学性质不同，桩的尺寸和设置在土中方法的不同，都会影响

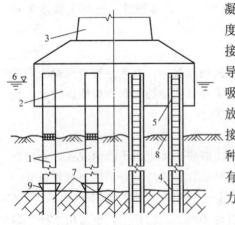

图 2-21　管柱基础
1—管柱；2—承台；3—墩身；4—嵌固于岩层；5—钢筋骨架；6—低水位；7—岩层；8—覆盖层；9—钢管靴

桩的受力状态。

1）摩擦桩

桩穿过并支承在各种压缩性土层中，在竖向荷载作用下基桩所发挥的承载力以侧摩阻力为主时，统称为摩擦桩，如图2-22（b）所示。以下几种情况均可视为摩擦桩：

a. 当桩端无坚实持力层且不扩底时；

b. 当桩的长径比很大，即使桩端置于坚实持力层上，由于桩身直接压缩量过大，传递到桩端的荷载较小时；

c. 当预制桩沉桩过程由于桩距小、桩数多、沉桩速度快，使已沉入桩上涌，桩端阻力明显降低时。

2）端承桩或柱桩

桩穿过较松软土层，桩底支承在坚实土层（砂、砾石、卵石、坚硬老黏土等）或岩层中，且桩的长径比不太大时，

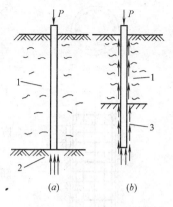

图2-22 端承桩和摩擦桩
1—软弱土层；2—岩层或硬土层；3—中等土层

在竖向荷载作用下，基桩所发挥的承载力以桩底土层的抵抗力为主时，称为端承桩或柱桩，如图2-22（a）所示。柱桩是专指桩底支承在基岩上的桩，此时因桩的沉降甚微，认为桩侧摩阻力可忽略不计，全部垂直荷载由桩底岩层抵抗力承受。

（4）桩按桩身材料分类

1）钢桩

钢桩可根据荷载特征制作成各种有利于提高承载力的断面，且其抗冲击性能好、接头易于处理、运输方便、施工质量稳定，还可根据弯矩沿桩身的变化情况局部加强其断面的刚度和强度。钢桩的最大缺点是造价高和存在锈蚀问题。

2）钢筋混凝土桩

钢筋混凝土桩的配筋率较低（一般为0.3%～1.0%），而混凝土取材方便、价格便宜、耐久性好。钢筋混凝土桩既可预制又可现浇（灌注桩），还可采用预制与现浇组合，适用于各种地层，成桩直径和长度可变范围大。因此，桩基工程的绝大部分是钢筋混凝土桩，桩基工程的主要研究对象和主要发展方向也是钢筋混凝土桩。

2.1.3 桩与桩基础的构造

不同材料、不同类型的桩基础具有不同的构造特点。为了保证桩的质量和桩基础的正常工作能力，在设计桩基础时应满足其构造的基本要求。

（1）各种基桩的构造

1）钢筋混凝土灌注桩

钻（挖）孔桩及沉管桩是采用就地灌注的钢筋混凝土桩，桩身常为实心断面。混凝土强度等级不低于C20，对仅承受竖直力的基桩可用C15（但水下混凝土仍不应低于C20）。钻孔桩设计直径一般为0.80～1.50m，挖孔桩的直径或最小边宽度不宜小于1.40m，沉管灌注桩直径一般为0.30～0.60m。

桩内钢筋应按照内力和抗裂性的要求布设，长摩擦桩应根据桩身弯矩分布情况分段配筋，短摩擦桩和柱桩也可按桩身最大弯矩通长均匀配筋。当按内力计算桩身不需要配筋时，应在桩顶3～5m内设置构造钢筋。为了保证钢筋骨架有一定的刚性，便于吊装及保证主筋受力后的纵向稳定，主筋不宜过细过少（直径不宜小于14mm，每根桩不宜少于8

根）。箍筋应适当加强，箍筋直径一般不小于8mm，中距为200~400mm。对于直径较大的桩，或较长的钢筋骨架，可在钢筋骨架上每隔2.0~2.5m设置一道加劲箍筋（直径为14~18mm），如图2-23所示。主筋保护层厚度一般不应小于50mm。

钻（挖）孔桩的柱桩根据桩底受力情况如需嵌入岩层时，嵌入深度应根据计算确定，且不得小于0.5m。

钻孔灌注桩常用的含筋率为0.2%~0.6%，较一般预制钢筋混凝土实心桩、管桩与管柱均低。

也有工程采用就地灌注桩的大直径空心钢筋混凝土，这是进一步发挥材料潜力、节约水泥的措施。

2) 钢筋混凝土预制桩

沉桩（打入桩和振动下沉桩）采用的预制钢筋混凝土桩，有实心的圆桩和方桩（少数为矩形桩），有空心的管桩，另外还有管柱（用于管柱基础）。

普通钢筋混凝土方桩可以就地灌注预制。通常当桩长在10m以内时横断面为0.30m×0.30m，桩身混凝土强度等级不低于C25，桩身配筋应按制造、运输、施工和使用各阶段的内力要求配筋。主筋直径一般为19~25mm；箍筋直径为6~8mm，间距为100~200mm（在两端处一般减少50mm）。由于桩尖穿过土层时直接受到正面阻力，应在桩尖处把所有的主筋弯在一起并焊在一根芯棒上。桩头直接受到锤击，故在桩顶处需设方格网片三层以增加桩头强度。钢筋保护层厚度不小于35mm。桩内需预埋直径为20~25mm的钢筋吊环，吊点位置通过计算确定，如图2-24所示。

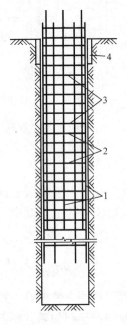

图2-23 钢筋混凝土灌注桩
1—主筋；2—箍筋；3—加劲箍筋（加强筋）；4—护筒

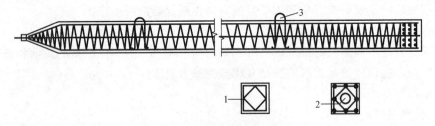

图2-24 预制钢筋混凝土方桩
1—实心方桩；2—空心方桩；3—吊环

管桩由工厂以离心旋转机生产，有普通钢筋混凝土或预应力钢筋混凝土两种，直径为400mm、550mm，管壁厚80mm，混凝土强度等级为C25~C40，每节管桩两端装有连接钢盘（法兰盘）以供接长。

管柱实质上是一种大直径薄壁钢筋混凝土圆管节，在工厂分节制成，施工时逐节用螺栓接成，它的组成部分包括法兰盘、主钢筋、螺旋筋、管壁（不低于C25，厚100~140mm），最下端的管柱具有钢刃脚，用薄钢板制成。一般采用预应力钢筋混凝土管柱。

预制钢筋混凝土桩柱的分节长度，应根据施工条件决定，并应尽量减少接头数量。接头强度不应低于桩身强度，并有一定的刚度以减少锤振能量的损失。接头法兰盘的平面尺寸不得突出管壁之外。

3) 钢桩

钢桩的形式很多，主要的有钢管桩和 H 形钢桩，常用的是钢管桩。钢桩的特点是：强度高，能承受强大的冲击力和承载力较高；其设计的灵活性大，壁厚，桩径的选择范围大，便于割接，桩长容易调节；轻便，易于搬运；沉桩时贯入能力强、速度较快，可缩短工期，且排挤土量小，对邻近建筑影响小，也便于在小面积内密集打桩施工。其主要缺点是用钢量大，成本昂贵，在大气和水土中钢材易被腐蚀。目前，我国只在一些重要工程中使用钢桩。

钢管桩的分段长度按施工条件确定，不宜超过 12～15m，常用直径为 400～1000mm。

钢管桩按桩端构造可分为开口桩和闭口桩两类，如图 2-25 所示。

(2) 承台的构造及桩与承台的连接

对于多排桩基础，桩顶由承台连接成为一个整体。承台的平面尺寸和形状应根据上部结构（墩、台身）的底面尺寸和形状以及基桩的平面布置而定，一般采用矩形和圆形。

承台厚度应保证承台有足够的强度和刚度，桥梁墩台多采用钢筋混凝土或混凝土刚性承台，其厚度不宜小于 1.5m。混凝土强度

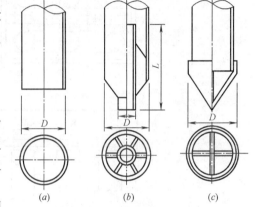

图 2-25 钢管桩的端部构造形式
(a) 开口式；(b) 半闭口式；(c) 闭口式

等级不宜低于 C15。对于空心墩台的承台，应验算承台强度并设置必要的钢筋，承台厚度也可不受上述限制。

桩和承台的连接，钻（挖）孔灌注桩桩顶主筋宜伸入承台，桩身伸入承台长度一般为 150～200mm。伸入承台的桩顶主筋可做成喇叭形，倾斜约与竖直线呈 15°角。如图 2-26 (a)、(b) 所示。伸入承台的钢筋锚固长度应符合结构规范，一般应不小于 600mm，且 ≥30 倍主筋直径，并设箍筋。对于不受轴向拉力的打入桩可不破桩头，将桩直接埋入承台内，如图 2-26 (c) 所示。桩顶直接埋入承台的长度，对于普通钢筋混凝土桩及预应力混

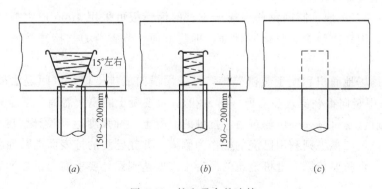

图 2-26 桩和承台的连接

凝土桩，当桩径（或边长）小于0.6m时不应小于2倍桩径或边长，当桩径为0.6~1.2m时不应小于1.2m；当桩径大于1.2m时，埋入长度不应小于桩径。

承台的受力情况比较复杂，为了使承台受力较为均匀并防止承台因桩顶荷载作用发生破碎或断裂，应在承台底部桩顶平面上设置一层钢筋网，如图2-27（a）所示，钢筋在纵桥向和横桥向每1m宽度内可采用钢筋截面积1200~1500mm²（此项钢筋直径为14~18mm，应按规定锚固长度弯起锚固），钢筋网在越过桩顶钢筋处不应截断，并应与桩顶主筋连接。钢筋网也可根据基桩和墩台的布置，按带状布设，如图2-27（b）所示。低桩承台有时也可不设钢筋网。

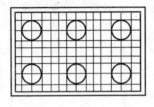
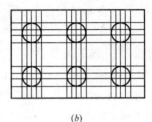
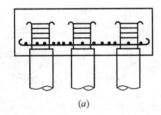

图 2-27　承台底钢筋网

2.2　沉入桩基础施工

2.2.1　桩的制作

(1) 钢筋混凝土桩的制作

1) 工地制桩场地：制桩场地应考虑吊运设备的安装、拆卸和运输便道的布置，并根据地基及气候条件做好排水设施，以防场地浸水沉陷，使桩变形。地基应整平夯实，在其上面铺压一层砾料，再铺以50mm厚素混凝土，压平抹光，作为制桩底模。在每桩范围内高差不得超过5mm。

2) 侧模板：工地预制的钢筋混凝土方桩的侧模板可采用4mm厚钢板制作。钢模具有坚固耐用、周转次数多、整体刚性强、拆装方便、节省劳力、接缝严密、不易漏浆等优点。

为了节约场地面积和便于蒸汽养护，可采用横向成排支模，以间隔法浇筑制桩（图2-28），或采用竖向重叠浇筑法支模（图2-29）。素混凝土底模上需铺一层隔离层。

间隔浇筑法是每隔一桩位浇筑另一批桩的混凝土，待强度达到设计强度的30%以后，拆除其侧模。第二批桩则利用已浇的桩作为侧模，并在已浇的桩表面铺贴油毡或塑料布等隔离层。第一批桩要待第二批桩浇筑的混凝土强度达到设计要求的起吊强度后，才可起吊移位。

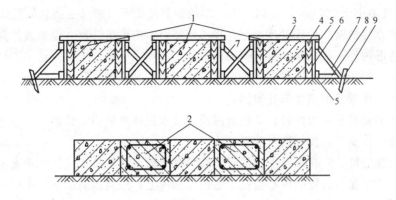

图 2-28 间断浇筑支模
1—第一批浇筑；2—第二批浇筑；3—顶撑；4—侧模板；
5—纵肋条；6—模板肋条；7—斜撑；8—底模撑；9—锚钉

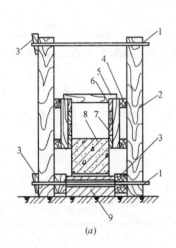 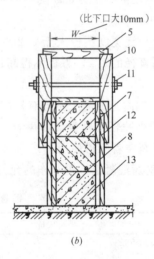

图 2-29 重叠浇筑法支模
(a) 长夹条支模；(b) 短夹条支模
1—ϕ12 钢筋箍；2—长夹条；3—硬木楔；4—横挡；5—临时撑木；6—拼条；7—侧模板；8—隔离层；
9—底模板；10—短夹木；11—ϕ12 螺栓；12—支脚条；13—已浇桩

重叠浇筑法浇筑的层数，应根据地基的承载能力和施工条件确定，一般不宜超过 3 层。支模方法有长夹条支模和短夹条支模两种，如图 2-29 所示。长夹条可用木材或型钢制作，两根夹条可用钢筋箍加硬木楔楔紧。长夹条支模的第一层桩底模座可用混凝土浇筑，并兼作底模的横撑。短夹条支模，无需浇筑混凝土底模座，但浇筑次一层桩时，夹条需向上夹住支模，浇筑混凝土时应注意不使模板左右摇晃。其他应注意事项与间隔法相同。

空心桩的内模，可采用充气胶囊、钢管、橡胶胶管、竹编内模外包塑料布隔离或活动木模等。需严格控制内模的位置，不使其偏位。

3) 钢筋：桩的主筋宜用整根的钢筋，如需要接长时，宜用对头接触法焊接，焊接处强度不得低于钢筋本身的强度，相邻钢筋的接头位置要相互错开，其距离不小于钢筋直径的30倍，且不小于500mm，在同一截面中的钢筋接头不应超过主筋总数的25%。

用其他直径的钢筋代替设计规定直径的钢筋时，应重新计算。但重新计算所用的主筋根数，除圆形桩外，不应少于桩侧面的面数。

主筋在编制成钢筋骨架前，应先以临时支架固定其位置，防止其挠曲。箍筋与纵向钢筋交接点处用点焊或用铁丝绑扎牢固。

钢筋骨架安置于模板内时，应以悬吊或设置水泥砂浆块固定骨架位置，并保证混凝土保护层符合设计要求，使桩尖对准纵轴线。

带法兰盘的桩节应在纵向主钢筋焊于法兰盘之前，对准位置，校正垂直度后点焊，再进行全焊。法兰盘和桩靴的中心应位于桩的中轴线上，法兰盘面应与桩中轴线垂直。

4) 混凝土：同一根桩的混凝土配合比不能随意改变，浇筑顺序宜由桩顶开始向桩尖连续浇筑，中间不得停顿，并用振捣器严密振实。混凝土浇筑完1~2h后，应覆盖并洒水养护。

5) 钢筋混凝土方桩缺陷的限制按下列规定：

a. 桩身裂缝：

横向裂缝宽度不得大于0.2mm，深度不得大于10mm；多边形桩裂缝长度不得大于其内切圆直径的1/2，方桩不得超过边长的1/2；横向裂缝每米不得超过5道；纵向裂纹不允许存在。

b. 桩端附近混凝土不得有蜂窝、掉角及露筋。

c. 用小锤轻敲桩身，如声音沙哑，应当凿开检查，小洞者可用同级水泥砂浆修补，大洞及断裂声者不得使用。

6) 钢筋混凝土方桩制作的允许偏差，见表2-7。

钢筋混凝土方桩制作的允许偏差　　　　　表2-7

项　目	允许偏差(mm)
钢筋混凝土桩：	
截面边长	±5
桩顶对角线	±10
桩尖对桩中轴线	10
桩身弯曲段矢高比	0.1%，且矢高不大于20mm
下节或上节的法兰盘对桩纵轴线的倾斜	2
两个法兰盘对桩纵轴线倾斜之和	3
钢筋混凝土空心方桩：	
空心方桩空心直径或截面边长	±5
壁厚	－5
抽芯圆孔平面位置对桩中轴线	±5
桩尖对中轴线	10
桩身弯曲段矢高比	0.1%，且矢高不大于20mm
下节或上节的法兰盘对桩纵轴线的倾斜	2
两个法兰盘对桩纵轴线倾斜之和	3

(2) 预应力混凝土管桩的制作

混凝土管桩现一般均采用预应力混凝土管桩，国内已有定型生产，直径一般为400mm和550mm，管壁厚80~100mm，每节长8~10m不等。预应力混凝土管桩的预制，一般由工厂用离心旋转法制作。采用混凝土的强度等级一般为C45。

2.2.2 预制桩的吊运和堆放

(1) 吊运

预制混凝土桩吊运时，桩身强度应符合设计要求，一般要达到设计混凝土强度的70%后方可起吊，达到100%后方可运输。如需提前吊运时，应根据吊点布置位置，经验算合格后才起吊。预制混凝土桩吊点一般不设吊环，起吊前应标出吊点位置，用钢丝绳捆绑。捆绑处应加麻布、木块衬垫保护，以防损坏桩的表面和棱角。吊点的位置偏差不应超过设计位置20mm。吊桩时要使各吊点同时受力，徐徐起落，避免振动损坏桩身。使用起重机或浮吊起吊时，应使桩纵轴线夹角不小于45°。

桩搬运时，可采用平板拖车或前后托架拖车。采用前后托架拖车时，前托架拖车上需加设活动转盘，如图 2-30 所示。

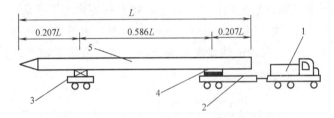

图 2-30 采用托架拖车运桩示意图
1—卡车；2—拖车；3—托架拖车；4—活动转盘；5—桩

桩搬运时，其支承点应与吊点位置相一致，偏差不得大于 20mm。若支承点位置相差较大时，应检验桩的应力。运输时应捆扎牢固，使各支点同时受力。

(2) 堆放

堆放桩的场地应靠近沉桩地点。场地应平整坚实，做好必要的防水措施，防止湿陷和不均匀沉陷。

不同类型和尺寸的桩应考虑使用先后，分别堆放。堆放支点位置与吊点相同，偏差不得超过20mm。当桩需长期堆放时，为避免桩身挠曲，可采用多点支垫。各支点垫木应均匀放置，各垫木顶面应在相同的水平面上。多层堆放时，各层垫木应位于同一垂直面上。混凝土管桩堆放层数：对于直径 400mm 的管桩，最高可堆放 6 层，直径 550mm 的管桩不宜超过 4 层。管桩的堆放如图 2-31 所示。

钢管桩的堆放，直径 900mm 可放置 3 层，直径 600mm 放置 4 层；直径 400mm 放置 5 层，对 H 型钢桩最多 6 层。

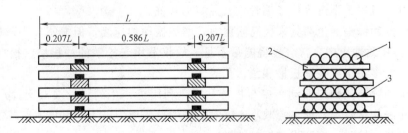

图 2-31 混凝土管桩堆放图式
1—混凝土管桩；2—垫木；3—刹木

2.2.3 沉桩机械及设备

(1) 桩锤

桩锤可分为坠锤、单动汽锤、双动汽锤、柴油锤、振动锤和液压锤等。

1) 坠锤

坠锤为铸铁制成。锤顶有吊环，以备提升之用，两侧有二道滑槽卡在桩架的导杆上，或在锤的中心有一圆洞套入穿心杆（通称穿心锤），使坠锤只能沿中心杆上下活动。

2) 单动汽锤

单动汽锤类型很多，构造差别也很大，一般由外壳、活塞杆、配汽阀和输汽管构成。此类锤外壳（或锤）的提升靠蒸汽，落下靠自重，冲击速度不快，但构造简单，作用可靠。

3) 双动汽锤

双动汽锤的外壳（即汽缸）固定在桩头上，锤在外壳内上下活动。双动汽锤每分钟的冲击次数可达100~300次，其效率比单动汽锤高很多，但其缺点是冲击部分的质量只占总质量的20%~30%，一次冲击能较单动汽锤小，故锤击质量较大的桩时，其动能就不能满足要求。

4) 柴油锤

柴油锤是一自身既为桩锤又是动力发生器的联合装置。基本上有两种形式，即杆式和筒式。

这种锤的锤击能量小，耐磨性能差，但构造简单，软土起动性能好，适用于下沉小型桩。筒式柴油锤的构造是由锤体、起落架两大部分组成。锤体是桩锤的主机，它包括上气缸、下气缸、上活塞（也称夯）、下活塞（也称砧）等主要部件。燃油系统为供油机构，也是锤体的组成部分。

5) 振动锤

振动锤是由电动机、振动器、吸振器、冲击块、冲击座、夹桩器、操纵仪等基本结构组成。各种振动锤的结构基本相似，但在构造形式上有所差别。

振动锤按其机械特性可分电动式、水动式、汽动式，近年来为了振动器的频率能无级调速，常使用液压马达驱动式。按其驱动力的大小，可分为轻型、重型、超重型。按振动频率大小可分为单频式、双频式，也可分为变频型或低频型（15~20Hz）、中高频型（20~60Hz）、高频型（100~150Hz）、超高频型（150Hz以上）等。

低频振动锤是使强迫振动与土体共振，共振时振幅值很大，能破坏桩与土体之间的黏结力和弹性力，使桩借自重下沉。一般振幅在7~25mm内。低频振动锤有利于克服桩尖处土层阻力，可用于下沉大口径钢管桩、混凝土管桩。

中高频振动锤是通过高频来提高激振力，增加振动加速度。但振幅较小，通常为3~8mm左右。在黏性土中，常会显得能量不足，故仅适用于松散的冲积层、松散和中等密度的砂层，大多用于沉拔钢板桩和预钻孔等。

高频振动锤是使强迫振动频率与桩体共振，利用桩产生的弹性波对土体产生高速冲击，由于冲击能量较大，能显著减小土体对桩体的贯入阻力，因而沉桩速度较快。在硬土层中下沉大截面桩时，能产生较好的效果。

超高频振动锤是一种高速微振动锤，它的振幅极小，一般是其他振动锤的1/3~1/4，但振动频率极高,而对周围土体的振动影响范围极小,并通过增加锤质量和振动速度来增加冲击动能,常用于对噪声和振害限制较严的桩基施工中。

6) 液压锤

液压锤一般由桩锤、液压系统、操作控制屏等构成。桩锤可分为柱塞驱动装置和冲击传递装置两大部分。冲击头与液压缸的活塞杠相连。压力油由液压装置供给油缸,经液压阀切换油路,驱动冲击头升降,冲击桩下沉。由于采取了相应措施,液压回路的摩擦损失很小,冲击头的下落近似于自由落体,且落下高度可以实施无级调节。冲击头驱动装置由冲击头、液压缸、液压泵等构成。

冲击力传递装置由缓冲垫、锤砧、桩垫和桩帽构成。由于具有缓冲垫,冲击头同锤砧不直接接触,故可防止噪声。此外,液压锤不像柴油锤那样有排气声,因此它的噪声比柴油锤低得多,而且不会污染空气。

7) 各种锤型适用范围参考表见表2-8。

各种锤型适用范围参考表　　　　　　　　　表2-8

序号	锤型	适用范围	优缺点
1	坠锤	1. 适用于沉木桩和断面较小混凝土桩; 2. 重型及特重型龙门锤适用于沉钢筋混凝土桩; 3. 在一般黏性土、砂土、含有少量砾石土均可使用	设备简单,使用方便,冲击力大,能随意调整落距,但锤击速度慢(每分钟约6~20次),效率低
2	单动汽锤	1. 适用于沉各种桩; 2. 适宜沉管灌注桩	结构简单,冲程短,对桩头和设备不易破坏,沉桩速度及冲击力较坠锤大,效率较高
3	双动汽锤	1. 适用于沉各种桩; 2. 可用于沉斜桩; 3. 使用压缩空气时可用于水下沉桩,并可用于拔桩; 4. 可吊锤沉桩	冲击次数多,工作效率高,可不用桩架沉桩;在水中沉桩时,可不用送桩。冲击部分质量占总质量比例小,一次冲击能比单动汽锤小,当冲击重型桩有时就不能满足。另外,设备笨重移动不方便
4	柴油锤	1. 杆式锤适宜沉小型桩、钢板桩; 2. 筒式锤适宜沉混凝土桩、钢管桩等; 3. 不适宜在过软或过硬土中沉桩; 4. 用于浮船中沉桩较为有利	附有桩架动力等设备,机架轻,移动方便、沉桩快,燃料消耗少,也可以打斜桩,是使用最广的一种,但振动大、噪声大
5	振动锤	1. 适宜沉各种桩和沉管灌注桩; 2. 适用松散砂土、亚黏土、黄土和软土; 3. 在卵石夹砂及紧密黏土中效果较差	沉桩速度快,适用面宽,施工操作简易、安全,能辅助拔桩
6	液压锤	1. 适用于沉重型的混凝土桩、钢桩; 2. 适用于黏性土、砂土含少量砾石土等	锤质量大、冲击次数多、工作效率高,其冲程可根据不同土质用人工调整,在一定条件下,可保证锤对桩的锤击力控制、噪声小,且不会污染空气

(2) 桩架

桩架为沉桩的主要设备,可以用钢、木结构组拼而成,其主要作用是装吊锤和桩,并控制锤的运动方向。

桩架的组成主要有:

1) 导杆（或称龙门）和导向架——控制锤的运动方向；
2) 起吊装置——滑轮、绞车或其他起重设备；
3) 撑架——由各种杆件拼成，以支承导杆和起吊装置；
4) 底盘——用以承托以上构件，或支承移动的装置。

2.2.4 沉桩施工

(1) 沉桩一般工序

沉桩的一般工序图，如图 2-32 所示。

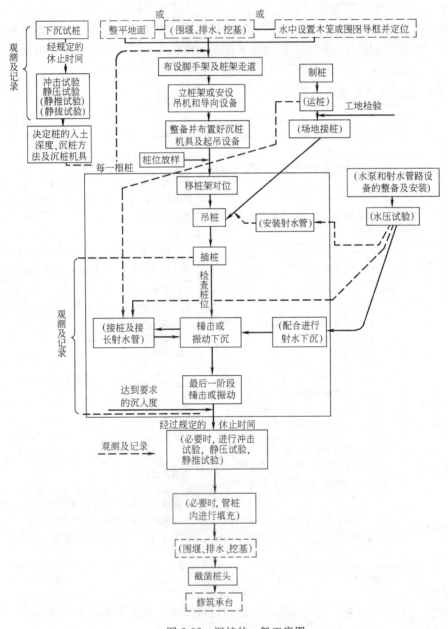

图 2-32 沉桩的一般工序图
注：括号内的工序只在某些特定场合时需要。

（2）试桩

沉桩工程在正式开工前应先进行试桩。试桩采用冲击试验及静压试验，设计有要求时再做静拔试验和静推试验。

1）试桩目的

a. 选择合理的施工方法和机具设备；

b. 根据桩的设计承载力，确定桩的入土深度；

c. 核实最终贯入度是否符合设计要求；

d. 选定射水沉桩的射水设备及射水参数（如水压、水量等）；

e. 确定射水沉桩最后锤击的深度；

f. 验证锤击沉桩动力公式在该工程地质条件下的准确程度；

g. 确定沉桩桩尖形式和正确的接桩方法；

h. 查明沉桩土质是否有假极限和吸入现象，决定是否需要复打和复打前休止期限；

i. 确定施工时停止沉桩的控制标准；

j. 静推试验确定桩的容许水平承载力及桩顶位移和转角，并推求地基土水平抗力系数的比例系数 m 值；

k. 如系钢管桩试桩，尚需测出钢管桩的回弹量，控制柴油锤的贯入度，用动力公式推算桩的承载力；

l. 试桩所使用的设备和施工方法应与实际沉桩相同，并做出详细的记录。

2）试桩数量

a. 冲击试验的桩数，一般不少于桩总数的 2%。

b. 静压试验的桩数，按设计规定处理。一般可按下列规定：

（a）在相同地质情况下，按桩总数的 1% 计，并不得少于 2 根；

（b）位于深水处的试桩，根据具体情况，由有关部门研究决定。

（3）沉桩顺序

一个基础需沉入较多的桩时，会把基底以下的土挤密或隆起（对于相对密度初始很低的非黏性土一般要下沉），如果采用从基础四周向内沉桩的办法，则愈往中间沉，基底以下的土就愈挤得密，受荷载后势必会使基础产生不均匀的沉降。因此，沉桩次序是一个很重要的问题，必须慎重考虑。

图 2-33 表示沉桩顺序和土挤密隆起情况。图中 1、3、5、7 为沉桩顺序平面图，2、4、6、8 为桩沉至相同下沉量时桩入土深度及土隆起情况（分段沉桩系各段同时下沉情况）。由图可知，先沉入的桩入土较深，后沉入的桩入土较浅，且后沉入的桩附近土隆起最高。

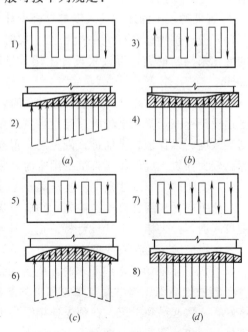

图 2-33 沉桩顺序和土挤密隆起情况
(a) 逐排沉桩；(b) 中央向边缘沉桩；
(c) 边缘向中央沉桩；(d) 分段沉桩

故沉桩时必须根据现场地形条件、土质情况、桩距大小、斜桩方向、桩架移动方便等因素决定沉桩的顺序。

在一般情况下，当基础不大、桩数不多、桩距不小时，可从中间开始分向两边或周边对称进行沉桩；当基础较大、桩数较多、桩距较小时，应将基础分为数段，而后在各段范围内分别进行沉桩。

(4) 锤击沉桩

1) 施工要点

a. 沉桩前应对桩架、桩锤、动力机械、射水管路、蒸汽管路、电缆等主要设备部件进行检查。沉桩开始将锤提升到桩架顶，然后吊桩插入桩位，若有偏差应将桩提起重插。插好后将桩帽、桩锤轻落在桩顶。开锤前应再检查桩锤、桩帽及送桩与桩的中轴线是否一致，如有偏差应及时纠正。

b. 用柴油锤沉直桩前，应将桩架导杆调成垂直。在第一节桩入土 3m 时应停锤复核桩架导杆的垂直度，如发现问题必须校正后方可继续沉桩。

用单动汽锤沉桩，开始时必须严格控制锤的动能，保持桩的均匀下沉。如系松软土质，为防止下沉量过大，先不解开吊桩的钢丝绳，待安好锤再逐渐放长吊锤和吊桩的钢丝绳，使桩缓慢地沉入土中，以保安全。

沉斜桩时，桩架应符合斜桩的坡度。插好桩将锤压于桩上复测一次，如每米斜度误差大于 3mm 时，必须进行校正。

c. 一般开锤以后，坠锤或单动汽锤的落锤高度不宜超过 0.5m；双动汽锤应降低汽压，减少每分钟的锤击数；柴油锤应控制供油量，减少锤击能量。以后视桩的入土情况，逐渐加大冲击动能，直至桩的入土深度和贯入度都符合设计要求（即"双控"）为止。

d. 若桩的入土深度和贯入度都符合设计要求有困难时，可按下述方法进行处理：

(*a*) 设计桩尖标高处为一般黏性土层时，由于沉桩贯入度变化不大，难以利用贯入度的变化来判断桩尖是否进入设计土层，是以标高控制的。沉桩后桩顶标高允许偏差为 ±10cm。

(*b*) 设计桩尖标高处为硬塑状态黏土时，沉桩贯入度与一般黏性土有明显不同。当桩尖已达设计标高，贯入度较大，且设计贯入度又有要求时，应继续锤击，使其贯入度接近控制贯入度，以保证桩尖能进入硬土层。但继续下沉的深度一般不超过 1m。当桩尖距设计标高较大而贯入度较小，且沉桩困难时，采用贯入度控制为主，以标高作为校核。

(*c*) 设计桩尖标高处为中密及密实砂土层、老黏性土层以及风化岩层时，因硬层起伏不一，施工中无法用标高单独控制，则应以贯入度控制，以标高作为校核。当贯入度已达控制贯入度，桩尖标高未达设计标高时，应继续锤击 100mm（或锤击 30~50 击），其平均贯入度不应大于控制贯入度，且桩尖距设计标高不宜超过 1~2m。

(*d*) 沉桩不能满足上述要求时，应会同设计单位研究处理。

e. 若桩架高度、起吊设备能力和桩的结构强度等条件都许可，可在现场将桩节预先连接好，一次起吊和下沉，在预先连接混凝土桩时，两节桩必须成一直线。如接头处不平造成桩身弯曲，弯曲处矢度大于 10mm 者，不得使用。

就地接桩宜在下节桩顶露出地面或水面以上至少 1m 时进行，并要求两节桩的中轴线必须在同一直线上。若已沉入的第一节桩，直桩的垂直度或斜桩的斜度超过设计规定的

1‰时不得接桩。此时应将第一节桩拔出重新下沉,待符合规定后再接桩。

凡用法兰盘接桩时应上足螺栓并拧紧,经锤击数次后将螺栓再拧紧一遍,然后点焊或将丝扣凿毛固定,最后涂刷沥青清漆,并在法兰盘的空隙处全部填满沥青砂胶以防腐蚀。凡用钢套筒接桩的桩,必须将桩头清扫干净、整平然后进行焊接。

f. 沉桩工作应一次沉到设计标高,不得中途停顿。若停顿过久,由于土的恢复将难以下沉。

g. 蒸汽锤蒸汽压力应不小于 0.7MPa。沉完一根桩后应立即进行检查,确认桩身无问题后再移动桩架。沉好的桩在未经验收和必要的冲击试验以前,不得截锯桩头。截锯桩头时最好不用大锤硬砸,以免振出裂缝,可先用钢抱箍或木抱箍将桩身截锯处下面箍紧,用小锤沿箍处凿开一条沟槽,然后再进行扩大截断。截断混凝土管桩时,可采用油压式桩柱破碎机进行。

h. 沉桩施工过程中应逐日收听气象预报,随时注意气候变化,如遇暴雨和大风(超过5级时)应停止沉桩作业,并对所有设备进行检查和防护。如风力达到7级时,应采取稳定桩架,如加拉缆风等措施,必要时可放倒桩架。在雷雨期节施工时,应有防雷电的措施,蒸汽锤的排汽口附近不得站人,防止烫伤。沉桩作业时,严禁施工人员攀附桩锤上下桩架。

2) 施工注意问题

a. 锤击时宜"重锤低击"。锤重、落距低可以延长锤击接触时间,从而降低锤的冲击应力,避免损坏桩头,而且比轻锤高速冲击效率高。

b. 桩帽与桩之间的垫层(包括锤垫和桩垫)要仔细安放,要有适当的厚度,在锤击过程中须及时修理锤垫和更换桩垫,避免桩头引起很高的压应力。桩帽要夹着垫层,减少锤击时产生振动,使锤击力能均匀地分布在桩头上。桩帽不应紧密固定在桩头上,以免引起桩弯矩和扭矩的传递。

c. 不得采用大能量的锤击施工,特别是桩尖进入硬层后。贯入度变小时,容易造成桩头和桩身的损伤,如图 2-34 所示。其中图 (*a*) 为锤击应力超过桩顶混凝土的抗压强度,(*b*) 为锤击应力超过桩身混凝土的抗剪强度,(*c*) 为锤击应力超过桩身混凝土的抗拉强度,(*d*) 为混凝土管桩螺旋筋强度不足,(*e*) 为混凝土管桩桩脚强度不够。

锤击沉桩时,桩出现的最大压应力的位置:对于等截面的混凝土桩是在桩顶;对于上段实心、中段空心的混凝土空心桩是在桩的上中部。

d. 锤击时应注意桩顶的压应力,避免损坏桩头。

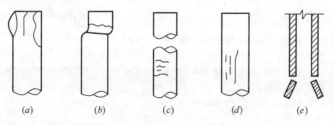

图 2-34 混凝土桩损伤的几种情况

e. 锤击时要注意桩的疲劳。当锤击次数越多,锤击频率越高,桩的强度降低越大,损坏的可能性也越大,因此须控制单桩的锤击次数。锤击控制次数,一般由桩的种类、长度、形状和地基情况等因素而定。表 2-9 提供的数值可供参考。

锤击次数控制表（次）　　　　　　　　表2-9

锤击次数＼桩的类型	钢筋混凝土桩	预应力混凝土桩	高强度预应力混凝土桩
总锤击次数	1000	2000	3000
最终10m的锤击次数	500	800	1500

　　f. 当桩穿过软土层后突然进入硬土层，或穿过硬土层后突然进入软土层，沉桩应力会发生变化，前者会产生大的压应力（岩石更甚），后者会产生拉应力。须注意观察、严格操作，否则就会将桩打坏。

　　g. 锤击时应严格控制桩的垂直度。桩身不垂直，除了桩顶产生集中应力外，桩身还要受到压弯联合作用，产生拉应力和弯曲应力，这是很危险的。

　　h. 预应力混凝土桩的预应力筋与桩顶须切除得很平整，否则在锤击时会导致产生很高的应力。

　　i. 锤击时导杆不得把桩过分嵌制，或发生转动，否则会引起桩的扭转开裂。

　　j. 锤击沉桩的最后贯入度，不宜定得太小，对于柴油锤沉桩的贯入度不宜小于1～2mm/击，蒸汽锤不宜小于2～3mm/击，以免损坏桩锤。

　　k. H型钢桩断面刚度较小，锤质量不宜大于4.5t级（柴油锤），且在锤击过程中桩架前应有横向约束装置防止横向失稳。

　　3）锤击沉桩时常遇问题及其防止措施和处理方法

　　沉桩时常遇问题及其防止和处理方法见表2-10。

锤击沉桩时常遇问题及防止措施和处理方法　　　　　　表2-10

常遇问题	产生原因分析	防止措施和处理方法
桩身倾斜	1. 桩头不平，桩尖制作歪斜，桩靴套得不准； 2. 桩尖在土层内一侧遇石块障碍物等； 3. 土层有陡的倾斜面，使桩沿斜面滑移； 4. 桩帽与桩身不在同一直线上； 5. 地下有流砂，桩被冲动； 6. 沉群桩基础时，采用了逐排连续沉桩顺序，使土挤向一侧	1. 沉桩前须对桩头、桩尖和桩靴进行检查纠正； 2. 障碍物不深，可挖除回填后重新沉桩； 3. 须查明土层陡坡方向，采取适当措施； 4. 随时检查纠正； 5. 是否采用桩基，与设计单位研究； 6. 改用分段沉桩顺序
桩身扭转或位移	1. 桩尖不对称； 2. 桩身不正直	1. 偏差不大，可用锤慢锤低击纠正； 2. 偏差过大，应拔桩重沉
桩头打坏	1. 桩头强度低，保护层过厚，桩顶凸凹不平； 2. 锤与桩不垂直，落锤过高，锤击过久，桩帽垫层有问题； 3. 桩尖遇坚硬土层或障碍物	分析原因，分别及时纠正
桩身破裂	桩质量不符合设计要求	混凝土预制桩可加钢夹箍，用螺栓拧紧后接焊加固补强。质量较差的不得使用
桩涌起	1. 遇流砂或较软土层； 2. 采用了由两边向中央沉桩顺序，使地基土挤密	1. 对浮起量大的桩重新沉入； 2. 对涌起的桩进行复打

续表

常遇问题	产生原因分析	防止措施和处理方法
桩急剧下沉	1. 遇软土层、土洞、暗坑等； 2. 接头破裂或桩尖劈裂,桩身弯曲或有严重的横向裂纹； 3. 桩锤过重或落锤过高； 4. 接桩不垂直	1. 如情况与钻探资料符合,属于正常现象； 2. 将桩拔起检查改正重沉,或在原桩位处补桩处理； 3. 调整锤击速度或落锤高度
桩沉不下去或达不到设计标高	1. 遇障碍物或碰到大石块； 2. 沉到坚硬土夹层或砂夹层； 3. 由于基岩面起伏较大,相同长度的桩沉不下去； 4. 沉桩间歇时间过长,摩擦力增大； 5. 桩锤太轻或落锤太低； 6. 桩距太小,或自两边向中央沉桩,土被挤密	1. 设法清除或移动桩位或补桩； 2. 地基土与钻探资料相符,属正常情况； 3. 进一步探清地质资料,改用符合设计要求的不同桩长,或按上述入土深度和贯入度采用双控方法处理； 4. 加大锤质量提高落锤高度； 5. 放大桩距改由中央向两边沉桩
桩身跳动 桩锤回弹	1. 桩尖遇树根或坚硬层； 2. 桩身过曲,接桩过长； 3. 落锤过高	1. 检查原因,采取措施使桩穿过或避开障碍物,如入土不深应拔起避开或换桩重沉； 2. 重锤轻击,改善落锤高度

4）沉桩复打

对发生"假极限"、"吸入"现象的桩和射水沉桩及上浮、下沉现象的桩都应进行复打。

"假极限"是桩在饱和的细、中、粗砂中连续锤击下沉时,使流动的砂变得密实地夹紧在桩的周围,妨碍土中水分沿桩上升,在桩尖下形成水压很大的"水垫",使桩产生暂时的极大贯入阻力。在休止一定时间后阻力就降低。"吸入"是桩在黏性土中连续锤击时,由于土的渗透系数小,桩周围水不能渗透扩散,而沿着桩身向上挤出,在桩周围形成润滑套,使桩周围的摩擦力大为减少,在休止一定时间后,桩周围水消失,桩周土摩擦力恢复增大。射水沉桩由于射水的冲刷,减少了桩周土的摩擦力。桩的上浮、下沉均会影响土对桩的阻力。因此上述的几种情况,在休止一定时间后均须进行复打,以确定桩的实际承载力。

休止时间按土质不同而异,可由试验或按规定确定。

2.3 钻（挖）孔灌注桩基础施工

目前在桥梁基础工程领域中,钻孔灌注桩基础已占据了重要地位,并向大直径、多样化（变截面桩、空心桩、变截面空心桩）方向发展。钻孔工艺水平不断提高,特别是引进了许多国外先进的大功率全液压钻孔机械,同时国内钻机也进行研制改进,基本上满足了基础施工的需要。

2.3.1 钻孔灌注桩的施工工艺流程

钻孔灌注桩的施工有很多工序,因成孔方法不同和现场情况各异,施工工艺流程也不完全相同。所以在施工前,要安排好施工计划,编制具体的工艺流程图,作为安排各工序施工操作和进度的依据。钻孔灌注桩施工的工艺流程一般如图2-35所示。

当同时进行几根桩或几个墩台施工时,要注意它们之间的密切配合,避免相互干扰和

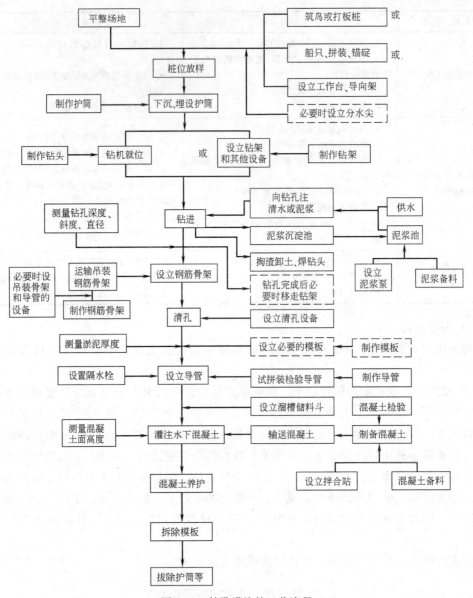

图 2-35 钻孔灌注桩工艺流程
注：虚线方框表示有时采用的工序。

冲突，并尽可能地做到均衡使用机具和劳动力。从一根桩或一个墩台完成施工转到下一根桩或下一个墩台时，既要抓好新钻孔的工作，也要做好已成桩或墩台的养护和质量检查工作。

2.3.2 钻孔前准备工作

钻孔的准备工作主要有桩位测量放样、整理场地、布设施工便道、设置供电、供水系统、制作和埋设护筒、制作钻架（钻机未配备钻架时）、泥浆备料、调制、沉淀、出渣和准备钻孔机具等，此外尚应编制施工组织计划。

(1) 场地准备

钻孔场地的平面尺寸应按桩基设计的平面尺寸、钻机数量和钻机底座平面尺寸，钻机移位要求、施工方法以及其他配合施工机具设施布置等情况决定。

施工场地或工作平台的高度应考虑施工期间可能出现的高水位或潮水位，并比其高出 0.5~1.0m。

施工场地应按以下不同情况进行整理：

1) 场地为旱地时，应平整场地，清除杂物，换除软土，夯打密实。钻机底座不宜直接置于不坚实的填土上，以免产生不均匀沉陷。

2) 场地为陡坡时，可用枕木或木挑架搭设坚固稳定的工作平台。

3) 场地为浅水时，宜采用筑岛方法。当水不深、流速不大时，根据技术经济比较、采取截流或临时改河方案有利时，也可改水中钻孔为旱地钻孔方案。

4) 场地为深水时，可搭设水上工作平台，工作平台可用木桩、钢筋混凝土桩作基桩，顶面纵横梁、支撑架可用木料、型钢或其他材料造成。平台应能支撑钻孔机械、护筒加压、钻孔操作以及灌注水下混凝土时可能发生的重量，要有足够的刚度，保持稳定，并考虑洪水季节能使钻机顺利进入和撤出场地。

5) 场地为深水且水流平稳时，钻孔的钻机可设在船上，但必须锚固稳定，以免造成偏位、斜孔或其他事故。

(2) 埋设护筒

护筒有固定桩位，引导钻头（锥）钻进方向，并隔离地面水以免其流入井孔，保护孔口不坍塌，并保证孔内水位（泥浆）高出地下水或施工水位一定高度，形成静水压力（水头），以保护孔壁免于坍塌等作用。

1) 一般要求

a. 用钢板或钢筋混凝土制成的埋设护筒，应坚实不漏水；护筒入土深时，宜以压重、振动、锤击或辅以筒内除土等方法沉入。

b. 护筒内径应比桩径稍大：当护筒长度在 2~6m 范围时，有钻杆导向的正、反循环回转钻护筒内径比桩径宜大 200~300mm；无钻杆导向的正反潜水电钻和冲抓、冲击锥护筒内径比桩径宜大 300~400mm；深水处的护筒内径至少应比桩径大 400mm。

c. 护筒顶端高度：

(*a*) 当采用反循环回转方法（包括反循环潜水电钻）钻孔时，护筒顶端应高出地下水位 2.0m 以上，使护筒内水头产生 20kPa 以上的静水压力；

(*b*) 采用正循环回转方法（包括正循环潜水电钻）钻孔时，护筒顶端的泥浆溢出口底边，当地质良好、不易坍孔时，宜高出地下水位 1.0~1.5m 以上；当地质不良、容易坍孔时，应高出地下水位 1.5~2.0m 以上；

(*c*) 采用其他方法钻孔时，护筒顶端宜高出地下水位 1.5~2.0m；

(*d*) 当护筒处于旱地时，除满足（*a*）至（*b*）项要求外，还应高出地面 0.3m。

d. 护筒的埋置深度：

(*a*) 旱地或浅水处，对于黏质土不小于 1.0~1.5m，对于砂类土应将护筒周围 0.5~1.0m 范围内的土挖除，夯填黏质土至护筒底 0.5m 以下；

(*b*) 冰冻地区应埋入冻层以下 0.5m；

(*c*) 深水及河床软土、淤泥层较厚处应尽可能深入到不透水层黏质土内 1~1.5m；河床下无黏质土层时,应沉入到大砾石、卵石层内 0.5~1.0m;河床为软土、淤泥、砂类土时,护筒底埋置深度要能防止护筒内水头降低(如桥位处于潮水区或河流水位上涨时)产生的涌砂(即流砂)现象,从而使护筒倾陷。经计算其具体埋置深度的安全系数应大于2;

（d）有冲刷影响的河床,应埋入局部冲刷线以下不小于 1.0~1.5m。

e. 护筒接头处要求内部无突出物,能耐拉、压,不漏水;灌注桩完成后,钢护筒和钢筋混凝土护筒除设计另有规定外,一般应拆除。

f. 干处或浅水筑岛,护筒可按一般方法实测定位;在深水沉入护筒应采用导向架等设备定位,并保持竖直,导向架应有足够的强度和稳定性。

g. 斜孔护筒,应采取相应措施保证其设计斜度。

h. 护筒平面位置的偏差一般不得大于 50mm,护筒倾斜度的偏差不大于 1%。

2）护筒的种类和制作

护筒是重要的使用设备,故在构造上要求坚固耐用,便于安装、拆除,不漏水。根据所用材料,主要分为木护筒、钢护筒和钢筋混凝土护筒三种。现将几种主要护筒的制作要点、适用条件分述如下:

a. 木护筒（图 2-36）

木护筒一般用 30mm 厚木板制作。为加强它的整体性,可在外围加二至三道 50mm 厚的弧形肋木。为便于拆卸,可将肋木做成两个半圆形,用螺栓连接以夹紧护筒。护筒板缝应刨平合严,防止漏水,当用于透水性强的地层,可做成双层木板护筒,两层中间用黏土填实。还有一种双层薄板木护筒,中间夹油毡,内外层板缝错开,也可防止漏水。木护

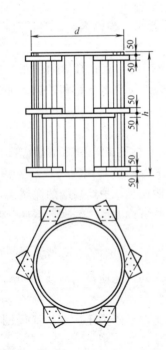

图 2-36　木护筒（单位：mm）
d—护筒直径；h—护筒高

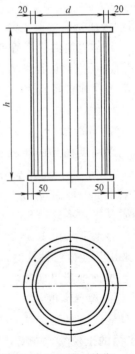

图 2-37　钢护筒（单位：mm）
d—护筒直径；h—护筒高

筒缺点是重复使用次数少,易损坏。耗用木料多,在深水中不宜使用。

b. 钢护筒(图2-37)

钢护筒坚固耐用,重复使用次数多,用料较省,在无水河床、岸滩和深水中都可使用。

钢护筒在普通作业场合及中小孔径条件下一般用4~6mm厚钢板制作。为增加刚度防止变形,可在护筒上、下端和中部的外侧各焊一道加劲肋。钢护筒可以做成整体的或两半圆的。两半圆钢护筒在竖向和水平向均有用角钢制成的法兰,竖向法兰用螺栓互相连接成为整圆,水平向法兰用螺栓互相连接后可以逐节接长护筒。

c. 钢筋混凝土护筒(图2-38)

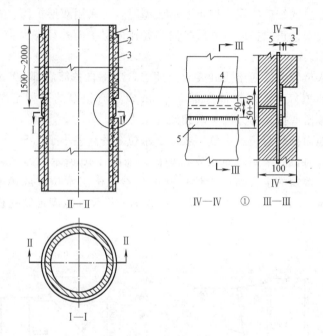

图2-38 钢筋混凝土护筒
1—预埋钢板;2—箍筋;3—主筋;4—连接钢板;5—预埋钢板

在深水中多采用钢筋混凝土护筒,它有较好的防水性能,可靠自重沉入或打(振)入土中;钻孔灌注混凝土后,护筒可作为桩的一部分,不拔出,也可拔出周转使用。

钢筋混凝土护筒壁厚一般为80~100mm,长度按需要而定,每节不宜过长,以2m左右为宜。护筒需接长时,可在接头处将用扁钢作成的钢圈焊于两端的主筋上,在扁钢外面加焊一块钢板把两段护筒连接起来,焊缝应严密。钢筋混凝土护筒的混凝土要密实,护筒管壁厚度应均匀,外壁光滑,两端面平整,扁钢圈要圆顺平整。

3) 护筒的埋设和沉入

护筒埋设工作是钻孔灌注桩施工的开始,护筒平面位置与竖直度准确与否,护筒周围和护筒底脚是否紧密、不透水等,对成孔和成桩的质量都有重大影响。埋设时,护筒中心轴线应对正测量标定的桩位中心,其偏差不得大于50mm,并应严格保持护筒的竖直位置。

a. 在旱地或岸滩埋设护筒

当地下水位在地面以下超过1m时，可采用挖埋法，如图2-39所示。

在砂类土（粉砂、细砂、中砂）、砂砾等河床埋护筒时，先在桩位处挖出比护筒外径大800～1000mm的圆坑。然后在坑底填筑500mm左右厚的黏土，分层夯实，以备安设护筒。

在黏性土中挖埋时，坑的直径与上述相同，坑底应整平；然后通过定位的控制桩放样，把钻孔的中心位置标于坑底；再把护筒吊放进坑内，找出护筒的圆心位置，用十字线定在护筒顶部或底部，然后移动护筒，使护筒中心与钻孔中心位置重合。同时用水平尺或垂球检查，使护筒竖直。此后即在护筒周围对称并均匀地回填最佳含水量的黏土，再分层夯实，以达到最佳密实度。夯填时要防止护筒偏斜。

若河床为很松散的细砂地层，挖坑不易成型时，可采用双层护筒。在外层护筒内挖砂或射水下沉，里面安设正式护筒，外层护筒内径比内层护筒外径应大400～600mm，两筒之间填筑黏土夯实。

若河床为含水量较大的粉土质砂或软土地层，应将自护筒底部500mm以上至表面的原土全部挖除，换填好土。若护筒底部500mm以下有很厚的这种土层，则宜使用长护筒，并用加压、锤击或振动等方法下沉到硬土层上。

当桩位处的地面标高与施工水位（或地下水位）的高差小于1.5～2.0m（视钻孔方法和地层情况而定）时，宜采用填筑法安设护筒，如图2-40所示，即先填筑工作台地，然后挖坑埋设护筒。填筑的土台高度应使护筒的顶端比施工水位（或地下水位）高1.5～2.0m。土台的边坡以1∶1.5～1∶2.0为宜。顶面平面尺寸应满足钻孔机具布置的需要并便于操作。

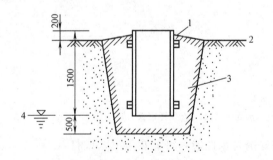
图2-39 挖埋护筒（mm）
1—护筒；2—地面；3—夯填黏土；4—施工水位

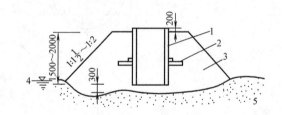
图2-40 填筑式护筒（mm）
1—护筒；2—井框；3—土岛；4—地下水位；5—砂

b. 在水深小于3m的浅水处埋设护筒

在水深小于3m处埋设护筒时，一般须围堰筑岛，岛面应当高出施工水位1.5～2.0m。亦可适当提高护筒顶面标高，以减少筑岛填土体积，然后按前述在旱地埋设护筒的方法施工。若岛底河床为淤泥或软土，应先挖除或用吸泥机具排除，以免筑岛围堰和护筒沉陷，影响护筒内水头。但若需排除的淤泥和软土的数量太大，则采用围堰筑岛埋设护筒的施工方法就不经济了。此时，宜采用长护筒，用加压、锤击或振动方法，将护筒沉入河底土层中。护筒刃脚应尽量插入黏土中。刃脚插入土层深度：在黏土中不小于2.0m（不计淤泥和软土厚度），在砂类土（粉土质砂、细砂、中砂、粗砂）中不小于3.0m。同时刃脚应在基桩施工期护筒局部冲刷线以下至少 0.5~1.0m，以防止底部穿孔向外漏水（泥浆），或由护筒外向井孔内翻砂而导致护筒底部悬空坍孔，并防止在灌注水下混凝土时由护筒底脚向外漏失混凝土。在深水时埋设的护筒更应注意满足护筒刃脚插入土层的深度规定。

钻架布置和钻孔施工操作，须在另外搭设的工作平台上进行。

c. 在水深 3m 以上的深水河床沉入护筒

在深水中沉入护筒，其主要工序为搭设工作平台（有搭设支架、浮船、钢板桩围堰、浮运薄壳沉井、木排、筑岛等方法）、下沉护筒定位的导向架和下沉护筒等。

(3) 泥浆制备

普通泥浆是黏土和水的拌合物。在钻孔中，由于泥浆比重大于水的比重，故护筒内同样高的水头，泥浆的静水压力比水大。由于静水压力的作用，泥浆可作用在井孔壁形成一层泥皮，阻隔孔外渗流，保护孔壁免于坍塌。

此外，泥浆还起悬浮钻渣的作用，使钻进正常进行。在冲击和正循环回转钻进中，悬浮钻渣的作用更为重要。反循环回转、冲抓钻进中，泥浆主要起护壁作用；在较好的黏性土层中用以上方法钻进，还可用清水护壁而不必使用泥浆。

1) 泥浆的主要性能指标

a. 比重：泥浆的比重是泥浆与 4℃时同体积水的重量比，泥浆比重增大时，在钻孔中对孔壁的侧压力也相应增大，孔壁也越趋稳定，悬浮携带钻渣的能力也越大。然而，比重过大的泥浆，其失水量亦加大，孔壁上的泥皮也增厚，这就增加了泥浆原料的消耗，而且会给清孔和灌注混凝土造成困难。另外，泥浆比重的加大，意味着泥浆中固体颗粒含量加大，这就会对钻具产生大的磨损，更重要的是降低了钻进速度，在正、反循环回转钻进中，泥浆比重过大，对降低钻进速度更为敏感。

b. 黏度：黏度是液体或混合液体运动时，各分子或颗粒之间产生的内摩擦力。黏度大的泥浆，产生的孔壁泥皮厚，对防止翻砂、阻隔渗漏有利，对悬浮携带钻渣的能力强，对正循环回转钻进有利。但黏度过大，则易"糊钻"，影响泥浆泵的正常工作，增加泥浆净化的困难，进而影响钻进速度。黏度过小，钻渣不易悬浮，泥皮薄，对防止翻砂、渗漏不利。

c. 静切力：静切力是静止的泥浆受外力开始流动时所需的最小的力，又称滑动静应力；它表示泥浆结构的强度，以破坏 $10mm^2$ 面积的泥浆颗粒结构所需的力表示。泥浆静切力要适当，若太大则流动阻力大，流往沉淀池的泥浆中的钻渣不易沉淀，影响净化速度，使泥浆比重过大，钻进速度降低。若太小，则悬浮携带钻渣效果不好，钻进速度也会降低，因故停钻时钻渣易下沉，造成积渣埋钻事故。

d. 含砂率：含砂率是砂浆内所含的砂和黏土颗粒的体积百分比。泥浆含砂率大会降低黏度，增加沉淀，容易磨损泥浆泵和水管摇头、钻锥等钻具；停钻时，易造成埋钻、卡钻事故。

e. 酸碱度：以 pH 表示，pH 等于 7 时为中性泥浆，小于 7 时为酸性，大于 7 时为碱性。pH 一般以 8~10 为适当，这时黏土颗粒可以分散，水分子进入黏土内部使其膨胀，颗粒表面一层吸附性水化膜（又称束缚水），相当于增加了泥浆中的固相成分，使失水量小，能较快形成薄而坚韧的泥皮，因此这种泥浆固壁性能好。水化膜还可阻止黏土颗粒粘结在一起而沉淀，因而增加了泥浆的稳定性和胶体率。如 pH 过小时，失水量会急剧上升。若 pH 过大，则泥浆滤液将渗透到孔壁的黏土中，使孔壁表面软化，黏土颗粒之间的凝聚力减弱，造成裂解而使孔壁坍塌。

f. 胶体率：胶体率是泥浆静止后，呈悬浮状态的黏土颗粒与水分离的程度。胶体率高的泥浆，黏土颗粒不易沉淀，悬浮钻渣的能力高，否则反之。故正循环回转钻进的泥浆，需要较高的胶体率。

g. 失水量：又叫渗透量或失水率，是泥浆在钻孔内受内外水头压力差的作用在一定时间内渗入地层的水量。泥浆的失水量越小越好。泥浆的失水量越小它的胶体率越大。失水量小的泥浆有利于巩固孔壁和保护基岩（特别是遇水软化的泥质页岩）；失水量过大的泥浆，形成孔壁泥皮过厚，在松散砂类土地质钻进时，易因泥皮过厚而使钻孔缩短，在泥岩地层易造成岩石遇水软化，使地层膨胀而坍孔。

2）泥浆的循环和净化系统

a. 用推钻、冲抓锥、冲击锥钻孔时，泥浆不是连续不断地流动的。当钻进一定时间，经试验检查出孔内泥浆性能不符合要求时，须根据不符情况采取不同的方法予以净化改善。

在砂类土层钻进时，易产生泥浆含砂量太高以致比重太大的情况。可采用钻锥或掏渣筒放入孔内，不进尺只将钻渣掏出，待含砂率和比重符合要求后，再补充合格的泥浆，或补充水和相应数量的黏土，利用钻机自制泥浆。

在黏性土层钻进时，易产生泥浆比重和黏度太高的情况，此时，可向钻孔中加入水，将孔内泥浆稀释，待达到要求的比重和黏度后再继续钻进。

b. 用正、反循环回转钻孔在旱地施工时，可设置制浆池、蓄浆池、沉淀池，并用循环槽连接。

c. 机械净化法

机械净化泥浆法是把井孔内排出的混有钻渣的泥浆送到二级或三级高频振动泥浆筛上，首先把 0.5mm 以上的大颗粒筛出，通过皮带运输机装入汽车运走，混有 0.5mm 以下砂粒的泥浆用泥浆压入旋流除渣器，净化后返回井孔。由旋流除渣器分离出来的砂粒再通过皮带运输机装汽车运走。

d. 深水处泥浆的循环和净化

深水处泥浆的循环和净化有两种方法：一种是在岸上设黏土库、制浆池、沉淀池，制造或沉淀净化泥浆；另配备 2~8 只船，船上均设有储浆池和设泥浆槽的贮渣浆池，轮流补足净化泥浆和接受钻孔流出的含钻渣泥浆。另一种方法是除在岸上设黏土库和制浆池外，其余泥浆槽、沉淀池、储浆池等均设在船上，用泥浆泵压送泥浆，将储浆池和沉淀池隔开。

（4）钻架

钻架是钻孔的工作架。除有些配有专用钻架的钻机外，还有一些正反循环回转钻、冲击锥、冲抓锥、潜水钻等，都须另行配置钻架。通常钻架还兼作吊装钢筋骨架、灌注基桩混凝土支撑架用。

钻架应能承受钻具和其他辅助设备的重量，同时要稳定性好，具有一定的刚度，在钻进或其他操作时，不产生移动和摇晃。它的高度应根据钻具长度和钢筋骨架节段长度决定。一般为8～16m；底盘的长度则根据高度和稳定性决定。钻架主要受力构件的断面尺寸根据施工中出现的最大负荷计算决定，安全系数不宜小于3。

几种常用钻架如下：

1) 四脚钻架

用冲抓锥成孔时，多用木制四脚钻架。

架顶宽度一般比钢筋骨架直径大200mm，底宽5～6.5m，架顶设一根硬木横梁，供挂提升钻具用的滑轮，四角的方木（或圆木）之间用斜撑、横撑联系。

四脚钻架重心低，稳定性好，但用木料较多，比较笨重，移位困难。在木材来源困难时，可用钢材制作，架柱用无缝钢管或角钢，横、斜撑用角钢，架顶横梁用工字钢或槽钢。

2) 两脚钻架

在岸滩或筑岛上，用机械回转钻如磨盘钻以正循环成孔时，多用两脚钻架，它的结构简单，用料较省，移位方便。架腿下端要垫厚100mm左右托板，用扁钢和螺栓同架腿连牢，避免承重后架腿陷入土中。架顶需四根缆风绳，钻架立好后，移动两腿，使悬挂于梢端的滑轮对准钻孔中心后，将四根缆风绳固定于地锚。

有时把并立的几个两脚架互相用横木联系起来，成为多个钻孔共用的大钻架，稳定性较好，对于群桩钻孔施工也较为方便。

3) 三脚钻架

三脚钻架的稳定性比两脚架好，用料比四脚钻架少，制作、安装和拆卸也比较方便，故适用范围较广。

钢制三脚架是用三根无缝钢管作架腿，在顶端用一个顶盘铰接连接在一起。无缝钢管的外径一般为160～180mm，壁厚为10～12mm。

2.3.3 钻孔施工工艺

(1) 钻孔方法和原理

根据井孔中土（钻渣）的取出方法不同，钻孔的方法和原理可分以下几种：

1) 螺旋钻孔

螺旋钻成孔多属干作业法，无需任何护壁措施。成孔方法和原理随螺旋钻具的长短而有所不同。长螺旋钻机的整个钻具，即钻头和钻杆都带有螺旋叶片，钻孔时在桩位处就地切削土层，被切土块、钻屑随钻头旋转，沿着带有长螺旋叶片的钻杆上升，输送到出土器后，自动排出孔外，然后装车运走，其成孔工艺具有良好的连续性。短螺旋钻机的钻具只在临近钻头2～3m内装置带螺旋叶片的钻杆，在桩位处切削土层，被切土块、钻屑随钻头旋转，沿着有少量螺旋叶片的钻杆上升，积聚在短螺旋叶片上，形成"土柱"，此后靠提钻、反转、甩土，将钻屑散落在孔周，一般每钻进0.5～1.0m，就要提钻甩土一次。

2) 正循环回转钻孔

用泥浆以高压通过钻机的空心钻杆，从钻杆底部射出，底部的钻头（钻锥）在回转时将土层搅松成为钻渣，被泥浆浮悬，随着泥浆上升而溢出流到井外的泥浆溜槽，经过沉淀池沉淀净化，泥浆再循环使用。井孔壁靠水头和泥浆保护。本法由于钻渣要靠泥浆浮悬才能携带上升排出孔外，对泥浆的质量要求较高。

3) 反循环回转钻孔

同正循环相反，泥浆由钻杆外流（注）入井孔，用真空泵或其他方法（如空气吸泥机等）将钻渣从钻杆中吸出。由于钻杆内径较井孔直径小得多，故钻杆内泥水上升速度较正循环快得多，就是清水也可把钻渣带上钻杆顶端流到泥浆沉淀池，净化后泥浆可循环使用。本法的泥浆只起辅助护壁作用，其质量要求较低，但若钻深孔或在易坍塌的土层内钻孔，则仍需用高质量泥浆。

4) 潜水钻机钻孔

潜水钻机的主要特点是钻机的动力装置同钻头连成一整体，采用防水密封式电动机连接在钻头顶上。钻机工作时，这种带有动力的钻头潜入井孔水（泥浆）中，将泥浆由泥浆泵通过胶管和电动机上面连接的空心钻杆、钻头（锥）射入孔底，然后把钻头转动时搅松的钻渣浮悬在泥浆中，随同泥浆上升溢出井口，流入泥浆沉淀池内滞留下残渣并分离出泥浆，这便是正循环式潜水钻机的生产过程。若改用真空泵或空气吸泥机等机具将钻渣从钻杆（或胶管）中吸出，就成为反循环式潜水钻机的生产过程。

5) 冲抓钻孔

用冲抓锥张开抓瓣冲入土石中，然后收紧锥瓣绳，抓瓣便将土抓入锥中，提升冲抓锥出井孔，松绳开瓣将土卸掉。井壁保护同回转钻孔法；也有将钢套管沉至设计标高保护井壁，在灌注混凝土时再将钢套管拔出的，则称全套管（护筒）护壁冲抓成孔。

6) 冲击钻孔

冲击钻机分实心锥和空心锥两种。

a. 实心锥冲击钻机，是用冲击式装置或卷扬机提升实心钻锥，上下往复冲击，将土石劈裂、劈碎，部分被挤入井壁之内。由泥浆悬浮钻渣，使钻锥每次都能冲击到孔底新土层。冲击一定时间后，放入掏渣筒掏渣，提出孔外倒掉。本法中泥浆一方面起悬浮钻渣作用，另一方面起护壁作用。

b. 空心锥冲击钻机，其钻孔原理与实心锥冲击机相同。只是因其钻锥是空心的，在上下往复冲击时，锥尖刮刀将孔底冲碎，而且已冲碎的钻渣可以从锥底进入空心锥管内。冲击一定时间后，将钻锥提出，倒掉锥内的钻渣，再将钻锥放入井底继续冲击钻进。

7) 旋挖斗钻成孔

成孔施工方法是利用钻杆和钻斗的旋转使土屑进入钻斗，土屑装满钻斗后，提升钻斗出土。这样通过钻斗的旋转、削土、提升和出土，多次反复而成孔。

旋挖钻斗钻成孔法有全套管钻进法和用高质量泥浆（稳定液）来保护孔壁的无套管钻进法两种。

8) 挖孔

当土层内无地下水或地下水量很少时，可以采用人工挖孔。井壁采用各种支撑防护。挖至设计标高后，可视地下水涌入量情况，灌注空气中混凝土或水下混凝土。

以上各种钻孔方法的机具，有些设计可兼作两种或多种用途，例如有的回转钻机可作正循环亦可作反循环回转钻孔；有的冲抓钻机改装后可作冲击钻孔或其他形式的钻孔而成为综合钻机；还有的钻机采用全套管护壁法，可以保证在钻孔和成桩过程中不会塌孔，且扩孔率也很小，减少了质量事故发生。

(2) 各种钻（挖）孔方法的适用范围及优缺点

1) 各种钻（挖）孔方法的适用范围

各种钻(挖)孔方法适用的范围,与土层、孔径、孔深、需否泥浆悬浮钻渣以及钻机的构造、功率大小有关,也与施工队伍的经济技术实力及管理水平有关,一般见表2-11。

各种钻(挖)孔方法适用范围　　　　表 2-11

钻孔方法	适用范围			泥浆作用
	土层	孔径(cm)	孔深(m)	
螺旋钻	黏性土、砂类土、含少量砂砾石、卵石(含量少于30%,粒径小于10cm)的土	长螺旋:40~80 短螺旋:150~300	长螺旋:12~30 短螺旋:40~80	干作业不需要泥浆
正循环回转钻	黏性土、粉砂、细、中、粗砂,含少量砾石、卵石(含量少于20%)的土、软岩	80~250	30~100	浮悬钻渣并护壁
反循环回转钻	黏性土、砂类土、含少量砾石(含量少于20%,粒径小于钻杆内径2/3)的土	80~300	用真空泵<35,用空气吸泥机可达65,用气举式可达120	护壁
潜水钻	淤泥、腐殖土、黏性土、稳定的砂类土、单轴抗压强度小于20MPa的软岩	非扩孔型:80~300 扩孔型:80~655	标准型:50~80 超深型:50~150	正循环浮悬钻渣,反循环护壁
冲抓钻	游泥、腐殖土、密实黏性土、砂类土、砂砾石、卵石	100~200	大于20m时进度慢	护壁
冲击钻	实心锥:黏性土、砂类土、砾石、卵石、漂石、较软岩石 空心锥:黏性土、砂类土、砾石、松散卵石	实心锥:80~200 空心锥(管锥):60~150	50	浮悬钻渣并护壁
旋挖钻	填土层、黏土层、粉土层、淤泥层、砂土层以及短螺旋不易钻进的含有部分卵石、碎石的地层	100~300	78	干作业时不需要泥浆
挖孔	各种土石	方形或圆形:一般:120~200 最大:350	25	支撑护壁不需要泥浆

2) 各种钻(挖)孔方法的优缺点

a. 螺旋钻

优点是:

(*a*) 设备简单,易于搬迁,施工方便;

(*b*) 因为是干作业成孔,无泥浆污染,最适合于在城市人口密集区和干旱地区使用;

(*c*) 振动小,噪声低,对附近居民的生活和身心健康影响小;

(*d*) 钻孔进度快,尤其长螺旋钻机,因系连续出土、机械化程度高,成孔速度远非其他类型的钻机可比;短螺旋钻机,因出土不能连续,故成孔效率不及长螺旋钻机,但其成孔不用泥浆也不用水,故免去造浆加水的工序和时间,成孔效率较同直径、同长度的其他钻机的成孔效率为高;

(*e*) 成孔造价较低(无需浮渣的辅助材料和机具设备);

(*f*) 不在水下浇筑混凝土成桩,混凝土质量好,隐患少。

缺点是:

(*a*) 桩端或多或少留有虚土;

(b) 长螺旋钻成桩的单方承载力（即桩单位体积提供的承载力）较打入式预制桩低；

(c) 适用范围限制较大（有地下水的地区不能使用）。

b. 正循环回转钻

优点是：钻进与排渣同时连续进行，成孔速度较快，钻孔深度较大，最大深度可达 100m。

缺点是：需要设置泥浆槽、沉淀池、储浆池等，施工场地占地面积较大，需要大量的水和泥浆原料；机具设备较复杂，机械故障较多；最大缺点是由于泥浆较稠，故孔壁泥浆护壁层厚度常达 50～70mm，大大地降低了桩周摩擦力，因而正循环回转钻机发展比较缓慢。

c. 反循环回转钻

优点是：排除钻渣连续性好，速度较正循环快，功效较高。目前此类钻机最大嵌岩桩钻孔孔径可达 2500mm，普通土层钻孔直径可达 3000mm，深度可达 80～120m，钻进岩层的岩石强度达 180MPa 左右。这类钻机排渣不需要泥浆，在孔壁十分稳定的地层中甚至可以用清水；在孔壁不稳定的地层中，出于固壁的特殊需要，必须调制相对密度小于 1.10 的优质泥浆，但其造浆原材料的用量远远低于正循环。反循环最大的优点是孔壁保护膜较薄，不减弱桩的摩擦力。

其缺点是：扩孔率大于正循环，并且钻机结构复杂，造价偏高，特别是当钻孔直径达 3000mm 和孔深达 100m 以上时，造价会更高。尽管如此，目前反循环回转钻在桥梁钻孔桩成孔中仍然处于主导地位。

d. 潜水钻

潜水钻机分为正循环和反循环两种类型，其钻孔效率较一般正反循环回转钻均高些，钻具简单、轻便、易于搬运、噪声小，操作条件也有所改善。潜水钻机的成孔垂直度一般好于其他类型的钻机。其缺点是一旦发生坍孔埋钻事故，钻头难于取出，可能造成较大损失。

e. 冲抓锥

冲抓锥不需要钻杆，进尺加深时只需多松绳即可，提锥卸土也较方便。钻机结构及附属设备简单，制造容易，造价低廉，能抓起粒径较大的碎石、卵石及软岩（风化岩），且无需大量的黏稠泥浆浮渣，不需占用大面积的用地，因此成孔比较经济，适用范围较广。

其缺点是：因无钻杆导向，不能钻斜孔；钻孔深度超过 20m 后，钻孔进度大为降低。

f. 冲击锥

冲击锥分为实心锥和空心锥（管锥）两种。前者的优点是适用的地层和土质广泛，可说是"无坚不摧"。当采用螺旋钻、回转钻、冲抓锥遇到大卵石、漂石时，只有换用实心冲击锥才能攻克。此外，冲击锥在下冲时有些钻渣被挤入孔壁，可起加强孔壁并增加土层与桩身间的侧摩阻力作用。其缺点是：钻普通土时，进度比其他方法都慢，也不能钻斜孔。空心冲击锥比实心冲击锥钻孔进度快，但因锥重较轻，因而不适用于漂石和岩层；钻大直径的孔时，需采取先钻小孔逐步扩孔的办法。

g. 旋挖斗钻成孔

优点是：振动小，噪声低；最适宜于在硬质黏土中干钻（不要稳定液）；可用比较小型的机械钻成较大直径（2m）、较大深度（约 35m）的桩孔；机械安装比较简单；施工现场内移动机械方便；钻进速度较快；造价低；施工占地面积小；采用稳定液（优质泥浆）能确保孔壁不坍塌。

缺点是：在卵石（粒径100mm以上）层中钻进很困难；稳定液管理不适当时，会产生坍孔；土层中有强承压水时，施工困难；由于使用了稳定液，增加了排土的困难；沉渣处理困难（需另配清孔机具）；钻孔后的桩径，按地质情况的不同，可能比钻头直径大10%～20%左右。

h. 挖孔

优点是：无需钻孔设备，使用人工和一般挖掘、起重工具即可；成孔后对土层情况可观察了解，对于岩溶等复杂地层灌注桩的成孔最为有利；孔形可圆、可方。

缺点是：不适用于有大量地下水的土层，桩孔深度一般也不宜超过25m，否则影响工人安全。

根据以上各种钻（挖）孔方法的适用范围和优缺点，结合机具设备的供应情况、设计和工期要求及土层情况，要合理地选择钻孔方法，以保证工程效率和效益。

(3) 钻机

钻机按成孔和出渣的特点大体分为螺旋钻、正循环回转钻、反循环回转钻、潜水钻、冲抓钻、冲击钻、旋挖斗钻七种主要类型。以下主要介绍常用的正、反循环回旋钻、冲击钻和旋挖斗钻。

1) 正循环回转钻机

国产正循环回转钻机的主要部件为转盘、动力机、卷扬机、钻架、泥浆泵、钻杆和水龙头，另根据土质配备适用的钻锥。

a. 钻盘

钻盘是钻机的主要部件，它是动力机驱动的直径很大的一个齿轮，其中心装有可拆卸的方套。方钻杆被方套夹住随转盘转动，随着钻孔的加深可在方套中逐渐下降。当方钻杆上端将降到转盘顶面时，须提升方钻杆、加接圆钻杆继续钻进，直至设计深度。

转盘有快、中、慢三种转速，并有正、反转装置。

b. 卷扬机

主卷扬机用于吊提钻杆，调节钻杆的压力，升降钻具和安设钻架。副卷扬机用于拖拉机具、机架及做其他辅助吊装工作。

c. 钻架

一般钻机配有钢钻架，未配钻架的可自制钻架。

d. 泥浆泵

它的规格指标主要为流量和压力。对大直径钻孔来说，流量常常是主要的因素。通常流量大，钻进效率可提高。泥浆泵较容易损坏，每台钻机应配备两套泥浆泵轮换使用。一般用往复式活塞泥浆泵，其优点是当泵压增高时，泵的流量不会急剧降低，且活塞较耐钻渣磨损。缺点是活塞泵流量较小。也可用单级离心泵作泥浆泵，其流量大，结构简单、轻便，但叶片不耐磨，当泵压增高时，泵的流量会急剧降低。

e. 钻杆

正循环回转钻机的钻杆不仅是向钻锥传递动力的主要部件，而且是泥浆循环流行的通道。在选择钻杆时，首先根据前述泥浆泵泵压确定钻杆的最小内径和管壁厚度，然后根据钻杆传递动力时钻杆上段受拉、下段受压,以及钻杆还承受弯曲应力和扭曲应力来验算钻杆截面是否安全。对于小直径和短桩钻孔的钻杆截面可根据类似常规钻孔的经验决定其截面尺寸。对于大直径长桩钻孔的钻杆宜进行应力验算,以免钻进中钻杆被扭断而停工。

f. 提水龙头

也叫摇头。它的作用是钻进时承受钻杆和钻锥重量,吊着钻锥在钻孔中保持竖直钻进,使起吊系统和输送泥浆胶管不随钻杆一起回转,保证泥浆不断输向孔底。

g. 钻锥

常用的钻锥有以下几种:

(a) 鱼尾钻锥:适用于各种土层,在砂卵石和风化岩中钻进效果较好,但它的导向性能差,应注意控制钻锥方向,以防出现梯级倾斜。锥头用50mm钢板制成,在钢板中部割成宽度同圆钻杆所焊接头相等、长为300mm的豁口,把钻杆接头嵌进豁口并焊接在一起。另在钢板两侧,钻杆接头的下口各焊一段∟90×90角钢,形成方向相反的两个出浆口。为增加锥头的刚度,在钢板两侧各焊3~4片加劲肋,在鱼尾的侧棱应镶焊耐磨合金钢,以提高其耐磨性能,构造如图2-41所示。

(b) 双腰带笼式锥:如图2-42所示,适用于黏土、粉砂土、细砂、中砂、粗砂和含少量砾石(不多于10%)的土层。

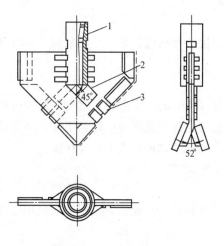

图2-41 鱼尾钻锥
1—接头;2—出浆孔;3—刀刃

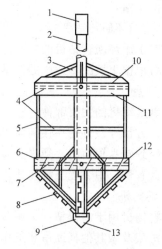

图2-42 双腰带笼式锥
1—锁接头;2—中心管;3—斜撑;4—平撑;
5—连接板;6—平撑;7—下导圈;8—刮板;
9—出浆口;10—斜挡板;11—上导圈;
12—焊耐磨合金;13—鱼尾锥(超前锥)

锥头上下部各有一道导向圈,故钻进平稳,导向性能良好,扩孔率小,是一般土层中采用较多的形式。锥头由锁接头、中心管、上下导圈、连接板、刮板、撑杆、超前锥等组成。

2) 反循环回转钻机

反循环回转钻机的主要部件大部分与正循环回转钻机相同,但一般不需要泥浆泵。按照吸升泥浆和钻渣混合物方法的不同,另配置有泥石泵(吸泥泵)与真空泵,或空气吸泥机（又称气举法）、水力吸泥机（又称水力喷射法）等。这类钻机多采取真空泵、泥石泵配合气举等多种功能实现反循环回转钻进。为了弥补反循环回转钻进的某些不足，也有一些回转钻机具有正反循环回转两种功能或更多种功能，但仍以反循环回转功能为主。

a. 钻机

反循环钻机使用中可根据钻孔直径、深度、土层情况、供应条件适当选择。

有些类型的钻机如去掉充水用的真空泵，改用两个三通旋塞阀门，并用流量大的砂石泵代替泥石泵，则可成为正反双向循环钻机。

b. 钻架

很多钻机根据自身的工作特点及需要都配有专用的钻架。也有一些钻机是施工单位根据施工需要另配钻架的。

c. 真空泵、吸泥泵（泥石泵）及空压机

真空泵和吸泥泵最大吸力不会超过大气压力，略等于 0.1MPa 或 10m 水柱高。由于摩擦阻力等因素，效率高的真空泵或吸泥泵的实际吸程为 7～8m，这是泵吸式反循环回转钻孔深度不能太深的主要原因。真空泵和吸泥泵的泵量是关系到钻杆内泥浆钻渣上升速度和钻孔进度的重要因素。钻杆内泥浆上升速度太小，就不能把粗粒的钻渣吸引上升而沉淀在孔底，需要由钻锥反复回转把它碾磨成为细粒钻渣后，才能被吸引上升，这就大大地降低钻孔进度。

一般钻杆孔内泥浆上升速度要求达到 3～4m/s 才能顺利钻进，钻杆内径不能太小，否则粒径大于钻杆内径 2/3 的钻渣会堵塞在钻杆内。一般钻杆内径宜大于 127mm。根据钻杆初步选定的内径 d 和最小流速 v，就可按 $Q=\frac{\pi}{4}d^2 v$ 计算吸泥泵所需的泵量。

真空泵的泵量可小于吸泥泵，因为它只是启动时使用一下，泵量小时可多启动一段时间。

d. 钻杆

钻杆多使用无缝钢管制作，两端焊设法兰盘，钻杆结构薄弱者外壁通常对称焊 4 根 $\llcorner 40\times 40$～$\llcorner 60\times 60$ 的角钢加强。每节长度 3m，上下两节钻杆接头间须设胶垫。

e. 钻锥

反循环回转的钻锥有下列几种：

(a) 三翼空心单尖钻锥（简称三翼钻锥）。它的切削能力比鱼尾钻锥大，特别在增加对

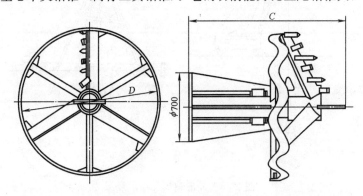

图 2-43 带环圈的三翼锥

孔底的压力情况下，有比较高的钻进效果。钻进时孔较圆，很少出现钻孔偏斜和弯孔现象，适用于较松软的黏质土、粉质土和中砂、粗砂，如图 2-43 所示。

(b) 牙轮钻头：牙轮钻锥在砂卵石和风化岩中使用效果较好，也适用于在砂类土、黏质土、卵石层中钻进。牙轮钻锥亦可用于正循环回转钻机和汽车钻机，如图 2-44 所示。

(c) 圆筒封闭式钻锥：以上两种钻锥用于泵泥式反循环回转成孔，效果较好；用圆筒封闭式钻锥，适用于气举式。

圆筒封闭式钻锥的构造外形如正循环的双腰带笼式钻锥，但下腰减少 400～500mm 以上，周围及顶面均用钢板封闭，钻锥顶面以下中心轴处设空气吸泥器。

(d) 楔齿滚刀钻头：这是一种用于岩石地层的钻头，其适用范围为固结岩层、抗压强度大于 30MPa 的中硬岩层，如砂岩、灰岩、粗晶花岗岩、厚和巨厚的卵漂砾地层。

(e) 球齿滚刀钻头：这是一种嵌岩桩所用的钻头，其适用范围为固结岩层，抗压强度大于 60MPa 的坚硬岩层，细晶花岗岩等。

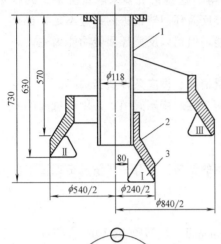
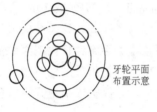

图 2-44 牙轮钻头
1—无缝钢管；2—牙轮架；3—牙轮

3) 冲击钻机

冲击钻机大致分为两类：一类是冲击式钻机，配备有钻架及起吊、冲击等全套设备，如图 2-45 (a) 所示。另一类是由带有离合器的双筒卷扬机组成的简易冲击钻具，其钻架及设备由施工单位根据工地条件自行设计组拼，如图 2-45 (b) 所示。

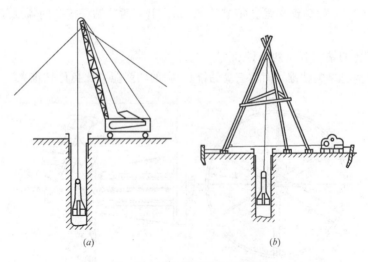

图 2-45 冲击钻机工作示意图
(a) 冲击机施工；(b) 卷扬机施工

4）旋挖斗钻机及其设备

旋挖斗钻机由主机、钻杆和钻头（钻斗）三部分组成。

a. 主机：有履带式、步履式和车装式底盘。图 2-46 为旋挖斗钻机示意图。

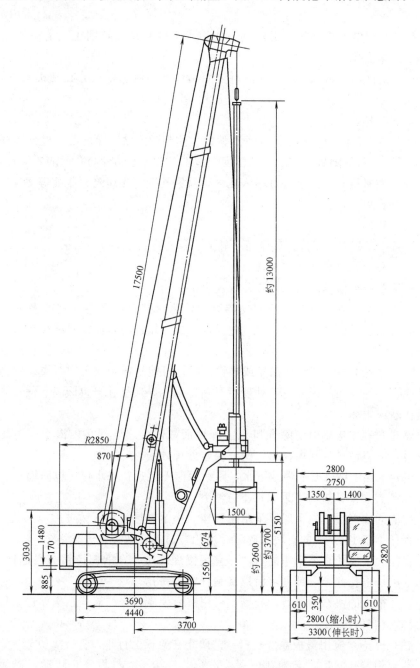

图 2-46　旋挖斗钻机示意图（单位：mm）

b. 钻杆：通常为伸缩式方型钻杆，可分为有加深杆和无加深杆两种。

c. 钻头（即钻斗）：可分为锅底式钻头、多刃切削式钻头和锁定式钻头等。

（4）成孔工艺

1) 螺旋钻机成孔

  a. 长螺旋钻机的成孔工艺

  (a) 钻机就位。钻机就位后,调直桩架导杆,再用对位圈对准桩位,读钻深标尺的零点。

  (b) 钻进。用电动机带动钻杆转动,使钻头螺旋叶片旋转削土,土块随螺旋叶片上升,经出土器排出孔外。

  (c) 停止钻进,读钻孔深度。钻进时要用钻机上的测深标尺或在钻机头下安装测绳,掌握钻孔深度。

  (d) 提起钻杆。

  (e) 测孔径、孔深和桩孔水平与垂直偏差。达到预定钻孔深度后,提起钻杆,用测绳(锤)在手提灯照明下测量孔深及虚土厚度(虚土厚度等于钻深与孔深的差值)。

  (f) 成孔质量检查。把手提灯吊入孔内,观察孔壁有无塌陷、胀缩等情况。

  (g) 盖好孔口盖板。

  (h) 钻机移位。

  (i) 复测孔深和虚土厚度;确定可否转入下道工序。

  b. 长螺旋钻机成孔施工注意事项

  (a) 开钻前应纵横调平钻机,安装导向套。

  (b) 在开始钻进或穿过软硬土层交界处时,为保持钻杆竖直,宜缓慢进尺。在含砖头、瓦块的杂填土层或含水量较大的软塑黏性土层中钻进时,应尽量减少钻杆晃动,以免扩大孔径。

  (c) 钻进过程中如发现钻杆摇晃或难钻进时,可能是遇到硬土、石块或硬物等,则应立即提钻检查,等查明原因并妥善处理后再钻,以免导致桩孔严重倾斜、偏移,甚至使钻杆、钻具扭断或损坏。

  (d) 钻进过程中应随时清除孔口积土和地面散落土。遇到孔内渗水、塌孔、缩颈等异常情况时,应将钻具从孔内提出,研究妥善处理办法。

  (e) 在砂土层中钻进时如遇地下水,则钻深应不超过初见水位,以防塌孔。

  (f) 在硬夹层中钻进时可采取以下方法:

  对于均质的冻土层、硬土层可采用高转速、小给进量、均压钻进。

  对于直径小于100mm的石块和碎砖,可用普通螺旋钻头钻进。

  对于直径大于成孔直径1/4的石块,宜用镶焊硬质合金的耙齿钻头慢速钻进,这样,石块一部分可挤进孔壁,一部分可沿螺旋钻杆输出钻孔。

  对于直径很大的块石、条石、砖堆,可用镶有硬质合金的筒式钻头钻进,钻透后可将硬石砖块挤入钻筒内提出。

  (g) 钻孔完毕,应用盖板盖好孔口,并防止在盖板上行车。

  (h) 钻到预定孔深后,必须在原深处进行空转清土,然后停止转动,提起钻杆。要注意:在空转清土时不得加深钻进;提钻时不得回转钻杆。孔底虚土厚度超过质量标准时,要分析和采取措施处理。

  c. 短螺旋钻机的成孔工艺

  (a) 短螺旋钻机成孔的具体步骤

短螺旋钻机成孔的具体步骤基本上与长螺旋钻机的一样，只与其 b 项（即钻进）有差别。短螺旋钻机成孔过程中钻头切削下来落在螺旋叶片上的土块、钻屑，是靠提钻反转甩落在地上的，这样钻成一个孔需要多次钻进、提钻和甩土。

(b) 短螺旋钻机成孔施工注意事项

• 开钻前纵横调平钻机；

• 开钻后对短旋钻机钻孔应遵守的规定与长螺旋钻机钻孔规定的 b 至 g 顺序六项规定完全相同；

• 短螺旋钻机每次钻进深度应与其螺旋长度大致相同；

• 短螺旋钻机成孔在清理孔底虚土时的有关规定与长螺旋钻机相同。

2) 正循环回转法成孔

正循环回转法的工作特点（图 2-47）是：电动机（或其他机体）将动力经由皮带（或其他传动系统）传送至转盘旋转设备，带动其中心的空心钻杆转动，将扭转动力传递至钻锥；钻锥受到重压切削泥沙；另用泥浆泵将泥浆经空心钻杆压入孔底后在钻杆外上升。泥浆将钻渣悬浮出孔外，并起护壁作用。带有钻渣的泥浆经过沉淀净化后，进入储浆池循环使用。

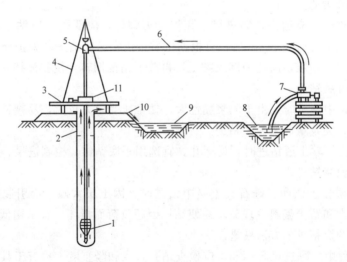

图 2-47　正循环回转法钻孔示意

1—钻锥；2—护筒；3—工作平台；4—钻架；5—水龙头（摇头）；6—高压胶管；7—泥浆泵；8—储浆池；9—沉淀池；10—土台；11—磨盘钻机

正循环回转法成孔工艺虽然也因钻机类型不同而有差异，但其差异并不很大。兹将通常所用的正循环回转钻机的成孔工艺介绍如下：

a. 钻机就位

立好钻架并调整和安设好起吊系统，将钻头吊起，徐徐放进护筒内。启动卷扬机把钻盘吊起，垫方木于转盘底座下面，将钻机调平并对准钻孔。然后，装上转盘，要求转盘中心同钻架上的起吊滑轮在同一铅垂线上，钻杆位置偏差不得大于 20mm。在钻进过程中要经常检查转盘，如有倾斜或位移，应及时纠正。使用带有变速器的钻机时，要把变速器放平。安装在变速器板上的电动机轴心应和变速器被动轴的轴心放在同一水平线上。

在方钻杆上端安装提引水龙头,在水龙头上端连接输浆胶管,将输浆胶管接到泥浆泵上,把提引水龙头吊环挂到起吊系统的滑轮吊钩上。取走转盘中心的方形套,启动卷扬机吊起方钻杆使其穿过转盘并牢固地连接到钻头上,装好方形套夹住方钻杆,准备钻进。

b. 初钻

先启动泥浆泵和转盘,使之空转一段时间,待泥浆输进钻孔中一定数量后,方可开始钻进。

接长钻杆时,先卸去方形套,提升方钻杆达到钻头与钻杆相连处露出转盘为止。用钻杆夹持器卡住钻头并支承于转盘上,卸去方钻杆,然后吊起一节圆钻杆,连接于钻头上,卸去夹持器,把圆钻杆连同钻头放入钻孔。当圆钻杆上端接近转盘时,照上述步骤用夹持器支持圆钻杆,放松吊绳,将方钻杆吊来与圆钻杆连接,撤去夹持器,把方钻杆降入转盘内并安好方形套,继续钻进。以后需再接长钻杆时,照以上步骤在方钻杆同圆钻杆之间加接圆钻杆即可;如此循环一直钻孔到需要深度为止。卸去钻杆时亦用同样方式处理,只是把接长改为减短而已。

接、卸钻杆的动作要迅速、安全,争取尽快完成,以免停钻时间过长,增加孔底沉淀。

c. 钻进时操作要点

(a) 开始钻进时,应适当控制进尺,在护筒刃脚处,应低档慢速钻进,使刃脚处有坚固的泥皮护壁。钻至刃脚下 1m 后,可根据土质按正常速度钻进。如护筒外侧土质松软发现漏浆时,可提起钻锥,向孔中倒入黏土,再放下钻锥倒转,使胶泥挤入孔壁堵住漏浆孔隙,稳住泥浆继续钻进。

(b) 在黏质土中钻进时,由于泥浆黏性大,钻锥所受阻力也大,易糊钻。宜选用尖底钻锥、中等转速、大泵量、稀泥浆钻进。

(c) 在砂类土或软土层钻进时,易坍孔。宜选用平底钻锥、控制进尺、轻压、低档慢速、大泵量、稠泥浆钻进。

(d) 在低液限黏土或卵、砾石夹土层中钻进时,因土层太硬,会引起钻锥跳动、憋车、钻杆摆动加大和钻锥偏斜等现象,易使钻机因超负荷而损坏。宜采用低档慢速、优质泥浆、大泵量、两级钻进的方法钻进。

(e) 钻进过程中,每进尺 5~8m,应检查钻孔直径和竖直度。检查工具可用圆钢筋笼(外径 D 等于设计桩径,长度为 3~$4D$)吊入孔内,使圆笼中心与钻孔中心重合,如上下各处均无挂阻,则说明钻孔直径和竖直度符合要求。

d. 泥浆补充与净化

开钻前应调制足够数量的泥浆,钻进过程中如泥浆有损耗、漏失,应予补充,并应按前述泥浆检查规定,按时检查泥浆指标,遇土层变化应增加检查次数,并适当调整泥浆指标。

每钻进 2m 或地层变化处,应在泥浆槽中捞取钻渣样品,查明土类并作记录,以便与设计资料核对。

泥浆的循环净化见前述。

e. 减压钻进

无论采用正、反循环回转法钻深孔时,若主吊钩以下的提引水龙头、钻杆到钻锥全部钻具重力都作用于钻孔底部，则细长的钻杆容易受压而弯曲，使钻孔也随着弯曲，从而发生扩孔率较大的现象。为避免这种现象发生需采取减压钻进的措施，即将主吊钩稍提起一些，使孔底承受的钻压不超出钻锥重力和压重块重力之和扣除浮力后的80%，这样可使钻杆不受压力，而且还受一部分拉力。钻杆在整个钻进过程中因受拉而维持竖直状态，使钻锥回转平稳，避免或减少出现斜孔、弯孔和扩孔现象。

钻压值一般按经验估计，直径1.1m的孔最大钻压为20kN左右，直径1.5m的孔约为30～40kN，根据钻压值和上述不超过总值80%的要求即可算出配重块的质量。

钻压的调整方法：一般是在大吊钩滑车组的钢丝绳终端设一电阻式拉力传感器，传感器将输出电压信号传给操纵室中的电子秤。当钢丝绳拉力达到一定值时，电子秤就给出信号，提升大钩的卷扬机会自动松绳，钻锥则自动给进。

f. 劳动组织

正循环回转钻进时每台班一般配备7～11人，其中班长兼指挥和记录1人、司机1人、卷扬机司机1人、泥浆泵机电工1～2人、装卸钻杆及清渣3～6人。

3）反循环回转法成孔

反循环回转法成孔原理和适用范围已如前述。其工作特点与正循环相反，泥浆由储浆池流入或注入钻孔，到孔底同钻渣混合，在真空泵与吸泥泵配合或在空气吸泥机、水力喷射泵的抽吸力作用下，混合物进入钻锥的进渣口，由钻杆内腔吸上，再从出水控制阀经胶管排泄到沉淀池，净化后输送到储浆池循环使用。泵吸式反循环和空气吸升式（即气举式）反循环回转钻的工作示意如图2-48及图2-49所示。

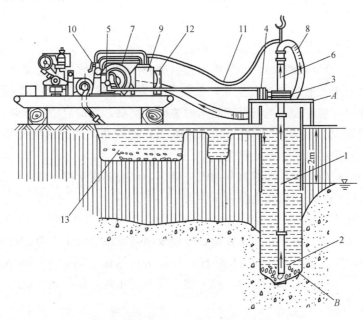

图2-48 泵吸式反循环回转钻工作示意

1—钻杆；2—钻锥；3—转盘；4—液压电动机；5—油压泵；6—方型传动杆；7—泥石泵；8—吸泥胶管；9—真空罐；10—真空泵；11—真空胶管；12—冷却水槽；13—泥浆沉淀池；A—井盖；B—井底

反循环与正循环相比，除前述的钻孔进度较快外（约快4～5倍），还有需用泥浆料（黏土）少（土质如用清水头护壁时可完全不用黏土）、转盘所消耗动力较少、清孔时间较

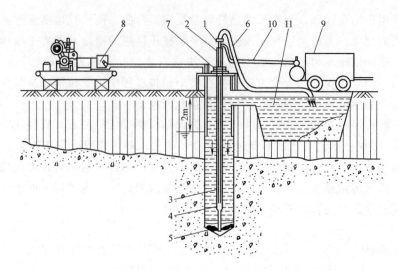

图 2-49　空气吸升式（即气举式）反循环回转钻工作示意
1—气密式旋转接点；2—气密式传动杆；3—气密式钻杆；4—喷射嘴；5—钻锤；
6—压送胶管；7—转盘；8—油压泵；9—空压机；10—压气胶管；11—泥浆沉淀池

快等优点。

a. 泵吸式反循环回转钻成孔工艺

（a）钻机就位

基本上与正循环相同。

（b）开钻

为防止堵塞钻头的吸渣口，应将钻头提高距孔底约 200～300mm，将真空泵加足清水（为便于真空启动，不得用脏水），关紧出水控制阀和沉淀室放水阀使管路封闭，打开真空管路阀门使气水畅通，然后启动真空泵，抽出管路内的气体，产生负压，把水引到泥石泵，通过沉淀室的观察窗看到泥石泵充满水时关闭真空泵，立即启动泥石泵。当泥石泵出口真空压力达到 0.2MPa 以上时，打开出水控制阀，把管路中的泥水混合物排到沉淀池，形成反循环后，启动钻机慢速开始钻进。

打开出水控制阀后，若压力减到 0.2MPa 以下，可关闭出水控制阀，减少排量，或者在操作中反复启闭控制阀门以提高泵内压力。

（c）接长钻杆

当一节钻杆钻完时，先停止转盘转动，并使反循环系统延续工作至孔底沉渣基本排净（约需 1～3min），然后关闭泥石泵接长钻杆；在接头法兰盘之间垫 3～5mm 厚的橡皮圈，并拧紧螺栓，以防漏气、漏水；然后，如上述工序一切正常，即可继续钻进。

（d）控制钻速

在硬黏土中钻进时，用一档转速，放松起吊钢丝绳，自由进尺。在高液限黏土、含砂低液限黏土中钻进时，可用二、三档转速，自由进尺。在砂类土或含少量卵石中钻进时，宜用一、二档转速，并控制进尺，以免陷没钻头或抽吸钻渣的速度跟不上。

遇地下水丰富易坍孔的粉质土，宜用低档慢速钻进，减少钻锥对粉质土的搅动；同时应加大泥浆相对密度和提高水头，以加强护壁，防止塌孔。

(e) 泵吸式反循环回转钻进中的故障及处理

a) 反循环不正常

ⅰ 启动真空泵后反循环流动不正常，泥石泵抖动，泥水减少以致中断。

其原因多为管路漏气或钻头、钻杆堵塞。

处理方法：首先检查钻杆法兰盘螺丝有无松动，是否垫好橡皮圈；其次检查泥石泵的石棉垫（即盘根）处有否漏气，提引水龙头填料压盖有否松动。上述几个部位都应做到紧密不漏气不漏水，还要清除钻头、钻杆或泥石泵进出口处的堵塞物。

ⅱ 产生真空后，沉淀室的水位上升缓慢。

原因：真空泵使用过久，工作性能差或管路漏气。

处理方法：拧紧真空泵石棉垫螺栓使之严密，调整三角皮带的松紧程度，消除跑空现象。检查真空泵气水分离器内是否注满水，如因泵体无水而发生本项故障，加水后即可消除故障；如无法处理，应更换真空泵。

ⅲ 真空压力达到 0.067~0.080MPa 时仍不来水。

原因：钻头埋入土中，吸渣口堵塞；或因冬季施工，真空管路冻结；或操作时未开管路阀门。

处理方法：如因钻头堵塞，可将钻头提出，清理畅通后再钻进；如因真空管路冻结，可用喷灯或炭火烤化。

b) 钻进时泥水突然中断

原因：在砂卵石中钻进，因钻杆给进太快使钻头或管路堵塞。

处理方法：把钻头略提升，用锤敲打钻杆及管路中的各弯头，有可能使堵塞的砂石震落；或反复启闭出水控制阀门，使管内压力突增、突减，使出水量忽大、忽小，也有可能将堵塞物清除；如仍不能疏通时，可停泵约一分钟，在管内水头未完全退落前，再启动真空泵使管内流速突增也可能疏通堵塞。实践证明，采用上述办法后，不太严重的堵塞都可消除，否则需拆卸钻杆，清除堵塞物。

为防止因抽吸钻渣太多，以致较多的钻渣充填管路内，使泥水混合液相对密度过大，采用钻进一会儿、停钻一会儿的办法颇为有效。

为了防止过大的卵石吸进管内堵塞钻杆，可在钻头进渣管底中央横焊一根 $\phi 6$ 的钢筋。

c) 长时间启动真空泵，真空泵表针不动

原因：真空表接头堵塞，真空表损坏或管路漏气。

处理方法：先关出水控制阀和沉淀室放水阀，然后检查钻头有无露出水处，真空泵离合器是否接触，弄清原因后予以排除，或更换真空表。

(f) 泵吸反循环回转钻孔劳动组织和钻孔进度

泵吸反循环回转钻进每台班约需 12~13 人，其中操纵钻机技工 3 人、拆装钻杆 4 人（内含技工 1 人）、搬运钻杆及调制泥浆 3 人（内含技工 1 人）、供水 2 人、指挥记录 1 人。操作熟练后人数可减少。

钻孔进度与钻孔直径、土质、钻锥回转速度、浆渣吸升能力、泥浆相对密度以及钻锥形式有关，一般当钻孔直径为 1.2m，用泵吸式反循环回转钻进，根据土质不同，每小时的纯钻进速度：黏质土 6~12m、粉质土 6~9m、细砂 5~6m、中砂 3~5m、砂砾 1~2m。

b. 气举式反循环回转钻成孔工艺

（a）钻机就位。

一般气举式反循环回转钻机是钻深孔的，其钻机安装在平台主桁上。钻机安装的平面位置和水平要求与泵吸式的相同。因单侧出渣管较大、较重，要消除偏心荷载对提引水龙头密封结构的不利影响，可在水龙头出口端加一吊点，向上提吊，以保证钻杆的竖直。要仔细检查电动机的电源线，防止错接。此外，还应对供浆、供风系统等逐一检查，完善后，方可开钻。

（b）初钻的措施。

气举式钻进必须待下端钻锥钻杆埋入水（泥浆）中一定的深度，即在孔底泥浆的压强和钻杆底泥浆、空气混合体的压强基本相等的条件下，才能吸引浆渣上升，为了达到这一要求，有两种措施可供选择：

a）先用正循环开孔钻进到一定深度，再改用反循环钻进。此法钻机须能作正反双向循环回转钻进时才可采用，其缺点是用正循环钻这一段所花费时间比用反循环要多4～5倍。

b）将护筒接高，再用泵向接高的护筒中送泥浆，至达到实现正常的反循环自流补浆时，再取出钻锥，清除粘在钻锥上的黏质土块，拆除有关管路和接高的护筒。

（c）操作要点与注意事项。

气举式反循环回转钻进正常工作状态下的操作要点基本上与泵吸式的相同，须注意的是：空压机送风须与钻锥回转同时进行。接钻杆时，须将钻杆稍提升300mm左右，先停止钻锥回转，再送风数分钟，将孔底钻渣吸尽，再放下钻锥，进行拆装钻杆工作，以免钻渣沉淀而发生埋锥事故。另外须随时注意护筒口泥浆（水）面标高，如果逐渐往下降落时，须立即用水泵补水入护筒，以免因水头不够而发生坍孔事故。

（d）空气吸升式反循环回转钻进的劳动组织和钻进速度与泵吸式大体相同或相近。

4）潜水钻机成孔

a. 先将起吊潜水钻机的龙门吊机或吊车安装就位，并使主吊钩竖直对准桩位中心。

b. 安装潜水电钻、卷扬机、泥浆泵的电缆，要求接入配电箱，便于操纵。潜水电钻的电缆不得破损、漏电，须指定专人负责收、放电缆和进浆胶管。

c. 安装钻锥、潜水电钻和钻杆，钻进时钻杆不转动，只起导向作用，产生反扭矩，必须将钻杆卡在钻架底层铁门的导向滚轮内。

d. 将钻锥、电钻吊入护筒内，关好钻架底铁门，起动泥浆泵（正循环）或吸浆泵（反循环），稍稍吊起钻锥，使电钻空转。待泥浆压进钻孔（正循环）或泥浆被吸出孔外（反循环）后，放下钻锥开始钻进。

e. 根据钻杆进尺放松电缆线，但不可过多，防止缠绞。

f. 接长钻杆时，先停止电钻转动，提升钻杆，泥浆继续循环。然后按正、反循环钻机的方法加接一节钻杆，放下电钻、钻锥继续钻进，如此连续作业直至到达设计标高为止。

g. 钻进时应注意事项：

（a）为防止潜水电钻因钻杆折断或因其他原因而掉入孔中，应在电钻上加焊吊环，系一钢丝绳通出钻孔外吊挂。

（b）电缆和进浆胶管上应用油漆标明尺度，以便于与钻杆上所标尺度相校核。

(c) 在钻进时，一般控制钻机处于相应的设计电流 30A～40A，如突然上升，说明电钻超负荷，应将电钻上提，并相应地收回电缆线及进浆胶管；还并应设自动跳闸装置，以便使电钻因钻进遇到阻碍致电流大大地超过负荷时能自动停转。

(d) 应根据土质情况控制电钻进尺。

h. 劳动组织及钻孔进度：

潜水钻机需配工人 6 名。其中指挥兼操纵卷扬机 1 人，机电工兼记录 1 人，收放电缆、胶管及装卸钻杆 2 人，清除沉淀泥沙 2 人。

钻孔进度，对于一般细砂和细粒土，当钻孔直径为 1.08m 时，每小时平均钻进 6～7m，最快为 10m。

5) 冲抓钻机成孔

a. 冲抓锥定位：先吊起冲抓锥，然后将锥落入护筒内，检查起吊钢丝绳是否在护筒中心位置。如不符合，可旋转钻架上的校正联杆和调动两侧风缆或斜撑，直到起重绳居中为止，其偏差不得大于 20mm。

b. 冲抓锥钻孔操作程序：以单绳自动挂钩为例，双绳可参照单绳。

(a) 将冲抓锥用挂钩悬挂在钻架上，将自动挂钩钩住挂砣，提升冲抓锥，松开挂钩，此时叶瓣即张开。

(b) 反向开动卷扬机，将张开叶瓣的冲抓锥落入护筒中。在护筒范围内冲程宜小，离孔底 1～2m 时松开卷扬机的离合器，冲抓锥落下，叶瓣落入土中。冲抓锥顶部低于护筒刃脚后，落锥高度可增大至 2～3m。

(c) 收紧钢丝绳，叶瓣即抓土；然后继续收紧钢丝绳将冲抓锥吊出工作平台 1.5m 以上，停住。

(d) 将出渣车推到冲抓锥下方，将冲抓锥悬挂于钻架上，慢慢放松起吊钢丝绳，叶瓣张开，渣土卸入车内运走，即完成一次冲抓过程。如此循环作业，继续钻进。

(e) 钻孔内是否需要泥浆和泥浆性能指标，按泥浆制作要求处理。

c. 为了保护钻机，确保安全，提高功效，必须控制合理的落锥高度，其控制方法是：将冲抓锥放置孔底，收紧钢丝绳，在与平台同一标高处，把钢丝绳绑一标志，当标志上升高出平台 2～3m，即可松开卷扬机离合器，抓锥自动落下，当绳上标志下落到平台以下 0.5～1.0m 时，应立即合上离合器，这样，既不造成落空锥，又不会引起松绳过多。当每钻进 0.5m 时，应重设钢丝绳上的标志。

d. 在强透水层（砂层）中钻进，若护筒内水位下降快、水头不稳定时，应增加泥浆相对密度，倒入黏土，将冲抓锥叶瓣张开，把自动挂钩挂住挂砣一起用铁丝捆紧。用冲抓锥在孔内反复冲击一段时间，使一部分黏土被挤入松散孔壁内，另一部分黏土用来增大泥浆相对密度。待水头稳定后，取去捆扎的铁丝，继续冲抓钻进。

e. 在一般松散土层（如腐殖土、砂类土、细粒土等）钻进时，冲抓进尺较快，冲抓高度宜控制在 1.0～1.5m。

f. 在坚实的砂卵石层中钻进困难时，可加大冲抓锥配重，提高落锥高度 2～3m，亦可绑住挂钩反复冲击一段时间，再抓一段时间，交替冲抓钻进。

g. 当孔内遇到漂石或探头石冲抓很困难时，或因土质松软，需投片石、卵石冲击加固孔壁时，或到达坚硬岩层时，可换用冲击锥钻进。

h. 在粉质土钻进，因叶瓣不密缝，抓锥里的粉砂易被水冲掉，致使抓瓣空上空下。此时，可将叶瓣焊补密缝。

i. 当钻机出现不正常的现象时，如负荷停车失灵、开车反转松绳不活、刹车散发难闻的臭味等，应注意调整电磁制动刹车至适当松紧程度。

j. 劳动组织：每台班共需11~12人。其中班长兼记录、安全检查、办交接班手续1人，开卷扬机的司机2人，掌握钻孔的孔口人员4人（若是单绳形式，应增加在工作台上负责挂钩的1人），推车运渣2人，加水和泥浆、运土、调制泥浆2人。

6）冲击钻机成孔

a. 机具布置：机具布置随所用的钻机类型而异。冲击钻机一般都备有钻架。在埋好的护筒和备足护壁泥浆黏土后，将钻机就位，立好钻架，对准桩孔中心，拉好风缆绳，就可开始冲击钻进。

钻架除应有足够的结构强度外，还应考虑承受反复冲击荷载的结构刚度。如不能满足上述要求时，应采用风缆或撑杆等措施加固。

b. 开孔：开钻时应先在孔内灌注泥浆，泥浆相对密度等指标根据土层情况而定。如孔中有水，可直接投入黏土，用冲击锥以小冲程反复冲击造浆。

开孔及整个钻进过程中，应始终保持孔内水位高出地下水位（河中水位）1.5~2.0m，并低于护筒顶面0.3m以防溢出，掏渣后应及时补水。

护筒底脚以下2~4m范围内属河床表面，一般比较松散，应认真施工。一般细粒土层可采用浓泥浆、小冲程、高频率反复冲砸，使孔壁坚实不坍不漏。

在砂及卵石夹土等松散层开孔或钻进时，可按1∶1投入黏土和小片石（粒径不大于150mm），用冲击锥以小冲程反复冲击，使泥膏、片石挤入孔壁。必要时须重复回填反复冲击2~3次。

开孔或钻进遇有流砂现象时，宜加大黏土减少片石的比例，按上述方法进行处理，力求孔壁坚实。

c. 正常钻进时，应注意以下事项：

（*a*）冲程应根据土层情况分别规定：一般在通过坚硬密实卵石层或基岩漂石之类的土层中时宜采用高冲程（1m），在通过松散砂、砾类土或卵石夹土层中时宜采用中冲程（约750mm）。冲程过高，对孔底振动大，易引起坍孔。在通过高液限黏土及含砂低液限黏土时，宜采用中冲程。在易坍塌或流砂地段宜用小冲程，并应提高泥浆的粘度和相对密度。

（*b*）在通过漂石或岩层，如表面不平整，应先投入黏土、小片石，将表面垫平，再用十字形钻锥进行冲击钻进，防止发生斜孔、坍孔事故。

（*c*）要注意均匀地松放钢丝绳的长度。一般在松软土层每次可松绳50~80mm，在密实坚硬土层每次可松绳30~50mm。应注意防止松绳过少，形成"打空锤"，使钻机、钻架及钢丝绳受到过大的意外荷载，遭受损坏。松绳过多，则会减少冲程，降低钻进速度，严重时使钢丝绳纠缠发生事故。

d. 掏渣：破碎的钻渣，部分和泥浆一起被挤进孔壁，大部分靠掏渣筒清除出孔外，故在冲击相当时间后，应将冲击锥提出，换上掏渣筒，下入孔底掏取钻渣，倒进钻孔外的倒渣沟中。管锥本身兼作掏渣筒的，则无须另换掏渣筒。

当钻渣太厚时，泥浆不能将钻渣全部悬浮上来，钻锥冲击不到新土（岩）层上，还会使泥浆逐渐变稠，吸收大量冲击能，并妨碍钻锥转动，使冲击进尺显著下降，或有冲击成梅花孔、扁孔的危险，故必须按时掏渣。

一般在密实坚硬土层每小时纯钻进小于50~100mm、松软地层每小时纯钻进小于150~300mm时，应进行掏渣。或每进尺0.5~1.0m时掏渣一次，或掏至泥浆内含渣显著减少、无粗颗粒、相对密度恢复正常为止。

在开孔阶段，为使钻渣挤入孔壁，可待钻进4~5m后再掏渣。正常钻进每班至少应掏渣一次。

在松软土层，用管锥钻进比十字型冲击锥快，故掏渣应较勤。一般锥管内装满钻渣后，应立即提锥倒渣。管锥装满状态，可根据实际测定。

掏渣后应及时向孔内添加泥浆或清水以维护水头高度。投放黏土自行造浆的，一次不可投入过多，以免粘锥、卡锥。

黏土来源困难的地方，为节约黏土，可将泥浆去渣净化后，再回流入孔中循环使用。

e. 分级钻进：为适应钻机负荷能力，在钻大孔时，可分级扩钻到设计孔径，当用十字型钻锥钻1.5m以上孔径时，一般分两级钻进。第一级钻头直径可为孔径的0.4~0.6倍。

当用管锥钻700mm以上孔径时，一般分2~4级钻进。

分级钻进，会产生大粒径的卵石掉入先一级已钻成的小孔中，造成扩钻困难，可在小孔钻成后向小孔填泥块到1/4~1/3孔深处。一般先钻的孔只宜超前数米，随后即钻次级的孔；如超前过深，将使先钻的孔淤塞。

f. 检孔：钻进中须用检孔器检孔。检孔器用钢筋笼做成，其外径等于设计孔径，长度等于孔径的4~6倍。每钻进4~6m，接近及通过易缩孔（孔径减少）土层（软土、软塑黏土、低液限黏土等）或更换钻锥前，都必须检孔。用新铸或新焊补的钻锥时，应先用检孔器检孔到孔底后，才可放入新钻锥钻进。不可用加重压、冲击或强插检孔器等方法检孔。

当检孔器不能沉到原来钻达的深度，或大绳（拉紧时）的位置偏移护筒中心时，应考虑可能发生了弯孔、斜孔或缩孔等情况，如不严重时，可调整钻机位置继续钻孔。

不得用钻锥修孔，以防卡钻。

g. 钻孔的安全要求：冲击锥起吊应平稳，防止冲撞护筒和孔壁；进出孔口时，严禁在孔口附近站人，以防发生钻锥撞击人身事故；因故停钻时，孔口应加盖保护，严禁钻锥留在孔内，以防埋钻。

h. 劳动组织

冲击成孔所需的人员，视所用的机具、设备而定，一般情况是：

（a）用冲击钻机施工时，每台班共3人，其中司机兼记录1人，投黏土兼掏渣2人。

（b）用卷扬机带动冲击钻具施工时，每台班共计4人，其中司机2人轮流作息兼作记录，投黏土兼掏渣2人；另配备电焊工1~2人以便及时焊补冲击锥。

7）旋挖斗钻机成孔

a. 安装钻斗钻机。

b. 钻头着地，旋转，开孔。以钻头自重并加液压作为钻进压力。机动推钻遇硬土须加压时，可使用气泵加压。

c. 当钻头（钻斗）被旋转挤压充满泥砂（钻渣）后，将其提升上来，一面监视井孔水位变化情况，一面灌浆（或补水）保持水头。

d. 旋转钻机，将钻头中的泥砂倾卸到翻斗车上。

e. 关闭钻头的活门。将钻头转回钻进地点，并将旋转体的上端固定住。

f. 降落钻头。

g. 埋置导向护筒，灌入护壁泥浆。按现场土质的情况，借助于辅助钢丝绳，埋设一定长度的护筒。护筒直径应比桩径大 100mm，以便钻头在孔内上下升降。按土质情况，定出稳定液的配方。如果在桩长范围内的土层都是黏性土时，则可不必灌水或泥浆，可直接钻进。

h. 将侧面铰刀安装在钻头内侧，开始钻进。

i. 钻孔完成后，进行第一次清孔排除孔底的沉渣，并测定深度。

j. 测定孔壁。

（5）钻孔事故的预防及处理

常见的钻孔（包括清孔时）事故及其处理方法如下：

1) 坍孔

各种钻孔方法都可能发生坍孔事故，坍孔的表征是孔内水位突然下降，孔口冒细密的水泡，出渣量显著增加而不见进尺，钻机负荷显著增加等。

a. 坍孔原因：

（a）泥浆比重不够及其他泥浆性能指标不符合要求，使孔壁未形成坚实泥皮；

（b）由于掏渣后未及时补充水或泥浆，或河水潮水上涨，或孔内出现承压水，或钻孔通过砂砾等强透水层，孔内水流失等而造成孔内水头高度不够；

（c）护筒埋置太浅，下端孔口漏水、坍塌或孔口附近地面受水浸湿泡软，或钻机装置在护筒上，由于振动使孔口坍塌，扩展成较大坍孔；

（d）在松软砂层中钻进，进尺太快；

（e）捉住钻锥钻进，回转速度过快，空转时间太长；

（f）冲击（抓）锥或掏渣筒倾倒，撞击孔壁，或爆破处理孔内孤石、探头石、炸药量过大，造成过大振动；

（g）水头太大，使孔壁渗浆或护筒底形成反穿孔；

（h）清孔后泥浆比重、粘度等指标降低，用空气吸泥机清孔，泥浆吸走后未及时补水，使孔内水位低于地下水位，清孔操作不当，供水管直接冲刷孔壁，清孔时间过久或清孔后停顿过久。

（i）吊入钢筋骨架时碰撞孔壁。

b. 坍孔的预防和处理：

（a）在松散粉砂土或流砂中钻进时，应控制进度速度，选用比重、黏度、胶体率较大的泥浆，或投入掺片（卵）石的黏土，低锤冲击，使黏土膏及片（卵）石挤入孔壁起护壁作用。

（b）汛期或潮汐地区水位变化过大时，应采取升高护筒，增加水头，或用虹吸管、连通管等措施保证水头相对稳定。

(c) 发生孔口坍塌时，可立即拆除护筒并回填钻孔，重新埋设护筒再钻。

(d) 如发生孔内坍塌，先判明坍塌位置，回填砂和黏土（或砂砾和黄土）混合物到坍孔处以上 1～2m，如坍孔严重时全部回填，待回填物沉积密实后再行钻进。

(e) 严格控制冲程高度和炸药用量。

(f) 清孔时应指定专人补水，保证钻孔内必要的水头高度。供水管最好不直接插入钻孔中，应通过水槽或水池使水减速后流入钻孔中，可免冲刷孔壁，吸泥机应扶正，以防触动孔壁。使用的风压不宜过大，不宜超过 1.5～1.6 倍钻孔中水柱压力。如坍孔严重须按前述方法处理。

(g) 吊入钢筋骨架时应对准钻孔中心竖直插入。

2）钻孔偏斜

a. 偏斜原因：

(a) 钻孔中遇有较大的弧石或探头石；

(b) 在有倾斜度的软硬地层交界处和岩面倾斜处钻进，或者在粒径大小悬殊的砂卵石层中钻进，钻头受力不均；

(c) 扩孔较大处，钻头摆动偏向一方；

(d) 钻机底座未安置水平或产生不均匀沉陷；

(e) 钻杆弯曲，接头不正。

b. 预防和处理：

(a) 安装钻机时要使转盘、底坐水平，起重滑轮缘、固定钻杆的卡口和护筒中心三者应在一条竖直线上，并经常检查校正。

(b) 由于主动钻杆较长，转动时上部摆动过大，必须在钻架上增设导向架，控制钻杆上的提引水笼头，使其沿导向架向中钻进。

(c) 钻杆、接头应逐个检查，及时调正。主动钻杆弯曲，要用千斤顶及时调直。

(d) 在有倾斜的软、硬地层钻进时，应吊着钻杆控制进尺，低速钻进。或回填片、卵石冲平后再钻进。

查明钻孔偏斜的位置和偏斜情况后，一般可在偏斜处吊住钻头上下反复扫孔，使钻孔正直。偏斜严重时应回填砂黏土到偏斜处，待沉积密实后再继续钻进。冲击钻进时，应回填砂砾石和黄土待沉积密实后再钻进。偏斜严重的可在开始偏斜处设置少量炸药（少于 1kg）爆破，然后用砂土和砂砾石回填到该位置以上 1m 左右重新冲钻。

3）掉钻、落物

各种钻孔方法均可能发生掉钻、落物事故。

a. 掉钻、落物原因：

(a) 卡钻时强提强扭，操作不当使钢丝绳或钻杆疲劳断裂；

(b) 钻杆接头不良或滑丝；

(c) 电动机接线错误，使不应反转的钻机反转，钻杆松脱；

(d) 冲击钻头合金套灌注质量差，钢丝绳拔出；

(e) 转向环、转向套等焊接处断开；

(f) 钢丝绳与钻头连接钢丝绳卡数量不足或松弛等，或钢丝绳过度陈旧，断丝太多；

(g) 操作不慎落入扳手撬棍等物。

b. 预防和处理：

预防措施：

(*a*) 开钻前应清除孔内落物，零星铁件可用电磁铁吸取较大落物和钻具，也可用冲抓锥打捞，然后在护筒口加盖；

(*b*) 经常检查钻具、钻杆、钢丝绳和连接装置；

(*c*) 为便于打捞落锥，可在冲锥上预先焊打捞环、打捞杠或在锥身上围捆几圈钢丝绳等。

处理方法：

掉钻后应及时摸清情况，若钻锥被沉淀物或坍孔土石埋住应首先清孔，使打捞工具能接触钻锥。打捞工具有以下几种：

(*a*) 打捞叉：当大绳折断或钢丝绳卡环松脱，钻锥上留有不小于 2m 长钢丝绳时，可用打捞叉放入孔内上下提动，将钢丝绳卡住提出钻锥。

(*b*) 打捞钩：打捞钩的强度、尺寸应适当，并有一定重量。适用于没有打捞装置的钻锥。

(*c*) 打捞活套：只要掉入孔内的钻锥留有一定长度的钻杆，可采用打捞活套打捞，该套由偏三角架环和钢丝绳活套两部分用细铅丝或细麻绳松松地扎在一起组成。打捞时提着直杆和钢丝绳将打捞活套轻轻放入孔内。当感到打捞活套套进钻杆或钻锥时，收紧钢丝绳，则细铅丝或麻绳被拉断，活套就将钻杆或钻锥套住，继续提升大绳，即可捞出掉杆或掉锥。

(*d*) 偏钩和钻锥平钩：偏钩适用于浅孔打捞，接头处直径大于钻杆，用 $\phi20\sim\phi25$ 钢筋制成打捞时用钢丝绳穿绑于偏钩孔眼，并用长竹竿和偏钩捆绑在一起，放入孔内旋转钩柄，钩住钻杆后收提钢丝绳将钻杆捞上来。钻锥平钩是将两个平钩对称地焊在比钻孔直径小 $400\sim500$mm 的钻锥上（可用废钻锥），适用于打捞钻杆，由钻杆将平钩送入孔中，顺时针方向旋转，掉落的钻杆就能卡入平钩内被提上来。

(*e*) 打捞钳：适用于打捞多节钻杆，夹钳用 $\phi50$mm 圆钢锻成，柄长 400mm，钳身锻制成弧形，长 200mm，钳的两臂端部各用 $\phi6$mm 的圆钢筋焊成长 60mm 的触须。钳臂根部焊两块 30mm 厚的钢板，每个钳柄各焊两个圆环以便穿绑起吊钢丝绳。

4) 糊钻和埋钻

糊钻（吸锥）和埋钻常出现于正反循环回转钻进和冲击锥钻进。在软塑黏土层回转钻进，因进尺快，钻渣量大，出浆口堵塞而造成糊钻。

预防处理办法：首先应对钻杆内径大小进行计算决定；还应控制进尺，选用刮板齿小、出浆口大的钻锥。若已严重糊钻，应将钻锥提出孔口，清除钻锥残渣。对冲击锥钻分进行预防措施是减少冲程，降低泥浆稠度，在黏土层上回填部分砂、砾石。

5) 扩张和缩孔

扩孔是孔壁坍塌造成的结果。采用各种钻孔方法时均可能发生扩孔情况。若因孔内局部发生坍塌而扩孔，钻孔仍能达到设计深度则不必处理，只是使混凝土灌注量大大增加。若因扩孔后继续坍塌影响钻进，应按坍孔事故处理。

缩孔原因有两种：一种是钻锥焊补不及时，严重磨耗的钻锥，则往往会钻出较设计桩径稍小的孔。另一种是由于地层中有软塑土（俗称橡皮土），遇水膨胀后使孔径缩小。为防止缩孔,前者应及时修补磨耗的钻头,后者要使用失水率小的优质泥浆护壁快转慢进,并复转二三次;或使用卷扬机吊住钻锤上下、左右反复扫孔以扩大孔径,直到缩孔部位达到设计孔径为止。

6) 梅花孔

以冲击锥钻进时,当冲击成十字槽或梅花形状,即称为梅花孔,这在冲击锥钻进时经常发生。其原因是由于转向装置失灵,泥浆太稠,阻力大,冲击锥不能自由转动,或冲程太小,冲锥刚提起又落下,得不到足够的转动时间,改换不了冲击位置,形成梅花孔。

预防的办法:应经常检查转向装置的灵活性,选用适当粘度和比重的泥浆,适时掏渣。用低冲程时,隔一段时间要更换高一些的冲程,使冲锥有足够的转动时间。

出现梅花孔后,可用片、卵石混合黏土回填钻孔重新冲击。

7) 卡钻

卡钻也常发生在以冲击锥钻进时,其原因是由于形成了梅花孔,钻头磨损未及时补焊,钻孔直径逐渐变小,而新钻头或补焊后的钻头直径过大,冲锥倾倒,遇到探头石或孔内掉入物件便卡住钻头。

卡钻后不宜强提,以免发生坍孔埋钻严重事故。可用小冲击锥冲击或用冲、吸的方法将卡住钻头周围的钻渣松动后再提出。但宜细心地冲、吸,防止坍孔。如因梅花孔卡钻,则可松一下钢丝绳,使钻锥转动一个角度有可能提出。在打捞过程中要继续搅拌泥浆,以防止沉淀埋钻。

用以上方法提升卡锥无效时,可试用水下爆破提锥法。将防水炸药(少于 1kg)放入孔内,沿锥的滑槽放到锥底,而后引爆,振松卡锥,再用卷扬机和链滑车同时提拉,一般是能提出的。

8) 钻杆折断

常发生正、反循环回转钻进时。

a. 折断原因:

(a) 用地质或水文地质钻探小孔径钻孔的钻杆来作桥梁大孔径钻孔桩用,其强度和刚度太小,容易折断;

(b) 钻进中选用的转速不当,使钻杆扭转或弯曲折断;

(c) 钻杆使用过久,连接处有损伤或接头磨损过甚;

(d) 地层坚硬,进尺太快,超负荷引起。

b. 预防和处理

(a) 不使用弯曲严重的钻杆,要求连接处丝扣完好,以螺套连接的钻杆接头,要有防止反转松脱的固锁设施;

(b) 应控制进尺,遇坚硬、复杂地层要仔细操作;

(c) 经常检查钻具各部分的磨损情况,损坏的要及时更换;

(d) 如已发生钻杆折断事故,可按前述打捞方法将掉落钻杆打捞上来。并检查原因,换用新的或大的钻杆继续钻进。

9) 钻孔漏浆

在透水性强或有地下水流动的地层中,稀泥浆会向孔外漏失,护筒埋设太浅,回填土不密实或护筒接缝不严密,会在护筒刃脚或接缝处漏浆,也可能由于水头过高使孔壁渗浆。

为防止漏浆，可加稠泥浆或倒入粉土慢速转动，或回填土掺片石、卵石，反复冲击增强护壁，在有护筒防护范围内，接缝处泥浆可由潜水工用棉絮堵塞，封闭接缝。

2.3.4 人工挖孔灌注桩成孔工艺

(1) 适用范围

挖孔灌注桩基础系用人力和适当的爆破，配合简单机具设备下井挖掘成孔，灌注混凝土成桩，适用于无地下水或地下水量很少的密实土层或岩石地层。桩形有圆形、方形两种，宜用人力下井挖掘的方桩长边或圆桩孔径，以便于施工，但不得小于桩的设计断面尺寸。孔深大于15m时，应加强通风和安全措施。

人工挖孔灌注桩的优点是需用机具少，成孔后可直观检查孔内土质情况，保证桩的质量。

(2) 施工准备

施工前应根据地质和水文地质条件以及安全施工、提高挖掘速度和因地制宜的原则，选择合适的孔壁支护类型。但不能拆除的竹笆、柳条或木框架等支撑，不得用于摩擦桩。如将混凝土护壁当作桩身截面的一部分，仅限用于截面不出现拉应力的桩（摩擦桩和柱桩），且护壁混凝土强度等级不得低于桩身混凝土强度等级。其他施工准备如下：

平整场地，清除坡面危石浮土；坡面有裂缝或坍塌迹象者应加设必要的保护，铲除松软的土层并夯实。施测墩台十字线，定出桩孔准确位置；设置护桩并经常检查校核；在孔口四周挖排水沟，做好排水系统；及时排除地表水，搭好孔口雨棚；安装提升设备；布置好出渣道路；合理堆放材料和机具，使其不增加孔壁压力、不影响施工。

井口周围需用木料、型钢或混凝土制成框架或围圈予以围护，其高度应高出地面200～300mm，防止土、石、杂物滚入孔内伤人。若井口地层松软，为防止孔口坍塌，需在孔口用混凝土护壁，高约2m。若井口地层有较大的渗水量时，应采用降水法降低地下水位。

(3) 挖掘工艺

1) 挖掘方法

一般组织三班制连续作业，条件较差时用木绞车提升，有条件则采用电动链滑车或架设三脚架，用10～20kN慢速卷扬机提升。

2) 挖掘程序

挖掘程序视土层性质及桩孔布置而定。土层紧密、地下水不大者，一个墩台基础的所有桩孔可同时开挖，便于缩短工期，但渗水量大的一孔应超前开挖、集中抽水，以降低其他孔水位。土层松软、地下水位较大的，宜对角开挖，避免孔间间隔层太薄造成坍塌。若为梅花式布置，则先挖中心孔，待灌注混凝土后再对角开挖其他孔。

挖掘有承台的桩孔有两种顺序：a. 先挖桩孔，后挖承台基坑；b. 先挖承台基坑，后挖桩孔。一般多用前者，其优点是便于排除地表水、使场地宽敞、立架、支撑、提升、灌注混凝土等操作方便。特别是陡坡地形，若先挖承台底板基坑，挖方边坡高时，易造成挖孔事故。

3) 挖掘的一般工艺要求

a. 挖掘时，不必将孔壁修成光面，要使孔壁稍有凸凹不平，以增加桩的摩阻力。对摩擦桩更应如此。

b. 在挖孔过程中，须经常检查桩孔尺寸和平面位置：群桩桩位误差不得大于100mm，排架桩桩位误差不得大于50mm；直桩倾度不超过1%，斜桩倾度不超过±2.5%；孔径、孔深必须符合设计要求。

c. 挖孔时如有水渗入，应及时支护孔壁，防止水在孔壁浸泡流淌造成坍孔。渗水应设法排除（如用井点法降水或集水泵排）。

d. 桩孔挖掘及支撑护壁两道工序必须连续作业，不宜中途停顿，以防坍孔。

e. 挖孔如遇到涌水量较大的潜水层承压水时，可采用水泥砂浆压灌卵石环圈或其他有效的措施。

f. 挖孔达到设计深度后，应进行孔底处理。

g. 在多年冻土地区施工，当季节融化层处于冻结状态，不受土层和水文地质的影响时，可采用孔底热融法，以提高挖孔效率。在季节融化层融化的夏季，一般不宜采用挖孔桩。

4）孔内爆破施工

为确保施工安全，提高生产效率，孔内爆破施工应注意以下事项：

a. 导火线起爆应有工人迅速离孔的设备；导火线应作燃烧速度试验，据以决定导火线所需长度；孔深超过10m时应采用电雷管引爆。

b. 必须打眼放炮，严禁裸露药包。对于软岩石炮眼深度不超过0.8m，对于硬岩石炮眼深度不超过0.5m。炮眼数目、位置和斜插方向，应按岩层断面方向来定，中间一组集中掏心，四周斜插挖边。

c. 严格控制用药量，以松动为主。一般中间炮眼装硝铵炸药1/2节，边眼装药1/3～1/4节。

d. 有水眼孔要用防水炸药，尽量避免瞎炮。如有瞎炮要按安全规程处理。

e. 炮眼附近的支撑应加固或设防护措施，以免炸坏支撑引起坍孔。

f. 孔内放炮后须迅速排烟。可采用铁桶生火放入孔底，促进空气对流，或用高压风管或电动鼓风机放入孔底吹风等措施。

当孔深大于12m时，每次放炮后立即测定孔内有毒气体浓度。

g. 一个孔内进行爆破作业，其他孔内的施工人员也必须到地面安全处躲避。

5）挖掘的安全技术措施

挖孔时，应注意施工安全。挖孔工人必须配有安全帽、安全绳，必要时应搭设掩体。取出土渣的吊桶、吊钩、钢丝绳、卷扬机等机具，必须经常检查。井口周围须用木料、型钢或混凝土制成框架或围圈予以围护，井口围护应高于地面200～300mm，以防止土、石、杂物滚入孔内伤人。为防止井口坍塌，须在孔口用混凝土护壁，高约2.0m。挖孔时还应经常检查孔内的二氧化碳含量，如其含量超过0.3%，或孔深超过10m时，应用机械通风。挖孔工作暂停时，孔口必须罩盖。井孔应安设牢固可靠的安全梯，以便于施工人员上下。

(4) 支撑护壁

支撑形式视土质、渗水情况、工期、工地条件而定。对岩层、较坚硬密实土层，不透水，开挖后短期不会坍孔者，可不设支撑。在其余土质情况下，应设支撑护壁，以保证安全。

1) 现浇混凝土护壁

a. 等厚度护壁，适用于各类土层，多用于有渗水、涌水的土层和薄层流砂、淤质土层中，在穿过块石、孤石的堆积层需要放炮时，也可使用。每挖掘1.2~1.5m深时，即立模浇筑混凝土护壁，厚度100~150mm，强度等级一般用C15；专用作桩身截面的一部分时，其强度等级应与桩身相同。两节护壁之间留200~300mm空隙，以便灌注施工。空隙间宜用短木支承。为加速混凝土凝结，可掺入速凝剂。若土层松软，或需多次放炮开挖时，可在护壁内设置钢筋（φ8，靠内径放置）。模板不需光滑平整，以利于与桩体混凝土连接。

b. 外齿式护壁，见图2-50（*a*）。其优点是作为施工用的衬体，抗塌孔的性能更好；便于人工用钢钎等捣实混凝土；增大桩侧摩阻力。

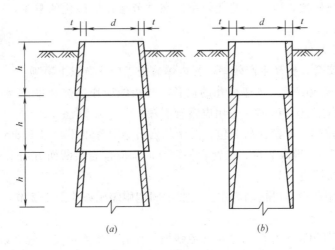

图2-50 混凝土护壁形式
(*a*) 外齿式；(*b*) 内齿式

c. 内齿式护壁，如图2-50（*b*）所示。其结构特点为护壁外侧面为等直径的圆柱，而内侧面则是圆锥台，上下护壁间搭接50~75mm。

分段浇筑的上述三种形式的混凝土护壁厚度，一般由地下最深段护壁所承受的土压力及地下水的侧压力确定，地面上施工堆载产生的侧压力的影响可不计。

2) 预制钢筋混凝土套壳护壁

一般用于渗水、涌水较大和流砂、淤泥的土层中。对于黏质土层、大块石、孤石地层，往往因下沉困难而发生倾斜，应慎重采用。通常用C20或C25混凝土预制。如作为桩身截面的一部分，其混凝土强度等级应与桩身同，壁厚一般为100~150mm，每节长度视吊装能力而定。每节上下口宜有50mm高的接榫，上口并预埋吊环。施工方法与一般沉井相同。

2.3.5 清孔

(1) 清孔目的

清孔的目的是抽、换孔内泥浆，清除钻渣和沉淀层，尽量减少孔底沉淀厚度，防止桩底存留过厚沉淀土而降低桩的承载力。其次，清孔还为灌注水下混凝土创造良好条件，使探测正确，灌注顺利。

终孔检查后，应迅速清孔，不得停闲过久，使泥浆、钻渣沉淀增多，造成清孔工作的困难甚至坍孔。清孔后应在最短时间内灌注混凝土。

(2) 清孔的方法

清孔方法应根据设计要求、钻孔方法、机具设备和土质情况决定。

1) 抽浆法

抽浆清孔比较彻底，适用于各种钻孔方法的摩擦桩、支承桩和嵌岩桩。但孔壁易坍塌的钻孔使用抽浆法清孔时，操作要注意，防止坍孔。

a. 用反循环回转钻机钻孔时，可在终孔后停止进尺，利用钻机的反循环系统的泥石泵持续吸渣 5~15min 左右，使孔底钻渣清除干净。

b. 空气吸泥机清孔：其原理与空气吸升式反循环回转钻机相同，但以灌注水下混凝土的导管作为吸泥管。高压风管可设在导管内，也可设在导管外。

用空气吸泥清孔注意事项：

(*a*) 高压风管沉入导管内的入水深度至少应大于水面至出浆口高度的 1.5 倍，一般不宜小于 15m，但不必沉至导管底部附近。钢筋骨架须在吊入导管之前先放入。

(*b*) 开始工作时应先向孔内供水，然后送风清孔。停止清孔时，应先关气后断水，以防水头损失而造成坍孔。

(*c*) 当孔底沉淀较厚且坚实时，可适当加大送风量（因送风量大，则浆渣上升流速也大，沉渣易被吸上）并摇动导管，改变导管在孔底的位置。仍不能清除干净时，须用喷射法配合。

(*d*) 清孔过程中必须始终保持孔内原有水头高度。如孔较深，则中途宜停顿片刻，待孔内上部悬浮钻渣均沉淀后，再送风清孔一次。当风管口设置很低，在清孔过程不能保持孔口水头时，不可马上停止送风，应先将风管或导管提升一定高度，才停止送风，以免稠浆渣将风管口堵塞。

最后测量孔底标高。清孔结束后，将导管上的弯管拆除，内或外风管吊走，准备灌注水下混凝土。

c. 以导管作为吸泥泵的吸浆管清孔：以灌注混凝土的导管代替泵吸式反循环回转的空心钻杆作为吸泥管。它的好处是清孔完毕，将特制弯管拆除即可开始灌注水下混凝土，争取时间。

以上抽浆法清孔机具以内风管空气吸泥机和导管吸泥泵清孔为优，因清孔后不必提升导管，只需拆除弯管部分，便能灌注水下混凝土，节省时间。用泵吸式反循环回转钻孔时，用后者清孔更为适宜，不需另加机具。用其他方法钻孔，适宜用前者清孔。

2) 换浆法

当使用正循环回转钻进时，终孔后，停止进尺，稍提钻锥离孔底 100~200mm 空转，并保持泥浆正常循环，以中速压入比重为 1.03~1.10 的较纯泥浆，把钻孔内悬浮钻渣较多的泥浆换出。使清孔后泥浆的含砂率降到 2% 以下，黏度为 17~20s，相对密度为 1.03~1.10，且孔底沉淀土厚度不大于设计规定的数值，即可以停止清孔。根据钻孔直径和深度，换浆时间约为 4~8h，然后在泥浆中灌注水下混凝土。

本法与正循环回转钻进比较，不需另加机具。且孔内仍为泥浆护壁，不易坍孔。缺点是清孔不彻底，混凝土质量较难保证，而且清孔时间太长。用其他方法钻孔时，不宜采用本法清孔。

3）掏渣法

冲击、冲抓钻进过程中，冲碎的钻渣一部分连同泥浆被挤入孔壁，大部分则靠掏渣筒清除。要求用手摸泥浆中无 2～3mm 大的颗粒为止，并使泥浆比重减小到 1.05～1.20。对冲击钻进，可在清渣前，投入水泥 1～2 袋，通过冲击锥低冲程的反复冲拌数次，使孔底泥浆、钻渣和水泥形成混合物，然后以掏渣工具掏出。

降低泥浆比重方法是在掏渣后，用一根水管插到孔底注入高压水，使水流将泥浆冲稀，泥浆比重逐渐降低后向孔口溢出。达到所要求的清孔标准后，可停止注水清孔。

4）喷射清孔法

本法是在灌注混凝土前对孔底进行高压射水或射风数分钟，使沉淀物飘浮后，立即灌注水下混凝土。常在其他方法清孔后或清孔过程中配合使用。钻孔工作完毕，由于有拆卸钻杆、钻头和下钢筋骨架及导管等工序，沉淀厚度可能会增大，以致导管无法插至孔底，故常用喷射法，将沉淀层冲起飘浮。

5）用砂浆置换钻渣清孔法

先用掏渣筒尽量清除钻渣，然后用活底箱在孔底灌注 600mm 厚的特殊砂浆。特殊砂浆系用炉灰与水泥加水拌合，其比重较轻，能浮托在混凝土之上。砂浆中加入适量的缓凝剂，使初凝时间延长到 6～12h，以保证砂浆从注入孔底直到一系列作业完成后，混凝土灌注至孔顶标高，砂浆不致硬化。

灌注特殊砂浆后，插入比孔径稍小的搅拌器，作 20r/min 慢速旋转，将孔底残留的钻渣拌入砂浆中，然后吊出搅拌器，插入钢筋骨架，灌注水下混凝土。混凝土从孔底置换了砂浆的位置后，砂浆大部分浮托在水下混凝土的顶面以上，一直被推到桩顶，在处理桩顶浮浆层时，一起被清除掉。特殊砂浆常用配合比为，水泥：粉煤灰：砂：加气剂＝1：0.4：1.4：0.007（质量比）。

（3）清孔注意事项

1）不论采用何种清孔方法，在清孔排渣时，必须注意保持孔内水头，防止坍孔。

2）对于摩擦桩，孔底沉淀土的厚度：中、小桥不得大于（0.1～0.6）d（d 为桩直径），大桥按设计文件规定。清孔后泥浆性能指标：含砂率 4%～8%，相对密度 1.1～1.25，黏度 18～20s。对支承桩（柱桩，包括嵌岩桩）宜以抽浆法清孔，并宜清理至吸泥管出清水为止。灌注混凝土前，孔底沉淀土厚度不得大于 50mm。若土层易坍孔，必须在泥浆中灌注混凝土时，建议采用砂浆置换钻渣清孔法。清孔后的泥浆性能指标，含砂率不大于 4%，其余指标同摩擦桩。以上泥浆指标，以孔口流出的泥浆测量值为准。

3）不得用加深钻孔深度的方式代替清孔。

2.3.6 成孔检查

钻孔灌注桩在成孔过程中及终孔后以及灌注混凝土前，均需对钻孔进行阶段性的成孔质量检查。为了方便施工作业和满足规范的需要，成孔检查在不同的施工阶段和不同的作业方式的情况下，可采取不同的检查器械与手段。在钻孔的钻进过程中，可采用笼式测孔器直接丈量，在终孔后则应使用尽可能先进的测孔仪器，在灌注混凝土前主要检查沉淀层厚度，而挖孔可采用直观检验丈量法。各种成孔检验项目的检测方法、数值、频率等都必须满足现行的技术规范及其他法定标准的要求。

(1) 孔径和孔形检测

孔径检测是在桩孔成孔后下钢筋笼前进行的,是根据设计桩径制作笼式井径器放入孔内检测。笼式井径器用 $\phi 8$ 和 $\phi 12$ 的钢筋制作,其外径等于钻孔的设计孔径,长度等于孔径的 3~4 倍(如正、反循环回转钻成孔法)或 4~6 倍(冲击钻成孔法)。其长度与孔径的比值选择,应根据钻机的性能及土层的具体情况而定。检测时,将井径器吊起,使笼的中心、孔的中心与起吊钢绳保持一致,慢慢放入孔内,如上下通畅无阻,表明孔径大于给定的笼径;若中途遇阻则有可能在遇阻部位有缩径或孔斜现象,应采取措施予以消除。

对直径小于 800mm 的桩孔,可使用井径仪。其测头的传感器为机械式,四根测腿通过弹簧连接,可以收拢和张开。当它紧贴孔壁沿孔上升时,带动密封筒里的滑线电阻,使阻值随测量腿张缩而变化。经动态应变仪接收放大,由静电显影记录仪记录,并绘出孔径变化曲线。

孔形检查目前常采用的方法是开挖检查和超声波检测。开挖检查一般在工程试桩结束,直接观测检查桩身形状在相应土层中的变化,为工程桩施工控制孔形提供直观依据。超声波检测是近些年来采用的新方法,并研制出了专门的超声波孔壁检测仪。发射传感器发出的超声脉冲遇到孔壁时产生反射,反射信号由接收传感器接收并放大,利用发射和接收的时间差测出传感器和孔壁间的距离。记录仪的走纸速度和传感器上下行走速度成比例,从而可在记录纸上连接绘出孔壁形状、凸凹不平程度及孔中心偏移情况,并可自动绘出不同桩深位置的桩形变化图。

(2) 孔深和孔底沉渣检测

孔深和孔底沉渣普遍采用标准测锤检测。测锤一般采用锥形锤,锤底直径 130~150mm,高 200~220mm,质量 4~6kg。对斜桩的孔深和孔底沉渣,使用测锤检测容易产生较大的误差,精确度较低。

(3) 桩孔竖直度检测

竖直度检测方法常见有以下几种:

1) 钻杆测斜法 将带有钻头的钻杆放入孔内到孔底,在孔口处的钻杆上装一个与孔径或护筒内径一致的导向环,使钻杆保持在桩孔中心线位置上。然后将带有扶正圈的钻孔测斜仪下入钻杆内,分点测斜,并将各点数值在坐标纸上描点作图,检查桩孔偏斜情况。

2) 圆球检测法 在孔口沿钻孔直径方向设一标尺,标尺中点与桩孔中心吻合,将圆球系于测绳上,量出滑轮到标尺中点距离 H。将圆球慢慢放入孔底,待测绳静止不动后,读得测绳在标尺上的偏距 e,再根据 $\mathrm{tg}\alpha = \dfrac{e}{H}$ 求得孔斜值并作图。该法的缺点是精度较低。

3) 电子水平仪测斜法 使用 JSDS-1 型晶体管电子水平仪进行测斜。方法是将仪器测量架放入桩孔内,边放边分段测量。仪器放到孔底后再向上提升至每个测点处逐一复测。如此往返测量三次,并将三次测量值平均,求出孔斜值并作图。该仪器不但可用于直桩、深长桩的桩孔测斜,也可用于斜桩测斜。

(4) 桩位检测 钻孔桩的实际桩位,受施工中各种因素的影响会偏离原设计桩位,因此要对全部桩位进行复测,并在复测平面图上标明实际桩位坐标。复测桩位时,桩位测点选在新鲜桩头面的中心点,然后测量该点偏移设计桩位的距离,并按坐标位置,分别标明在桩位复测平面图上,测量仪器选用精密经纬仪或红外测距仪。

2.3.7 钢筋骨架制作

(1) 制作方法

1) 卡板成型法

用 20~30mm 厚的木板(或薄钢板)制成两块半圆卡板。按主筋位置,在卡板边缘凿出支托主钢筋的凹槽,槽深等于主筋直径的一半。制作骨架时,每隔 3.0m 左右放一块卡板,把主筋纳入凹槽,用绳扎好;再将螺旋筋或箍筋套入,并用钢丝将其与主筋绑扎牢固。然后松开卡板与主筋的绑绳,卸去卡板,随即将主筋同螺旋筋或箍筋点焊,要求每一螺距内的焊点不少于 1 个,相邻两焊点的平面投影相距尽量接近 90°,以保证骨架的刚度。卡板构造如图 2-51 所示。

2) 支架成型法

支架由固定的和活动的两部分组成。用 30~40mm 厚的木板,按骨架的设计尺寸,做成半圆的固定支架。在它的周围边缘,按主筋位置凿出支托主筋的凹槽。固定支架用两根 40mm×100mm 的支柱固定于地面,如图 2-52 所示。它的上方有一半圆活动支架,是用 30~40mm 厚的木板若干条(条数按支托主筋根数决定)钉于下端向外倾斜的两根木条上做成。活动支架各木条的两端也按主筋位置凿成凹槽。活动支架的斜木条下端用螺栓固定于固定支架。这样,上下两个半圆支架连在一起,构成一个同心圆形支架。按骨架的长度,每隔 2.0m 左右设支架一个。各支架应互相平行,圆心应位于同一水平直线上。

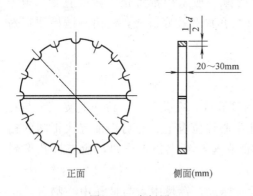

图 2-51 卡板图

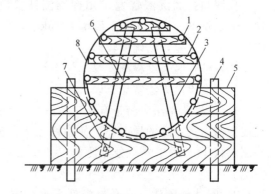

图 2-52 支架
1—主钢筋;2—横木条;3—竖向木条;4—支柱;
5—固定支架;6—铁钉;7—螺栓;8—箍筋

制作时,把主筋逐根放入凹槽。然后将箍筋按设计位置放在骨架外围,弯绕成圆箍,并与主筋点焊连接。焊好箍筋后,把活动支架和固定支架的连接螺栓拆除,从骨架两端抽出活动支架,整个骨架就可以从固定支架上取下。

3) 箍筋成型法

按照钢筋骨架的外径尺寸制一块样板,将箍筋围绕样板弯制成箍筋圈。在箍筋圈上标出主筋位置,同时在主筋上标出箍筋位置。然后在水平的工作台上,在主筋长度范围内,放好全部箍筋圈,将两根主筋伸入箍筋圈内,按钢筋上所标位置的记号互相对准,依次扶正箍筋并一一焊好,再将其余的主筋穿进箍筋圈内焊成骨架。

4) 加劲筋成型法

为了不妨碍螺旋筋的绑扎,一般把加劲筋设在主筋的内侧。制作时按设计尺寸做好加劲筋圈,标出主筋的位置。把主筋摆在平整的工作台上,并标出加劲筋的位置。焊接时,使加劲筋上任一主筋的标记对准主筋中部的加劲筋标记,扶正加劲筋,并用木制直角板校正加劲筋与主筋的垂直度,然后点焊。在一根主筋上焊好全部加劲筋后,用机具或人转动骨架,将其余主筋逐根照上法焊好,然后吊起骨架搁于支架上,套入盘筋,按设计位置布好螺旋筋并绑扎于主筋上,点焊牢固。

若骨架直径较小,为避免灌注混凝土的导管法兰挂动骨架,可将加劲筋置于主筋的外侧,将螺旋筋在加劲筋处截断与主筋焊牢。

(2) 钢筋骨架保护层的设置

钢筋骨架的保护层厚度一般为60~80mm,设计有规定时,应以设计为准。可用下列方法设置保护层。

1) 绑扎混凝土预制块:混凝土预制垫块为150mm×200mm×80mm,靠钻孔壁的方向制成弧面,靠骨架的一面制成平面,并有十字槽。纵向为直槽,横向为曲槽,其曲率同箍筋的曲率相同,槽的宽度和深度,以能容纳主筋和箍筋为度。在纵槽两旁对称地埋设两根备绑扎用的门形12号钢丝,如图2-53所示。

垫块在钢筋骨架上的布置依钻孔土层变化而定。在松软土层垫块应布置较密,一般沿钻孔竖向每隔2.0m左右设一道,每道沿圆周对称地设置4块。

这种垫块的优点是同孔壁接触面大,制作简单,设置方便;其缺点是用钢丝绑扎在骨架上,一遇碰撞就易碎落。

2) 焊接钢筋混凝土预制垫块:形状同上,不同的是在十字槽底部埋设一根直径为6~8mm的钢筋,以便能分别焊在主筋和箍筋上。其布置与上同,但较牢固。不过如遇强烈

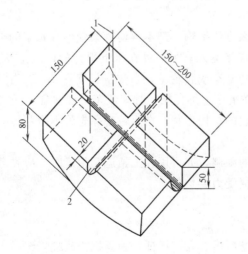

图2-53 混凝土预制垫块(mm)
1—预埋钢丝;2—纵槽

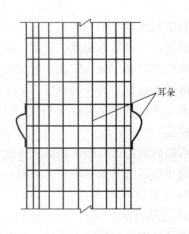

图2-54 钢筋"耳朵"

碰撞，垫块混凝土仍会脱落。

3) 焊接钢筋"耳朵"：钢筋"耳朵"用断头钢筋（直径不小于10mm）弯制成，长度不小于150mm，高度不小于80mm，焊在骨架主筋外侧，如图2-54所示。

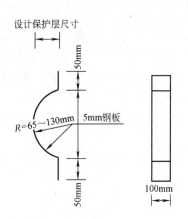

图 2-55　钢垫环（mm）
注：护筒内 $R=65$mm
孔壁取 $R=130$mm。

其布置间距与上同。这个方法克服了上述两法的缺点，但与孔壁的接触面较小，易陷入孔壁土中，故宜较上述方法适当加密些。

4) 钢垫环法：如图2-55所示，钢垫环是用短钢板或短扁钢制成，直接焊在主筋上。它用厚5mm以上、宽100mm的钢板制成，也可用其他废料加工而成。每个长度一般在400mm左右。这种方法实际上就是在成桩骨架主筋上每隔一定距离加焊一个"耳朵"，每个断面可对称焊四个，地质松软也可增多。这种钢垫环，使用效果良好。但切忌用钢筋或较窄（小于50mm）钢带制作垫环。

5) 用导向钢管控制保护层厚度：此法系借助于骨架就位时用的导向钢管来设置保护层。

钢管在平面上的布置视钻孔大小而定，一般不得少于4根。对于长桩可采取下部设垫块，上部设钢管的形式。

(3) 钢筋骨架的运输和起吊就位

1) 骨架存放与运输

制好后的钢筋骨架必须放在平整、干燥的场地上。存放时，每个加劲筋与地面接触处都垫上等高的木方，以免粘上泥土。每组骨架的各节段要排好次序，便于使用时按顺序装车运出。在骨架每个节段上都要挂上标志牌，写明墩号、桩号、节号等。尤其定位钢筋骨架，由于护筒顶面标高不同，其长度也不相同，因此更应标写清楚。没有挂标志牌的钢筋骨架，不得混杂存放，避免搞错，造成质量事故。存放骨架还要注意防雨、防潮，不宜过多。

骨架的运输总的要求是：无论采用什么方法运输，都不得使骨架变形。骨架的运输分两种情况：一种是有围堰平台的，以平车直接运入；另一种在水上平台的，从平车上船，再运至施工现场。运输工具一般为带托架的平车或胶轮车。当骨架长度在6m以内时，可用两部平车运输，当长度超过6m时，需在平车上加托架。骨架装车时要保证每个加劲筋处设支承点，各支承点高度相等，以保证它的结构形状。在运输中标志牌不得刮掉，便于校对检验。

在场内运输时，若受地形或运输工具的限制，亦可用人工抬运。抬运时，应在若干加劲筋处尽量靠近骨架中心穿入抬棍，各抬棍受力要均匀。

2) 骨架的起吊和就位

a. 起吊方法

钢筋骨架可利用钻机塔架、汽车吊、龙门吊、人字扒杆、独脚扒杆或缆索起吊。

b. 起吊和就位

为了保证骨架起吊时不变形，宜用两点吊。第一吊点设在骨架的下部，第二吊点设在骨架长度的中点到上三分点之间。对于长骨架，起吊前应在骨架内部临时绑扎两根杉木杆以加强其刚度。起吊时，先提第一吊点，使骨架稍提起，再与第二吊点同时起吊。待骨架离开地面后，第一吊点停止起吊，继续提升第二吊点。随着第二吊点不断上升，慢慢放松第一吊点，直到骨架同地面垂直，停止起吊。解除第一吊点，检查骨架是否顺直。如有弯曲应整直。当骨架进入孔口后，应将其扶正徐徐下降，严禁摆动碰撞孔壁。然后，由下而上地逐个解去绑扎杉木杆的绑扎点。解去后，杉木杆受水的浮力自行浮出水面后即可取去。当骨架下降到第二吊点附近的加劲箍接近孔口时，可用木棍或型钢（视骨架轻重而定）等穿过加劲箍的下方，将骨架临时支承于孔口，将吊钩移至骨架上端，取出临时支承，继续下降到骨架最后一个加劲箍处，按上述办法暂时支承。此时可吊来第二节骨架，使上下两节骨架位于同一竖直线上，进行焊接。接头焊好后，就可下沉入水。这样钢筋的强度虽无明显的降低，但焊接的时间颇长。因此有些设计图纸采取钢套管冷轧连接钢筋接头工艺或绑扎搭接接头的方法来缩短焊接接头所需的时间。接头完成，稍提骨架，抽去临时支托，将骨架徐徐下降，如此循环，使全部骨架降至设计标高为止。

骨架最上端定位，必须由测定的孔口标高来计算定位筋的长度，并反复核对无误后再焊接定位。然后在定位钢筋骨架顶端的顶吊圈下面插入两根平行的工字钢或槽钢，将整个定位骨架支托于护筒顶端。两工字钢或槽钢的净距应大于导管外径 300mm。其后撤下吊绳，用短钢筋将工字钢或槽钢及定位筋的顶吊圈焊于护筒上。一方面可以防止导管或其他机具的碰撞而使整个钢筋骨架变位或落入孔中；另一方面也可起到防止骨架上浮的作用。定位骨架如图 2-56 所示。

骨架就位焊接完毕后，还要核对在每节骨架入孔解下的标志牌，防止漏掉或接错骨架事故的发生。最后应详细检测钢筋骨架的底面标高是否与设计相符，偏差不得大于±50mm。

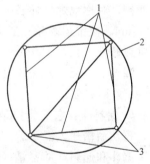

图 2-56 定位骨架
1—支筋；2—顶吊圈；3—主筋

当灌注完毕的混凝土开始初凝时，即要割断定位骨架竖向筋，使钢筋笼不影响混凝土的收缩，避免钢筋混凝土的粘结力受损失。

2.3.8 灌注混凝土

用直升导管法灌注水下混凝土时，混凝土拌合物是通过导管下口，进入到初期灌注的混凝土（作为隔水层）下面，顶托着初期灌注的混凝土及其上面的水或泥浆上升。为使灌注工作顺利进行，应尽量缩短灌注时间，坚持连续作业，使灌注工作在首批混凝土初凝以前的时间内完成。

(1) 机械设备

1) 导管

是灌注水下混凝土的重要工具，用钢板卷制焊成或采用无缝钢管制作。其直径按桩长、桩径和每小时需要通过的混凝土数量决定。

导管制作应力求坚固，内壁应圆滑、顺直、光洁和无局部凹凸。各节导管内径应大小一致，偏差不大于±2mm。

导管上下法兰应与导管轴线垂直,为保持法兰位置正确和防止焊接时变形,焊接可在特制的胎具上进行。

导管在使用前和使用一个时期后,除应对其规格、质量和拼接构造进行认真地检查外,还需做拼接、过球和水压(或风压)试验。

导管可在钻孔旁预先分段拼装,在吊放时再逐段拼装。分段拼装时,应仔细检查,变形和磨损严重的不得使用。导管内壁和法兰表面如粘附有灰浆和泥砂应擦拭干净。

导管吊放时宜用两根钢丝绳分别系吊在最下端一节导管的两个吊耳上,并沿导管每隔5m左右用铁丝将导管和钢丝绳捆扎在一起。

导管吊放时,应使位置居孔中、轴线顺直,稳步沉放,防止卡挂钢筋骨架和碰撞孔壁。

2)漏斗、溜槽、储料斗

$a.$ 漏斗:导管项部应设置漏斗,其上方设溜槽、储料斗和工作平台。储料斗和漏斗高度除应满足导管拆卸等操作需要外,并应在灌注到最后阶段时,能满足对导管内混凝土柱高度的需要。混凝土柱的高度,在钻孔桩桩顶低于钻孔中水面时,应比水面至少高出3m。在桩顶高于钻孔中水面时,应比桩顶至少高出3m。

漏斗一般用5~6mm厚的钢板制成圆锥形或棱锥形。在距漏斗上口约150mm处的外面两侧,对称地焊吊环各一个。圆锥形漏斗上口直径一般为800~1000mm,高为900~1200mm。棱锥形漏斗一般为1000mm×1000mm×900mm。插入导管的一段长度,不论圆锥或棱锥,均为150mm。上述漏斗的容量为0.5~0.7m³。为了增加圆锥漏斗的刚度,可沿漏斗上口周边外侧焊直径为14~16mm的钢筋。棱锥形漏斗则沿斗口外侧焊30mm×30mm角钢加强。

$b.$ 储料斗:它的作用是储放灌注首批混凝土必需的储量和将远运来的混凝土倒入其中,再从溜槽送入漏斗。

漏斗和储料斗的容量(即首批混凝土储备量)应使首批灌注下去的混凝土能满足导管初次埋置深度的需要。

储料斗可用30mm厚木板(内壁覆以铁皮)或5~6mm厚钢板制作,为使混凝土混合物迅速自动溜进溜槽,再流入漏斗,储料斗底部应做成斜坡,出口设闸门,活动溜槽设在储料斗出口下方,溜槽下接漏斗。

3)混凝土的运输、提升和导管的升降

运输混凝土的时间和距离应尽量短些。在运输途中应避免混凝土倒换运输工具或漏浆,减少颠簸和日晒,在下雨或日晒较强时应加覆盖。

在岸滩上运输混凝土,可利用机动车或人力车。用机动车时,混凝土宜装在活底吊斗内,以便运达灌注地点后直接提升吊斗卸料。在水上用船只运输时,搅拌机宜设在钻孔附近就地拌合,而船只只供运输原材料。

灌注时混凝土的提升可采用下述方法:

$a.$ 用装配式钢桥桁架或万能杆件拼制支架上设坡道,以人力或卷扬机提升自动翻斗,将翻斗内混凝土倒入工作台上的储料斗内。

$b.$ 在钻孔口附近用吊机或扒杆提升内装混凝土的活底吊斗,卸入储料斗内或直接卸入漏斗内。

c. 在钻孔口的储料斗平台旁搭设斜坡轨道，下端坡度约 50°，顶端为平坡，用爬斗由卷扬机提升，爬斗至平坡处自动翻转倒入。在河中灌注水下混凝土时，可在驳船上拼装混凝土拌合平台，将提升架放在船头或船边，混凝土提升后通过溜槽进入储料斗和漏斗。或在驳船上设高架钢平台，将混凝土原材料提升到高平台上拌合，通过溜槽进入漏斗。导管的吊挂和升降，可用倒链、钻机的起吊设备或吊机。其起重能力应与导管内全部填满混凝土时的重量相适应。并须保证导管升降高度准确。

4）隔水栓、阀门

首批混凝土灌注量较大，一般应拌合多盘方能满足需要量，因此需在漏斗口下设置栓、阀，以储存混凝土拌合物，待漏斗和储料斗内储量够了，才开启栓、阀使首批混凝土在很短时间内一次降落到导管底。栓、阀还可在开始灌注时防止水（泥浆）与混凝土接触。栓、阀构造和使用方法如下：

a. 球栓：可用混凝土、木料、塑料布或麻袋内包麻刀或锯屑球等，采用剪球法时（见图 2-57），球的直径宜比导管内径小 20~25mm。前两者制作时球面要光滑，木球宜作成两个半圆球，中间夹有几层麻袋、帆布或 3~4mm 厚的橡胶垫，用上端带圆环的螺栓穿过两半球的中心，下端设压重铁拧紧而成。还可在球上方设导向架，避免木球在管内倒转。

开始灌注前，将球置于孔内水面以上 0.3m 左右导管内，用粗麻绳或铁丝悬吊固定，待有足够混凝土初存量后，剪断吊绳，球和混凝土将导管内水压走而落入孔底。为避免球下落时卡管，除按前述做球的通过试验外，并可拌制少量高强度等级砂浆置于球的上部。

本法除木球有时可从孔底浮上水面、检捞再用外，其他材料的球栓，每次首批灌注需消耗 1 个，不经济。有时还发生卡栓事故。

现国内许多工程采用拔球法施工，球栓用橡胶球栓，球直径大于导管直径 10~15mm，该方法较剪球法经济，而且无卡管的毛病（图 2-58）。

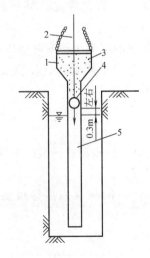

图 2-57 剪球法
1—漏斗；2—吊绳；3—混凝土；
4—球栓；5—导管

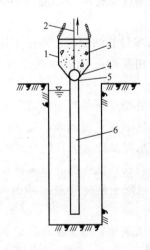

图 2-58 拔球法
1—漏斗；2—吊绳；3—混凝土；4—球栓；
5—塑料布或水泥袋纸垫；6—导管

b. 提板软垫：漏斗上料前，在漏斗颈口上盖一个直径稍大于导管内径的由两半圆形，中间以活页（铰链）连接起来的钢板，其下垫有一层塑料布或若干层水泥袋纸等软垫层。钢板中心设吊环，用细钢丝绳引出漏斗口外，与漏斗钢丝绳总绳联系在一起，其长度比漏斗钢丝绳短300～400mm。灌注之前，导管底搁在孔底上，活页钢板绳和漏斗绳均放松，漏斗和储料斗混凝土满足存量后，将漏斗绳提高400mm，此时活页钢板绳则提高了700～800mm，塑料布软垫层便隔水托住混凝土下降至孔底。

c. 阀门：在漏斗下孔口以下两节导管间安设阀门，在漏斗颈口用一层塑料布覆盖好，关闭阀门后向漏斗上料，使注入的混凝土推着塑料布盛入阀门以上，当有足够数量的混凝土后打开阀门，混凝土即迅速下落到孔底。

上述方法若设有储料斗，在剪球、提板、拔球、打开阀门时，应同时将储料斗的闸门打开，若闸门面坡度太平缓，混凝土流出闸门速度太慢时，需用人力加速混凝土流入漏斗。

（2）混凝土的配制

配制混凝土的材料除应符合规范规定外，并应符合下列要求：

a. 水泥可选用硅酸盐水泥、普通水泥、粉煤灰水泥、火山灰质水泥或矿渣水泥；水泥性能除应符合国家现行标准外，初凝时间不宜早于2.5h。用于灌注桩时，水泥强度等级不宜低于32.5，每立方米混凝土的水泥用量不得小于350kg，掺有适宜数量的减水剂或粉煤灰，水泥用量不得小于300kg。

b. 粗骨料优先选用卵石，如用碎石，含砂率应增加约3%，应有良好的级配，粗骨料的最大粒径不可大于导管的内径的1/6～1/8和钢筋最小净距的1/4，同时不宜大于40mm。最小粒径不宜小于5mm。

c. 为使混凝土有较好的和易性，混凝土的含砂率宜采用40%～50%，水灰比宜采用0.5～0.6。有试验依据时，可酌情加大或减小其含砂率和水灰比。

d. 混凝土拌合物从拌合机卸出到进入导管时的坍落度以180～250mm为宜，并宜有一定的流动度保持率。当混凝土灌注数量大、灌注时间较长，可在首批混凝土中掺入缓凝剂。

e. 每根导管的混凝土灌注工作，应在该根导管首批灌注的混凝土初凝时间以前完成。混凝土的初凝时间随着水泥品种、外加剂品种和用量、混凝土配合比、环境温度等而变化。

影响混凝土凝结时间的因素如下：

（*a*）气温：气温越高，凝结时间越快。

（*b*）水泥品种：掺有混合料的水泥凝结时间较长。例如矿渣水泥较同强度等级普通水泥凝结时间长，低强度等级水泥较高强度等级水泥凝结时间长。

（*c*）混凝土强度等级：其他条件相同时，混凝土凝结时间随着强度等级的提高而缩短。

（*d*）水灰比：随着水灰比增高，而凝结时间延长。

（*e*）坍落度：一般坍落度增加，凝结时间可以延长。

（*f*）外加剂：掺入少量缓凝剂可以延长混凝土初凝时间和终凝时间。

当桩直径较大、桩身较长、所需灌注时间较长、不能在初凝时间灌注完时，可在首批混凝土中掺入缓凝剂。掺入量根据水泥种类、缓凝剂性能通过试验决定。

　　f. 在受海水侵蚀地区或对混凝土有特殊要求的地区应按有关规定或通过试验选用合适的水泥或掺入防腐蚀剂。

　　(3) 混凝土灌注

　　1) 水下混凝土的灌注

　　a. 灌注水下混凝土是钻孔桩施工的重要工序，应特别注意。钻孔应经成孔质量检验合格后，方可开始灌注工作。

　　b. 灌注前，对孔底沉淀层厚度应再进行一次测定。如厚度超过规定，可用前述喷射法向孔底喷射3～5min，使沉渣悬浮，然后立即灌注首批混凝土。

　　c. 剪球、拔球或开阀，将首批混凝土灌入孔底后，立即测探孔内混凝土面高度，计算出导管内埋置深度，如符合要求，即可正常灌注。如发现导管内大量进水，表明出现灌注事故，应按后述事故处理方法进行处理。

　　d. 灌注开始后，应紧凑地、连续地进行，严禁中途停工。在灌注过程中要防止混凝土拌合物从漏斗顶溢出或从漏斗外掉入孔底。使泥浆内含有水泥而变稠凝结，而使测深不准确。灌注过程中，应注意观察管内混凝土下降和孔内水位升降情况，及时测量孔内混凝土面高度，正确指挥导管的提升和拆除。导管提升时应保持轴线竖直和位置居中，逐步提升。如导管法兰卡挂钢筋骨架，可转动导管，使其脱开钢筋骨架后，移动钻孔中心。当导管提升到法兰接头露孔口以上有一定高度，可拆除1节和2节导管（视每节导管长度和工作平台距孔口高度而定）。此时，暂停灌注，先取走漏斗，重新系牢井口的导管，并挂上升降设备，然后松动导管的接头螺栓或快速接头，同时将起吊导管用吊钩挂上待拆的导管上端的吊环，待螺栓全部拆除或快速接头拆除后，吊起待拆的导管，徐徐放在地上，然后将漏斗重新插入井口的导管内，校正好位置，继续灌注。拆除导管动作要快，时间一般不宜超过15min。要防止螺栓、橡胶垫和工具等掉入孔中，并注意安全，已拆下的管节要立即洗洗干净，堆放整齐。

　　e. 在灌注过程中，当导管内混凝土不满、含有空气时，后续混凝土要徐徐灌入，不可整斗地灌入漏斗和导管，以免在导管内形成高压气囊，挤出管节间的橡皮垫，而使导管漏水。

　　f. 当混凝土面升到钢筋骨架下端时，为防止钢筋骨架被混凝土顶托上升，可采取以下措施：

　　(a) 尽量缩短混凝土总的灌注时间，防止顶层混凝土进入钢筋骨架时混凝土的流动性过小，建议使用缓凝剂、粉煤灰等增加混凝土的流动性；

　　(b) 当混凝土面接近和初进入钢筋骨架时，应保持较深埋管，并徐徐灌入混凝土，以减小混凝土从导管底口出来后向上的冲击力；

　　(c) 当孔内混凝土面进入钢筋骨架4～5m以后，适当提升导管，减小导管埋置深度，以增加骨架在导管底口以下的埋置深度，从而增加混凝土对钢筋骨架的握裹力。

　　g. 为确保桩顶质量，在桩顶设计标高以上应加灌一定高度，以便灌注结束后，将此段混凝土清除。增加的高度，可按孔深、成孔方法、清孔方法确定，一般不宜小于0.5m，深桩不宜小于1.0m。

　　混凝土灌注到接近设计标高时，工地值班人员要计算还需要的混凝土数量（计算时应将导管内的数量估计在内），通知拌合机按需要数拌制，以免造成浪费。

为减少以后凿除桩头的工作量，可在灌注结束后、混凝土凝结前，挖除多余的一段桩头，但应保留 100～200mm，以待随后修凿，接灌承台。旱地施工用的钢护筒，如需回收，可在灌注结束、混凝土初凝前拔出。当使用两半式钢护筒或木护筒时，要待混凝土终凝后拆除。

h. 在灌注将近结束时，导管内混凝土柱高度减小，超压力降低，而导管外的泥浆及所含渣土稠度增加，比重增大。如出现混凝土顶升困难时，可在孔内加水稀释泥浆，并掏出部分沉淀土，使灌注工作顺利进行。在拔除最后一段长导管时，拔管速度要慢，以防止桩顶沉淀的泥浆挤入导管下形成泥心。

i. 在灌注混凝土时，每根桩应制作不少于 2 组的混凝土试块。桩长 20m 以上以上者不少于 3 组；试块应标准养护，强度测试后，应填入试验报告表。强度不合要求时，应及时提出报告予以补救处理。

2）灌注事故的预防及处理

灌注水下混凝土是成桩的关键性工序，灌注过程中应明确分工，密切配合，统一指挥，做到快速、连续施工，灌注成高质量的水下混凝土，防止发生质量事故。

如出现事故时，应分析原因，采取合理的技术措施，及时设法补救。对于确实存在缺点的钻孔桩，应尽可能设法补强，不宜轻易废弃，造成过多的损失。

经过补救、补强的桩，经认真的检验认为合格后，方可使用。对于质量极差，确实无法利用的桩，应与设计单位研究，采用补桩或其他措施。

a. 导管进水

其主要原因是：

（*a*）首批混凝土储量不足，安置导管或混凝土储量已够在提升导管准备开启栓阀时，导管底口距孔底的间距过大，混凝土下落后，不能埋设导管底口，以致泥水从底口进入；

（*b*）导管接头不严，接头间橡皮垫被导管高气囊挤开，或焊缝破裂，水从接头或焊缝中流入；

（*c*）导管提升过猛，或测深错，导管底口超出原混凝土面，底口涌入泥水。

预防和处理方法：

查明事故原因，采取相应措施加以预防。并可采取以下处理方法：

（*a*）若是上述第一种原因（*a*）引起的，应即将导管提出，将散落在孔底的混凝土拌合物用空气吸泥机或抓斗清出，然后重新下管并准备足够储量的首批混凝土，重新灌注。

（*b*）或是第二、三种原因（*b*）、（*c*）引起的，应视具体情况，拔换原管重下新管，或用原导管插入续灌。但灌注前均应将进入导管内的水和沉淀土用吸泥和抽水的方法吸出。最后用潜水泵将管内的水抽干，继续灌注混凝土。为防止抽水后导管外的泥水穿透原灌混凝土从导管底口翻入，导管插入混凝土内应有足够的深度，一般宜大于 500mm。由于潜水泵不可能把导管内的水全部抽干，续灌的混凝土配合比应增加水泥量提高稠度，灌入导管内。以后的混凝土可恢复正常的配合比。若混凝土面在水面以下不很深，且尚未初凝的，可于导管底部设置防水塞，将导管重新插入混凝土内，导管上面再加重量，以克服水的浮力，导管内装满混凝土后，稍提导管，利用混凝土自重将底塞压出，然后继续灌注。若如前述混凝土面在水面以下不很深，但已初凝，导管不能重新插入混凝土时，可在原护筒内面加设内径稍小的钢护筒，用重压或锤击法压入原混凝土面以下适当深度。然后将护筒内的水（泥浆）抽除，并将原混凝土顶面的泥渣和软弱层清除干净，再在护筒内灌注普通混凝土至设计桩顶。

  b. 卡管

在灌注过程中，混凝土在导管中下不去，称为卡管，有如下两种情况：

（a）初灌时隔水栓卡管；或由于混凝土本身的原因，如坍落度过小，流动性差，夹有大卵石，拌合不均匀，运输途中产生离析，导管接缝处漏水，雨天运送混凝土未加遮盖，使混凝土中的水泥浆被冲走，粗骨料集中而造成导管堵塞。处理办法可用长杆冲捣导管内混凝土，用吊绳拌动导管，或在导管上安装附着式振捣器等使隔水栓下落。如仍不能下落时，则须将导管连同其内的混凝土提出钻孔，进行清理和修整，然后重新吊装导管，重新灌注，并按前述第2项方法（(b)项方法）将散落在孔底的拌合物粒料等予以清除。提管时应注意，导管下重上轻，防止翻倒伤人。

（b）机械发生故障或其他原因使混凝土在导管内停留时间过久，或灌注时间持续过长，最初灌注的混凝土已经初凝，增大了管内混凝土下落的阻力，混凝土堵在管内。其预防方法是灌注前应仔细检修灌注机械，并准备备用机械，发生故障立即调换备用机械，同时采取措施，加速混凝土灌注速度，必要时，可在首批混凝土中掺入缓凝剂，以延缓混凝土的初凝时间。当灌注时间已久，孔内首批混凝土已初凝，导管内又堵塞有混凝土，此时处理方法是将导管拔出，用吸泥机将孔内表层混凝土和泥浆、渣土等吸出，重下新导管灌注。但灌注结束后，这根桩宜作断桩再予补强。

  c. 坍孔

在灌注过程中如发现井孔护筒内水（泥浆）位突然上升溢出护筒，随即骤降并冒出气泡，应怀疑是坍孔征象，可用测深锤探测。如测深锤原系停挂在混凝土表面上未取出的，现被埋不能上提，或测深锤深测混凝上面时，达不到原来深度，相差很多，均可证实确为坍孔。

坍孔原因可能是护筒底脚周围漏水，孔内水位降低，或在潮汐河流中，当涨潮时，孔内水位差减小，不能保持原有静水压力，以及由于护筒周围堆放重物或机器振动等均可引起坍孔。发生坍孔后，应查明原因，采取相应的措施，如保持或加大水头，移开重物，排除振动等，防止继续坍孔。然后用吸泥机吸出坍入孔中的泥土，如不继续坍孔，可恢复正常灌注。如坍孔仍不停止，坍塌部位较深，宜将导管拔出，保存孔位，以黏土回填，待坍塌稳定后，掏出或吸出回填土，重新下导管灌注。但这种桩也应按断桩采取补强处理。

  d. 埋管

导管无法拔出称为埋管，其原因是：导管埋入混凝土过深，导管内外混凝土已初凝使导管与混凝土间摩阻力过大，或提管过猛将导管拉断。

预防办法：应按前述严格控制埋管深度不得超过6m，在导管上端装设附着式振捣器，每隔数分钟振捣一次，使导管周围的混凝土不过早地初凝，首批混凝土掺入缓凝剂，加速灌注速度，导管接头螺栓事先应检查是否稳妥，提升导管时不可猛拔。若埋管事故已发生，初时可用链滑车、千斤顶拭拔。如仍拔不出，当桩孔较大，已灌的表层混凝土尚未初凝时可另下一根导管，按前述第一项导管进水事故的处理要求相应进行处理，如表层混凝土已初凝，新管插不下去，则应按断桩处理。当已灌注的混凝土距桩顶不深时，可将原护筒向上接长（或外加一道钢护筒）加压或锤击使护筒底脚沉到已灌注的混凝土面以下，按前办法抽水、除渣后，再灌普通混凝土。

　　e. 钢筋笼上升

　　钢筋笼上升，除了一些显而易见的原因是由于全套管上拔、导管提升钩挂所致外，主要的原因是由于混凝土表面接近钢筋笼底口，导管底口在钢筋笼底口以下3m至以上1m时，混凝土灌注的速度过快，使混凝土下落冲出导管底口向上反冲，其顶托力大于钢筋笼的重力时所致。

　　为了防止钢筋笼上升，当导管底口低于钢筋笼底部3m至高于钢筋笼底1m之间，且混凝土表面在钢筋笼底部上下1m之间时，应放慢混凝土灌注速度。

　　克服钢筋笼上升，除了主要从上述改善混凝土流动性能、初凝时间及灌注工艺等方面着眼外，还应从钢筋笼自身的结构及定位方式上加以考虑，具体措施为：

　　(a) 适当减少钢筋笼下端的箍筋数量，可以减少混凝土向上的顶托力；

　　(b) 钢筋笼上端焊固在护筒上，可以承受部分顶托力，具有防止其上升的作用；

　　(c) 在孔底设置直径不小于主筋的1～2道加强环形筋，并以适当数量的牵引筋牢固地焊接于钢筋笼的底部，实践证明对于克服钢筋笼上升是行之有效的。

　　f. 浇短桩头

　　产生原因：灌注将近结束日寸，浆渣过稠；用测深锤深测难于判断浆渣或混凝土面，或由于测深锤太轻，沉不到混凝土表面，发生误测，拔除导管，中止灌注，而造成浇短桩头事故。

　　预防办法是：

　　(a) 测深锤宜加重。重锤即是在混凝土处于坍落度尚大时可能沉入混凝土数十厘米，测深错误造成的后果只是导管埋入混凝土面的测算深度较实际的多数十厘米，而首批混凝土的坍落度到灌注后期会越来越小，重锤沉入混凝土的深度也将越来越小。

　　(b) 灌注将近结束时加注清水稀释泥浆并捣出部分沉淀土。

　　处理办法可按具体情况参照前述接长护筒或在原护筒外面或里面加设护筒压入已灌注的混凝土内，然后抽水、除渣，接浇普通混凝土，或用高压水将泥渣和松软层冲松再用吸泥机将混凝土表面上的泥浆沉渣吸除干净，重新下导管灌注水下混凝土。

　　g. 夹泥断桩

　　大都是以上各种事故引起的次生结果。此外，由于清孔不彻底，或灌注时间过长，首批混凝土已初凝，流动性降低，而续灌的混凝土冲破顶层而上升，因而在两层混凝土中央有泥浆渣土，甚至全桩夹有泥浆渣土形成断桩。

　　对已发生或估计可能发生断桩、夹泥的桩，应采用地质钻机钻芯取样，作深入的探查，判明情况。有下述情况之一时，应采取压浆补强方法处理。

　　(a) 对于柱桩，桩底与基岩之间的夹泥厚度大于50mm以上；

　　(b) 桩身混凝土有断桩、夹泥，或局部混凝土松散；

　　(c) 取芯率小于95%，并有蜂窝、松散、裹浆等情况。

　　h. 灌注桩的补强

　　一般采用压入水泥浆补强的方法，施工要点如下：

　　(a) 需补强的桩，除用地质钻机已钻一个取芯孔外（用前振动器探测的要钻2个孔），应再钻一个孔。一个用作进浆孔,另一个用作出浆孔。孔深要求达到补强位置以下最少1m,柱桩则应到达基岩。

(b) 用高压水泵向一个孔内压入清水,压力不宜小于 0.5～0.7MPa,将夹泥和松散的混凝土碎渣从另一个孔冲洗出来,直到排出清水为止。

(c) 用压浆泵压浆,第一次压入水灰比为 0.8 的纯水泥稀浆(宜用 32.5 级水泥),进浆管应插入钻孔 1m 以上,用麻絮填塞进浆管周围,防止水泥浆从进浆口冒出。待孔内原有清水从出浆口压出来后,再用水灰比 0.5 的浓水泥浆压入。

(d) 为使浆液得到充分扩散,应压一阵、停一阵,当浓浆从出浆口冒出时,停止压浆,用碎石将出浆口封填,并用麻袋堵实。

(e) 用水灰比为 0.4 的水泥浆压入,并增大灌浆压力至 0.7～0.8MPa,关闭进浆闸,稳压闷浆 20～25min,压浆工作即可结束。压浆工作结束,水泥浆硬化以后,应再作一次钻芯,检查补强效果。如断桩、夹泥情况排除,认为合格后,可交付使用。

2.4 桩基础的质量检验

2.4.1 灌注桩质量检测

(1) 成孔的质量检验项目

钻孔、清孔和钢筋骨架下放完毕后,进行质量检验,主要有以下项目:孔的中心位置、孔径、倾斜度、孔深、沉淀厚度、清孔后泥浆指标等。详见成孔质量允许偏差表 2-12。

钻、挖孔桩成孔质量允许偏差表　　　　　　　　　　　　　　表 2-12

项　目	允　许　偏　差
孔的中心位置(mm)	群桩:100;单排桩:50
孔径(mm)	不小于设计桩径
倾斜度	直桩:小于1%;挖孔:小于 0.5%;斜桩:小于设计斜度的±2.5%
孔深	摩擦桩:不小于设计规定 支承桩:比设计深度超深不小于 50mm
沉淀土厚度(mm)	摩擦桩:不大于设计规定或 10～20cm 支承桩:不大于设计规定
清孔后泥浆指标	相对密度:1.03～1.10;黏度:17～20s;含砂率:≤2%;胶体率:≥98%

(2) 混凝土抗压强度试件

在灌注混凝土时,每根桩应制作 2～4 组(每组 3 块)的混凝土试块。试块应妥善保护,强度测试后,应填入试验报告表。强度不合要求时,应及时提出报告予以补救处理。

(3) 无破损法检验桩的完整性

1) 超声波检测法(声波透射法):

通过在桩内不同标高处的声波传播时间来检验混凝土的连续性。声波一般在正常混凝土内的传播速度约为 4000m/s,但在有蜂窝的混凝土、卵石及泥土中波速急剧下降至 2000～3000m/s 以下,如有此种缺陷或夹有泥土时可立即发现。

本法适用于检测桩径大于 0.6m 混凝土灌注桩的完整性,是桩的完整性各检测方法中最可靠的,但不能直接检测出桩的承载力。

被检测的桩要预埋竖直测管：用单探头时，埋设一根测管；用双探头，至少埋设两根测管；管的下口封死。测试时管内注满水或机油作为声耦合剂。两根管内分别放入发射和接收探头，两探头置同一水平面或有一定高差，沿管提升或下降，升速度一般为200mm/s。当声波每秒钟发射10次时，沿桩身每200mm可量测一次。对一根长度为30m的桩，可记录到1500次声波信号。

预埋测管数量根据桩径大小而异，测管数量多，覆盖面积大，若预埋4根管其覆盖面积几乎占满整个桩断面；即全断面几乎全被检验到。

测管可以用金属管（钢管）或塑料管，管内径50～60mm。金属管可以用螺纹连接，接管容易，并且刚度大，和混凝土牢固粘结，增加钢筋笼刚度；缺点是传声速度快，阻抗高，易使声波传播过程中断，而且对障碍物的声绕射比较敏感。塑料管比钢管便宜，传声速度介于水和混凝土之间，不易引起障碍绕射，同时阻尼大，不易产生干扰谐振，但是和混凝土黏结不好，还易破碎。

测管一般是绑在钢筋笼上，和钢筋笼一起下到孔里，有的做专门支架固定。必须保持测管间的平行，还要防止起吊过程的扭曲变形。

2）动力检验法：

动力检验是采用在桩顶上水平向，以一个铁锤（摆）敲击，使桩引起自由振动。用固定在桩端头上的拾振仪将振动记录下来。完好的桩的频率 $n_0=24\sim28$ 次/s，振幅较小，其值 $A=106\sim306\mu m$。有点损坏的桩的频率 $n_0=11\sim17$ 次/s。振幅 $A=160\sim695\mu m$。严重损坏和中断的桩（上部长度约2.5m）的频率为6～8次/s，振幅 $A>1000\mu m$。对于支承在硬土层的端支承桩，可在桩的轴向用一小锤垂直敲击使之产生纵向振动。把桩当作一个弹性静止体。此时可观察到两种纵向振动。

a. 桩的振幅和频率随其尺寸和地基土层的性质而变化。

b. 桩的振幅和频率只与桩的尺寸和材料性质有关。第一种振动出现在示波器上的是土层的振动，且为第二种振动所调节。当桩支承于小压缩量的硬土层上而属于第一种振动时，就有高频率和小振幅示波，相反，在软土层中的桩，振动波显示为低频率和大振幅。

（4）抽芯试验

在无条件使用无破损法检测钻孔桩的桩柱时，应采用芯样检测法。芯样法是用机械从达到养护龄期的灌注桩的顶面竖直向下钻取混凝土芯样，检查芯样的连续性，鉴定桩身是否有夹层断桩，从芯样的结构鉴定其是否严重离析；将部分芯样整理，量其直径和长度，鉴定其混凝土强度。其具体检测方法如下：

1）桩身混凝土钻探取芯

a. 芯样钻取位置：应考虑由钻芯导致对结构的不利影响，并尽量避免在边缘处钻取，且不应带有钢筋。

b. 芯样尺寸：芯样直径宜为粗集料粒径的3倍，一般以100～150mm为宜。

c. 芯样采取的数量：当钻孔桩达到规定的养护龄期后，一般按总桩数1%～2%比例进行钻探取芯抽检。对于水文、工程地质条件特别复杂，钻孔桩结构有特殊要求时，要增大抽检比例。对于施工质量有疑问的桩还需指定取芯抽检。

d. 芯样的钻取：钻探取样设备一般采用国产浅孔岩心钻机及变量泥浆泵，并配用金刚石钻头。钻进工艺采用钻孔直径不小于100mm的金刚石钻头钻进，钻取的混凝土芯样直径一般不小于100mm。

钻进前，要掌握了解场地水文工程地质条件；桩底持力层和桩周地层情况、桩身结构、桩的施工情况、桩身内部有无落入物；混凝土养护时间和强度等资料。根据取芯验桩要求，在桩顶布设孔径，一般可布在桩的中心点或其附近。如要检查桩身外侧情况，可将孔位偏向外侧布置。

开孔钻进时，要注意保持钻孔、立轴和天车三点在同一轴线上，使用的钻具外径不宜小于91mm，随着孔深增加适当加长粗径钻具。钻至桩顶以下0.5～1.0m后，起钻下入孔口导向管，作垂线校正，保证钻孔的竖直度。导向管底口可用水泥黏土球进行止水，上口卡固在孔口定位。下好导向管后，换用金刚石钻具钻进，钻进参数以低速、轻压、中等泵量为宜。

钻进回次进尺，在凝固良好的混凝土层，可控制在1.5～2.0m；凝固不良层、断桩层、缩径部位等的回次进尺宜控制在0.5m左右。开孔钻进，桩底持力层面以上1.0m以内及持力层钻进，回次进尺以下不超过1.0m为宜；为控制回次进尺，减轻混凝土芯在岩心管内的碰撞磨损，粗径钻具的长度；一般配成2.0～2.5m左右。

钻进中发现钻速变慢，孔内有异常声响，动力机负荷过重的现象，则可能钻遇混凝土中的钢筋笼或其他异物。遇此情况应停车提起钻具，检查钻头是否损坏，并测量钻孔孔斜度。如需继续钻进，宜换合金钻头入孔切磨钢筋或其他异物。遇钻速突然加快，冲洗液返出孔口改变颜色或呈黄水、泥浆水，有时携有大量混凝土拌合用砂或桩周的砂土，则可能钻遇断层、夹层、混凝土严重稀释层或严重离析层、严重缩径层、灌注时坍落进入桩身的砂土等。遇此情况应即停钻，测量孔深位置，记录异常情况，然后提起锚具，换用专门钻进上述质量病害层的三层管取芯钻具入孔钻进，穿过病害层并取出相应层位的芯样。

采取混凝土芯样是取芯验桩的主要环节。为了尽可能完整地反映桩身混凝土的连续性、有无质量病害事故等，要求混凝土芯样的采取率达到95％以上，并保持原始状态，无自磨、碎裂现象。常用取芯工具为单动双层取芯管，配有取芯卡簧。钻进时卡簧随混凝土芯上行至短管处；停钻提动岩心管，卡簧下落卡进紧混凝土芯，使其不能从岩心管内掉出。对质量病害事故层，使用上述单动双管往往不易采上芯来，可改用在岩心管内装有一半合式岩心容纳管的三层取芯管取芯。

钻进每次终了采芯时，应先停车，用钻机立轴油缸将钻具慢慢提离孔底，使卡簧抱紧混凝土芯；提断混凝土芯后不得再将钻具放到孔底试探，以防将混凝土芯墩落。采芯时要注意尽可能将孔底混凝土芯采净，避免下个回次钻进损伤钻头，或造成混凝土芯对磨甚至磨碎。

岩心管提离孔口要轻放至地面，用木锤轻轻敲打，退出混凝土芯，不得猛力拖拉擅击和用铁锤猛敲岩心管，造成混凝土芯振断振裂。

e. 芯样采取要求：要求采取率达到95％以上，并保持原始状态，无自磨破碎现象，取出的芯样不得以水冲洗。桩柱的芯样应超过桩底500mm。取出的芯样，应按先后顺序摆放到岩心箱内，保护好断口形状，每节混凝土芯样均应编号，用油漆色笔标注。对和基岩胶结混凝土芯样和质量缺陷层芯样，应予以腊封，装入铁皮箱或不透气的容器内保存。

2）芯样外观检查

a. 应对混凝土芯样进行现象描述，做出质量记录，说明芯样的凝固情况、连续性、

密实性。

  b.每个桩号的芯样，应详细描述有关裂缝（缝中不含泥）、夹层断桩（层中夹泥土）状况。

  c.密实性检查：检查芯样存在的离析状况和气孔、泥洞及其位量、尺寸与分布情况，必要时应拍下照片。

  d.其他状况：桩底有无沉淀土及其厚度；基岩持力层的岩性和标高、嵌岩深度、与基岩胶结情况；其他质量缺陷等。

  3) 芯样抗压强度试验

  a.取样：每根桩按不同位置采取3个试样，试样长度不应少于直径的0.95倍，也不应大于直径的2.1倍。

  b.测量尺寸：在芯样的中间及两个1/4处按两个垂直方向测量3对直径，确定芯样的平均直径，精确至1.0mm；钻取芯样直径两端侧面的长度及场面加工后的长度，其尺寸差应在0.25mm之内，取其平均值作为试件平均长度1，精确至1.0mm。

  c.湿度控制：试验前将试件放在20±2℃的水中浸没40h，从水中取出后立即进行试验。

  d.芯样端面处理：端面必须平整，必要时应磨平或用硫磺或环氧树脂处理，其方法参考有关试验规程。

  e.抗压试验：其步骤参考有关试验规程。

  2.4.2 沉入桩质量要求与允许偏差

  钢筋混凝土桩（包括厂制或工地预制）在进入沉桩现场前或在进入现场时，应经工地质量检验后，方能使用。工地检验方法如下：

  (1) 有条件时可用超声波探伤器检验。

  (2) 泼水检查混凝土桩表面的裂纹。

  (3) 用小锤轻击混凝土桩表面，声音砂哑，表示有空洞或断裂。

  钢筋混凝土桩的制作不得超过表2-13规定的容许偏差外，还应符合下列要求：

钢筋混凝土桩的容许偏差　　　　　表2-13

项　目	容　许　偏　差
钢筋混凝土方桩：	
截面边长	±5mm
桩顶对角线	±10mm
桩靴对桩中心线偏距	10mm
桩身弯曲段矢高比	0.1%
钢筋混凝土管桩：	
直径	±5mm
管壁厚度	－5mm
桩靴对桩中心线偏距	10mm
桩身弯曲段矢高比	0.1%

  1) 每节桩的端面平直，并与桩轴垂直。

  2) 桩的表面应平直，表面蜂窝深度不得超过15mm，蜂窝面积不得超过桩表面积的0.5%。

3）有棱角的每根钢筋混凝土桩，棱角碰损深度应在 10mm 以内，其总长不得大于 500mm。

4）桩顶与顶尖均不得有蜂窝和碰损，桩身不得有钢筋露出。

5）桩身收缩裂纹宽度不得大于 0.20；横向裂纹长度，方桩不得超过边长的 1/2，管桩及多角形桩不得超过直径或对角线的 1/2；纵向裂纹长度，方桩不得超过边长的 2 倍，管桩或多角形桩不得超过直径或对角线的 2 倍。

6）钢筋混凝土管桩的内径偏差，以不妨碍射水管的使用为原则。

（4）检查管桩内、外径可使用内卡钳和较大尺寸的外卡钳。内径只量桩端，外径可在两端及中段量测。

（5）检查桩顶平面平整程度及是否垂直于桩轴，可使用快角尺或丁字尺。在检查时应在桩身四周定出与桩轴平行的直线作为基准。

（6）检查桩尖中心与桩轴的偏差，亦可采用铁角尺测量。

（7）混凝土裂纹深度可用细钢丝探测，裂纹宽度可使用带有刻度的放大镜测量。

检查情况，应按桩的编号详细做出质量检查记录，不符合质量要求的桩，不得使用。

2.4.3 桩身强度与单桩承载力检验

桩的承载力取决于桩身强度和地基强度。桩身强度检验除了保证上述桩的完整性外，还要检测桩身混凝土的抗压强度，预留试块的抗压强度应不低于设计采用混凝土相应的抗压强度，对于水下混凝土应高出 20％。钻孔桩在凿平桩头后应抽查桩头混凝土质量，检验抗压强度。对于大桥的钻孔桩有必要时尚应抽查，钻取桩身混凝土芯样检验其抗压强度。

单桩承载力的检测，在施工过程中，对于打入桩惯用最终贯入度和桩底标高进行控制，而钻孔灌注桩还缺少在施工过程中监测承载力的直接手段。成桩可做单桩承载力的检验，常采用单桩静载试验或高应变动力试验确定单桩承载力。

工程实践证明，用静力检验法测试单桩竖向承载力，尽管检验仪器、设备笨重、造价高、劳动强度大、试验时间长，但迄今为止还是其他任何动力检验法无法替代的基桩承载力检测方法，其试验结果的可靠性也是不容置疑的。而对于动力检验法确定单桩竖向承载力，无论是高应变法还是低应变法，均是近几十年来国内外发展起来的新的测试手段，目前仍处于发展和继续完善阶段。大桥与重要工程，地质条件复杂或成桩质量可靠性较低的桩基工程，均需做单桩承载力的检验。

静压试验是确定单桩承载力方法中最基本最可靠的方法，各种测定方法（如静力触探、动力触探、动测法检测等）的成果都必须与静压试验相比较，才能判明其准确性。

静压试验通常用来确定单桩承载力及校核动力公式的实际安全系数。静压试验应在冲击试验后立即开始。对于现浇混凝土的桩，须待混凝土达到能承受预定的最大荷载后开始。

斜桩作静压试验时，荷载应施加于桩的轴向。

（1）加载装置

加载一般采用油压千斤顶加载。千斤顶的加载反力装置，可根据现场的实际条件选用，一般有锚桩承载梁反力装置、压重平台反力装置和锚桩压重联合反力装置三类。

1）锚桩承载梁反力装置（图 2-59）

锚桩一般采用四根，如入土较浅或土质松软时应增至 6 根。锚桩与试桩的中心间距：当试桩 $D \leqslant 80$ cm 时，不小于 $5D$；试桩 $D > 80$ cm 时，不小于 4m，D 为试桩或锚桩的直径或边长，取其大者。

锚桩必须具有足够的抗拔能力，其受拉的容许承载力可按下式计算：

$$[P_1] = 0.3Ul\tau_P + G$$

式中　$[P_1]$——锚桩受拉容许承载力（kN）；
　　　U——桩的周长（m）；
　　　l——桩入土深度（m）；
　　　τ_P——桩壁土的平均极限摩阻力（kPa）；
　　　G——桩重力（kN）。

锚桩的入土深度一般不宜小于试桩的入土深度，锚桩的上拔量一般不宜大于 6mm。
承载梁为型钢组装而成，按预计最大试验荷载的 1.3～1.5 设计。
四锚桩承载梁反力装置见图 2-59。

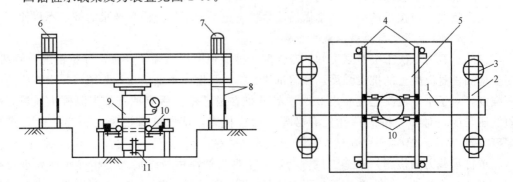

图 2-59　四锚桩承载梁反力装置
1—主梁；2—次梁；3—锚桩；4—基准桩；5—基准梁；6—厚钢板；7—硬木包钢筋；
8—锚筋；9—千斤顶；10—百分表；11—试桩

2) 压重平台反力装置

压重平台反力装置是利用压重的反力作为对桩的压力试验装置。平台用型钢构成，平台的支承部件采用枕木垛、混凝土或砌石等。

压重不小于预计最大试验荷载的 1.2 倍。压重应在试验开始前加上，并应均匀稳固地放置在平台上。

试桩中心至压重平台支承边缘的距离：当试桩 $D \leqslant 800$ mm 时，不小于 $4D$，并不得小于 2m；试桩 $D > 800$ mm 时，不小于 $3D$，并不得小于 4m。D 为试桩的直径或边长。

一般的压重平台反力装置如图 2-60 所示。

3) 锚桩压重联合反力装置

锚桩和压重共同承受千斤顶加载的反力。

在水上进行静压试验时，必须搭设试验平台，

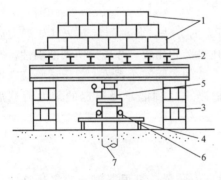

图 2-60　压重平台反力装置
1—压重；2—平台；3—平台支承；4—基准梁；
5—千斤顶；6—百分表；7—试桩

平台应牢固可靠,并不得与试桩和基准桩相连,其高度应高出试验期间的最高水位或潮位,并考虑风浪的影响。

(2) 观测装置

可使用挠度计、千分表、游标卡尺、杠杆指针或其他设备进行观测,要求精度为 0.1mm。观测装置一般应安设两套,分装于试桩的两个相反方向。

直径 1.2m 钢管桩试桩的观测装置,可用 A、B、C、D 四只千分表分别设在桩顶平台的四个角点。四个千分表的平均值即为桩的位移量。观测时应随时检查两对角点读数是否相符,免生差错。如个别表的读数漏记或表针顶孔时,仍可保证读数不中断。

(3) 试验方法种类

静压试验的方法主要与试验要求有关,现国内外采用的试验方法有慢速维持荷载法、快速维持荷载法、等贯入速率法和循环加载卸载法等。

1) 慢速维持荷载法

这是较普遍常用的试验方法,要求每级荷载施加后要等到沉降相对稳定,即每小时的沉降量不超过 0.1mm 方可施加下一级,对于砂土中的桩,稳定标准放宽到半小时 0.1mm。当试验达到规定的终止条件后便停止加载,再分级卸载至零。国内各规范对慢速维持荷载法规定的标准各有不同,如加载分级、测读下沉量间隔时间,各级荷载稳定标准、试验终止条件、卸载规定、极限荷载确定方法等均不一致。

2) 快速维持荷载法

将预计最大加载分为若干等级,以相等的间隔时间相继施加外荷载并读取其相应的沉降量,不考虑每级施加荷载稳定的要求。

(4) 慢速维持荷载法

静压试验一般采用慢速维持荷载法。若设计无特殊要求,用单循环加载试验。但在所有基桩均已沉入的情况下,试验仅是为了检验桩的承载力,故也可采用快速维持荷载法。

1) 荷载分级及加载程序

预计最大试验荷载可取最大设计荷载乘以安全系数。对于检验性试验荷载,一般可采用最大设计荷载乘以 1.5 的安全系数。

加载应按逐级加载达到相对稳定后加下一级荷载,直到试桩破坏或达到试验要求的荷载,然后逐级卸载直到卸完为止。

加载应分级进行。每级加载量应按要求的精确度决定,但不大于预计最大试验荷载的 1/10。当桩下端埋入大块碎石类土、密实的砾砂及坚硬的黏性土中时,允许最先三级的每级加载量为预计最大试验荷载的 1/5。每级荷载加完后应立即观测,在第一个小时内每隔 15min 观测一次;第二个小时每隔半小时观测一次;第三个小时起每隔一小时观测一次直至稳定。

加卸载时应使荷载传递均匀、连续、无冲击。加载过程中,不可使荷载超过每级的规定值。

2) 稳定标准

每级加载的下沉量,在下列时间内不大于 0.1mm 时,即可视为稳定:

桩尖下为大块碎石类土、坚硬的黏性土最后 30min;

桩尖下为半坚硬和软塑的黏性土最后 1h。

本级下沉稳定后，即可进行下一级的加载。

3）加载终止及极限荷载取值

a. 总下沉量大于或等于40mm，同时本级的下沉量大于或等于前一级荷载的下沉量5倍时，加载即可终止。取此终止荷载前一级荷载为极限荷载。

b. 总下沉量大于或等于40mm，本级荷载加上后24h未达到稳定，加载即可终止。取此终止荷载前一级荷载为极限荷载。

c. 大块碎石类土、密实砂类土以及坚硬的黏性土中，总下沉量小于40mm，但荷载已大于或等于（设计荷载）×（设计规定的安全系数），加载即可终止，取此时的荷载为极限荷载。

若静压试验在原地面处施加荷载，应将局部冲刷线或承台底面标高以上设计不能考虑的摩擦力，采用消灭摩擦力的套管或挖坑的方法予以消灭，或将该部分以合适的极限摩擦力增加到试验的荷载中。

4）卸载及回弹量观测

卸载应分阶段进行，每阶段卸载量为每两级加载量之和，如加载为奇数级时，第一阶段的卸载量可为最后三级加载量之和。

每次按顺序卸除荷载后，应观测桩顶的回弹量；观测方法与下沉观测相同；直至回弹稳定后再卸下一阶段卸载量；回弹稳定标准与下沉稳定标准相同。

卸载至零后，至少2h内每30min测读一次。但因桩尖处的土质不同，测读时间也有所区别：如桩尖下为砂类土，则开始的半小时内，每15min测读一次；若桩尖下为黏性土，则第一小时内每15min测读一次。

5）静压试验应注意事项

a. 采用加载平台时，每件压重及平台自重均应标定，需要时可用颜色标明，便于安放时计算质量，以免错误。

b. 使用千斤顶时必须逐台加以标定。在标定时所使用的压力表、油管、电动油泵、人工手摇泵等应与试验时基本相同。

c. 观测桩的下沉量一般采用百分表测量。桩身下沉量超过百分表量程范围时，应及时调整百分表位置。调整前及调整后读数应取得联系，随时检查百分表是否灵敏，支架是否稳定。

d. 预计千斤顶的顶起量，力求避免在一次试验的中途松顶加垫。估计时应考虑0.5～1倍的观测余量。

e. 为了减少千斤顶有效顶程的耗损，在试验前先用千斤顶加压，消除垫材、栓孔等处的压缩变形及空隙，然后将千斤顶松回，加填垫材、填补空隙。

f. 对锚桩的拔起应同时进行观测，以便分析试桩的实际下沉量。

g. 试桩的下沉和锚桩的拔起都将使千斤顶降压，必须不断观察压力表，可从连通的手摇泵随时加压，以维持其每阶段的加卸载量不变。

h. 应随时检查加载设备情况，注意若有变形、倾斜或声响等异状，应立即采取补救措施。随时检查观察设备的转动与指示部分的灵敏度，有无障碍，以及固定部分的稳定性。

i. 一个或几个千斤顶的中轴线必须与试桩的中轴线相吻合，否则受力后易由于偏压产生损坏桩身事故。

课题3 沉井基础

当水文地质条件不宜于修筑天然地基和桩基时,可采用沉井基础。沉井是地下工程和深基础施工的一种方法。其特点是:先在地面以上制作,形成一个井状结构,然后在沉井内不断挖土,借助井体自重而逐步下沉,下沉到预定标高后,进行封底,浇筑井内底板、内隔墙、顶盖板等构件,最终形成建筑物基础。

沉井广泛应用于桥梁墩台基础、取水构筑物、污水泵站、大型设备基础、人防掩蔽所、盾构拼装井、顶管拼装井、地下车道与车站、地下构筑物的围壁和大型深基坑基础等。

沉井在施工中有独特的优点:占地面积小,不需板桩围护,与大开挖相比较,挖土量小,对邻近建筑的影响比较小,操作简便,无须特殊的专用设备。

3.1 沉井的类型与构造

3.1.1 沉井类型

(1) 按制造情况可分为:

1) 就地浇筑下沉沉井:多采用混凝土或钢筋混凝土沉井。筑岛立模浇筑混凝土后,就地挖土下沉。

2) 浮式沉井:多为钢壳井壁,亦有空腔钢丝网水泥薄壁沉井、钢筋混凝土薄壁沉井,是在岸上制造成形,通过滑道等方法下水浮运到位。还有的在船上制作成形,采用一整套吊装设备和措施,使其浮运到位下沉,或采用船运到位,用沉船方法,使其入水下沉。

(2) 按其竖向剖面形状可分为:柱形,锥形,阶梯形,见图 2-61。

(3) 按横截面形状可分为:圆形、矩形、圆端形,见图 2-62。

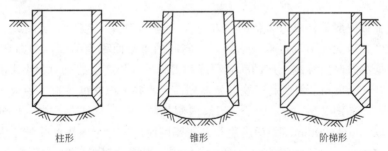

图 2-61 沉井竖向剖面形状分类示意图

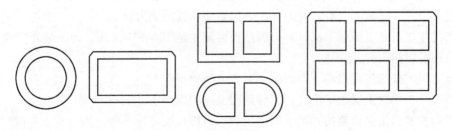

图 2-62 沉井横截面形状分类示意图

1) 圆形沉井：在下沉过程中垂直度和中线较易控制，较其他形状沉井更能保证刃脚均匀作用在支承的土层上。在土压力作用下，井壁只受轴向压力，便于机械取土作业，但它只适用于圆形或接近正方形截面的墩（台）。

2) 矩形沉井：符合大多数墩（台）的平面形状，能更好地利用地基承载力，但四角处有较集中的应力存在，且四角处土不易被挖除，井脚不能均匀地接触承载土层。在侧压力作用下，井壁受较大的挠曲应力，长宽比愈大其挠曲应力亦愈大，通常要在沉井内设隔墙支撑，以增加刚度，改善受力条件。

3) 圆端形沉井：井壁受力比矩形沉井好，适宜圆端形桥墩，能充分利用基础圬工。沉井制造时较圆形和矩形沉井复杂。

其他异型沉井，如椭圆形、棱形等，应根据生产工艺和施工条件而定。

3.1.2 沉井构造

沉井一般由井壁（侧壁）、刃脚、内隔墙、横梁、框架、封底和顶盖板等组成，见图2-63。

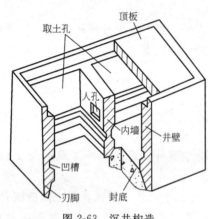

图 2-63 沉井构造

1) 井壁

沉井主要是靠井壁的自重来克服正面阻力和侧面阻力而下沉的。因此，要求沉井井壁不仅要有足够的强度承受施工荷载，而且还要有一定的重量，以便满足沉井下沉的要求。因此，井壁厚度主要取决于沉井大小、下沉速度、土层的物理力学性质以及沉井能在足够的自重下顺利下沉的条件来确定。井壁厚度一般为 0.4～1.2m 左右。井壁的竖向断面形状有上下等厚的直墙形井壁，也有阶梯井壁。

2) 刃脚

井壁最下端一般都做成刀刃状的"刃脚"，其主要功用是减少下沉阻力。刃脚还应具有一定的强度，以免在下沉过程中损坏。刃脚底的水平面称为踏面，如图2-64所示。刃脚的式样根据沉井时所穿越土层的软硬程度和刃脚单位长度上的反力大小来决定。踏面宽度一般为 100～300mm，斜面高度视井壁厚度而定，并考虑在沉井施工中便于挖土和抽除刃脚下的垫木，如图 2-64（d）所示。刃脚内侧的倾角一般成 40°～60°。当沉井湿封底时刃脚的高度取 100～300mm。斜面高度视井壁厚度而定，并考虑在沉井施工中便于挖土和抽除刃脚下的垫木，刃脚内侧的倾角为 40°～60°。当沉井湿封底时，刃脚的高度取 1.5m 左右，干封底时，取 0.6m 左右。沉井重、土质软时，踏面要宽些。相反，沉井轻，又要穿过硬土层时，踏面要窄些，有时甚至要用角钢加固的钢刃脚。

当沉井在坚硬土层中下沉时，刃脚踏面可减少至 100～150mm。为了防止障碍物损坏刃脚，还可用钢刃脚。

当采用爆破法清除刃脚下障碍时，刃脚应用钢板包裹。

当沉井在松软土层中下沉时，刃脚踏面又应加宽至 400～600mm。

刃脚长度也是很重要的，当土层坚硬时，刃脚长度可以小些。当土质松软时，沉井越重，刃脚插入土层越深，有时可达 2～3m。如果刃脚高度不足，就会给沉井的封底工作带

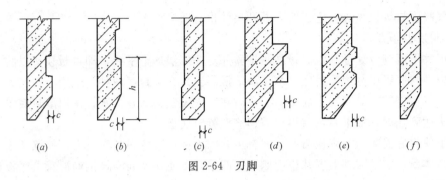

图 2-64 刃脚

来很大困难。

3) 内隔墙

内隔墙根据使用和结构上的需要,在沉井井筒内设置内隔墙。内隔墙的主要作用是增加沉井在下沉过程中的刚度,减少井壁受力计算跨度。同时,又把整个沉井分隔成多个施工井孔(取土井),使挖土和下沉可以较均衡地进行,也便于沉井偏斜时的纠偏。内隔墙因不承受水土压力,所以,其厚度较沉井外壁要薄一些。内隔墙的底面一般应比井壁刃脚踏面高出 0.5~1.0m,以免土体顶住内墙阻碍沉井下沉。但当穿越软土层时,为了防止沉井"突沉",也可与井壁刃脚踏面齐平。内隔墙的厚度一般为 0.5m 左右。沉井在硬土层及砂类土层中下沉时,为了防止隔墙底面受力土体的阻碍,阻止沉井纠偏或出现局部反力过大,造成沉井断裂,故隔墙底面高出刃脚踏面的高度可增加到 1.0~1.5m。隔墙下应设过人孔,供施工人员在各取土井间往来之用。人孔的尺寸一般为 (0.8m×1.2m)~(1.1m×1.2m) 左右。

取土井井孔尺寸除应满足使用要求外,还应保证挖土机可在井孔中自由升级,不受障碍。如用挖泥机抓取土时,井孔的最小边长应大于挖泥斗张开尺寸再加 0.5~1.0m,一般不小于 2.5m。井孔的布置应力求简单、对称。

4) 上、下横梁及框架

当沉井内设置过多隔墙时,对沉井的使用和下沉都会带来较大影响,因此,设置上、下横梁与井壁组成框架来代替隔墙。框架有下列作用:

a. 可以减少井壁底、顶板之间的计算跨度,增加沉井的整体刚度,使井壁变形较小。

b. 便于井内操作人员往来,减轻工人劳动强度。在下沉过程中,通过调整各井孔的挖土量来纠正井身的倾斜,并能有效地控制和减少沉井的突沉现象。

c. 有利于分格进行封底,特别是当采用水下混凝土封底时,分格能减少混凝土在单位时间内的供应量,并改善封底混凝土的质量。在比较大型的沉井中,如果由于使用要求不能设置隔墙,可在沉井底部增设底梁,以便于构成框架,增加沉井在施工下沉阶段和使用阶段的整体刚度。有的沉井因高度较大,常于井壁不同高度处设置若干道由纵横大梁组成的水平框架,以减少井壁顶、底之间的跨度,使整个沉井结构布置更加合理、经济。

5) 井孔

沉井内设置了纵横隔墙框架形成的格子称作井孔,井孔尺寸应满足工艺要求。因为在沉井施工中,常用容量为 $0.75m^3$ 或 $1.0m^3$ 的抓斗,抓斗的张开尺寸分别为 2.38m×1.06m 和 2.65m×1.27m,所以井孔宽度一般不宜小于 3m。从施工角度看,采用水力机械和空气吸泥机等机械进行施工时，井孔尺寸也宜适当放大。

6) 封底及顶盖

当沉井下沉到设计标高，经过技术检验并对井底清理整平后，即可封顶，以防地下水渗入井内。封底可以分为湿封底（水下灌筑混凝土）和干封底两种。采用干封底时，可先铺垫层，然后浇筑钢筋混凝土底板，必要时在井底设置集水井排水；采用湿封底时，待水下混凝土达到强度，抽干井水后再浇筑钢筋混凝土底板。

为了使封底混凝土和底板与井壁间有更好的连接，以传递基底反力，使沉井成为空间结构受力体系，常于刃脚上方井壁内侧预留凹槽，以便在该处浇筑钢筋混凝土底板和楼板及井内结构。

凹槽的高度根据底板厚度决定，主要为传递底板反力而采取的结构措施。凹槽底面一般距刃脚踏面2.5m左右。槽高约1.0m，接近封底混凝土的厚度，以保证封底工作顺利进行。凹入深度约为150～250mm。

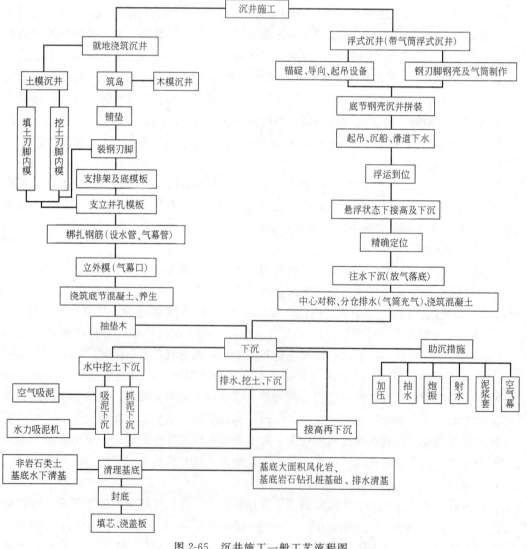

图 2-65 沉井施工一般工艺流程图

3.1.3 沉井施工一般工艺流程

沉井施工一般工艺流程如图 2-65 所示。

3.2 沉井施工前的准备工作

3.2.1 探明地层

沉井施工前要详细钻探沉井所要通过的地质层，查明其地质构造、土质层次、深度、特性和水文情况，以便制定切实可行的沉井下沉方案和对附近构造物，采取有效防护措施。

应以探明地层情况为前提来布置探孔的位置、数量和确定孔深。每个沉井位置至少应有两个探孔。一般孔位在基底范围外 2~3m 处。对于大跨径和重要的桥梁基础，每个井位最少要钻四个探孔，探孔深度要超过沉井预定下沉的刃脚深度。如果沉井落到岩层上，至少沉井的四角和中心要各钻一个探孔（共 5 个以上）。如岩层倾斜很大，则应制作符合岩面倾斜状态的高低刃脚沉井。

3.2.2 核对、补充调查水文气象资料

鉴于水文气象资料对于桥梁基础工程的特别重要性，施工前要对下列资料进行认真核对和补充：

（1）桥位上游的地形地貌、河道变化、植被情况、人工调节设施（如水库、堤防等）；

（2）气象水文情况，如雨量、风向风力、水（潮）位涨落变化、洪水季节、洪峰历时、流量流速、漂浮物情况等；

（3）河道情况，如航道级别、疏通状况、码头位置、漂流物漂流或木（竹）筏流放情况等。

3.2.3 清理和平整场地

就地浇筑沉井要在围堰筑岛前清除井位及附近场地的孤石、倒木、树根、淤泥及其他杂物（如北方要捞净围堰内的冰块）。对软硬不均的地表应予以换土或作加固处理。在极软塑土乃至流态淤泥、强液化土并有较大的倾斜坡的河床覆盖层上修造沉井时，为避免沉井失稳，要对河床做好处理，必要时可采用加宽刃脚的轻型沉井。

浮运浮式沉井之前应对河床标高（运输路线）进行详细检测和处理。浮运宜在能保证浮运顺利通过的低水位或水流平稳、风力较小时进行。落床过程中要随时观测由于沉井的阻力和断面压缩而引起的流速增大以及由此造成的河床局部冲刷，必要时可在沉井位置处填卵石或碎石。

3.2.4 设备及辅助设施

在场地布置时，对场内外运输道路、电力、水的供应线路，起重设备（浮吊）、混凝土搅拌站（陆地、水上），北方冬季蒸汽养护的锅炉、管线等，都要统一安排。沉井施工设备可根据不同施工方案分别选用以下设施：

（1）空气吸泥机、气幕助沉用的压缩空气站及其配套的船只、管线等设施；

（2）水力吸泥机及配套的高压水泵站、管线、船只等；

（3）井顶吊机：安拆扒杆、龙门吊；

（4）墩旁吊机：在沉井外侧距井外壁 2~3m、不受沉井下沉影响、坚实牢固的土地上铺设木垛，在木垛上架设吊机，以满足沉井制作和下沉过程中吊装工作的需要；在条件允许时亦可架设缆索吊机；

(5) 浮式沉井的导向船、定位船及工作船队、浮吊；

(6) 取土抓斗：两瓣抓土斗、四瓣抓土斗和排水作业时用的开底门的弃土斗。

3.3 沉井的制作

3.3.1 沉井制作的一般要求

沉井位于浅水或可能被水淹没的岸滩上时，宜就地筑岛制作；沉井在制作至下沉过程中位于无被水淹没可能的岸滩时，如地基承载能力满足设计要求，可就地整平夯实制作，如地基承载力不够，应采取加固措施。在地下水位较低的岸滩，若土质较好时，可开挖基坑制作沉井。

(1) 平整场地

在岸滩上或筑岛制作沉井，要先将场地平整夯实，以免在灌筑沉井过程中和拆除支垫时，发生不均匀沉陷。若场地土质松软，应加铺一层 300～500mm 厚的沙层，必要时，应挖去原有松软土层，然后铺以沙层。当石渣、漂卵石等取材方便时，常不挖除松软土壤，可直接回填夯实，以便施工。

沉井可在基坑中灌筑，但应防止基坑为暴雨所淹没。并应注意观察洪水，做好防洪措施。在总的进度安排中，应抓住枯水期的有利季节，这对于预制和下沉工作都是非常有利的。

(2) 沉井分节原则

沉井的分节应视下沉速度、开挖方法、土层性质、沉井的平面尺寸和沉井深度作全面分析而定，第一节沉井的最小高度，以在拆除垫木时沉井能抵抗纵向破裂为标准，如沉井底节下为松软土时，则其第一节（即底节）的最大高度不得大于 $0.8B$，B 为沉井宽度。其次各节应尽可能做得高些。

沉井下沉中，井顶高度（分节）应适合挖土起重机械工作的要求。对于土法设备，一般不宜高于 5m。对于较好的设备，井高可增至 10m，若沉井总高在 7m 以内，可一次灌筑，但应注意初期下沉的定位工作。

3.3.2 底节沉井的制作

(1) 铺设垫木

刃脚下应满铺垫木，并使长短垫木相间布置。刃脚在直线段应垂直布置，圆弧部分应径向铺设，如图 2-66 所示。

垫木铺设应遵守表 2-14 的要求。

经验证明立铺（窄面平放）既增强承载能力又方便抽拔。

铺垫完后，在垫木上面测量放出精确的桥位轴线及墩（台）身轴线和沉井刃脚轮廓线，以便刃脚踏面角钢或钢刃尖的安装。在轮廓线外 15～20cm 处放出检查点，如图 2-67 所示，以便于控制和检查沉井位置。

(2) 沉井模板与支撑

沉井模板与支撑应具有足够的强度和较好的刚度。刃脚下的底模应按拆除顺序分段布设，预先断开。带踏面（角钢）的刃脚可直接置于垫木上。带钢刃尖的沉井，应沿刃尖周围在垫木上铺设不小于 10mm 厚的钢垫板。钢刃脚焊接时应对称进行，尽量减少焊接变形。

铺垫要求　　　　　　　　　　　　　　　　表 2-14

	项　　目	要　　　　求
1	垫木材料	质量好的普通木枕及短方木
2	垫木设置方向	刃脚直线段垂直铺设,圆弧段径向铺设
3	垫木下承压应力	应小于岛面容许承压应力
4	筑岛底面承压应力	应小于河床地面容许承压应力
5	刃脚下和隔墙下垫木应力	应基本上相等,以免不均匀沉陷使井壁与隔墙连接处混凝土裂缝
6	铺垫次序	先从定位垫木开始向两边延伸铺设
7	支撑排架下的垫木	应对正排架中心线铺设
8	铺垫顶平面最大高差	应不大于 3cm
9	相邻两垫木高差	应不大于 0.5cm
10	调整垫木高度时	不准在其下塞垫木块、木片、石块等
11	垫木间隙	填砂捣实
12	垫木埋入岛面深度	应为垫木高度的 1/2

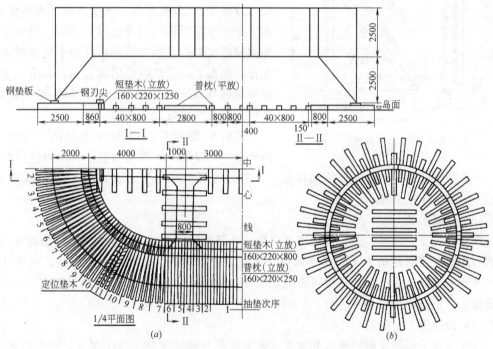

图 2-66　铺垫布置图 （mm）

(a) 圆端形沉井；(b) 圆形沉井

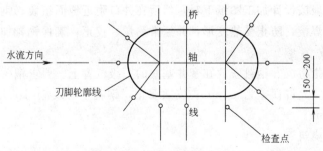

图 2-67　刃脚轮廓检查点

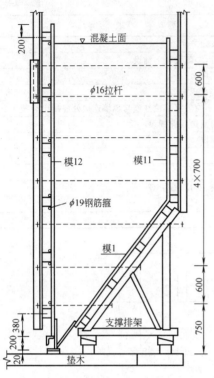

图 2-68 模板及支撑图（mm）

刃脚与隔墙下应设屋架式支撑，使其两端与刃脚下的垫木连成一体，防止浇筑混凝土时发生不均匀沉落造成裂纹。

模板及支撑如图 2-68 所示。

施工步骤如下：

1) 测量放样：准确地画出刃脚边线，严格控制沉井中心位置的准确性；

2) 模板制作：沉井外侧模板要平滑，具有一定的刚度，与混凝土接触面必须刨光，与刃脚接触的空隙要塞严防止漏浆；

3) 模板安装：沉井的外侧模板必须竖缝支立，立好后要核对上下口各部尺寸、井壁的垂直度（或斜度）、刃脚标高，支撑拉杆（内外模间）和拉箍要拉结牢固；当井壁有斜度时，模板要按斜率要求支立；支第二节及以后诸节模板时不准支撑到地面上，以免沉井因加重而自动下沉造成新浇筑的混凝土发生裂纹；环箍和拉缆要加强，外模上口尺寸不得大于下口尺寸。

模板安装顺序：刃脚斜面及隔墙底面模板——→井孔模板——→绑扎钢筋——→设内外模间支顶——→支立外模板——→设内外模间拉筋——→调整各部尺寸——→全面紧固支顶、拉杆、拉箍——→固定撑杆和拉缆。

（3）钢筋绑扎

钢筋绑扎是在内模（井孔）已支立完毕、外模尚未扣合时进行。先将制好的焊有锚固筋的刃脚踏面摆放在垫木上刃脚的画线位置上，进行焊接后再布设刃脚配筋、内壁纵横筋、外壁纵横筋。为了加快进度可以组成大片，利用吊机移动定位焊接组成整体。内、外侧箍筋还要设好保护层垫块。

（4）刃脚施工

制作沉井下部的支设可视沉井重量、施工荷载和地基承载力情况而定，采用垫架法、半垫架法、砖垫座或土底模，如图 2-69 所示。

1) 钢靴加工

钢靴加工一般按设计加工图纸下料，然后在井口附近地面组装。钢靴加工焊接时要分区分段对称交错焊接，防止受热变形，并经常测量、校正，确保钢靴加工质量。

2) 钢靴安放

钢靴安放是指将沉井钢靴安放在套井基底的上级位置上。要求钢靴放平，钢靴刃尖处在同一水平面上，允许误差为±3mm；安放要正，钢靴中心线应与沉井设计中心线重合，允许误差为±2mm。

（5）混凝土浇筑

沉井混凝土应沿井壁四周对称浇筑，避免混凝土面高低相差悬殊，以防产生不均匀下

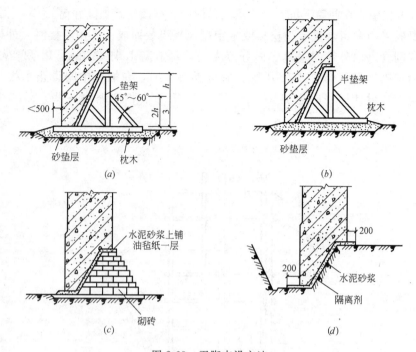

图 2-69 刃脚支设方法
(a) 垫架施工；(b) 半垫架施工；(c) 砖座施工；(d) 土模施工

沉造成裂缝。每节沉井的混凝土都应分层、均匀、连续地浇筑直至完毕。高度较高可设缓降器，缓降器下的工作高度不得高于1m。

3.3.3 沉井井壁施工

沉井制作一般有三种方法：

1) 在修建构筑物地面上制作。适用于地下水位高和有净空的情况。
2) 人工筑岛制作。适用在浅水中制作。
3) 在基坑中制作。适用于地下水位低、净空不高的情况，可减少下沉速度、摩阻力及作业高度。

以上三种制作方法可根据不同情况采用，使用较多的是在基坑中制作。

采用在基坑中制作，基坑应比沉井宽2～3m，四周设排水沟、集水井，使地下水位降至比基坑底面低0.5m，挖出的土方在周围筑堤挡水，要求护堤宽不少于2m，如图2-70所示。沉井过高，常常不够稳定，下沉时易倾斜，一般高度大于10m时，宜分节制作；

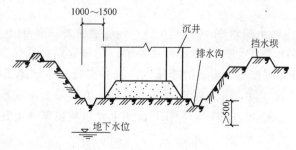

图 2-70 基坑排水

在沉井下沉过程中或在井筒下沉各个阶段间歇时间，继续浇筑加高井筒。

井壁模板采用钢组合式定型模板或木定型模板组装而成。采用木模时，外模朝混凝土的一面应刨光，内外模均采取竖向分节支设，每节高1.5～2.0m，用$\phi2$～$\phi16$mm对拉螺栓拉槽钢圈固定，如图2-71所示。有抗渗要求的，在螺栓中间设止水板。第一节沉井井筒壁应在设计尺寸周边加大10～15mm，第二节相应缩小一些，以减少下沉摩阻力。

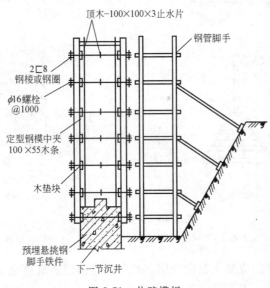

图2-71 井壁模板

沉井钢筋可用吊车垂直吊装就位，用人工绑扎，或在沉井预先绑扎钢筋骨架或网片，用吊车进行大块安装。竖筋可一次绑好，水平筋采用分段绑扎，与前一节井壁连接处伸出的插筋采用焊接连接方法，接头错开1/4。沉井内壁隔墙可采取与井壁同时浇筑或在井壁与内壁隔墙连接部位预留插筋，下沉完毕后，再施工隔墙。

沉井混凝土浇筑应沿沉井周围搭设脚手架平台，将混凝土送到脚手架平台上，用手推车沿沉井通过串桶分层均匀地浇筑。当采用翻斗汽车运送混凝土时，塔式或履带式起重机吊运混凝土吊斗，通过串桶沿井壁均匀浇筑，采用混凝土运输搅拌车运送混凝土时，混凝土泵车沿沉井周围进行分层均匀浇筑。

沉井混凝土应沿着井壁四周对称进行浇筑，避免混凝土面高低相差悬殊、压力不均产生基底不均匀沉陷，致使沉井混凝土开裂。每节沉井的混凝土应分层、均匀灌筑，一次连接灌完。

混凝土养护一般情况下灌筑完10～12h后，即应遮盖洒水养护。炎热天气，灌筑完1～2h后，即应遮盖洒水养护，并防烈日直接暴晒。当昼夜间最低气温低于－3℃或室外平均气温低于＋5℃时即应按冬季施工措施施工。沉井混凝土冬季施工时，第一节混凝土强度必须达到100%设计强度，其余各节达到70%后，方可停止保暖养护。

当混凝土强度达2.5MPa左右，即可在顶面凿毛，以便顶部再接混凝土时，增加其接缝强度。

养护洒水时，应掌握好水量，防止筑岛土流失坍塌，造成沉井混凝土开裂。

当混凝土强度达 2.5MPa 后，方可拆除直立的侧面模板。混凝土强度达设计强度的 70%（或设计要求）后，方可拆除隔墙底面、刃脚斜面的支撑及模板。拆模后井壁混凝土外表如有蜂窝麻面缺陷，应以水泥砂浆仔细修补平整。其拆模顺序：井壁外侧模板及井孔内侧模板—隔墙下支撑及隔墙底模板—刃脚斜面下支撑及刃脚斜面模板。

拆除模板按以下要求进行：

1) 拆除隔墙及刃脚下支撑时，应对称依次进行，一般宜从隔墙中部向两边拆除。

2) 拆除时先挖去垫木的砂，抽出支撑排架下的垫木，或当支撑排架顶面（或底面）设置有木楔时，可先打掉楔木，再拆除支撑。

3) 拆模后，下沉抽垫木前，仍应将刃脚下回填密实，以防止不均匀沉陷，保证正位下沉，这对后期下沉的过程非常重要。

3.4 沉井下沉

3.4.1 准备工作

当沉井混凝土强度达到设计要求，大型沉井达到 100%、小型沉井达到 70%时，方向进行拆除成承垫木工作，抽除刃脚下的垫木应分区、分组、依次、对称、同步进行。垫木应按设计拟定的次序统一编号。抽除次序：圆形沉井为先抽一般承垫木，后抽除定位垫木；矩形沉井先抽内隔墙下的垫木，然后分组对称地抽除外墙短边下的定位垫木，再后抽除长边下一般垫木，最后同时抽除定位垫木。同一编号同时抽光垫木并回填砂后，方可抽下一组编号垫木。抽除方法是将垫木底部的土挖去，利用人工或机具将相应垫木抽出。每抽出一根垫木后，应立即用砂、卵石或砾石将空隙填实，同时在刃脚内外侧填筑成小土堤，并分层夯实，如图 2-72 所示。抽出垫木时要加强观测，注意下沉是否均匀。一般情况，当抽至垫木的 2/3 这一阶段时，沉井下沉比较均匀，下沉量也不大，回填时间亦较充分，便于较好抽垫和回填。当继续抽垫时，下沉量逐步加大，回填工作也逐渐困难，甚至出现下沉很快来不及回填的现象，致使垫木压坏或压断。故在抽垫时，开始阶段宜缓慢进行，留出足够的时间进行充分回填夯实，力求尽量改变最后阶段下沉快、下沉量大，因来不及回填以至压断垫土的现象。

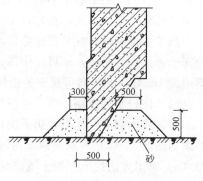

图 2-72 沉井下沉

抽垫至最后阶段时，应全力以赴，一鼓作气地尽快将剩余垫木全部抽出，使沉井刃脚平稳均匀地落入土层。

3.4.2 下沉方法

市政工程沉井下沉由于沉井深度较浅，一般采用三种方法：人工或风动工具挖土法、抓斗挖土法、水枪冲土法。各种下沉方法，可根据具体情况单独或联合使用，以便适应各种土层下沉，其各种方法的适用条件和优缺点见表 2-15。

3.4.3 排水开挖下沉

在稳定的土层中，渗水量不大（每平方米沉井面积渗水量小于 1m³/h 时），可采用排水开挖下沉。

下沉方法的优缺点 表 2-15

下沉方法		适用条件	优点	缺点
不排水下沉	抓斗挖土法	流硫层、黏土质砂土、砂质黏土层及胶结松散的砾、卵石层	设备简单、耗电量小、将下沉与排渣两道工序合一、系统简化、能抓取大块卵石	随着沉井深度的加大,效率逐渐降低;不能抓取硬土层和刃脚斜面下土层;双绳抓斗缠绳不易处理,应使用单绳抓斗
不排水下沉	水枪冲土法	流沙层、黏土质砂土	设备简单、在流硫层及黏土层下沉效果较高	耗电量大;沉井较深时,不易控制水枪在工作面的准确部位,破硬土效率较低
排水下沉	人工或风动工具挖土法	涌水量不超过 30m³/h 时,流硫层厚度不超过 1.0m 左右	设备简单;电耗较小;成本低;破土均匀	体力劳动强度大;壁后泥浆和砂有流入井筒的危险

排水开挖下沉常用人工或风动工具、或在井内用小型反铲挖土机,在地面用抓斗挖土机分层开挖。挖土必须对称、均匀进行,使沉井均匀下沉。挖土方法视土质情况而定,各种土质开挖方法是:

(1) 一般土层

从中间开始逐渐挖向四周,每层挖土层 0.4~0.5m,在刃脚处留 1~1.5m 台阶,然后沿沉井井壁每 2~3m 一段,向刃脚方向逐层全面、对称、均匀地开挖土层,每次挖去 50~100mm,当土层经不住刃脚的挤压而破裂,沉井便在自重作用下均匀破土下沉,如图 2-73(a)所示。当沉井下沉很少或不下沉时,可再从中间向下挖 0.4~0.5m,并继续按图 2-73(a)向四周均匀掏挖,使沉井平稳下沉。当在数个井孔内挖土时,为使其下沉均匀,孔格内挖土高差不得超过 1.0m,刃脚下部土方应边挖边清理。

当土质松软时,在分层挖除回填土的过程中,沉井即逐渐下沉。当刃脚下沉至与沉井中部土面大约齐平时,即可在中部先向下挖约 400~500mm,并逐渐向四周均匀扩挖,到距刃脚 1m 处(此距离可视土的松软程度而定),再分层挖除刃脚内侧的土台。

(2) 比较坚硬土层

当刃脚内侧土台挖平后仍下沉很少或不下沉,可从中部向下挖深约 400~500mm,并继续如图 2-73(a)所示向四周均匀扩挖,使沉井平稳下沉。如在砂中加卵石,可按图 2-73(a)所示方法挖土,当土块挖至刃脚,沉井仍不下沉或下沉不平稳则须按平面布置分段的次序逐段对称地将刃脚下挖空,并挖出刃脚外壁约 100mm,每段挖完用小卵石填塞夯实,待全部挖空回填后,再分层去掉回填的小卵石,可使沉井均匀减少承压而平衡下沉,如图 2-73(b)所示。

(3) 岩层

先采用风镐或风铲挖去风化或软质岩层,需爆破岩层除土下沉时要经有关部门批准,但应严格控制药量。软硬的岩层可按图 2-73(c)所示顺序打眼爆破进行开挖,开挖时,可用斜炮眼,斜度大致与刃脚内侧平面平行,伸出刃脚约 150~200mm,使开挖宽度超出刃脚 50~100mm,开挖深度宜为 400mm 左右。采用松动方式进行爆破,炮孔深度 1.3m,以 1m×1m 梅花形交错排列,使炮孔伸出刃脚口外 150~300mm,以使开挖宽度可超出刃脚口 50~100mm,下沉时,顺刃脚分段顺序,每次挖 1m 宽即进行回填,如此逐段进行,至全部回填后,再去除土堆,使沉井平稳下沉。每一炮眼装药量不宜超过 0.2kg。可使用

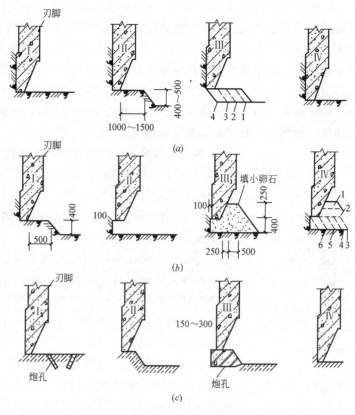

图 2-73 土质开挖

点发雷管,利用引线长短、点火次序,使各炮分开起爆。如用电雷管,应使用点发雷管或毫秒雷管起爆。

在开始5m以内下沉时,要特别注意保持平面位置与垂直度正确,以免继续下沉时不易调整。在距离设计标高200mm左右应停止取土,依靠沉井自重下沉到设计标高。在沉井开始下沉和将要下沉至设计标高时,周边开挖深度应小于300mm或更少一些,避免发生倾斜或超沉。其下沉速度,随沉井大小、入土深度、地层情况而定,一般平均为0.5~1.0m/d。

3.4.4 不排水开挖下沉

(1) 基本要求

1) 井内挖土深度,一般根据土质而定,最深不应低于刃脚2m(此数与沉井平面尺寸的大小有关)。若土质特别松软时,不应直接在刃脚下除土。

2) 尽量加大刃脚对土的压力。

3) 通过粉砂、细砂等松软地层时,不宜以降低井内水位而减少浮力的办法,促使沉井下沉,应保持井内水位高出井外1~2m,以防流砂涌向井内,引起沉井歪斜,并增加吸泥工作量。

4) 除为了纠正沉井倾斜外,井内的土一般应由各井孔均匀清除,各井孔土面高差不得超过500mm。

5) 在沉井入土较深,井壁侧面阻力较大,应根据具体情况,采取有效的下沉方法。

一般需采取抓土、吸泥、射水交替或联合作业；必要时还需辅以降低井内水位（当土壤稳定性较好时）以增加沉井重量，或在井底放炮震压，或在井顶压重，才能沉至设计标高。

(2) 抓斗挖土下沉

采用抓斗挖土方法时，需用吊车吊住抓斗挖掘井底中央部分的土，逐渐使井底形成锅底状。在砂或砾石类土中，一般当锅底比刃脚低 1~1.5m 时，沉井即可靠自重下沉，而将刃脚下的土挤向中央锅底，再从井孔继续抓土，沉井即可继续下沉。在黏质土或紧密土中刃脚下的土不易向中央坍塌，则应配以射水管松土，如图 2-74 所示。

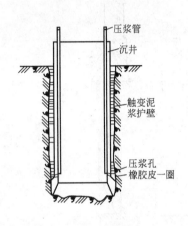

图 2-74 抓斗挖土下沉

多井孔的沉井，最好每个井孔配置一套抓土设备，可同时均匀挖土，并减少抓斗倒孔时间，否则应逐孔轮流抓土，使沉井均匀下沉。如用一台抓斗抓土时，应对称逐孔轮流进行使其均匀下沉，各井孔内土面高差不大于 0.5m。

为使抓斗能在井孔内靠边的位置偏抓土，可在沉井顶面井孔周围预埋几根钢筋挂钩，偏抓时先将抓斗落至孔底，将抓斗用于张开的钢丝绳挂在井孔周边的挂钩上，然后将抓斗提至一定高度后突然松下，再将钩上的钢丝绳取下，收紧闭口用钢丝绳，即可达到偏抓的目的。抓斗向井内弃土，可使用装设在架顶的挂钩甩出。抓泥吊架在甩土的水平力作用下应有足够的坚固和稳定性。另一种弃土的方法是在井顶铺设宽轨距的轨道，道心是空的，轨距以能使抓斗顺利升降出入道心为度。抓斗吊起后，推车至斗下，开斗卸土至平车内，由平车运至井边倒出。平车可做成翻板式以利卸土。若将土弃至井外一定距离，可在井顶一伸出的木滑槽，槽面可顶一层铁皮护面。

3.4.5 沉井辅助措施

(1) 射水下沉

射水下沉是在坚硬的土层中利用抓土斗或吸泥机在水下出土时辅以高压射水松动及冲散土层以便抓吸土的方法。

射水下沉一般作为以上两种方法的辅助方法，是用预先安设在沉井外壁的水枪，借助高压水冲刷土层，使沉井下沉。射水所需水压，在砂土中，冲刷深度在 8m 以下时，需要 0.4~0.6MPa；在砂砾石中，冲刷深度在 10~12m 以下时，需要 0.6~1.2MPa；在砂卵石层中，冲刷深度在 10~12m 时，则需 8~20MPa。冲刷管的出水口口径为 10~12mm，每一管的喷水量不得小于 0.2m³/s，但本法不适用于黏土层下沉。

射水一般是以井孔直接放入射水管进行射水的。为冲射隔墙及刃脚斜面处难于冲射的土层，也可在井壁及隔墙适当位置预设孔道（此孔可兼作探测孔道），从孔道内插入射水管射水。为减少沉井外壁侧面摩阻力，亦可沿井壁四周对称布置入射水管路及装设射水嘴。通入高压水时，即可松动侧壁土层，减少侧面摩阻力，以利下沉。

当采用预设孔道及预埋射水嘴的方法下沉沉井时，尤其应注意采取措施，预防孔道及射水嘴被泥砂和混凝土渣堵塞。

(2) 泥浆润滑下沉

泥浆润滑套下沉沉井的方法，是在沉井外壁周围与土层间设置泥浆隔离层，减少土壤与井壁的摩阻力，以利沉井下沉。

一般泥浆润滑套与井壁的摩阻力为 $3\sim 5kN/m^2$。

沉井外壁制成宽为 $100\sim 200mm$ 的台阶作为泥浆槽。泥浆是用泥浆泵、砂浆泵或气压罐通过预埋在井壁体内或设在井内的垂直压浆管压入，如图 2-75 所示，使外壁泥浆槽内充满触变泥浆，其液面接近于自然地面。为了防止漏浆，在刃脚台阶上宜钉一层 2mm 厚的橡胶皮，同时在挖土时注意不使刃脚底部脱空。在泥浆泵房内要储备一定数量的泥浆，以便下沉时不断补浆。在沉井下沉到设计标高后，泥浆套应按设计要求进行处理，一般采用水泥浆、水泥砂浆或其他材

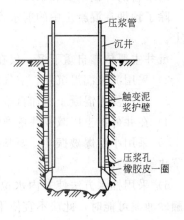

图 2-75 沉井外壁

料来置换触变泥浆，即将水泥浆、水泥砂浆或其他材料从泥浆套底部压入，使压进的水泥浆、水泥砂浆等凝固材料挤出泥浆，待其凝固后，沉井即可稳定。

(3) 抽水下沉

不排水下沉的沉井，在刃脚下，已掏空仍不下沉时，可在井内抽水而减少浮力，使沉井下沉。对于易引起翻砂涌水的地层，不宜采用。当用空气吸泥机取土时，可利用空气吸泥机抽水。

(4) 压重下沉

可根据不同情况及下沉高度、施工设备、施工方法等，采用压钢轨或型钢，接高混凝土筒壁，匀压井内的除土草（麻）袋装砂等加压方法，使沉井下沉，但特别要注意均匀对称加重。

(5) 炮振下沉

沉井下至最后阶段，一般下沉较困难。当井中的锅底坑已较深，刃脚下土层业已掏空，沉井仍不下沉时，可在井控中央的泥面上放炮振动下沉，炮振用药量一般掌握在 $1\sim 2kg$，可视沉井大小、井壁厚度、土层地质及炸药性能而定。为不使炮振时损坏刃脚，除严格掌握爆破用药量外，同一沉井、同一地层炮振不宜多于 4 次。

(6) 井外挖土下沉

若上层土中有沙砾或卵石层，井外挖土下沉是很有效的。

3.4.6 常见问题的处理方法

(1) 摩阻力过大的处理

当沉井外壁表面在土层内的摩阻力过大，下沉发生困难时，可按下述办法处理。

1) 采用射水冲刷：当沉井下沉很深、沉井的自重扣除浮力后比估计的摩阻力超出不多时，应在沉井混凝土内预埋射水管。同时，泥浆套和空气幕的下沉方案也要一并考虑进行比较。

射水管应在沉井的周围横向均布，并应连接成四个单独的管组，并与平面中心线对称，其目的是便于校正沉井的倾斜。除了引向沉井刃脚的射水管外，应多设一排或几排不同长度的射水管，以便冲刷沉井井壁的外部。每组及每排射水管应用各自单独的管路供

水，射水管的冲刷水量和水压应视土质而定。

除了预埋在混凝土中的射水管外，还可使用沉井外壁射水管；该管应牢固地装置在外壁上。

沉井主要依靠自重下沉，仅在特殊情况下方可使用射水设备。

2）采用泥浆润滑沉井、空气幕沉井方法处理。

3）继续浇灌混凝土增加自重或在井顶均匀加载。

4）在井外挖土以减少井壁摩阻力。

5）采用小型爆破振动，要掌握在刃脚下挖空宜小，装药量不宜大于0.1kg，刃脚要用草垫等保护。

6）采用抽水方法使井内水位降低；减少浮力，可使沉井下沉，但应注意防止歪斜。有翻砂涌泥可能时，此法不宜使用。

7）将外壁做成倾斜面或台阶形，使土对沉井的摩阻力减少，从而使沉井稳定下沉。

采用以上措施时，必须在探明沉井刃脚下无障碍物，方可进行处理。否则，障碍物搁住刃脚将使沉井倾斜。当刃脚下已经均匀掏空，而沉井仍不下沉时，切不可继续向下掏挖，以免形成很深的锅底坑。

(2) 遇流砂的处理

在穿过少量夹层流砂时，常采用草（麻、塑料）袋装砂土堵漏的办法穿过夹层。但施工中要谨慎仔细。

当沉井穿过较深的流砂层时，采用不排水形成沉井，确保井内水位高于井外水位，以免涌入流砂。

(3) 井外土壤流入井内的处理

当沉井下沉除土时，遇黏性土处于饱和状态，则易失稳发生液化或塑流，此时下沉除土时常发生涌流，如在大量掏挖，不均匀涌流会造成沉井的偏斜或井口部位的坍塌。遇到这种液化或塑流土层时，宜采用少切挖、多压重的措施。

(4) 遇障碍物的处理

沉井下沉局部遇孤石、大块卵石、地下暗道、沟槽、管线、钢筋、木桩、树根等将造成沉井搁置、悬挂。遇小孤石，可将四周土掏空取出；遇较大孤石或大块石、地下暗道、沟槽等，可用风动工具或用松动爆破方法破碎成小块取出，炮孔距刃脚不少于500mm，其方向须与刃脚斜面平行；药量不能超过0.2kg，并设钢板防护，不得裸露爆破；钢管、钢筋、型钢等可用氧气烧断后取出；木桩、树根等可拔出。不排水下沉，爆破孤石，除打眼爆破外，也可用射水管在孤石下面掏洞，装药破碎吊出。

(5) 硬质土层处理

沉井穿过硬质土层时，如胶结黏土、砂浆石层等抓斗无法使用时，可按下面方法处理：

排水下沉时，以人力用铁钎或尖镐等撬镢硬质土层，必要时可采取爆破方法。

不排水下沉时，用重型抓斗、射水管和水中爆破联合作业。

(6) 沉井裂缝、断裂的处理

裂缝可采用膨胀水泥浆堵塞。断裂处要先将裸露的钢筋焊接好，处理好原混凝土断裂面后可采用混凝土（或砂浆）填筑。实际处理方法视具体情况而定。

（7）沉井倾斜、偏移的纠偏处理

沉井由于刃脚与井壁施工质量差、工作面破土不当、下沉不稳、减阻局部失效、防偏纠偏不力等原因造成沉井偏斜，应及时进行纠偏处理。其方法主要采用液压千斤顶、木或钢管柱按一定角度予以顶住沉井偏低的一侧，然后用特殊机械或人工挖除沉井底部偏高侧的偏土台，这是纠正沉井偏斜比较有效的方法。也可采用在刃脚高的一侧加强挖土，低的一侧少挖或不挖土，待正位后再均匀分层取土；在刃脚较低的一侧适当回填砂石或石块，延缓下沉速度。也可不排水下沉，在靠近刃脚低的一侧适当回填砂石、在井外射水或开挖、增加偏心压载以及施加水平外力等。

3.5 沉井封底

沉井下沉至设计标高，应检验基底的地质情况是否与设计相符，排水下沉时，可直接检验、处理；不排水下沉时，应进行水下检查、处理，必要时取样鉴定。不排水下沉的沉井基底应整平，且无浮泥。排水下沉的沉井，应满足基底面平整的要求。还应进行沉降观测，经过观测在 8h 内累计下沉量不大于 10mm 或沉降量在允许范围内，沉井下沉已稳定时，即可进行沉井封底。

沉井封底可分为排水封底和不排水封底两种，当沉井基底无渗水或少量渗水时可用排水封底；当沉井基底有较大量渗水时需采用不排水封底。

3.5.1 排水封底

基底岩面平整，刃脚周围经用黏土或水泥砂浆封堵后，井内无渗水时，可在基底无水的情况下灌筑封底混凝土。若刃脚经封堵后仍有少量渗水但易于抽干时，则可采取排水封底。这种方法是将新老混凝土接触面冲刷干净或打毛，对井底进行修整，使之成锅底形，由刃脚向中心挖成放射形排水沟，填以卵石作成滤水暗沟，在中部设 2～3 个积水井，深 1～2m，井间用盲沟相互连通，插入 $\phi 600 \sim \phi 800$mm 四周带孔眼的钢管或混凝土管，管周填以卵石，使井底的水流汇集在井中，用泵排出，如图 2-76 所示，并保持地下水位低于井内基底面 0.3m。

封底一般先浇一层 0.5～1.5m 的素混凝土垫层，达到 50% 设计强度后，绑扎钢筋，两端深入刃脚或槽内，浇筑上层底板混凝土，浇筑应在整个沉井面积上分层，同时不断地进行，由四周向中央推进，每层厚 300～500mm，并用振捣器捣实。当井内有隔墙时应前后左右对称地逐孔浇筑。混凝土采用自然养护，养护期间应继续抽水。待底板混凝土强度达到 70% 后，对集水井逐个停止抽水，逐个封堵。封堵方法是，将滤水井中的水抽干，在套筒内迅速用干硬性的高强度等级混凝土进行堵塞并捣实，然后上法兰盖，用螺栓拧紧或焊牢，上部用混凝土填实捣平。

3.5.2 不排水封底

不排水封底即在水下进行封底。要求将井底浮泥清除干净，新老混凝土接触面用水冲刷干净，并铺碎石垫层。封底混凝土用导管法灌注或用堆石灌浆法灌注。待水下封底混凝土达到设计要求强度后，即一般养护为 7～10d，方可从沉井中抽水，按排水封底法施工上部钢筋混凝土底板。

3.5.3 混凝土封底

沉井封底层一般采用平顶圆锥形式，见图 2-77 所示；沉井封底混凝土厚度，一般为 1.5～3.0m。

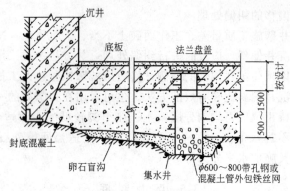

图 2-76 排水封底

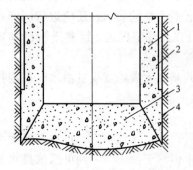

图 2-77 沉井封底层
1—沉井井壁；2—壁后环形泥浆槽；
3—封底混凝土垫层；4—沉井刃脚

封底前将沉井封底特别是刃脚斜面附近清理干净，封底垫层顶面最好不要超过刃脚根部标高。封底之前在井底铺垫 100～200mm 厚的碎石。混凝土在水中 28d 的强度为空气中的 80%～90%。混凝土的坍落度宜采用 180～200mm，开始灌注时宜采用 160～180mm。混凝土和易性要好、不离析、不析水，流动性保持率一般要求不小于 1h，含砂率以 40%～50% 为宜。连续灌注，无接槎浮浆。

3.5.4 井孔填充与灌筑顶盖板

当封底混凝土养护达到所要求的强度后，才容许将水抽干，进行井孔填充。填充前应清除封底混凝土面上的浮浆。若用砂加卵石填充时，应分层夯实。

对于填充井孔的沉井，不需设置盖板，可直接在填充后的井顶灌筑承台或墩（台）身，对于不填充井孔的沉井，需设置钢筋混凝土顶盖板或模板，以便作为灌筑承台的底模板。盖板可预制后安装于井顶，也可以就地浇筑。

3.6 沉井质量要求

3.6.1 沉井制作允许偏差
制作沉井时的允许偏差应符合表 2-16 的规定。

3.6.2 沉井下沉施工允许偏差
（1）沉井刃脚底面标高应符合设计要求。

沉井制作允许偏差 表 2-16

项　　目		允　许　偏　差
沉井断面尺寸	长、宽	±0.5%，当长、宽大于 24m 时，±120mm
	曲线部分的半径	±0.5%，当半径大于 12m 时 ±60mm
	两对角线长度	对角线长的 ±1%，最大 180mm
沉井井壁厚度	混凝土、片石混凝土	+40mm，-30mm
	钢筋混凝土	±15
井壁、隔墙垂直度		1%
预埋件、预留孔位移		±20mm

(2) 沉井底面、顶面中心中的偏差应符合设计要求,当设计无要求时,其允许偏差纵横方向为沉井高度的 1/50(包括因倾斜而产生的位移)。对于浮式沉井,允许偏差增加 250mm。

(3) 沉井的最大倾斜度为 1/50。

(4) 矩形、圆端形沉井的平面扭角偏差,就地制作的沉井不得大于 1°,浮式沉井不得大于 2°。

课题 4 墩台施工

桥梁墩台施工是桥梁工程施工中的一个重要部分,其施工质量的优劣,不仅关系到桥梁上部结构的制作与安装质量,而且对桥梁的使用功能也影响重大。因此,墩台的位置、尺寸和材料强度等都必须符合设计规范要求。在施工过程中,首先应准确地测定墩台位置,正确地进行模板制作与安装,同时采用经过正规检验的合格建筑材料,严格执行施工规范的规定,以确保施工质量。

墩台形式按建筑材料可分为钢筋混凝土墩台、圬工墩台,预应力混凝土墩台等。按结构形式可分为实体桥墩、空心桥墩、柱式桥墩。按其截面形状可分为矩形、圆形、圆端形、尖端形、矩形圆角。按立面形状可分为排架式墩、柱式桥墩、桩式和桩柱式等。按力学性能可分为刚性和柔性。按重量可分为重力式和轻形式。按施工方法分为就地灌注混凝土和砌筑式。

4.1 现浇混凝土墩台的施工

4.1.1 施工工艺流程

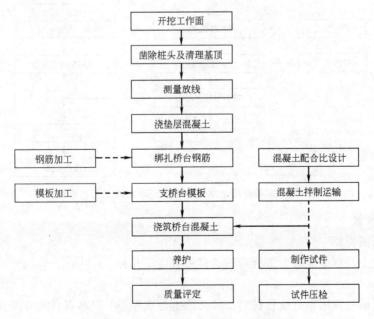

图 2-78 钢筋混凝土桥台施工工艺流程

(1) 钢筋混凝土桥台施工工艺流程如图 2-78 所示。
(2) 钢筋混凝土承台、墩柱、墩帽施工工艺流程，如图 2-79 所示。

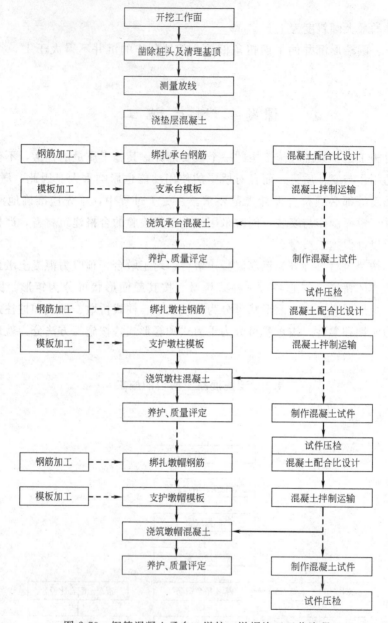

图 2-79 钢筋混凝土承台、墩柱、墩帽施工工艺流程

4.1.2 模板

(1) 模板的类型

一般混凝土及钢筋混凝土墩台常用的模板有以下几种。

1) 固定式模板

固定式模板一般用木材或竹材制作，又称组合式模板。其各部件均在现场加工制作和安装。主要由立柱、肋木、壳板、撑木、拉杆（或钢箍）、枕梁与铁件等组成，其构造如

图 3-10 所示。根据墩、台外形的不同，模板可由竖直平面、斜平面、圆柱面和圆锥面等组成。立柱、肋木、拉杆和钢箍形成骨架。骨架的立柱安放在基础枕梁上，肋木固定在立柱上，木模壳板竖直布置在肋木上，立柱两端用钢拉杆连接，使模板有足够的刚度。

木模半圆形端头采用圆弧形肋板分段对接，双层交错叠合，形成紧密的半圆，两端与水平肋木用螺栓连接，肋木之间设置拉杆。

木壳板厚 30～50mm，宽 150～200mm。肋木一般用方木制作，间距由板厚及混凝土侧压力决定。立柱用圆木制作，两立柱间距为 0.7～1.2m。拉杆是 ϕ12～20mm 的圆钢。拱肋木由 2 层木板交错重叠用铁件结合，拱肋木与水平、竖直肋木之间也可用铁钉与螺栓连接。桥台的模板比桥墩复杂，多了背墙、耳墙等部位。但其模板的基本构造仍如上述，只是更应注意肋木与立柱的连接，所有拉杆螺栓均应穿通到立柱。

固定式模板平均每平方米耗用木料 0.05～0.1m³，铁件（含拉杆）约 4～10kg。

固定式模板的优点是：整体性好，模板接缝少，适应性强，能根据墩、台形状进行制作和组装，不需起重设备，运输安装方便。但其存在显著的缺点，就是重复使用率很低，材料消耗量大，装拆、清理费时费工，不甚经济，一般只宜用于中小规模的个别墩、台。

2）整体吊装模板

拼装式模板用于高墩、台时可以组装成整体吊装模板。组装方法：根据墩台高度分层支模和灌筑混凝土，每层的高度应视墩、台尺寸和模板数量以及灌筑混凝土的能力而定，一般宜为 3～5m。用吊机吊起大块板扇，按分层高度安装好第一层模板；其组装方法与低墩、台组装模板的方法相同。模板安装完后在灌筑第一层混凝土时，应在墩、台身内预埋支承螺栓，以支承第二层模板和安装脚手架。整体吊装模板的组装方法如图 2-80 所示。

对于圆形、方形柱式墩，可根据施工现场的吊装能力，分节组装成整体模板，以加快施工进度，减轻劳动强度和保证施工安全。整体模板的高度应视吊装能力并结合分段高度而定，一般为 2～4m。为了保证整体模板具有足够的刚度和强度，吊装前应进行强度验算和加固，以防在吊装时变形。

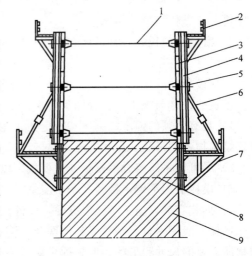

图 2-80 整体吊装模板组装方法
1—拉杆；2—上脚手；3—模板；4—立柱；5—横肋；
6—可调斜撑；7—下脚手；8—预埋螺栓；9—已浇的墩身

整体圆形和方形柱模板如图 2-81 所示。

整体吊装模板的优点：安装时间短，施工进度快，利于提高施工质量；将拼装模板的高空作业改为平地操作，施工安全；模板刚度大，可少设拉筋，节约钢材；可利用模板外框架作简易脚手架；结构简单，装拆方便，可重复使用。主要缺点是需要一套吊装设备。整体吊装模板常用钢板和型钢加工而成。

3）组合型钢模板：系以各种长度、宽度及转角标准构件，用定型的连接件将钢模拼成结构用模板，具有体积小、重量轻、运输方便、装拆简单、接缝紧密等优点，适用于在

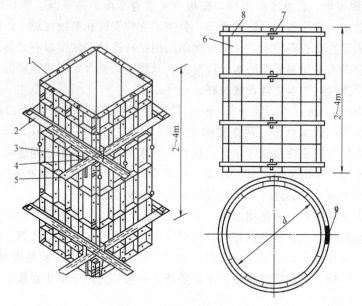

图 2-81 整体圆形和方形柱模板
1—模板；2—柱箍；3—定位销；4—卡具；5—夹具臂；6—模板；7—横肋；8—连接销子；9—可调螺丝

地面拼装，整体吊装的结构上。

4) 滑动钢模板：各种模板在工程上的应用，可根据墩台高度、墩台形式、机具设备、施工期限等条件，因地制宜，合理选用。

(2) 模板的要求

模板的设计与施工应符合如下要求：

1) 具有必须的强度、刚度和稳定性，能可靠地承受施工过程中可能产生的各项荷载，保证结构物各部形状、尺寸准确；

2) 尽可能采用组合钢模板或大模板，以节约木材、提高模板的适应性和周转率；

3) 模板板面平整，接缝严密不漏浆；

4) 拆装容易，施工时操作方便，保证安全。

模板一般用木材、钢材或其他符合设计要求的材料制成。木模重量轻，便于加工成结构物所需要的尺寸和形状，但装拆时易损坏，重复使用次数少。对于大量或定型的混凝土结构物，则多采用钢模板。钢模板造价较高，但可重复多次使用，且拼装拆卸方便。

模板安装前应对模板尺寸进行检查；安装要坚实牢固，以免振捣混凝土时引起跑模漏浆；安装位置要符合结构设计要求。有关模板制作与安装的允许偏差见表2-17、表2-18。

4.1.3 混凝土浇筑的施工要点

墩台身混凝土施工前，应将基础顶面冲洗干净，凿除表面浮浆，整修连接钢筋。灌筑混凝土时，应经常检查模板、钢筋及预埋件的位置和保护层的尺寸，确保位置正确，不发生变形。混凝土施工中，应切实保证混凝土的配合比、水灰比和坍落度等技术性能指标满足规范要求。

(1) 混凝土的运送：墩台混凝土的水平与垂直运输相互配合方式。如混凝土数量大，浇筑捣固速度快时，可采用混凝土皮带运输机或混凝土输送泵。

模板制作的允许偏差　　　　　　　　　　表 2-17

项次	项目		允许偏差(mm)
木模板	(1)模板的长度和宽度		±5.0
	(2)不刨光模板相邻两板表面高低差		3.0
	(3)刨光模板相邻两板表面高低差		1.0
	(4)平板模板表面最大的局部不平(用2m直尺检查)	刨光模板	3.0
		不刨光模板	5.0
	(5)拼合板中木板间的缝隙宽度		2.0
	(6)榫槽嵌接紧密度		2.0
钢模板	(1)外形尺寸	长和宽	0,-1
		肋高	±5
	(2)面板端偏斜		≤0.5
	(3)连接配件(螺栓、卡子等)的孔眼位置	孔中心与板面的间距	±0.3
		板端孔中心与板端的间距	0,-0.5
		沿板长、宽方向的孔	±0.6
	(4)板眼局部不平(用300mm长平尺检查)		1.0
	(5)板面和板侧挠度		±1.0

模板安装的允许偏差　　　　　　　　　　表 2-18

项次	项目		允许偏差(mm)
一	模板标高	(1)基础	±15
		(2)墩台	±10
二	模板内部尺寸	(1)基础	±30
		(2)墩台	±20
三	轴线偏位	(1)基础	±15
		(2)墩台	±10
四	装配式构件支承面的标高		+2,-5
五	模板相邻两板表面高低差		2
	模板表面平整(用2m直尺检查)		5
六	预埋件中心线位置		3
	预留孔洞中心线位置		10
	预留孔洞截面内部尺寸		+10,-0

(2) 混凝土的灌筑速度：为保证灌筑质量，混凝土的配制、输送及灌筑的速度不得小于混凝土配料、输送及灌筑的容许最小速度。

(3) 墩台是大体积圬工，为避免水化热过高，导致混凝土因内外温差引起裂缝，可采取如下措施：

1) 用改善骨料级配、降低水灰比、掺加混合材料与外加剂、掺入片石等方法减少水泥用量；

2) 采用水化热低的水泥，如大坝水泥、矿渣水泥、粉煤灰水泥、低强度等级的水泥等；

3) 减小浇筑层厚度，加快混凝土散热速度；

4) 混凝土用料应避免日光暴晒，以降低初始温度；

5) 在混凝土内埋设冷却管通水冷却。

当浇筑的平面面积过大，不能在前层混凝土初凝或能重塑前浇筑完成次层混凝土时，为保证结构的整体性，宜分块浇筑。分块时应注意：各分块面积不得小于 50m²；每块高度不宜超过 2m；块与块间的竖向接缝面应与墩台身或基础平截面短边平行，与平截面长边垂直；上下相邻层间的竖向接缝应错开位置做成企口，并应按施工接缝处理。混凝土中填放片石时应符合有关规定。

(4) 混凝土浇筑：为防止墩台基础第一层混凝土中的水分被基底吸收或基底水分渗入混凝土，对墩台基底处理除应符合天然地基的有关规定外，尚应满足以下要求：

1) 基底为非黏性土或干土时，应将其湿润；

2) 如为过湿土时，应在基底设计标高下夯填一层 100～150mm 厚片石或碎（卵）石层；

3) 基底面为岩石时，应加以润湿，铺一层厚 20～30mm 水泥砂浆，然后于水泥砂浆凝结前浇筑第一层混凝土。

(5) 墩台身钢筋的绑扎应和混凝土的灌筑配合进行。在配置第一层垂直钢筋时，应有不同的长度，同一断面的钢筋接头应符合施工规范的规定，水平钢筋的接头，也应内外、上下互相错开。钢筋保护层的净厚度，应符合设计要求。如无设计要求时，则可取墩台身受力钢筋的净保护层不小于 30mm，承台基础受力钢筋的净保护层不小于 35mm。墩台身混凝土宜一次连续灌筑，否则应按桥涵施工规范的要求，处理好连接缝。墩台身混凝土未达到终凝前，不得泡水。

4.2 石砌墩、台施工

4.2.1 施工工艺流程（图 2-82）

4.2.2 石砌墩台施工

(1) 墩台砌筑的定位放样

1) 垂线法

当墩台身和基础较低时，可依平面轮廓线砌筑圬工。对于直坡墩台可用吊垂球的方法来控制定位石的位置，为了吊垂球方便，吊点与轮廓线间留 10～20mm 的距离，如图 2-83 (a) 所示。对于斜坡墩台可用规板控制定位石的位置，如图 2-83 (b) 所示。规板构造如图 2-84 所示，使用时将斜边靠近墩台面，悬垂线若与所画墨线重合，则表示所砌墩台斜度符合要求。

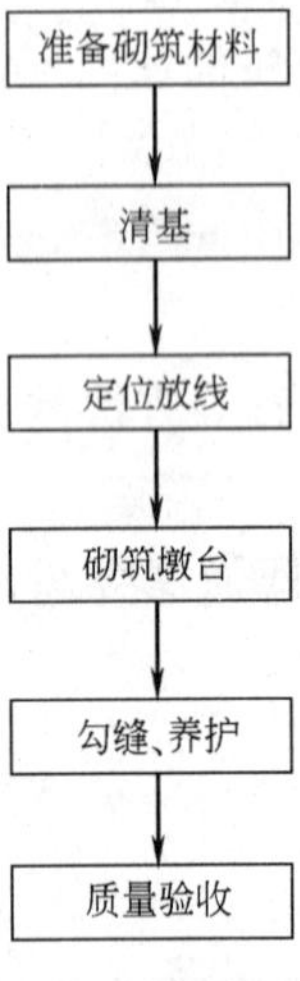

2) 瞄准法

当墩台身较高时，可采用瞄准法控制定位石的位置，如图 2-85 所示。当墩台身每升高 1.5～2.0m 时，沿墩台平面棱角埋设铁钉，使上下铁钉位于一个垂直平面上，并挂以铅丝。砌筑时，拉直铅丝，使与下段铅丝瞄成一直线，即可依此安砌定位石于正确位置。采用这种方法定位时，每砌高 2～3m，应用仪器测量中线，进行各部分尺寸的校核，以确保各部尺寸正确。

(2) 墩台砌筑

1) 施工要求

a. 砌块在使用前必须浇水湿润，表面如有泥土、水锈，应清洗干净。

图 2-82 砌筑墩、台施工工艺流程

b. 砌筑基础的第一层砌块时，如基底为岩层或混凝土基础，应先

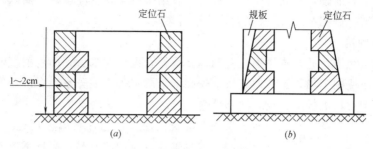

图 2-83 垂线定位法

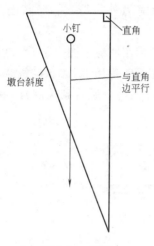

图 2-84 规板

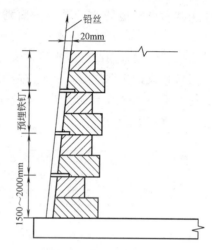

图 2-85 瞄准法

将基底表面清洗、湿润再座浆砌筑；如基底为土质，可直接座浆砌筑。

c. 应分层砌筑，但两相邻工作断面砌筑差一般不宜超过1.2m；分段位置宜尽量设在沉降缝或伸缩缝处，各段水平砌缝应一致。

d. 各砌层应先砌外圈定位行列，然后砌筑里层，外圈砌块应与里层砌块交错连成一体。砌体外露面镶面种类应符合设计规定，砌体外露面应进行勾缝，并应在砌筑时靠外露面预留深约20mm的空隙备作勾缝之用。砌体隐蔽面砌缝可随砌随刮平，不另勾缝。

e. 各砌层的砌块应安放稳固，砌块间应砂浆饱满，粘结牢固，不得直接贴靠或脱空。

f. 砌筑上层块时，应避免振动下层块。砌筑工作中断后恢复砌筑时，已砌的砌层表面应加以清扫和湿润。

2) 墩台砌筑程序和方法

a. 基础砌筑

当基坑开挖完毕并处理后，即可砌筑基础。砌筑时，应自最外边缘开始（定位行列），砌好外圈后填砌腹部（图2-86）。

基础一般采用片石砌筑。当基底为土质时，基础底层石块直接干铺于基土上；当基底为岩石时，则应铺座灰再砌石块。第一层砌筑的石块应尽可能

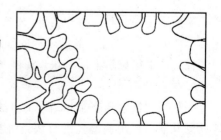

图 2-86 片石砌体定位行列和填腹

挑选大块的，平放铺砌，且交替丁放和顺放，并用小石块将空隙填塞，灌以砂浆，然后开始一层一层平砌。每砌 2~3 层就要大致找平后再砌。

b. 墩台身砌筑

当基础砌筑完毕，并检查平面位置和标高均符合设计要求后，即可砌筑墩台身。砌筑前应将基础顶面洗刷干净。砌筑时，桥墩先砌上下游圆头石或分水尖；桥台先砌四角转角石，然后在已砌石料上挂线，砌筑边部外露部分，最后填砌腹部。

墩台身可采用浆砌片石、块石或粗料石砌筑（内部均用片石填腹）。表面石料一般采用一丁一顺的排列方法，使之连接牢固。墩台砌筑时应均匀升高，高低不应相差过大，每砌 2~3 层应大致找平。

为了美观和更好地防水，墩台表面砌缝，靠外露面需另外勾缝，靠隐蔽面随砌随刮平。

勾缝的形式一般采用凸缝或平缝，浆砌规则块材也可采用凹缝（图 2-87）。勾缝砂浆的强度等级应按设计文件规定，一般主体工程用 M10，附属工程用 M7.5。砌筑时，外层砂浆留出距石面 10~20mm 的空隙，以备勾缝。勾缝最好在整个墩台砌筑后自上而下进行，以保证勾缝整齐干净。

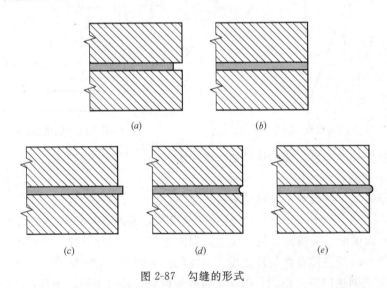

图 2-87　勾缝的形式
(a) 方形凹缝；(b) 方形平缝；(c) 方形凸缝；(d) 圆形凹缝；(e) 圆形凸缝

3) 墩台砌筑工艺

a. 浆砌片石

一般采用铺浆和灌浆相结合的方法。砌筑时先铺一层砂浆，把片石铺上，每层高度不超过 400mm，空隙处先灌满较稠的砂浆，再用合适的小石块卡紧填实。然后再铺上砂浆，以同样方法继续砌筑上层石块。每隔 700~1200mm 的高度砌缝应大致砌成水平。

b. 浆砌块石

一般采用铺浆和挤浆相结合的方法。砌筑时先铺一层砂浆，再把块石铺上，经左右轻轻揉动几下，再用手锤轻击石块，将灰缝砂浆挤压密实。在已砌好的石块侧面继续安砌时，应在相邻侧面先抹砂浆，再砌块石，并向下面和抹浆的侧面用手压，用锤轻击，使下面和侧面砂浆密实。砌体应分层平砌，石块丁顺相间，分层厚度一般不小于200mm。对于厚大砌体，如不易按石料厚度砌成水平层时，可设法搭配，使每隔700～1200mm能够砌成一个比较平整的水平层，如图2-88所示。

c. 浆砌粗料石

一般采用铺浆和挤浆相结合的方法。砌筑前应按石料尺寸和灰缝厚度预先计算层数，使其符合砌体竖向尺寸。

砌筑时宜先用已修凿的石块试摆，力求水平缝一样。可先将料石干放于木条或铁棍上，然后将石块沿边棱翻开（图2-89），在石块砌筑地点的砌石上及侧缝处铺抹砂浆一层并将其摊平，再将石块翻回原位，以木槌轻击，使石块结合紧密。垂直缝中砂浆若有不满，应补填捣至溢出为止。石块下垫放的木条或铁棍，在砂浆捣实后即行取出，空隙处再以砂浆填补压实。

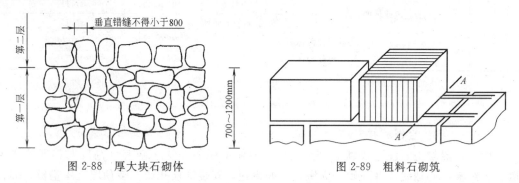

图2-88 厚大块石砌体　　　　图2-89 粗料石砌筑

4) 砌筑注意事项

为了使石块结合而成的砌体紧密，能够抵抗作用在其上的外力，砌筑时必须做到下列几点：

a. 料石在砌筑前应清除污泥和其他杂质，以免妨碍石块与砂浆的结合，并将石块充分湿润，以免石块吸收砂浆中的水分。

b. 浆砌片石的砌缝宽度不得大于40mm；浆砌块石不得大于30mm；浆砌料石不得大于20mm。上下层砌石应相互压叠，竖缝应尽量错开，浆砌粗料石，竖缝错开距离不得小于100mm；浆砌块石不得小于80mm，这样集中力能分布到砌体整体上。

c. 应将石块大面向下，使其有稳定的位置，不得在石块下面用高于砂浆层厚度的石块支垫。

d. 浆砌砌体中石块都应以砂浆隔开，砌体中的空隙应用石块和砂浆填满。

e. 在砂浆尚未凝固的砌层上，应避免受外力碰撞。砌筑中断时应洒水润湿，进行养护。重新开始砌筑时，应将原砌筑表面清扫干净，洒水润湿，再铺浆砌筑。

4.2.3 砌体质量应符合以下规定

(1) 砌体所有各项材料类别、规格及质量符合要求；

(2) 砌缝砂浆或小石子混凝土铺填饱满、强度符合要求；

(3) 砌缝宽度、错缝距离符合规定，勾缝坚固、整齐，深度和形式符合要求；

(4) 砌筑方法正确；

(5) 砌体位置、尺寸不超过允许偏差。

墩台砌体位置及外形尺寸允许偏差见表 2-19。

墩台砌体位置及外形尺寸允许偏差　　　　表 2-19

项次	检查项目	砌体类别	允许偏差(mm)
1	跨径	$L_0 \leqslant 60m$	±20
		$L_0 > 60m$	$±L_0/3000$
2	墩台宽度及长度	片石镶面砌体	+40,−10
		块石镶面砌体	+30,−10
		粗料石镶面砌体	+20,−10
3	大面平整度(2m 直尺检查)	片石镶面	50
		块石镶面	20
		粗料石镶面	10
4	竖直度或坡度	片石镶面	0.5%H
		块石、粗料石镶面	0.3%H
5	墩台顶面标高		±10
6	轴线偏位		10

4.3 墩、台帽施工

4.3.1 墩、台帽放样

墩、台混凝土灌注至或砌石砌至离墩、台帽下缘约 300～500mm 高度时，即须测出墩、台纵横中心轴线，并开始竖立墩、台帽模板，安装锚栓孔或安装预埋支座垫板，绑扎钢筋等。桥台台帽放样时应注意不要以基础中心线作为台帽背墙线。模板立好后，在灌注混凝土前应再次复核，以确保墩、台帽中心、支座垫石等位置、方向和高程不出差错。

4.3.2 墩、台帽模板

（1）混凝土和钢筋混凝土墩、台帽模板

墩、台帽系支承上部结构的重要部分，其位置、尺寸和高程的准确度要求较严，墩、台身混凝土灌注至墩、台帽下约 300～500mm 处就应停止灌注，以上部分待墩、台帽模板立好后一次灌注，以保证墩、台帽底有足够厚度的紧密混凝土，图 2-90 所示为混凝土桥墩墩帽模板图，墩帽模板下面的一根拉杆可利用墩帽下层的分布钢筋，以节省铁件。

台帽背墙模板应特别注意纵向支撑或拉条的刚度，防止灌注混凝土时发生鼓肚，侵占梁端空隙。

（2）石砌墩、台帽模板

在墩、台帽高程以下 250～300mm 处即停止填腹石的砌筑，开始安装墩、台帽模板。先用两根大约 150mm×150mm 的方木用长螺栓拉夹于墩帽下，如图 2-91 所示。然后再在方木上安装墩帽模板。台帽模板亦可用木料支承在锥体上。

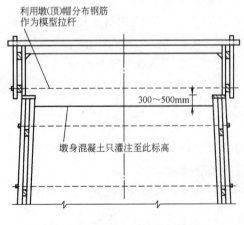

图 2-90　混凝土桥墩墩帽模板

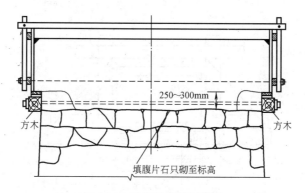

图 2-91 石砌桥墩墩帽模板

(3) 悬臂墩帽

当桥墩不高时,可利用桥墩基础襟边竖支架,在悬出的支架上立模,如图 2-92(a)所示。如桥墩较高时,可预先在墩身上部预埋螺栓 2～3 排,以锚定牛腿支架、承托模板,如图 2-92(b)所示。模板的安装程序为:在支架上先安装好底模板;墩上绑扎或整体吊放墩帽钢筋;竖立侧面模板;装横挡螺栓、横向支撑、拉杆和斜撑。

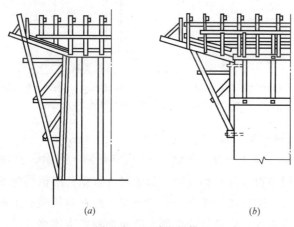

图 2-92 悬臂墩帽模板

悬臂墩帽混凝土应由墩中部向悬臂端顺序浇筑。帽高在 500mm 以上时,应分层浇筑,使模板受力较均匀,并便于混凝土振捣密实。

(4) 桩柱墩墩帽

桩柱墩帽亦称盖梁,除装配式的以外,需要现场立模浇筑。盖梁圬工体积小,有条件利用钢筋混凝土桩柱本身作模板支承。其方法是用两根木梁将整排桩柱用螺栓相对夹紧,上铺横梁,横梁间衬以方木,调节间距,也可用螺栓隔桩柱成对夹紧,在横梁上直接安装底模板。两侧模板借助于横梁、上拉杆和一对三角撑所组成的方框架来固定。所有框架榫眼及角撑均预先制好,安装时只用木楔尖紧框构四周,就能迅速而正确地使模板定位,如图 2-93 所示。

这种模板装拆方便,有利于重复使用。对于双排桩墩,只须调整横梁长度和榫眼间距,也同样可以应用。

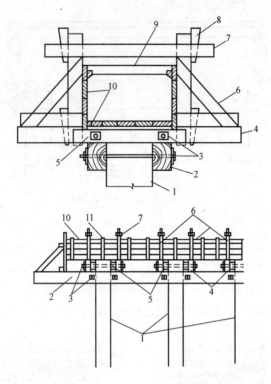

图 2-93 桩柱墩墩帽整体式模板
1—钢筋混凝土桩柱；2—木梁；3—螺栓；4—横梁；5—衬木；6—角撑；
7—拉杆；8—木楔；9—内撑；10—模板；11—肋木

4.3.3 钢筋网、预埋件、预留孔等的安装

(1) 梁桥墩、台帽支座处一般均布设1～3层钢筋网。当墩、台帽为素混凝土或虽为配筋混凝土但对钢筋网未设置架立钢筋时，施工时应根据各层钢筋网的高程安排墩、台帽混凝土的浇筑程序。为了保证各层钢筋网位置正确，应在两侧模板上画线，并加设固定钢筋网的架立钢筋和定位钢筋，以免振捣混凝土时钢筋网发生位移。

(2) 墩、台的预埋件一般有以下几种：

1) 支座预埋件，有以下几类：

① 平面钢板支座的下锚栓及下垫板；

② 切线式支座的下锚栓及下座板；

③ 摆柱式支座的锚栓及垫板；

④ 盆式橡胶支座的固定锚栓。

2) 防震锚栓。

3) 装配式墩、台帽的吊环。

4) 供运营阶段使用的扶手、检查平台和护栏等。

5) 供观测用的标尺。

6) 防震挡块的预埋钢筋。

(3) 预埋件施工应注意下述各点：

a. 为保证预埋件位置准确,应对预埋件采取固定措施,以免振捣混凝土时发生移动。

b. 预埋件下面及附近的混凝土应注意振捣密实,对具有角钢锚筋的预埋件尤应注意加强捣实。

c. 预埋件在墩、台帽上的外露部分要有明显标志,浇至顶层混凝土时,要注意外露部分尺寸准确。

d. 在已埋入墩、台帽内的预埋件上施焊时,应尽量采用细焊条、小电流分层施焊,以免烧伤混凝土。

(4) 墩、台帽上的预留锚栓孔须在安装墩、台帽模板时,安装好锚栓预留孔模板,在绑扎钢筋时注意将预留孔位置留出。预留孔应该下大上小,其模板可采用拼装式。模板安装时,顶面可比支座垫石顶面约低 5mm,以便垫石顶面抹平。带弯钩的锚栓的模板安装时应考虑弯钩的方向。为便于安装锚栓后灌实锚栓孔,可在每一锚栓孔模板的外侧上部用三角木块预留进浆槽。

锚栓孔模板可在支座垫石模板上放线定位。支座垫石混凝土强度达 2.5MPa 时,即可拆除锚栓孔模板。当上部梁板为现浇整体结构时,墩、台帽上的预埋锚栓可直接浇筑在墩、台帽中,并按设计尺寸留出外露部分。

有的钢支座,如切线支座(也称弧形支座)的下摆不用垫板焊接,而采用在墩、台内埋设螺栓锚固的方式。为了保证螺栓位置与支座的孔眼准确密合,浇筑墩、台帽混凝土时,预留出 100~200mm 的锚栓孔,待支座及锚栓安装就位后,再灌浆将锚栓孔封固。

4.4 桥台附属工程施工

4.4.1 桥台翼墙、锥坡施工要点

(1) 翼墙、锥体护坡(简称锥坡)的作用和构造

翼墙、锥坡是用来连接桥台和路堤的防护建筑物,它的作用是稳固路堤,防止水流的冲刷。

设翼墙的桥台称为八字形桥台。翼墙设于桥台两侧,在平面上形成"八"字,立面上为一变高度的直线墙,其坡度变化与台后路堤边坡的坡度相适应。翼墙的竖直截面为梯形,翼墙顶设帽石。翼墙一般为浆砌片石或浆砌块石结构。根据地基情况,翼墙基础采用浆砌片石或片石混凝土。

锥坡一般为椭圆形曲线,锥体坡面沿长轴方向与路基边坡相同,一般为 1:1.5,沿短轴方向为 1:1,锥体坡顶与路基外侧边沿同高。当台后填土高度大于 6m,路堤边坡采用变坡时,锥坡也应作相应变坡处理,以相配合。

锥坡内部用砂土或卵砾石填筑夯实,表面用片石干砌或浆砌,一般砌筑厚度为 200~350mm。坡脚以下根据地基情况及流速大小设置基础,或将坡脚伸入地面以下一段,并适当加厚趾部。

在不受水流冲刷影响的地方,锥坡可以考虑采用铺盖草皮或干砌片石网格代替满铺的片石铺砌,也可以将锥坡的下段用片石满铺,上段铺草皮,以节约圬工数量。

(2) 锥坡放样

锥坡放样主要为坡脚平面椭圆曲线放样。有了坡脚曲线后,由坡顶向曲线上各点挂

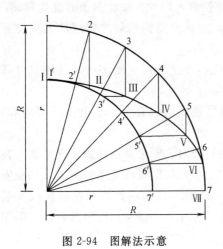

图 2-94 图解法示意

线,即是锥坡坡面的砌筑线。

1) 图解法

a. 根据桥头锥坡高度、横坡坡率和纵坡坡率算出锥底椭圆的长半径 R 和短半径 r;

b. 以锥坡顶点在坡底面上的投影为圆心,以 R、r 为半径画 1/4 圆弧线,见图 2-94;

c. 将两个 1/4 圆周分成相同的若干等分,等分点为 1,2,3,………,1′,2′,3′,………,将等分点分别与圆心相连,得到若干条径向直线;

d. 从各径向直线与两圆周的交点互作垂线相交,各交点Ⅰ,Ⅱ,Ⅲ,……连接起来即为所求的椭圆曲线。

2) 坐标法

以椭圆中心(即锥坡顶点在坡脚平面上的投影点)为原点利用椭圆曲线方程算出相应的数值。

(3) 锥坡施工要点

1) 锥体填土应按设计高程及坡度填足,砌筑片石厚度不够时再将土挖去,不允许填土不足,临时边砌石边补填土。锥坡拉线放样时,坡顶应预先放高约 20~40mm,使锥坡随同锥体填土沉降后,坡度仍符合设计规定。

2) 砌石时放样拉线要张紧,表面要平顺,锥坡片石背后应按规定做碎石倒滤层,防止锥体土方被水浸蚀变形。

3) 锥坡与路肩或地面的连接必须平顺,以利排水,避免砌体背后冲刷或渗透坍塌。

4) 在大孔土地区,应检查锥坡基底及其附近有无陷穴,并彻底进行处理,保证锥坡稳定。

5) 干砌片石锥坡,用小石子砂浆勾缝时,应尽可能在片石护坡砌筑完成后间隔一段时间,待锥体基本稳定再进行勾缝,以减少灰缝开裂。

6) 锥体填土应分层夯实,填料一般以黏土为宜。锥坡填土应与台背填土同时进行,并应按设计宽度一次填足。

4.4.2 台后填土要求

(1) 台后填土应与桥台砌筑协调进行。填土应尽量选用渗水土,如黏土含量较少的砂质土。上的含水量要适量,在北方冰冻地区要防止冰胀。如遇软土地基,为增大土抗力,台后适当长度内的填土可采用石灰土(掺 5%石灰)。

(2) 填土应分层夯实,每层松土厚 200~300mm,一般应夯 2~3 遍,夯实后的厚度 150~200mm,使密实度达到 85%~90%(拱桥要求达到 90%~98%),并作密实度测定。靠近台背处的填土打夯较困难时,可用木棍、拍板打紧捣实,与路堤搭接处宜挖成台阶形。

(3) 石砌圬工桥台台背与土接触面应涂抹两道热沥青或用石灰三合土,水泥砂浆胶泥做不透水层作为台后防水处理。

(4) 拱桥台后填土必须与拱圈施工的程序相配合,使拱的推力与台后土侧压力保持一定的平衡。一般要求拱桥台背填土可在主拱圈安装或砌筑以前完成。如设计有专门要求，应按设计要求办理。梁式桥的轻型桥台台后填土，应在桥面完成后，在两侧平衡地进行。

（5）台背填土顺路线方向长度，一般应自台身起，底面不小于桥台高度加2m，顶面不小于2m；拱桥台背填土长度一般不应小于台高的3～4倍。

4.4.3 台后搭板的施工要点

（1）设置搭板是解决台后错台跳车的重要工程措施，其效果与搭板下的路堤压缩程度和搭板长度有密切关系。

（2）桥头搭板的末端顶面应与路基顶面平齐。搭板前端顶面应留有路面面层的厚度。

（3）对台后填土应有严格的压实要求。应先清理基坑，使其尺寸符合要求。接着进行基底压实，如压路机使用困难可用小型手推式电动振动打夯机压实，并用环刀法测定压实度。基底之上填筑并压实岩渣，其最大粒径应小于120mm，含泥量应小于8%，压实后的干密度应不小于$2t/m^3$。达到规定高程后，便可填筑并压实二灰碎石，一般可用12～15t压路机压实，每层碾6～8遍。对于边角部位可用小型打夯机补压。可在填压达到搭板顶部的高程，压实或通行车辆一段时间后，再挖开浇筑搭板和枕梁。分层压实的厚度一般不大于200mm。

（4）对上述填筑台后路堤材料有困难时，至少应选用透水性良好的砂性土，或掺用40%～70%的砂石料。分层厚度200～300mm，压实度不小于95%。靠近后墙部位（1.5m宽）可用小型打夯机，也可填筑块片石及级配砂砾石，用震动器振实。用透水性材料填筑时，应以干容重控制施工质量。

（5）台背填筑前应在土基上或某一合适高度设置泄水管或盲沟，并注意将泄水管及盲沟引出路基之外。

（6）钢筋混凝土箱形通道的搭板可水平设置，但其上应留出路面面层的厚度。路堤填筑的施工要求与台后搭板相同。

4.5 质量标准

4.5.1 钢筋质量要求与允许偏差

（1）钢筋质量要求

1）钢筋、焊条品种规格和技术性能应符合国家现行标准规定和设计要求。

2）冷拉钢筋的机械性能必须符合规范要求，钢筋平直，表面不应有裂皮和油污。

3）受力钢筋同一截面的接头数量，搭接长度和焊接质量应符合规范要求。

（2）允许偏差、见表2-20。

4.5.2 模板质量要求与允许偏差

（1）模板质量要求

1）模板及支撑不得有松动，跑模或下沉等现象。

2）模板必须拼缝严密，不得漏浆，模内必须洁净。

（2）允许偏差，见表2-21。

墩、台钢筋加工及安装允许偏差　　　　　　　　　表 2-20

项次	检查项目		允许偏差	检查方法和频率
1	受力钢筋间距(mm)	两排以上排距	±5	每构件检查 2 个断面用尺量
		同排 基础墩身台身	±20	
2	箍筋、横向水平钢筋、螺旋筋间距(mm)	箍筋、水平筋	±20	每构件检查 5~10 个间距
		螺旋筋	+0,-20	
3	钢筋骨架尺寸(mm)	长	±10	按骨架总数 30% 抽查
		宽、高或直径	±15	
4	弯起钢筋位置(mm)		±20	每骨架抽查 30%
5	保护层厚度(mm)	基础、墩身、台身	±10	每构件沿模板周边检查 8 处

墩、台整体式模板允许偏差　　　　　　　　　表 2-21

序号	项 目		允许偏差(mm)	检验频率		检验方法
				范围	点数	
1	相邻两板表面高低差	刨光模板	2	每个构筑物或构件	4	用尺量
		不刨光模板	4			
		钢模板	2			
2	表面平整度	刨光模板	3		4	用 2m 直尺检验
		不刨光模板	5			
		钢模板	3			
3	垂直度		0.2%H,不大于 20		2	用垂线或经纬仪检验
4	模内尺寸	基础	±10		3	用钢尺量,长、宽、高各计一点
		墩、台	+5			
5	轴线位移	基础	15		2	用经纬仪测量,纵、横、向各计一点
		墩、台	10			
6	支承面高程		+2 -5	每支承面	1	用水准仪测量
7	预埋件	支座板、联结板等 位置	5	每个预埋件	1	用钢尺量
		支座板、联结板等 平面高差	2		1	用水准仪测量
		螺栓、锚筋等 位置	3		1	用钢尺量
		螺栓、锚筋等 外露长度	±5		2	
8	预留孔洞	位置	5	每个	1	用水准仪测量
		孔径	+10 10		1	

注：1. 表中 H 为构筑物高度（mm）。
　　2. 支承面高程系指模板底模上表面支撑混凝土面的高度。

4.5.3 现浇混凝土墩、台质量要求

(1) 质量要求

1) 所用的水泥，砂、石、水及添加剂的质量规格必须符合有关规范要求。按规定的配合比施工，使用商品混凝土须有合格证明。

2）水泥混凝土墩、台不应有蜂窝，露筋和裂缝。

3）混凝土墩、台外观应平整、光洁。

4）浇筑大体积混凝土时，应按设计要求采取必要的降低水化热措施。

5）寒冷地区混凝土骨料应按有关规定进行抗冻试验，结果应符合规范要求。

6）冬季施工应按有关规定进行养护，如采用蒸气养护时应控制恒温不超过60℃。

（2）允许偏差，见表2-22。

现浇混凝土墩、台允许偏差　　　　表2-22

序号	项目		允许偏差(mm)	检验频率		检验方法
				范围	点数	
1	△混凝土抗压强度		必须符合(GBJ 107—87)规定	必须符合(GBJ 107—87)规定		
2	墩、台身尺寸	长	±15	每个构筑物	2	用钢尺量
		高	±10		2	用钢尺量
		厚	+10 −8		4	用钢尺量 每侧上、下各一点
3	顶面高程		±10		4	用水准仪测量
4	轴线位移		10		4	用经纬仪测量，纵横各计2点
5	墙面垂直度		0.25%H且不大于25		2	用经纬仪或垂线测量
6	墙面平整度		5		4	用2m直尺量取最大值
7	麻面		每侧面不得超过1%		2	用尺量麻面面积

注：表中 H 为构筑物高度（mm）。

实 训 课 题

【观摩教学】

1．了解石砌墩台的施工工艺、程序和技术要求。

内容要求：

（1）了解浆砌片石、块石、料石的施工方法、程序、技术要求。

（2）了解沉降缝的施工方法。

（3）了解墩台的定位放样方法。

2．了解常用桩基础成孔钻机的设备性能及适用条件。

内容要求：

（1）了解正、反循环成孔机械的设备性能及适用条件。

（2）了解冲击钻机械的设备性能及适用条件。

（3）了解旋挖斗成孔钻机的设备性能及适用条件。

【实操训练】

1．在桥梁施工现场对灌注桩的质量进行控制及对桩基进行检测。

任务要求：

(1) 了解泥浆的制备和质量要求。
(2) 对灌注桩桩径、垂直度进行检测。
(3) 了解桩底沉淀层的检测方法。
(4) 对浇筑混凝土过程进行质量控制。
(5) 了解无破损检验桩身完整性的方法。
(6) 了解取芯试验的方法。
2. 根据沉井工程的施工图编制沉井基础施工方案
任务要求：
(1) 准备工作的要求。
(2) 底节沉井制作方法。
(3) 沉井下沉的方法。
(4) 封底的方法。
(5) 沉井的质量检测方法。

思考题与习题

1. 名词解释
(1) 轻型井点
(2) 摩擦桩
(3) 护筒
(4) 冲击钻成孔
(5) 清孔
(6) 桩基超声波检测法
(7) 沉井刃脚
2. 思考题
(1) 基坑坑壁支护的方法有哪几种？
(2) 简述轻型井点的施工方法。
(3) 围堰的基本要求有哪些？
(4) 基底检验的内容有哪些？地基有哪些加固处理的方法？
(5) 简述钢筋混凝土沉入桩的制作方法。
(6) 简述锤击沉桩的施工要点和注意事项。
(7) 灌注桩成孔方法有哪些？并简述其适用范围和优缺点；
(8) 简述埋设护筒的一般要求；
(9) 灌注桩施工时泥浆的作用有哪些？
(10) 简述正、反循环回旋钻机成孔工艺。
(11) 简述常见的钻孔事故及处理方法。
(12) 清孔的目的是什么？清孔的方法有哪些？
(13) 灌注桩成孔后的检查内容有哪些？
(14) 简述灌注桩钢筋骨架的制作方法。

（15）简述水下灌注混凝土的方法。
（16）简述灌注桩事故的预防和处理。
（17）简述沉井基础施工的一般工艺流程。
（18）简述沉井的下沉方法。
（19）简述钢筋混凝土墩台的施工工艺流程。
（20）简述石砌墩台的施工方法。

单元3 桥梁上部工程施工

【知识点】

1. 模板是浇筑混凝土施工中的临时构筑物,一般分为木模、钢模、钢木结合模及土模。

2. 钢筋工程的特点是材料规格多,工艺成品的形状、尺寸不相同。施工中应注意钢筋规格的检查与保存,并对调直、配料计算、加工成形、安装等施工工艺及技术质量进行控制。

3. 混凝土施工中应首先确定混凝土配合比,并随时检查和控制,对混凝土拌合、运输、浇筑、养护等工序进行质量控制,同时注意季节性施工的特殊要求。

4. 预应力混凝土施工按预加应力的方法分为先张法和后张法。

5. 装配式桥梁主要有预制、起吊、运输、安装等施工工序。

6. 石拱桥施工主要包括拱圈放样、拱架搭设、砌筑拱圈、拱架卸荷、砌筑拱上建筑等主要工序。

7. 城市人行天桥主要为钢桥,施工工序主要包括放样、工厂分块制作、运输、现场架设、焊接、装饰等。

【教学目标】

通过本单元学习应了解钢筋混凝土桥及预应力钢筋混凝土桥、拱桥、人行天桥等主要结构形式桥梁的施工工艺、技术要求和质量标准,重点掌握模板、混凝土、钢筋和预应力钢筋的施工工序、施工方法、检查验收的标准方法,对其他体系桥梁的施工方法仅作一般了解。

课题1 钢筋混凝土及预应力钢筋混凝土梁桥施工

钢筋混凝土及预应力钢筋混凝土梁桥在桥梁建设中已获得了广泛的采用。当跨径小于13~16m时,一般采用钢筋混凝土梁桥;当跨径25~52m时,从结构受力及经济考虑,一般采用预应力钢筋混凝土梁桥。本课题主要介绍钢筋混凝土及预应力钢筋混凝土梁桥上部结构(包括梁、板、栏杆、桥面铺装、伸缩缝等)施工的基本工序——制造(包括模板、钢筋和混凝土)、运输和安装。

1.1 模 板

模板是浇筑混凝土施工中的临时结构物,对构件的制作十分重要,不仅控制构件尺寸的精度,还直接影响施工进度和混凝土的浇筑质量。

1.1.1 模板的种类

模板按使用材料不同,可分下列几种:

(1) 木模

在桥梁建设中使用最为广泛。它的优点是制作容易,但木材耗损大,成本较高。其一般构造由模板、肋木、立柱或由模板、直枋、横枋组成(图3-1)。模板厚度通常为30～50mm,板宽为150～200mm,不得过宽以免翘曲。模板表面常贴以1～3mm的薄钢板,以保证混凝土表面平整及脱模方便。木模的各部分尺寸应根据计算确定。

(2) 钢模

钢模造价虽高,但由于周转次数多,实际成本低。且结实耐用,接缝严密,能经受强烈振捣,浇筑的构件表面光滑,所以目前钢模的采用日益增多。钢模是以钢板代替木模板,用角钢代替肋木和立柱。钢板厚度一般为4mm。角钢尺寸应根据计算确定。有些钢模往往以固定形、整体形的模板结构使用在工程中。如某些高架的墩柱就采用固定形、整体形的模板。

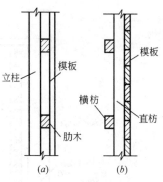

图3-1 木模一般构造

(3) 钢木结合模

肋木、立柱采用角钢,将木模板用平头开槽螺栓连接于角钢上,表面钉以薄钢板。这种模板节约木材,成本较低,同时具有较大的刚度和稳定性。

(4) 土模

土模的优点是节约木材和铁件,适用一些有曲面的构件。缺点是用工较多,制作要求严格,预埋件固定较困难,雨期施工不便,目前已很少采用。

1.1.2 常用模板的构造

(1) 上部构造模板(非预应力)

1) 实心板模板

图3-2为装配式钢筋混凝土预制实心模板构造。模板为单元可拆式的,有底模、侧模与端模。设置模板的地基应整平夯实,底模也可采用50mm碎石垫层加铺50mm素混凝土。图中小木桩只在地基较软的情况下才采用。

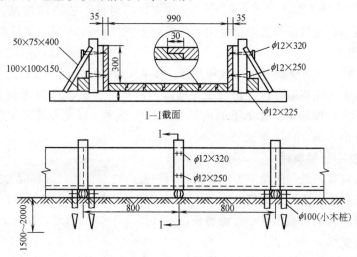

尺寸单位(mm)

图3-2 实心板模板图

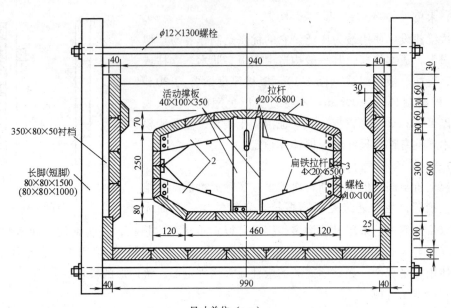

尺寸单位（mm）

图 3-3 空心板横截面构造

1—芯模板；2—骨架；3—钢铰链

2）空心板模板

图 3-3 为装配式钢筋混凝土预制空心板模板的横截面构造；图 3-4 为芯模构造。它采用四合式活动模板，为了便于搬运装拆，按板长分为两节，每节由四块单元体组成。芯模在底板混凝土浇筑后架立，顶上用临时支架固定，再绑扎顶板钢筋，浇筑两侧混凝土及顶板混凝土，当两侧混凝土浇筑高度达芯模的 2/3 时，可将顶上的临时支架拆除。

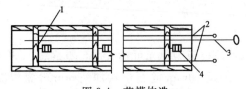

图 3-4 芯模构造

1—活动支撑板；2—扁铁条；3—拉条；4—钢铰

目前各地出现用橡胶和纺织品加工成胶布，再用氯丁胶冷粘制成胶囊，胶囊断面有圆形与椭圆形，充气后作为芯模使用，当混凝土浇筑 6~10h 后，便可放气抽出芯模。

3）T 梁模板

图 3-5 为装配式钢筋混凝土 T 梁模板构造。图 3-6 为装配式钢筋混凝土 T 梁模板组合构件示意图。施工时先将组合构件拼装成箱框，然后再拼装成整片 T 梁模板，拆模时只须将每个箱框下落外移即可。枕木下的地基必须夯实整平。以免在施工中发生不均匀沉陷，必要时可打小木桩。

4）预应力空心板梁模板

因板的高度较高，故一般预应力空心板称为预应力空心板梁。因预应力空心板梁一般在混凝土预制厂制作，所以其侧模一般做成定形固定式侧模，可向外翻转，如图 3-7（b）所示；利用端模的移动来确定空心板梁的长度，如图 3-7（a）所示，L 与 H 可随板梁的长与高的需要而变化。

板梁的模板由左右二块定形固定式模板组成，当预应力钢筋张拉锚固后，便可用端模来确定板梁的长度。

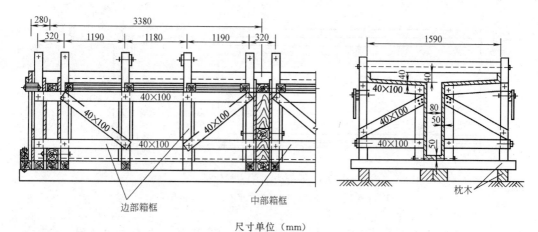

尺寸单位（mm）

图 3-5 装配式钢筋混凝土 T 梁模板构造

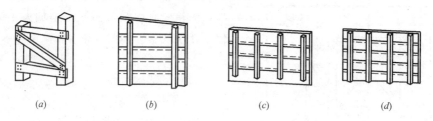

图 3-6 装配式钢筋混凝土 T 梁模板组合构件
（a）框架；（b）横隔梁侧板；（c）翼板；（d）主梁侧板

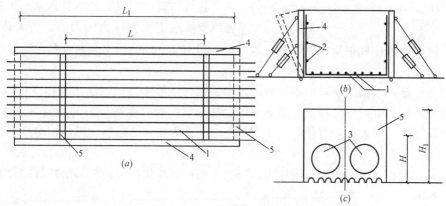

图 3-7 预应力空心板梁模板示意图
1—预应力钢筋；2—架立钢筋；3—芯模孔；4—侧模；5—端模

5）预应力 T 梁模板

预应力 T 梁模板与非预应力 T 梁模板基本相差不多，只在绑扎架立钢筋时要将穿预应力筋的孔道预留出来，如图 3-8 为预应力 T 梁侧模，端模因需进行预应力筋张拉而不同。

6）箱梁模板

由于预应力 T 梁的跨径较大，其梁高也相应增大。如一片 48m 跨的预应力 T 梁，其

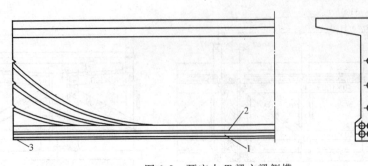

图 3-8 预应力 T 梁主梁侧模
1—下排预应力孔道；2—上排预应力孔道；3—端模

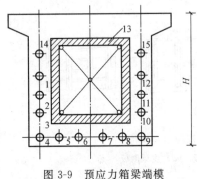

图 3-9 预应力箱梁端模
1~12 为预应力孔道；13—内模；14、15 为备用孔道

梁高达 2.2m，给施工及安装带来一定的困难，故设计往往将二片 T 梁合并成一个箱梁，可大大降低梁的高度。但施工亦带来一定难度，因箱梁有内模，实质上是加大了的芯模，但不能用气囊。如图 3-9 为箱梁的端模，其梁高 H 可大大降低，从而梁的重量也大大降低。

(2) 下部构造模板

1) 圆端形桥墩模板

图 3-10 为圆端形桥墩模板构造。图 3-11 为桥墩模板骨架。这种模板的位置是固定的，整个桥墩模板由壳板、肋木、立柱、撑木、拉条、枕梁和铁件组成。肋木间距 L_1 取决于板壳厚度及混凝土侧压力的大小，肋木跨径 L_2 等于立柱间的距离，可根据计算决定。如果水平肋木与立柱的每个交点处都设置拉杆，则立柱不受弯曲。

立柱与底框可采用圆木，肋木一般用方木制成。圆形部分的拱肋木条由 2~3 层木板交错重叠用铁件结合，里面做成与墩面相配合的曲线形状。墩端圆头部分混凝土的压力，假定垂直作用于模板表面，有使拱肋木与相接的直肋木拉开的趋势。因此，连接拱肋木的螺栓或钉子应根据计算设置。

为了保证模板在风力作用下的稳定，安装好的模板应用临时内部联结杆与拉索固定起来（图 3-12）。

2) 镶板式模板

镶板式模板是把桥墩模板划分为若干块制造，划分时应考虑力求减少规格，尽量用同一类形，以便运输和安装。图 3-13 为桥墩镶板式模板，侧面采用形状相同的第 1 号镶板；墩头曲面制成圆锥体，用半截头圆锥体形的第 2 号和第 3 号镶板。镶板与镶板之间的连接尽量采用间接接合法，如图 3-14 所示。

3) 滑动式模板

滑升模板是一种先进的节约材料的模板，适用建造高桥墩（图 3-15）。他由顶架、模板、围圈、千斤顶、工作平台等部分组成。当混凝土浇筑一定量后，千斤顶提升模板向上

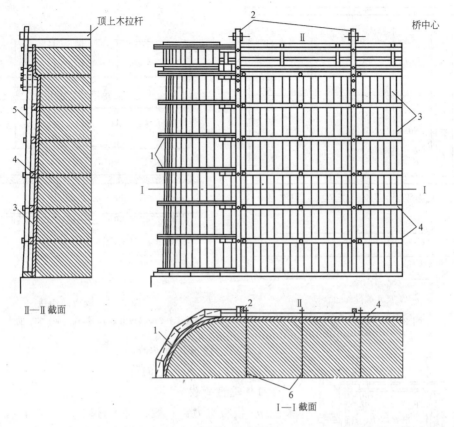

图 3-10 圆端形桥墩模板
1—拱肋木；2—安装柱；3—壳板；4—水平肋木；5—立柱；6—拉杆

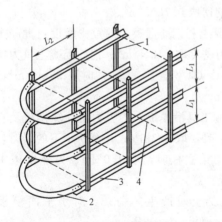

图 3-11 桥墩模板骨架
1—立柱；2—拱肋木；3—肋木；4—拉杆

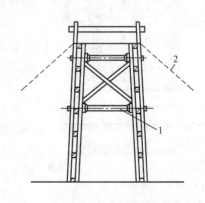

图 3-12 桥墩模板的稳定措施
1—临时联结杆；2—拉索

滑动，不断浇筑混凝土，不断提升模板，直至到预定高程。滑升原理如下：当人工螺杆千斤顶手柄旋转时，螺杆即沿螺母旋转向下，由于千斤顶凸球面端是支撑在一端与顶杆连接的带凹球面的支撑座上，当千斤顶向支撑座施加压力，顶杆的反力作用于顶架，就带动整个模板作了提升滑动。

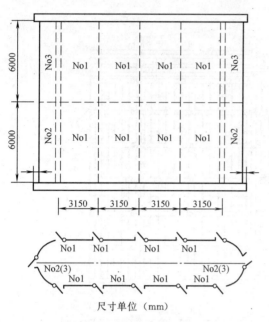

图 3-13 桥墩镶板式模板

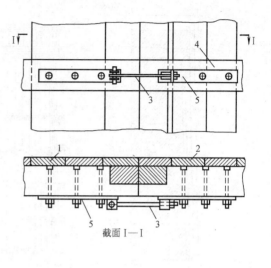

图 3-14 镶板的连接
1—镶板Ⅰ；2—镶板Ⅱ；3—螺栓；4—水平肋木；5—夹板

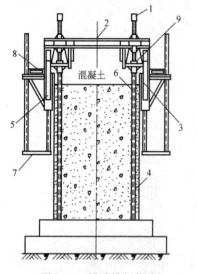

图 3-15 滑升模板构造
1—人工螺杆千斤顶；2—顶架；3—围圈；
4—套筒；5—模板；6—顶杆；
7—外下吊架；8—脚手架；9—支撑座

1.1.3 模板设计原理

（1）作用于模板上的荷载

1）垂直荷载

a. 模板重力：一般松树木材取 $6kN/m^3$；橡木、落叶松取 $7.55kN/m^3$；阔叶树木材取 $8kN/m^3$；杉木、枞木取 $5kN/m^3$；组合钢模及连接件取 $0.5kN/m^3$；组合钢模连接件及钢楞取 $0.7kN/m^3$。

b. 新浇混凝土和钢筋混凝土的重力密度：混凝土或片石混凝土重力密度取 $24kN/m^3$；钢筋混凝土重力密度取 $25\sim26kN/m^3$（体积含筋率≤2%时取 $25kN/m^3$；>2%时取 $26kN/m^3$）。

c. 人与运输工具沿模板上的重力：计算模板及直接承受模板的肋木时，取 $2.5kPa$；计算肋木下的梁时，取 $1.5kPa$；计算支架立柱时，取 $1.0kPa$；另外以集中荷载 $2.55kN$ 进行验算。

d. 振捣混凝土时产生的荷载：对水平面模板为 $2.0kPa$；垂直面模板为 $4.0kPa$。

2）水平荷载

a. 采用内部振捣器，当混凝土的浇筑速度在 6m/h 以下时，新浇筑的普通混凝土作用于模板的最大侧压力为

$$q_{max}=k\gamma h \tag{3-1}$$

当 $V/T \leqslant 0.035$ 时，$h=0.22+24.9V/T$

当 $V/T>0.035$ 时，$h=1.35+3.8V/T$

式中 q_{max}——新浇筑混凝土对模板的最大侧压力（kPa）；
   h——为有效压头高度（m）；
   V——混凝土的浇筑速度（m/h）；
   T——混凝土入模时的温度（℃）；
   γ——混凝土重力密度（kN/m³）；
   k——外加剂影响修正系数，不掺外加剂时取 1.0，掺缓凝作用的外加剂时取 1.2。

b. 采用泵送混凝土灌筑施工时，混凝土入模温度在 10℃ 以上时，模板的侧压力公式为

$$q_m = 4.6V^{1/4} \qquad (3-2)$$

c. 采用外部振捣时，模板侧压力采用下式计算
当 $V<4.5$、$H\leqslant 2R$ 时

$$q_m = \gamma H \qquad (3-3)$$

当 $V\geqslant 4.5$、$H\leqslant 2R$ 时

$$q_m = \gamma(0.27V+0.78)k_1 k_2 \qquad (3-4)$$

式中 H——对模板产生压力的混凝土灌筑层高度（m）；
   R——外部振捣器作用半径（m），$R=1$；
   k_1——混凝土拌合物的稠密度影响系数，坍落度 0～20mm 为 0.8，40～60mm 为 1.0，50～70mm 为 1.2；
   k_2——混凝土拌合物的温度系数，5～7℃ 为 1.15；12～17℃ 为 1.0；28～32℃ 为 0.85。

d. 混凝土侧压力计算分布图形如图 3-16 所示。

倾倒混凝土的冲击产生的水平荷载：混凝土由滑槽、串筒或导管流出，$P_冲=2.0$kPa；由容量小于或等于 $0.2m^3$ 的运输工具直接倾倒，$P_冲=2.0$kPa；由容量为 $0.2\sim 0.8m^3$ 的运输工具直接倾倒，$P_冲=4.0$kPa；由容量大于 $0.8m^3$ 的运输工具直接倾倒，$P_冲=6.0$kPa。

e. 模板倾斜时

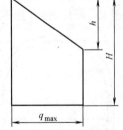

图 3-16 混凝土侧压力计算分布图

H—混凝土浇筑层（在水泥初凝时间内）的高度（m）

以上算得的侧压力均假定作用于水平方向。如模板向外倾斜（图 3-17a）时，$\alpha\geqslant 55°$，斜面上的压力按垂直面 AB 计算；$\alpha<55°$，可将体积 ABC 的重力作垂直荷载计算。如模板向内倾斜（图 3-17b）时，$\alpha=30°\sim 40°$，H 采用 3h 的浇筑高度；$\alpha=20°\sim 30°$，H 采用 2h 的浇筑高度；$\alpha=20°$，模板不计侧压力。

3）其他可能产生的荷载：如风载、雪载、冬期保温设施荷载等，按实际情况考虑。

（2）模板构件设计

1）侧压力在模板上的分布

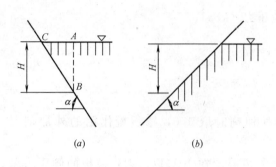

图 3-17 倾斜模板的侧压力计算

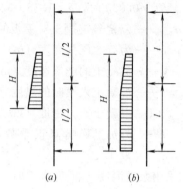

图 3-18 混凝土侧压力作用下在竖直模板上的假定图式
(a) $H<l$（跨径）时；(b) $H>l$（跨径）时

水平板按最大压力强度均匀分布于板的长度上。竖直板按图 3-18 的假定图式作用于板的高度上。压力图在竖直模板跨中的位置应布置得使模板发生最大弯矩。为简化计算，也可假定压力均匀分布在 H 高度内。

2) 模板的构件计算

计算作用于构件上的弯矩和挠度，可考虑构件的连续性，按下列近似公式计算。

均布荷载

$$M \simeq \frac{ql^2}{10}; \quad f \simeq \frac{ql^4}{128EI} \tag{3-5}$$

集中荷载

$$M \simeq \frac{Pl}{6}; \quad f = \frac{Pl^3}{77EI} \tag{3-6}$$

构件在垂直压力和侧压力作用下（不计冲击力），其挠度应符合下列规定：结构的外表面（看得见的），挠度 $f \leqslant l/400$；结构的内表面（看不见的），挠度 $f \leqslant l/250$。

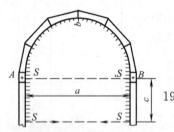

图 3-19 拉杆和铁钉计算图

3) 拉杆计算

拉杆的最大拉力（图 3-19）为：

$$S = qc \tag{3-7}$$

连接桥墩圆头与直线部分的拉杆最大拉力（图 3-19）为：

$$S = q\frac{a+c}{2} \tag{3-8}$$

4) 连接铁钉计算

桥墩圆头部分模板与直线部分模板的连接处产生的拉力（图 3-19）为：

$$T = \frac{qa}{2} \tag{3-9}$$

1.1.4 模板制作与安装

木模板的制作要严格控制各部分尺寸和形状。常用的接缝形式有平缝、搭接缝和企口缝（图 3-20）等。对接平缝加工简单，只需将缝刨平即可，一般工程大多采用。特别是嵌入硬木楔，下垫水泥袋纸的平接缝，因拼缝严密，而费工料不多，常被广泛采用。企口缝结合严密，但制作较困难，且耗用木料较多，故只有在要求模板精度较高的情况下才采用。搭接缝具有平缝和企口缝的优点，也是模板常用的接缝形式之一。

模板在安装前，要根据钢筋的安装和混凝土的浇筑确定拼装顺序，模板安装后，混凝土浇筑前，应检查模板有无变形、裂缝，并在模板表面涂以肥皂液或废机油等隔离剂，安装后的裂缝可用油灰填塞。

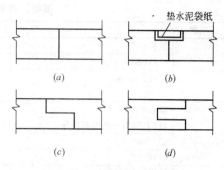

图 3-20 木模板的接缝形式
(a) 对接平缝；(b) 嵌入硬木块的对接平缝；
(c) 搭接缝；(d) 企口缝

模板、拱架及支架制作时的允许偏差见表 3-1。

模板、拱架及支架安装时的允许偏差见表 3-2。

模板、拱架及支架制作时的允许偏差　　　　表 3-1

项次	项 目		允许偏差(mm)
木模板制作	(1)模板的长度和宽度		±5
	(2)不刨光模板相邻两板表面高低差		3
	(3)刨光模板相邻两板表面高低差		1
	(4)平板模板表面最大的局部不平(用2m直尺检查)		
	刨光模板		3
	不刨光模板		5
	(5)拼合板中木板间的缝隙宽度		2
	(6)拱架、支架尺寸		±5
	(7)榫槽嵌接紧密度		2
钢模板制作	(1)外形尺寸		
		长和宽	0,-1
		肋高	±5
	(2)面板端偏斜		≤0.5
	(3)连接配件(螺栓、卡子等)的孔眼位置		
		孔中心与板面的间距	±0.3
		板端孔中心与板端的间距	0,-0.5
		沿板长、宽方向的孔	±0.6
	(4)板面局部不平(用300mm长平尺检查)		1.0
	(5)板面和板侧挠度		±1.0

注：木模板中第(5)项已考虑木板干燥后在拼合板中发生缝隙的可能，2mm以下的缝隙，可在浇筑前浇湿模板，使其密合。

1.2 钢　　筋

钢筋工程的特点是使用的材料规格多，加工工序也多，成品的形状、尺寸各不相同，所以钢筋的制作是钢筋混凝土施工中重要的一环。随着建筑施工预制装配化和生产化的日益发展，钢筋加工一般都集中在钢筋加工场，采用流水作业法进行。

1.2.1 钢筋加工前的准备工作

(1) 钢筋的检查与保存

模板、拱架及支架安装时的允许偏差　　　　表 3-2

项次	项　　目	允许偏差(mm)
一	模板标高	
	(1)基础	±15
	(2)柱、墙和梁	±10
	(3)墩台	±10
二	模板内部尺寸	
	(1)上部构造的所有构件	+5,-0
	(2)基础	±30
	(3)墩台	±20
三	轴线偏位	
	(1)基础	±15
	(2)柱或墙	±8
	(3)梁	±10
	(4)墩台	±10
四	装配式构件支承面的标高	+2,-5
五	模板相邻两板表面高低差	2
	模板表面平整度(用2m直尺检查)	5
六	预埋件中心线位置	3
	预留孔洞中心线位置	10
	预留孔洞截面内部尺寸	+10,-0
七	拱架和支架	
	(1)纵轴的平面位置	跨度的1/1000或30
	(2)曲线形拱架的标高(包括建筑拱度在内)	+20,-10

钢筋进场后，应检查出厂试验证明书。若无证明文件或对钢筋质量有疑问时应作拉力试验和冷弯试验。如需焊接时，需作可焊性试验，试验应符合下列规定：

1) 钢筋试验应分批进行，每批重量不超过 600kN，不能采用已经整直后的钢筋；

2) 每批钢筋中取试件9根，3根作冷弯试验，3根作拉力试验，3根作电弧焊接的工艺试验，作试件的钢筋，不论是冷弯、冷拉或工艺试验，若试件的断口为塑断（即有颈缩状态），则认为该试件合格，脆断则认为该试件不合格；

3) 作拉力试验时应同时测定抗拉强度、屈服点和伸长率3个指标，在第一次拉力试验时，如有一个指标不符规定，即作为拉力试验项目不合格（该批试件不合格），应再取双倍试件作拉力试验，重新测定三个指标，第二次试验中，如仍有一个指标不合格，不论这个指标在第一次试验中是否合格，拉力试验项目即为不合格（该批钢筋不合格）；

4) 作冷弯试验时，应要求将试件绕一定直径的芯棒弯曲至规定角度，其弯心的外侧不发生裂纹、鳞落、断裂等现象为合格。

钢筋进场后，应注意妥善保管，堆放场地宜选择在地势较高处，有顶无墙的料棚内，钢筋下面要放垫块，离地不少于 0.2m；应按不同等级、牌号、直径等分别堆放，并标明数量；不要和酸、盐、油一类物品一起存放，以免污染。

(2) 钢筋的整直

直径10mm以下HPB235级钢筋常卷成盘形，粗钢筋常弯成"发卡"形或出厂时断成 8～10m 长，便于运输和储存。因此，运到工地的钢筋应先予整直，然后再加工弯制。

钢筋整直的方法共有4种。

1) 用绞车或卷扬机整直钢筋

将盘形钢筋先放开,把它截成30~40m长,一端固定,另一端用绞车或卷扬机拉直。拉直时要控制伸长率不宜大于2%,用这种方法拉直钢筋,设备简单,易控制伸长率,但拉直的钢筋屈服极限上升很少,在施工现场,一般使用这种方法。

2)冷拉整直钢筋

用冷拉来整直钢筋,一般在混凝土预制厂才采用。用这种方法拉伸的钢筋,其屈服极限有所上升,提高了屈服点;并拉长了钢筋(达4%~8%),也可达到节省钢材的目的;还可检验钢筋焊接时的接头质量,避免钢筋在张拉工艺中接头突然断裂,并对钢筋作了除锈工作,简化了以后的加工工序。图3-21所示的冷拉钢筋场地,能冷拉16~30mm的螺纹钢筋。

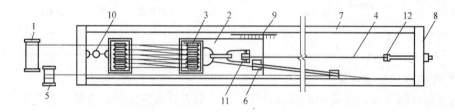

图3-21 冷拉钢筋场地布置图

1—卷扬机;2—张拉小车;3—冷拉用滑车组;4—钢筋;5—小车回程用卷扬机;6—小车回程用滑车组;7—钢筋混凝土压杆;8—横梁;9—标尺;10—电子传感器;11—张拉端夹具;12—锚固端夹具

3)冷拔整直钢筋

以强力拉拔的方法,使直径为6~10mm的HPB235(Ⅰ级)光圆钢筋,在冷态下通过比其直径小0.5~1mm的锥形孔(拔丝模),而拔成比原钢筋直径小的钢丝(也叫冷拔低碳钢丝)。钢筋整直后,呈现硬化性质,脆性增加而塑性降低,无明显的屈服阶段,但强度增高,弹性模量变化不大,钢材可节省30%左右。整直时,一般与切断装置连在一起,边冷拔边切断,图3-22为钢筋冷拔机和拔丝模。

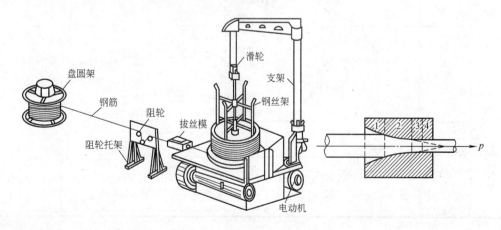

图3-22 钢筋冷拔装置(拔丝模)

4)冷轧整直钢筋

冷轧整直的钢筋一般在钢厂进行,由冷轧机将即将出厂的钢筋进行冷轧,运至现场一般不再整直。

运至工地的 HRB335（Ⅱ级）螺纹钢筋，若直顺良好，可直接用于下料、加工成形。整直的钢筋应挺直，无曲折，钢筋中心线的偏差不得超过其全长的 1‰。

（3）钢筋下料长度计算

整直后的钢筋，应根据设计要求进行配料，配料工作应以施工图纸和库存材料规格为依据，并填写钢筋配料单（表 3-3），交钢筋工进行配料。

钢筋配料单　　　　　　　　　　　　　表 3-3

工程名称：			钢筋配料单						
构件号	图号	等级及牌号（钢号）	钢筋编号	直径	形状	下料长度	根数	总重	备注

1）弯钩增加长度计算

钢筋的弯制和末端的弯钩应符合设计要求，如设计无规定时，应符合表 3-4 规定。

受力主钢筋制作和末端弯钩形状　　　　　表 3-4

弯曲部位	弯曲角度	形 状 图	钢筋种类	弯曲直径(D)	平直部分长度	备注
末端弯钩	180°		HPB235（Ⅰ级）	$\geqslant 2.5d$ $\geqslant 5d(\phi 20\sim 30)$	$\geqslant 3d$	d 为钢筋直径
	135°		HRB335（Ⅱ级）	$\geqslant 4d$	按设计要求（一般$\geqslant 5d$）	
			HRB400（Ⅲ级） HRB500（Ⅳ级）	$\geqslant 5d$		
	90°		HRB335（Ⅱ级）	$\geqslant 4d$	按设计要求（一般$\geqslant 10d$）	
			HRB400（Ⅲ级） HRB500（Ⅳ级）	$\geqslant 5d$		
中间弯制	90°以下		各类	$\geqslant 15d$		

如 $\phi 20$ 以下 HPB 235（Ⅰ级）钢筋末端弯钩形状为 180°、135°、90° 时，其弯钩增加长度为 6.25d、4.9d、3.5d（d 为钢筋直径）。

用 HPB 235（Ⅰ级）钢筋制作的箍筋，其末端应做弯钩，弯钩的弯曲直径应大于受力主钢筋直径，且不小于箍筋直径的 2.5 倍。弯钩平直部分长度，一般结构不宜小于箍筋直径 5 倍,有抗震要求的结构,不应小于箍筋直径的 10 倍。

箍筋弯钩的形式,如设计无要求时,可按图 3-23（a）、（b）加工,有抗震要求的结构,应按图 3-23（c）加工。

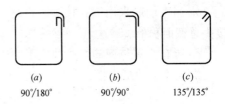

图 3-23 箍筋弯钩形式图

2）弯曲伸长计算

钢筋弯曲后有所伸长,通常有 30°、45°、60°、90°、135°和 180°等几种,在钢筋剪断时应将延伸部分扣除,一般可作若干次试验,以求得实际的切断长度。不同弯起角的钢筋弯曲伸长值可参照表 3-5 计算。

不同弯起角的钢筋弯曲伸长值计算　　　　表 3-5

弯起角度	30°	45°	60°	90°	135°	180°
弯曲伸长值	$0.35d$	$0.5d$	$0.85d$	$1.0d$	$1.25d$	$1.5d$

3）下料长度计算

a. 当不用搭接时

下料长度＝钢筋原长＋弯钩增长量－弯曲伸长;

b. 当需要搭接时（搭接焊或绑扎接头）

下料长度＝钢筋原长＋弯钩增长量－弯曲伸长＋搭接长度。

较短形状钢筋可以先接长后下料加工;而对较长形状钢筋须先下料加工后再接长。

【例 3-1】 直径 φ10mm 的 HPB235（光圆）钢筋,弯曲形状如图 3-24 所示,试计算钢筋下料长度。

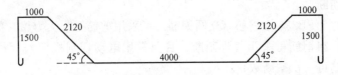

图 3-24 钢筋弯曲示意（单位：mm）

【解】 钢筋原长＝1500×2＋1000×2＋2120×2＋4000＝13240mm

2 个半圆弯钩增长量＝62.5×2×1＝125mm

2 个 180°弯曲伸长量＝15×2×1＝30mm

2 个 90°弯曲伸长量＝10×2×1＝20mm

4 个 45°弯曲伸长量＝5×4×1＝20mm

若无搭接则钢筋下料长度为：

L＝13240＋125－30－20－20＝13295mm

（4）钢筋配料注意事项

1）对于有接头的钢筋,配料时应注意使接头位置尽量错开,并符合下列规定。

a. 当采用搭接焊时,同一搭接长度区段内的受拉钢筋焊接接头的截面积,不得超过主钢筋焊接接头总截面积的 50%,并保证接头处的钢筋有足够间隙以注入混凝土。搭接长度区段内是指 30d 长度范围内,但不得小于 500mm。

b. 当主钢筋采用绑扎接头时,其接头截面积在受拉区的同一截面内不得超过主钢筋接头总截面积的 25%,受压区为 50%。同一截面指搭接绑扎长度范围内。

c. 所有接头与钢筋弯曲处应不小于 10d,也不宜位于构件的最大弯矩处。

绑扎接头的最少搭接长度见表 3-6。

钢筋搭接长度表　　　　　　表 3-6

混凝土强度等级 受力情况 钢筋种类	C15		C20	
	受拉	受压	受拉	受压
Ⅰ级、5号钢筋	35d	25d	30d	20d
Ⅱ级钢筋	40d	30d	35d	25d
Ⅲ级钢筋	45d	35d	40d	30d

注:1. 位于受拉区的搭接长度不应小于 250mm,位于受压区的搭接长度不应小于 200mm。
　　2. d 为钢筋直径。

2) 当施工图中采用的钢筋品种或规格与库存材料不一致时,可参考下列原则进行钢筋代换。

a. 等强度代换　结构构件系强度控制时,钢筋按强度相等原则进行代换,等强度代换后的钢筋强度应不小于原有钢筋强度;

b. 等面积代换　结构构件系最小含筋率控制时,钢筋则按面积相等原则进行代换;

c. 结构构件系受裂缝宽度或抗裂性要求时,钢筋代换时需进行裂缝和抗裂性验算。

应当注意,钢筋代换只能按上下一个档次内代换;代换后,若多出的钢筋建议仍放在结构内;代换后的钢筋直径、根数还须进一步考虑构造要求(如钢筋间距、根数、锚固长度、混凝土材料等)。

(5) 钢筋的切断

10mm 以下的 HPB235 级钢筋(光圆钢筋)可采用剪筋刀(大力钳)剪断;单根钢筋可采用钢锯锯断;粗钢筋可采用气焊割断;目前常用电动切割机切割直径 40mm 以下的钢筋,较细的钢筋可一次割断数根。

1.2.2 钢筋加工

(1) 钢筋接长

钢筋配料中,当长度不能满足需要时,就需将钢筋接长。接长方法有闪光接触对焊、竖向钢筋电渣压力焊接、电弧焊(搭接焊、绑条焊)、螺套及套筒挤压连接和绑扎 5 种。一般均应使用焊接接头;当结构钢筋特别长,无法运输时,可将钢筋用螺套及套筒挤压连接;当焊接有困难时,才可用绑扎接头。

1) 闪光接触对焊(图 3-25)

用闪光接触对焊接长的钢筋,其优点是钢筋传力性能好、省钢料,能适应直径大于 10mm 的各种钢筋,避免钢筋间距变小,便于混凝土浇筑,故钢筋接长首选方案为对焊。其原理为:在进行对焊过程中,钢筋的两端面轻微接触,使变压器的次级产生短路,同时获得强大的电流,使接触点钢筋熔化,同时在钢筋两端进行加压,松开电源,钢筋便对焊成功。

钢筋对焊完毕,除外观检查外,还应按规定切取部分接头进行机械试验;对预应力混凝土使用的钢筋(对焊接头),必须对钢筋进行试拉,以防止对焊接头不牢。

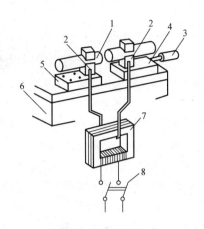
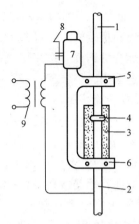

图 3-25 闪光接触对焊
1—钢筋；2—夹具；3—送进机构；
4—动板；5—固定坐板；
6—机架；7—变压器；8—闸刀

图 3-26 竖向钢筋电渣压力焊接示意
1—上根钢筋；2—下根钢筋；3—焊剂
筒；4—墩粗；5—上夹具；6—下夹具；
7—加压齿轮；8—加压手柄；9—变压器

对焊以后的钢筋，其外观接头具有适当的粗细和均匀的金属毛刺；表面没有裂纹和明显的烧伤；接头无弯折、轴线无偏移。

抗拉试验时，断裂部位不能出现在接头处，最小极限强度不能小于该种钢筋抗拉极限强度；绕一定直径的心棒作 90°冷弯试验时，不得出现裂纹，亦不得沿焊接部位破坏。

2）竖向钢筋电渣压力焊接

当桥墩墩身的预埋钢筋较长而无法固定时，先预埋短钢筋，再用竖向钢筋电渣压力焊接机进行现场竖向对焊接长（图 3-26）。其原理同闪光接触对焊，可适用 14～36mm 的 HRB335 级（Ⅱ级）螺纹钢筋。其操作过程如下：

安装上下夹具并夹牢钢筋使其接触，以 400V 的初始电压通电 20s 进行预热，当接头处与焊剂开始发红时；继续加大电压至 600V 并用手柄逐渐加压 30s；接头焊接完毕，冷却后拆除焊接机并观察焊接点是否有墩粗。

用此法焊接的优点是：避免了竖向钢筋过长需要固定，可随焊随接长，墩身混凝土浇一段，钢筋可向上接一段，亦可同时采用几个焊接机一起焊接钢筋，既加快焊接速度又降低劳动强度；缺点是：较难采取试件，对施工人员要有一定的技术要求。

3）电弧焊

图 3-27 是电弧焊焊接过程示意图，一根导线接在被焊钢筋上，另一根导线接在夹有焊条的焊钳上。合上开关，将焊条轻融钢筋，产生电弧，此时立即将焊条提起 2～3mm 进行焊接。由于电弧最高可达

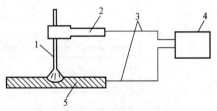

图 3-27 电弧焊焊接过程示意图
1—焊条；2—焊钳；3—导线；
4—电源；5—被焊金属

4000℃，能熔化焊条和钢筋，移动焊条并汇合成一条焊缝，至此焊接过程结束。

电弧焊焊接接头应对外观进行检查，要求焊缝表面平整，没有缺口、凹陷、气孔和较大的金属焊瘤，两钢筋轴线应重合，焊接部分接头应进行机械性能试验，张拉用的

RRB400级（Ⅲ级）钢筋不采用电弧焊。

在绑条焊和搭接焊中，预制钢筋骨架中多采用双面焊缝，其焊缝长度不得小于$5d$；而在模板内焊合的钢筋，多采用单面焊缝，其焊缝长度不得小于$10d$。钢筋电焊时焊条应根据设计规定采用。

4）螺套及套筒挤压连接

当构件特别长，如连续梁内的纵向构造钢筋，很难做到先焊接后放入模板内。可先将钢筋两端用钢筋套丝机床铰一段锥形螺纹，再用特制的螺套连接器将钢筋连接起来（如同自来水管接长一样）；也可不铰螺纹，在两根待接钢筋的端头处先后插入一个优质钢套筒，用压接器在侧向将钢筋接头处的钢套筒压紧，当套筒塑性变形后，即与变形钢筋紧密咬合，达到连接的效果。螺套及套筒挤压连接用于20~40mm的HRB335（Ⅱ级）螺纹钢筋；优点是使用方便，缩短工期，适用范围大；缺点是需要大量钢材，成本较高。

5）钢丝绑扎搭接

当无条件焊接时，可用18~22号钢丝绑扎搭接。绑扎前，先将钢丝在火中烧红后放入冷水中，可提高绑扎钢丝的硬度。

对轴心受拉构件的接头，均应采用焊接，不得采用绑扎接头；冷拔钢丝的接头，只能采用绑扎，不得采用焊接接头；绑扎后的钢丝头要向里弯，不得伸向保护层内。

(2) 钢筋骨架的焊接

钢筋骨架的焊接一般应采用电弧焊，先焊成单片平面骨架，然后再将平面骨架组焊成立体骨架，使骨架有足够刚性和不变形性，以便吊运。

钢筋在焊接过程中由于温度的变化，骨架将会发生翘曲变形，使骨架的形状与尺寸不能符合设计要求，同时会在焊缝内产生收缩应力而使焊缝开裂。

为了便于焊接，常使用工作台（图3-28）。台高一般为300~400mm，钢筋按照骨架的外框尺寸用角钢固定在台面上，每根斜筋的两侧也用角钢固定。

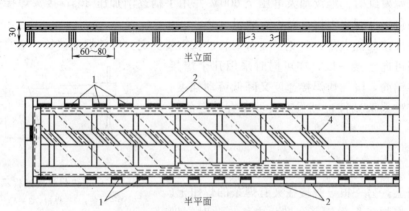

图3-28 焊接钢筋使用的平台焊接工作

1—焊缝长度（用红漆标出）；2—焊缝编号；3—小木桩；4—木条

在拼装T梁骨架时，还应考虑焊接变形和梁的预拱度对骨架尺寸的影响而预留拱度，其值可参考表3-7。

焊接骨架预留拱度值　　　　　　　　表 3-7

T 梁跨径(m)	<10	10	16	20
工作台上预拱度(mm)	30	30～50	40～50	50～70

为了防止焊接骨架过程中骨架的变形，一般采用错开焊接的方法，如图 3-29（a）所示。另外，采用双面焊缝使骨架的变形尽可能均匀对称。

钢筋骨架的施焊顺序宜由中到边对称地向两端进行，先焊骨架下部，再焊骨架上部，每一条焊缝应一次焊成。相邻的焊缝采用分区对称跳焊，不得顺一个方向一次焊成，骨架焊成后应全部敲掉药皮。当多层钢筋直径不同时，可先焊两直径相同的再焊直径不同的，如图 3-29（b）。若相同直径钢筋在同一焊位有好几根，则分层跳焊。

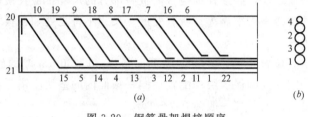

图 3-29　钢筋骨架焊接顺序

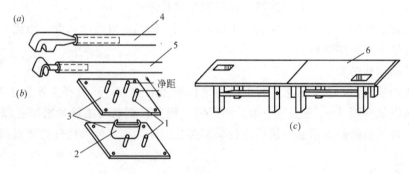

图 3-30　人工弯筋设备及成形台
1—板柱；2—钢套；3—底盘；4—横口扳子；5—深口横口扳子；6—成形台

（3）钢筋弯制成形

钢筋应按设计尺寸和形状用冷弯的方法弯制成形。当弯制的钢筋较少时，可用人工弯筋器在成形台上弯制。人工弯筋器由板子与底盘组成，如图 3-30 所示。底盘固定于成形台两端，其上安有粗圆钢制成的板柱，板柱间净距（图 3-30b）应较弯曲的最大直径大 2mm。当弯制较细钢筋时，应加以适当厚度的钢套，以防弯制时钢筋滑动。扳子的扳口应较钢筋大 2mm。弯制直径 12～16mm 的钢筋，使用图 3-30（a）所示的深口横口扳子，可一次弯制 2～3 根钢筋。

弯制大量钢筋时，宜采用电动弯筋机，图 3-31 为目前采用的电动弯筋机，能弯制直径 6～40mm 的钢筋，并可弯成各种角度。

图 3-31　电动弯筋机

弯制各种钢筋的第一根时,应反复修正,使其与设计尺寸和形状相符,并以此样件作标准,用以检查以后弯起的钢筋。对成形后的钢筋,其偏差不大于表3-8的规定。

加工钢筋的允许偏差（mm） 表3-8

项次	偏差名称	允许偏差
1	受力钢筋顺长度方向加工后的全长	+5 / -10
2	弯起钢筋各部分尺寸	±20
3	箍筋螺旋筋各部分尺寸	±5

1.2.3 钢筋的安装

在模板内安装钢筋之前,必须详细检查模板各部分的尺寸,检查模板有无歪斜、裂缝及变形,各板之间的拼接是否牢靠等。所有变形、尺寸不符之处和各板之间的松动都应在安装钢筋前予以处理好。

安装钢筋时应使其位置正确,并在钢筋下面垫以20～30mm厚的砂浆垫块,以确保底模与钢筋间具有一定厚度的保护层;配置在同一截面内的垫块应错开,以免把混凝土构件的受拉区截断,垫块间的距离一般为0.7～1m。

为了保证钢筋具有一定厚度的保护层,可以在钢筋与侧模板间或钢筋与钢筋间垫置砂浆隔块,或垫置与主筋相同的短钢筋,并以钢丝绑扎固定。

钢筋安装的顺序可根据钢筋混凝土构件的形状、钢筋配置情况,混凝土浇筑的先后而定,一般可依下列次序进行。

（1）基础钢筋的安装

在安装钢筋之前,先在模板侧板上以粉笔标明主筋位置,然后将主筋置于基坑底上,其次把分布钢筋每隔3～4根安装一根,并用钢丝把分布钢筋与主筋紧密绑扎以固定主筋位置,再安装其余的分布钢筋,最后进行全部绑扎工作,如有伸入构件的竖直预留钢筋应绑扎固定。

（2）墩台钢筋安装

桥墩、桥台的钢筋,应事先根据施工图纸在平地预制成钢筋骨架,然后整个安装;有些水下混凝土工程所需安装的钢筋,一般在陆地整体安装后,用起重机械将钢筋骨架整体起吊至模板内;若无起重机械,可将配制好的钢筋在模板内现场绑扎;对于大型桥墩、桥台有时采用边安装钢筋边浇筑混凝土的方法。

（3）上部构造钢筋的安装

上部构造的钢筋一般采用主梁、横梁、副纵梁和桥面板这样的顺序来安装。对有些上部构造可采用预制构件的方法,逐步拼装。梁的上部钢筋和侧壁的钢筋可按图3-32所示的方法固定。

桥面板钢筋的安装,其步骤与基础钢筋安装相同。

（4）其他混凝土构件的钢筋安装

对于桩、立柱和装配式钢筋混凝土构件,通常是预先做好钢筋骨架,然后安装于模板内。

为了加速钢筋安装工作和保证安装质量,可根据结构形状、起重和运输条件,尽可能预先制成立体骨架式平面网,再放入模板内进行绑扎或焊接。制成的骨架应注意有足够刚

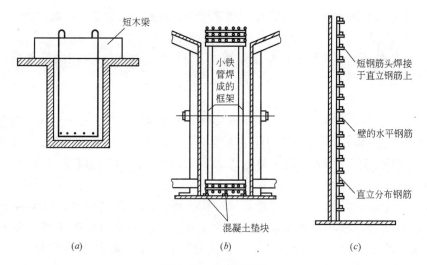

图 3-32 钢筋安置法
(a) 把钢筋吊在短木梁上；(b) 用框梁安置上部钢筋；(c) 在分布钢筋上附加短钢筋头安置肋壁水平钢筋

性和不变形性，以便运输和吊装，在钢筋的交叉点最好采用焊接。

安装钢筋时，其位置偏差不应大于表 3-9 的规定。

钢筋位置允许偏差　　　　　　　　　　　　　　　　表 3-9

项次	项　目		允许偏差（mm）
1	两排以上受力钢筋的钢筋排距		±5
2	同一排受力钢筋的钢筋间距	梁、板、拱肋	±10
		基础、墩、台、柱	±20
3	钢筋弯起点位置		±20
4	箍筋、横向钢筋间距		±20
5	焊接预埋件	中心线位置	±5
		水平高差	±3
6	保护层厚度	墩、台、基础	±10
		柱、梁、拱肋	±5
		板	±3

1.3　混　凝　土

混凝土是指用水泥浆、沥青或合成树脂等作胶凝材料固结而成的材料总称。而平常所说的混凝土主要指用水泥浆作为胶凝材料而形成的，其材料用水泥、砂、石料、水和外加剂经合理混合硬化而成。

1.3.1　混凝土浇筑前的准备工作

在混凝土浇筑前，应根据现场的实际情况，制定相应的施工方案，确定浇筑顺序与速度、拌合物的运输方法、振捣方法与顺序、振捣器型号和数量以及与浇筑速度相适应的劳动力组织等。此外，还应做好下列几项工作。

（1）原材料检查

1）水泥

水泥是混凝土原材料中起主导作用的材料，必须严格要求。每批进场水泥，必须附有质量证明文件。对强度等级、品种不明或超过出厂日期三个月的，应取样试验，鉴定后方可使用。对受潮水泥和过期水泥不能用于高强度等级混凝土和主要工程部位。

2) 砂

混凝土采用的砂，应为中砂（细度模数在2.1～3.3之间），采用级配合理、质地坚硬、颗粒洁净的天然砂（一般以江砂、湖砂或山砂为好）。

3) 石料

以碎石为好，不宜采用卵石，要求质地坚硬，有足够的强度、表面洁净。配制高强度等级混凝土不能采用卵石。为保证混凝土浇筑密实，石子的最大粒径不得大于结构截面尺寸的1/4；同时不得大于钢筋间最小净距的3/4；也不宜大于主筋直径的1倍。

4) 水

凡能饮用的自来水及洁净的天然水均可作为混凝土的搅拌用水，影响混凝土硬化的有害物质如油脂、糖类、污水、工业废水、pH值小于4的酸性水和含量超过1%的硫酸盐水，均不得用于混凝土中；海水不得用于钢筋混凝土和预应力混凝土结构中。

5) 外加剂

混凝土、砂浆和水泥净浆在搅拌时，容许掺入不大于水泥用量5%的外加剂，以改变混凝土、砂浆和水泥净浆的性能，常用的外加剂有以下4种。

a. 减水剂　在不影响和易性的条件下，能使给定的混凝土或砂浆用水量减少或在用水量不变的条件下增加流动性。

减水剂使用最普遍，其优点为：在混凝土配合比和水灰比不变的情况下，可提高流动性，并不降低混凝土的强度；在水泥用量不变的情况下，减少用水量，既能保证流动性，又能提高混凝土的强度和耐久性；在保证流动性和水灰比不变的情况下，同时减少用水量和水泥用量，节省水泥，降低造价。

b. 早强剂　提高混凝土或砂浆的早期强度。7d的强度可达90%，但28d的强度并不能提高。

c. 促凝剂　减少混凝土或砂浆由塑态变为固态所需时间，减少混凝土或砂浆由初凝至终凝的时间，从而保证混凝土的水化反应正常，防止由于低温产生的混凝土冻害。

d. 缓凝剂　增加混凝土或砂浆由塑态变为固态所需的时间。减少混凝土在凝结过程中产生的水化热，防止由于大体积混凝土内外温差过大而产生的表面开裂，并能保证混凝土经长距离运输后仍能保持一定的和易性。

外加剂的种类有百余种，但能掺入混凝土中使用的仅占10%，使用不普遍。主要原因是外加剂的价格过高，有些外加剂掺入后有不良后果，再就是使用不当以至于无效甚至有害。

(2) 检查混凝土配合比

根据计算的理论配合比，称取10L混凝土的组成材料，以计算的水灰比中水泥用量的±5%进行试拌，以验证和易性、重力密度、强度是否符合要求，必要时进行调整，以选定正式配合比。

以上所述的配合比均为理论配合比，其中砂、石均为干料，但在施工现场所用的材料均包含一定量的水。因此，在混凝土浇筑前，均要测定砂、石的含水率，调正配合比。

(3) 混凝土搅拌

在施工现场除少量的混凝土用人工搅拌或因无堆料场地用商品混凝土外，均采用搅拌机。其优点是：混凝土质地均匀，强度高并能节约劳力，加快施工进度。

施工现场常采用自落式和强制式两种搅拌机，一般都有固定搅拌台，图 3-33 为自落式混凝土搅拌台示意。

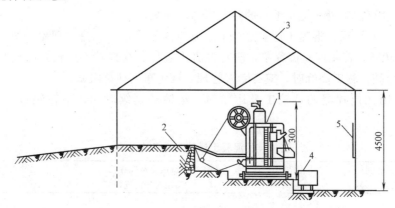

图 3-33　自落式混凝土搅拌台示意（mm）
1—搅拌机；2—装料平台；3—棚；4—运混凝土斗车；5—混凝土配合比揭示牌

搅拌台的高度与混凝土的运输方式有关，以搅拌机的出料槽略高于混凝土运输工具；装料平台的高度可与搅拌机的料斗同高或略低，便于倒料，上装料平台的坡度不宜超过 3%～5%。

混凝土混合料，水泥以包为单位，砂石料必须过磅，其偏差按重量计时为 1%～3%，上料顺序为石子→水泥→砂。搅拌前应检查搅拌机运转情况。

混凝土搅拌时，应先向滚筒内注入用水量的 2/3，然后把全部混合料投入滚筒，随着将余下的 1/3 水量倒入。搅拌时间应根据混凝土的和易性和搅拌机的容量而定，不要任意缩短搅拌时间或加快搅拌筒的转动速度。自全部混合料装入搅拌筒并加水起，到混凝土由筒中开始卸出止，其延续搅拌的最短时间一般应符合表 3-10 的规定。并以石子表面包满砂浆，拌合颜色均匀为标准。搅拌均匀是十分重要的，否则配合比就失去意义，不能保证混凝土的强度与和易性，对混凝土危害极大。

混凝土最短搅拌时间（min）　　　　　　　　　　　表 3-10

项次	搅拌机类别	搅拌机容量（L）	混凝土坍落度(mm)		
			0～20	30～70	>70
1	自落式	≤400	20	15	10
		≤800	25	20	15
		≤1200	—	25	15
2	强制式	≤400	15	10	10
		≤1500	25	15	15

注：1. 搅拌细砂混凝土或掺有外加剂的混凝土时，搅拌时间应当延长 1～2min；
　　2. 外加剂应先调成适当浓度的溶液再掺入；
　　3. 搅拌机装料数量（装入粗骨料、细骨料水泥等松体积的总数）不应大于搅拌机标定容量110%；
　　4. 搅拌时间也不宜过长；
　　5. 表列时间为从搅拌加水算起。

在整个混凝土施工过程中,应注意搅拌机的搅拌速度与混凝土浇筑速度的密切配合;注意随时检查与校正混凝土的坍落度,严格控制水灰比,不任意变更配合比。

(4) 混凝土运输

混凝土的运输工具常用手推车、汽车及混凝土泵车输送。运输过程中应满足如下要求。

1) 从搅拌机出料处至浇筑地点的距离应力求缩短;

2) 运输工具应保证混凝土运输过程中不发生离析或水泥浆流失现象,坍落度前后相差不得超过30%,若发现离析现象,应对混凝土进行二次搅拌;运输路线应平坦,以保证车辆平稳行驶;施工高峰时,应有专人管理,以免车辆拥挤阻塞;

3) 当采用无搅拌器的运输工具运输时,运输的延续时间,不宜超过表3-11中的规定;

已搅拌的混凝土运输允许保持时间 表3-11

混凝土从搅拌机倾出时的温度(℃)	混凝土允许运输时间(min)	混凝土从搅拌机倾出时的温度(℃)	混凝土允许运输时间(min)
20~30	30	5~9	60
10~19	60		

4) 运输盛器应严密坚实,要求不漏浆、不吸水,并便于装卸搅拌。

1.3.2 混凝土浇筑

因浇筑地点及构件形状的不同,混凝土浇筑方法有许多,均应保证混凝土在浇筑过程中不产生离析、中断,并保证混凝土搅拌料在短时间内有足够的数量供浇筑,使混凝土能充分振捣。

混凝土浇筑前应对模板、钢筋作一次全面检查,对重点工程的关键部位应作隐蔽工程验收。

(1) 允许间隙时间

混凝土应依照次序逐层连续浇完,不得任意中断,并应在前层混凝土开始凝结前即将次层混凝土搅拌物浇捣完毕,其允许间隙时间以混凝土还未初凝或振动器尚能顺利插入为准,表3-12所列的混凝土浇筑的允许间隙时间供参考。

混凝土浇筑允许间隙时间 表3-12

混凝土入模温度(℃)	允许间歇时间(min)	
	普通水泥	矿渣水泥、火山灰水泥、粉煤灰水泥
30~20	90	120
19~10	120	150
9~5	150	180

(2) 工作缝处理

当浇筑时,混凝土搅拌物间隙时间超过表3-12的数值时(包括旧混凝土),应按工作缝予以处理,其方法如下:

1) 下一层已浇好的混凝土强度,在尚未达到1.2MPa(结构为钢筋混凝土时,不得低于2.5MPa)前,不允许进行上一层混凝土的浇筑工作。

2) 在旧混凝土上施工时,其表面的水泥薄膜(乳皮)及松软的混凝土层应加以凿除,使坚实混凝土层外露并凿成毛面。

3) 旧混凝土面经清理干净后,用水冲洗并排除积水,铺一层水泥砂浆,厚 15mm 左右,便可立即浇筑新混凝土;对于竖向结合面,可只涂薄水泥浆层。

4) 对施工接缝处的混凝土,应仔细地加以振捣,使新旧混凝土紧密结合;也可将旧混凝土用冲击钻打孔,插入钢筋(生根)后再浇筑新混凝土。

(3) 混凝土浇筑时的分层厚度

混凝土浇筑时应分层,每层混凝土的浇筑厚度应根据搅拌机的搅拌能力、运输距离、浇筑速度、气温及振动器工作能力来决定,一般不宜超过表 3-13 的规定。

混凝土分层浇筑厚度　　表 3-13

项次	捣实方法		浇筑层厚度(mm)
1	用插入式振动器		300
2	用附着式振动器		300
3	用表面振动器	无筋或配筋稀疏时	250
		配筋较密时	150
4	人工捣实	无筋或配筋稀疏时	200
		配筋较密时	150

注:表列规定可根据结构物和振动器型号等情况适宜调整。

(4) 混凝土的自由倾落高度

为保证混凝土在垂直浇筑过程中不发生离析现象,应遵守下列规定:

1) 浇筑无筋或少筋混凝土时,混凝土搅拌物的自由降落高度超过 2m 时,要用滑槽或串筒输送;超过 10m 时,串筒内应附设减速设备(图 3-34)。

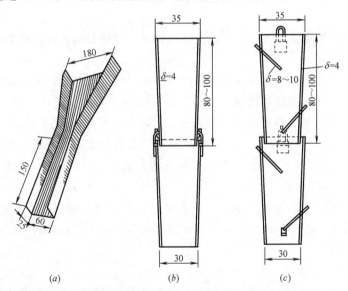

图 3-34　垂直输送混凝土设备(mm)
(a) 滑槽;(b) 串筒;(c) 有减速设备的串筒

2) 浇筑钢筋配筋较密或不便浇筑的结构的混凝土时,尤其要缩小混凝土搅拌物自由降落高度,最好不超过 0.2m。以免因钢筋碰撞而导致石子与砂浆分离。

(5) 混凝土的振捣

混凝土振捣常采用机械振捣，是利用各种振动器将混凝土内部的空气和游离水分排挤出来，同时使砂浆充满石子间空隙，以达到内部密实，表面平整，符合设计要求。只有在缺乏或不能采用振动器时，方可采用人工捣固。

混凝土的质量与浇筑厚度、浇筑程序和良好的振捣有关，采用振捣器振实混凝土可获得最大密实度。桥梁工地常采用的振捣器有以下几种。

1) 平板式振捣器

系用平板式振捣器放在浇筑层的表面，混凝土分层厚度不宜大于 200mm，适用于大面积混凝土的表面振动。如桥面、矩形板、空心板的底板和顶面等。操作时，振动器顺序逐排振动前进，并按振动轴转动的方向拖行，每次振动有效面积应与已振动部分重叠。

2) 附着式振捣器

系用附着式振动器安装在模板的外部振动，适用于薄壁构件。如箱梁的内模、外模，T 梁的腹板等。安装时，振动器振动轴的旋转面不能与水平面平行。其垂直方向的布置与构件厚度有关，构件厚度小于 0.15m 时，可两面交错排列；大于 0.15m 时，应两面相对排列，布置间距不应大于它的作用半径。这种方法以振动模板来振实混凝土，故对模板的要求很高，一般当钢筋过密无法采用插入式振动器时方可采用。

3) 插入式振捣器

系用插入式振捣器插入混凝土内部进行振动，振捣效果较好。混凝土的分层厚度不应大于振捣棒头的 0.8 倍。操作时，振捣棒要垂直，不可触及模板与钢筋，插点要均匀，可按行列式或交错式进行，两点间距离以 1.5 倍作用半径为宜，插入振捣上一层混凝土时，应将振捣棒略为插入下层以消除两层之间的接触面。

4) 振捣台

将 1 台或数台振捣器放在平台下面组成振捣台，将浇筑构件放在振捣台上振动，一般在混凝土制品厂使用。

若对某些即将开始初凝（还未初凝）的混凝土再次进行振动称为二次振捣，可提高水平钢筋的握裹力、竖向钢筋的抗拔力，增大水密性和提高抗压强度，28 天后的龄期强度可增加 10%～20%。因二次振动是一项新技术，在使用前必须经过试验，慎重对待。

混凝土振捣时间各有不同，一般凭肉眼观察，以混凝土不再下沉，气泡不再发生，水泥砂浆开始上浮，表面平整为止。平板式振动器约为 20～40s；插入式振动器约为 15～30s；附着式振动器约为 20～40s。

延长振捣时间，并不能提高混凝土的质量；相反，过久地振捣，可使混凝土产生离析，发生蜂窝麻面，过多地振捣所造成的危害比振捣不足更大，尤其对塑性的、稠度较稀的混凝土更为显著。

1.3.3 混凝土的养护及模板拆除

混凝土浇筑后，若天气干燥，混凝土表面水分蒸发过快，会产生网状的收缩裂缝，破坏混凝土的耐久性，所以对混凝土初期阶段的养护是非常重要的。

在自然温度条件下（高于+5℃）用湿草袋将混凝土覆盖，并经常浇水养护；温度低于+5℃，须加盖草袋，不得浇水。塑性混凝土在浇筑后（过了初凝）12h 内，加以覆盖和浇水；干硬性混凝土应在浇筑完毕后，立即覆盖草袋并加强浇水。

混凝土浇水养护日期，随环境温度而异，在常温下，用普通水泥拌制时，不得少于

7d；用矾土水泥拌制时，不得少于 3d；用矿碴水泥、火山灰质水泥或在施工中掺用减水剂、加气剂时，不得少于 14d；对有抗渗要求的混凝土也不得少于 14d。干燥炎热天气应适当延长。

混凝土浇筑后，经过一段时间养护，其强度达到一定的要求后，便可拆除模板与支架。现浇钢筋混凝土桥的落架工作，应从挠度最大处的支架上的落架设备开始，然后分别向两支点，逐次使邻接的支架上的落架设备加入工作，务使整个承重结构逐渐受力，以免突然受力而遭受损害。

模板及其支架的拆除期限与混凝土硬化的速度、气温及结构性质等有关。拆除模板及其支架的最短期限可参照表 3-14。

拆除模板及其支架的最短期限（昼夜）　　　　表 3-14

混凝土强度达到设计强度的百分比	拆 模 项 目	昼夜平均温度(℃)			
		30	20	15	10
20%	横梁及柱的侧面模板，以及不承受混凝土重量的模板	2	3	4	5
50%	跨径小于 3m 的板的底面模板，墩台直立模板，主梁侧面模板	6	7	8	10
70%	跨径大于 3m 的板的底面模板，跨径小于 12m 的主梁的底面模板及其支架	12	14	18	24
100%	跨径≥12m 的主梁底面模板及其支架，拱桥模板，拱架及其支架	21	25	28	35

模板拆除时，应尽量避免对混凝土的振动，已拆除模板的结构，应在混凝土达到设计强度的 100%，才容许承受全部设计荷载。

1.3.4　混凝土的季节性施工

混凝土的季节性施工包括夏季施工、雨期施工和冬期施工。

(1) 夏季混凝土施工

夏季天气炎热，混凝土浇筑完毕后应注意保水。

1) 高温对混凝土的影响

a. 搅拌混凝土要达到设计稠度，用水量增加；凝结硬化加快，操作时间缩短，振捣困难；泌水减少，表面干燥快，整修困难，易产生裂缝（塑性）；早期强度高，后期强度比低温浇筑时低；水化发热在初期速度大，散热少，温度上升快，易因温差产生裂缝。

b. 白天高温时浇筑，黑夜周围温度下降，由环境温差产生裂缝。为保证夏季高温天气下生产出耐热混凝土，必须在用水量、水泥热量、搅拌工艺、浇筑、振捣和湿润养护等方面严加控制。

2) 夏季施工注意事项

控制水温

a. 水的比热要比水泥和粗细骨料高出 4～5 倍，试验证明，在标准配合比的混凝土中，若水温降低 2℃，则能使混凝土降低 0.5℃，可采用地下水或冰水作拌制混凝土用水。

b. 外加剂的控制

使用缓凝剂可降低混凝土凝固时产生的水化热，但需增加用水量，从而使水泥用量增多，增加造价。通常采用添加减水剂的方法，减水剂的用量为水泥用量的 3%～5%，既可使混凝土浇筑时具有适当的流动性，又可消除混凝土因受高温影响而使某些性能下降。

c. 操作时间控制

施工宜在凌晨或夜间进行，拌合时间应缩短，运输距离力求最短，到达浇筑现场后，必须注意混凝土的流动性。选择一天内气温较低的时候进行，浇筑温度应低于32℃。

d. 注意养护

混凝土浇筑完毕后，及时进行表面泌水，并加盖草包，防阳光直晒，并及时浇水养护，并在一周内不间断浇水保持湿润，防止混凝土表面出现收缩裂缝。

（2）混凝土的雨期施工

雨期水量较多，混凝土浇筑后应注意防水；减少混凝土的用水量。

1）施工工期若遇雨期，施工现场设置排水沟并及时与气象台联系，掌握天气状态，避免下雨天浇筑混凝土；工作面不宜过大，应逐段逐片分期施工。

2）加强地基不良地段的沉降观测，发现问题及时处理。做好防潮、防漏、排水和防洪工作，做好抢险措施准备。

3）在浇筑地点加盖雨棚，既可防水，又可便于混凝土养护，但须注意将雨水引至浇筑地点以外；基坑上边线要设挡水埂，防止地面水流入基坑。

4）混凝土浇筑完毕后，及时收水（抹面）并加覆盖物或采用真空吸水工艺，排除混凝土因雨水带来的多余水分。

（3）混凝土的冬期施工

由于工程进度要求，跨年度施工都有可能遇到冬期的混凝土施工，冬期施工时，对混凝土浇筑应注意防冻。

在冬期条件下进行混凝土施工，则要求混凝土至少应达到允许受冻的临界强度以前，不致受到外界低温的影响。混凝土受冻后，它的硬化作用即行停止，虽然在温度回升后，仍能重新进行硬化，但最终强度却被削弱了。

经验证明，当混凝土强度达到设计强度的70%时，再受冻就没有影响，如表3-15所示。当天气转暖后，能达到正常的强度。当室外气温连续5天低于+5℃时；施工现场环境温度低于-2℃超过2h；混凝土浇筑后，养护前气温低于+5℃时，均应按冬期施工条件进行混凝土浇筑。

在负温度下混凝土强度的增长与温度及冻结时速度之间的关系　　　　表3-15

冻结前混凝土具有的强度R_{28}的(%)	在不同温度下放置28d后混凝土强度的增长(%)				
	0℃	-2℃	-5℃	-10℃	-20℃
0	50～60	20～30	5～10	1～3	1
5～10	40～60	30～40	15	3～5	2～4
15～20	50～70	45～50	20	15	10
30～50	—	—	15	10	8

混凝土冬期施工措施。

1）采用高强度等级水泥

拌合用的水泥强度等级提高后，可增大水化反应热，一般选用活性大、发热量较高、快硬性的高强度等级水泥。

2）采用小水灰比

参加水化反应的水，有相当一部分并未与水泥产生水化反应而蒸发掉。为防止水冻结，可在保证混凝土必要的和易性同时降低水灰比，混凝土冬期施工水灰比不宜大于0.55。实际上，作为梁体混凝土，水灰比一般都小于0.5，接近0.4，甚至0.4以下。

3）增加搅拌时间

为了使水泥的水化反应加快，使水泥的发热量增加以加快混凝土的凝固，其搅拌时间比正常的搅拌时间增加50%～100%。

4）封堵灌水

对已浇筑的混凝土基础，可在混凝土浇筑后（达终凝），对基础四周进行封堵灌水，水面高出基础顶面0.2m以上，当水面结冰时，水下混凝土并不一定受冻害，这是一种简便可行的对新浇混凝土基础的防冻方法。

5）渗入外加剂

早强剂：提高混凝土的早期强度；加气剂：在混凝土内部形成大量均匀分布的极小的密闭气泡，使混凝土内产生的内应力减少，不致造成破坏应力，能提高混凝土的抗冻性和耐久性；渗加盐水：可增加混凝土中水的冰点，防止混凝土早期冻结，但不适用于钢筋混凝土。

对无筋或少筋的混凝土结构可加入2%的氯化钙，对钢筋混凝土结构可加入三乙醇胺、氯化钙和亚硝酸钠复合剂（掺入量：三乙醇胺0.03%～0.05%，氯化钙0%～1.0%，亚硝酸钠0%～1.0%）。

6）将水、砂、石料加热

首先考虑水加热，如水加热至规定最高温度，还不能使搅拌的混凝土达到规定温度时，再考虑砂石集料的加热。但是，在任何情况下严禁将水泥加热。水及骨料的加热最高温度及搅拌完毕混凝土出料的最高温度应符合表3-16规定。

混凝土及其组成材料的最高允许温度 表3-16

混凝土种类	出料最高温度(℃)	材料最高加热温度(℃)	
		水	砂、石
32.5级普通硅酸盐水泥及矿碴硅酸盐水泥制成的混凝土	45	80	60
42.5级硅酸盐水泥或32.5级火山灰质硅酸盐水泥制成的混凝土	40	70	50
52.5级硅酸盐水泥制成的混凝土	35	60	40
矾土水泥制成的混凝土	25	40	30

加热方法：水，可用大锅烧或通入蒸气；砂石料，可在火上翻炒，也可在砂石料下设暖气管片。

为减少混凝土在运输过程中的热量损失，搅拌机应尽量靠近浇筑地点，缩短运距。

7）提高混凝土养护温度

冬期混凝土浇筑完毕后，要注意对混凝土的养护方法。一般采用蓄热法（保温法）、暖棚法、蒸气养护法（目前使用较普遍）、电加热、红外线加热和太阳能养护等。这些方法均能保证混凝土的表面温度在0℃以上，从而避免新浇混凝土受冻。

8）正确选择浇筑时间

将混凝土的浇筑时间放在上午10时以前，到晚上一般混凝土已过了初凝，受冻的机会大大减小。

1.3.5 混凝土的质量控制与检查

混凝土浇筑自始至终都要严格控制与检查其质量。

(1) 材料现状的检查

1) 砂石料有显著变化时，应进行级配调整；

2) 每日开工前，应检查 1 次砂石含水率，如因雨天或天气干燥等情况则应随时检查并根据砂石实际含水率调整搅拌用水；

3) 检查所用水泥质量是否合乎要求。

(2) 混凝土质量控制

混凝土强度的大小直接反映构件的质量，桥梁工程的混凝土试块一般作 2 组，1 组"标养"，1 组"环养"，供测强度用的试块，应根据工程量大小，按下列要求留置：

1) 不同强度等级及不同配合比的混凝土应分别制取试件，试件宜在浇筑地点或搅拌点就地制取；

2) 浇筑一般体积的结构物（如基础、墩台等）时，每一单元结构物应制取 2 组；

3) 连续浇筑大体积结构物混凝土时，每 80～200m 或每一工作班应制取 2 组；

4) 每片梁长 16m 以下应制取 1 组，16～30m 制取 2 组，31～50m 制取 3 组，50m 以上者不少于 5 组；

5) 就地浇筑的混凝土小桥涵，每一座或每一工作班制取不少于 2 组；当原材料和配合比相同、并由同一拌合站拌制时，可几座合并制取 2 组。

特别注意：对桥梁工程的一些主要分项的混凝土质量，如承台（基础）、立柱（墩台身）、墩（台）盖梁、墩（台）帽等的混凝土试块需 2 组；上部构造的混凝土试块，应多留几组与构件相同养护条件的试块，作为拆模、出槽、吊装、张拉、开割、加载等施工阶段强度控制依据，并为考核设计龄期构件的实际强度之用。每组的三个试块应在同样混凝土中取样制作。试块强度代表值的确定，应符合下列规定：

1) 取 3 个试块强度算术平均值作为每组试块的强度代表值；

2) 当一组试块中强度的最大值或最小值与中间值之差超过中间值 15% 时，取中间值作为该组试块的强度代表值；

3) 当一组试块中强度的最大值和最小值与中间值之差均超过中间值的 15% 时，该组试块强度不应作为评定的依据。

(3) 混凝土和钢筋混凝土结构物的位置及外形尺寸允许偏差

1) 混凝土、钢筋混凝土基础及墩台允许偏差见表 3-17。

2) 混凝土、钢筋混凝土桥梁上部结构允许偏差见表 3-18。

1.4 预应力混凝土施工工艺

预应力混凝土是在结构中设法克服混凝土裂缝的基础上发展出来的新形材料。即预先在钢筋混凝土构件中施加预压力，让其工作时抵消受荷载作用产生的拉应力，并用以限制混凝土裂缝。他的预压力是靠张拉（或其他形式）钢筋混凝土中的高强钢筋，钢丝束或钢绞线来实现的。

预应力混凝土材料比普通钢筋混凝土要求高，要求混凝土拌合料强度高，收缩率低，若用高强钢筋作预应力筋时，其强度等级不宜低于 C30；用碳素钢丝，钢绞线作预应力筋时其强度等级不宜低于 C40。

混凝土预加应力的方法很多，主要有先张法和后张法。

混凝土、钢筋混凝土基础及墩台允许偏差（mm）　　　　表 3-17

项次	项目		基础	承台	墩台身	柱式墩台	墩台帽
1	断面尺寸		±50	±30	±20		±20
2	垂直或斜坡				0.2%H	0.3%H ≤20	
3	底面高程		±50				
4	顶面高程		±30	±20	±10	±10	
5	轴线偏位		25	15	10	10	10
6	预埋件位置				10		
7	相邻间距					±15	
8	平整度						
9	跨径	$L_0 \leq 60m$				±20	
		$L_0 > 60m$				$±L_0/3000$	
10	支座处顶面高程	简支梁				±10	
		连续梁				±5	
		双支座梁				±2	

注：1. 表中的 H 为结构高度；
　　2. L_0 为标准跨径。

混凝土、钢筋混凝土桥梁上部结构允许偏差（mm）　　　　表 3-18

项次	项目		预制梁及板	预制拱肋	小型预制构件	现场预制梁及板
1	断面尺寸			+10 -5	±10	+8 -5
2	宽度	干接缝	±10			
		湿接缝	±20			
3	高度		±5	+5 -10		
4	长度		+5 -10	+0 -10	+5 -10	+0 -10
5	梁肋(腹板)厚度		+10 -0			
6	跨度(支座中心至中心)		±20			
7	轴线偏位				5	10
8	预埋件位置		5	5		
9	平整度(2m 直尺检测)		5			8
10	支座表面平整度(检查四角)		1			2

1.4.1 先张法

先张法是先将预应力筋在台座上按构件设计要求张拉，然后浇筑混凝土，待混凝土达到一定强度后，放松预应力筋。

先张法的优点：是张拉预应力筋时，只需夹具（夹具设在台座两端，构件制成后能回收重复使用），他的锚固是依靠预应力筋与混凝土的粘结力，自锚于混凝土之中。

先张法的缺点：需要专门的张拉台座，基建投资大；构件中预应力筋一般只能采用直线配备，施加的张拉力较小，适用于长度 25m 以内的预制构件。

1.4.2 后张法

后张法是先制作钢筋混凝土构件，在浇筑混凝土之前，按预应力筋的设计位置预留孔道（直线形或曲线形），待混凝土达到设计强度后，将预应力筋穿入孔道，并利用构件本身张拉预应力筋，张拉后用锚具牢固地锚着在构件上，然后进行孔道灌浆，使混凝土得到预加应力。

后张法优点：预应力筋可直接在构件上张拉，不需要专门台座；预应力筋可按设计要求配合弯矩和剪力变化布置；施加的张拉力较大，适合于预制或现浇的大型构件。

后张法的缺点：每一束或每一根预应力筋两头都需要加设锚具；而锚具在施工中还增加留孔、穿筋、灌浆和封锚等工序，使施工工艺复杂化。

由于预应力混凝土结构具有很多优点，因此，在桥梁建设中，已逐步成为一个十分重要的施工工艺，并得到广泛的应用。如梁、板、墩、柱等及桁架拱、刚架拱、斜拉桥等及在基础工程中的沉井、沉箱等。随着预应力施工工艺的不断发展和完善，它在桥梁工程中将发挥更重要的作用。

1.5 夹具与锚具

夹具与锚具的种类很多，有圆锥形夹具，锥形锚具、环销锚具、螺丝端杆锚、JM—12型锚具和星形锚具。

1.5.1 夹具

夹具根据用途分为张拉夹具与锚固夹具。张拉时，把预应力筋夹住并与测力器相连的夹具称为张拉夹具；张拉完毕后，将预应力筋临时锚固在台座横梁上的夹具称为锚固夹具。

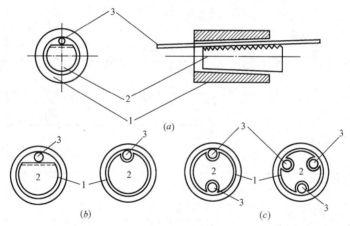

图 3-35 圆锥形夹具与形式

(a)、(b) 齿板式；(c) 槽式

1—锚环；2—锥形销子；3—钢丝

（1）钢丝用的圆锥形夹具

它由锚环和销子两部分组成（图 3-35a）。销子上刻有细齿，可固定三根或三根以下直径 3～5mm 的碳素钢丝或冷拉钢丝，锚环和销子均用 45 号钢制造。张拉完毕后，将销子击入锚环内，借锥体挤压所产生的摩阻力锚固钢丝。销子的形式有齿板式（图 3-35 a、b）和槽式（图 3-25c）两种。

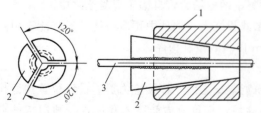

图 3-36 穿心式夹具

1—锚环；2—夹片；3—钢筋（钢绞线）

（2）钢筋（钢绞线）用穿心式夹具

它由锚环和夹片两部分组成（图 3-36）。锚环内壁呈圆锥形，与夹片锥度相吻合。夹片有 3 片式（互成 120°）和 2 片式（2 个半圆片），圆片的圆心部分开成凹槽，并刻有细齿。锚环采用 45 号钢制造并经热处理，夹片采用 15 号铬钢或 45 号钢制造并经热处理。可锚固直径为 12～16mm 的钢筋和一股 7 支直径为 4mm 的钢绞线。

1.5.2 锚具

锚具与夹具不同，留在构件两端不再取下来，一般称为工作锚；而用以夹住预应力筋，进行张拉的锚具称为工具锚，它所起的作用与夹具相同，可取下重复使用。

(1) 锥形锚具（弗氏锚）

它由锚环和锚塞两部分组成（图 3-37）。锚环内壁与锚塞锥度要相吻合，且锚塞上刻有细齿槽。锚环和锚塞均用 45 号钢制造后经热处理。适用于锚固钢丝束由 18～24 根直径为 5mm 的碳素钢丝。

(2) 环销锚具

它由锚套、环销和锥销三部分组成（图 3-38）。锚套、环销和锥销均用细石子混凝土配以螺旋筋制成。适用于锚固钢丝束由 37～45 根直径为 5mm 的碳素钢丝。

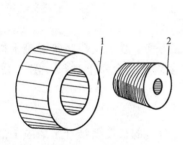

图 3-37 锥形锚具
1—锚环；2—锚塞

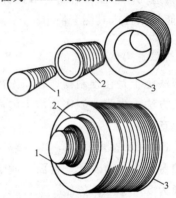

图 3-38 环销锚具
1—锥销；2—环销；3—锚套

(3) 螺丝端杆锚具

它由螺丝端杆和螺帽组成（图 3-39）。这种锚具和预应力钢筋焊接成一个整体（在预应力钢筋冷拉以前进行）。螺丝端杆可用冷拉的同级钢筋（但直径应大于预应力钢筋）或热处理 45 号钢制作；螺帽可用 45 号钢制作。适用于锚固直径为 12～40mm 的冷拉钢筋。

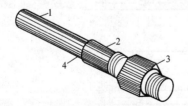

图 3-39 螺丝端杆锚具
1—钢筋；2—螺丝端杆；
3—螺帽；4—焊接接头

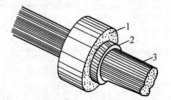

图 3-40 JM—12 型锚具
1—锚环；2—夹片；3—钢筋束

(4) JM—12 型锚具

它由锚环与夹片组成（图 3-40）。锚环与夹片的锥度要相配合。用 45 号钢制作，并经

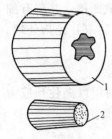

图 3-41 星形锚具
1—锚圈；2—锚塞

热处理。用于锚固 6 根直径为 12mm 的冷拉钢筋组成的钢筋束，或锚固 5 根（7 支 4mm）所组成的钢绞线束。

（5）星形锚具

它由星形锚圈和锚塞两部分组成（图 3-41）。锚圈中间呈星形孔，且呈圆锥形，星内壁有嵌线槽。锚圈用 45 号铸钢制成，锚塞用 45 号钢制成。适用于锚固每束 5 根（7 支 4mm）所组成的钢绞线束。

选择合适的锚具、夹具对节约材料，提高生产率，保证构件的可靠度，扩大预应力混凝土的应用范围有重大意义。锚具与夹具应符合如下要求：

1) 材料性能符合规定的技术指标，加工尺寸精确，锚固力筋的可靠性好，不产生滑动；

2) 使用时可靠，装卸容易；

3) 构造简单，制作容易，节约材料，经济效益高；

4) 能与张拉机具配套使用。

1.6 先张法施工工艺

先张法施工是在预制构件时，先在台座上张拉预应力筋，然后支模浇筑混凝土构件成型的施工方法。先张法制作预应力混凝土构件，多在预制场的台座上进行（图 3-42 为槽式台座示意图）。

1.6.1 张拉台座

张拉台座由承力支架、台面、横梁和定位板组成。台座的长度要结合工地施工情况决定，一般为 50~100m 左右。

（1）承力支架

承力支架是台座的重要部分，在设计和建造时应保证承受预应力筋的全部张拉力，而本身不产生变形和位移。目前采用的承力支架多用槽式（图 3-42）。这种支架一般能承受 1000kN 以上的张拉力。

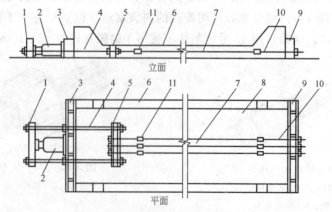

图 3-42 槽式台座示意图
1—活动前横梁；2—千斤顶；3—固定前横梁；4—大螺丝杆；5—活动后横梁；6—传力柱；
7—预应力筋；8—台面；9—固定后横梁；10—工具式螺丝杆；11—夹具

(2) 台面

台面是制作构件的底模,要求平整、光滑。一般可在夯实平整的土基上浇铺一层素混凝土,并按规定留出施工缝,还应留有3‰纵、横坡以利排水。

(3) 横梁

横梁是将预应力筋的张拉力传给承力支架的构件,可用型钢或钢筋混凝土制作,并根据横梁的跨度、张拉力大小通过计算确定其断面尺寸,以保证其刚度和稳定性,避免受力后产生变形和翘曲。

(4) 定位板

定位板是固定预应力筋位置的,一般都用钢板制作。其厚度必须保证承受张拉力后,具有足够的刚度。孔的位置按照梁体预应力筋的设计位置。孔径的大小应略比预应力筋大2~5mm,以便穿筋。

1.6.2 预应力钢筋的制作

先张法施工中,热处理钢筋及高强钢丝和钢绞线都可用作预应力筋。本处仅介绍预应力钢筋的制作。

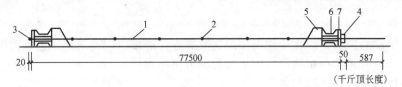

图 3-43 长线台座预应力钢筋下料长度示意图

尺寸单位:(mm)

1—预应力钢筋;2—对焊接头;3—墩粗;4—圆锥形夹具;
5—台座承力支架;6—横梁;7—定位板

(1) 下料

预应力钢筋的下料长度,应通过计算。计算时应考虑构件或台座长度、锚夹具长度、千斤顶长度、焊接接头或墩头预留量、冷拉伸长值、弹性回缩值、张拉伸长值和外露长度等因素。如图3-43所示,其计算公式(按一端张拉)为:

$$L = \frac{L_0}{1+\delta_1-\delta_2} + n_1 l_1 + l_2$$

$$= \frac{7813.7}{1+0.03-0.003} + 8 \times 1.5 + 2 = 7622.3 \text{cm} \tag{3-10}$$

式中 L——下料长度;

δ_1——钢筋冷拉时的冷拉率(对L而言),$\delta_1=3\%$;

δ_2——钢筋弹性回缩率(对L而言),$\delta_2=0.30\%$;

n_1——对焊接头的数量(本题钢筋出厂时为9m/根),$n_1=8$;

l_1——每个对焊接头的预留量,$l_1=15$mm;

l_2——墩粗头的预留量,$l_2=20$mm;

L_0——钢筋的要求长度;

$$L_0 = l + l_3 + l_4 = 77500 + 50 + 587 = 78137 \text{cm} \tag{3-11}$$

式中 l——长线台座的长度(包括横梁、定位板在内),$l=77500$mm;

l_3——夹具长度，$l_3=50$mm；

l_4——张拉机具所需的长度（按具体情况决定），$l_4=587$mm。

实际下料长为8根9m钢筋和1根4.223m钢筋。为了避免浪费钢筋和砂轮片的损耗，采用8根9m钢筋和1根4.5m钢筋。

预应力钢筋的冷拉力学性能应符合表3-19中规定。

冷拉钢筋力学性能　　　　　　　表3-19

项次	钢筋种类	直径(mm)	屈服点(MPa)	抗拉强度(MPa)	伸长率δ_{10}(%)	冷弯(d=弯心直径，a=钢筋直径)	
			不小于			弯心直径	弯曲角度
1	冷拉 HRB335（Ⅱ级）钢筋	8～25 28～40	450	520 500	10	$d=3a$	90°
2	冷拉 HRB400（Ⅲ级）钢筋	8～40	530	580	8	$d=3a$	90°
3	冷拉 HRB500（Ⅳ级）钢筋	10～28	750	850	6	$d=5a$	90°

注：直径大于25mm的钢筋，弯心直径增加一个a。

（2）对焊

预应力钢筋的接头必须在冷拉前用闪光对焊进行焊接。闪光对焊工艺采用闪光——预热——闪光，或闪光——预热——闪光焊加通电热处理。

（3）镦粗

制作预应力混凝土构件时，要用夹具和锚具，需耗一定数量的优质钢材。因此，为了节省钢材，简化锚固方法，可将预应力钢筋端部做成镦粗（图3-44a），加上开孔的垫板（图3-44b）作为锚具。钢筋的镦粗头可采用镦粗机进行冷镦；也可采用电焊机进行热镦（钢丝的粗镦头只能采用冷镦）。

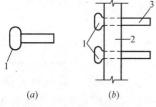

图3-44　镦粗与垫板示意
1—镦粗；2—垫板；3—预应力筋

（4）冷拉

钢筋的冷拉就是对钢筋施加一个大于屈服极限而小于抗拉强度的拉力，使钢筋屈服并产生塑性变形，从而提高钢材的屈服强度。钢筋冷拉后，屈服强度虽然得到提高，但塑性减低，由于钢筋本身质量的不均匀性，每根钢筋的屈服点和冷拉率不很一致，因此，在冷拉时最好对钢筋的冷拉应力和冷拉率同时进行控制（双控），并以应力控制为主，冷拉率控制为辅。在没有测力设备的情况下，只能对钢筋的冷拉率进行控制（单控）。冷拉钢筋的控制应力和控制冷拉率可参照表3-20取用。

钢筋冷拉参数　　　　　　　表3-20

项次	钢筋种类	双控		单控
		控制应力(MPa)	冷拉率δ_{10}(%) 不大于	冷拉率δ_{10}(%)
1	HPB235级钢筋	450	5.5	3.5～5.5
2	HRB335级钢筋	530	5.0	3.5～5.0
3	RRB400级钢筋	750	4.0	2.5～4.0

(5) 时效

冷拉后的钢筋,在一定的温度下给予适当的时间"休息",而不立即加载,由冷拉引起的钢筋晶格的歪曲可得到一定程度的恢复,从而使钢筋的屈服强度比冷拉完成后有所提高,钢材的这种性质称为冷拉时效。

钢筋冷拉后,在25～30℃下放置20～30d,称为自然时效;在100℃的恒温下保持2h,称为人工时效。

1.6.3 预应力筋的张拉

预应力筋的张拉工作,必须严格按照设计要求和张拉操作规程进行。

粗钢筋、钢丝和钢绞线均可在台座上进行张拉,主要利用各类液压拉伸机,它由千斤顶、油泵、连接油管组成。张拉可分单根张拉和多根整批张拉。

(1) 张拉前准备工作

张拉前应先在端横梁上安装预应力筋的定位钢板,同时检查其孔位和孔径是否符合设计要求。安装定位板时要保证最下层和最外侧预应力筋与混凝土保护层尺寸。

在台座上安装预应力筋,将其穿过端横梁和定位钢板后用锚具固定在横梁上,穿筋时应注意不要碰掉台面上的隔离剂和玷污预应力筋。

当台座同时生产几根梁时,梁与梁间的钢筋可用连接器临时串联。

预应力筋的控制张拉力是张拉前需要确定的一个重要数据。它由预应力筋的张拉控制应力 σ_K(设计确定)与截面积 A_g 的乘积来确定。钢丝、钢绞线的最大控制应力不应超过 $0.75R_y^b$;对冷拉粗钢筋不应超过 $0.90R_y^b$(此处 R_y^b 为预应力筋的标准强度),因此,对于冷拉粗钢筋的最大控制张拉力为:

$$N_k = \sigma_K \cdot A_g \leqslant 0.9 R_y^b \cdot A_g \tag{3-12}$$

知道了张拉力值后,还要将其换算成液压拉伸机上的油压表读数,才能在张拉时操作控制。油压表上的读数表示千斤顶油缸内单位面积油压。在理论上将油压表读数 C 乘以千斤顶张拉油缸内活塞面积 A,就得张拉力的大小($N=CA$),但由于油缸与活塞之间存在摩阻损失,实际张拉力要小于理论计算值。另外,油压表本身也有误差。因此,事先就要用标准压力计(如压力环或传感器等)和标准油压表按 50kN 一级来测定所用千斤顶的校正系数 K_1 和油压表的校正系数 K_2。当油压表读数为 C 时,实际张拉力值为:

$$N' = \frac{CA}{K_1 K_2} \tag{3-13}$$

或者,当需要达到张拉力值为 N 时,实际油压表读数为:

$$C' = K_1 K_2 \frac{N}{A} \tag{3-14}$$

式中 K_1 取 1.02～1.05;K_2 取 1.002～1.005。

张拉设备的各个部件在张拉前均应仔细检查,只有在一切无误的情况下才能开始张拉。

(2) 张拉程序

为了减少预应力筋的应力损失,通常采用超张拉的方法,按表 3-21 所示程序进行。

预应力筋的张拉方法和控制应力应符合设计要求。张拉时如须超张拉,在任何情况下其最大超张应力,当冷拉 HRB335~HRB500 钢筋时,为其屈服点的 95%;当为矫直回火钢丝、热处理钢筋或钢绞线时,为其抗拉强度(标准强度 R_y^b)的 80%;当为冷拉钢丝或钢绞线时,为其抗拉强度的 75%。

先张法预应力筋张拉程序　　　　　　　表 3-21

预应力筋种类	张 拉 程 序
钢 筋	$0 \rightarrow 初应力 \rightarrow 105\sigma_K\% \xrightarrow{持荷 5min} 90\sigma_K\% \rightarrow \sigma_K(锚固)$
钢丝、钢绞线	$0 \rightarrow 初应力 \rightarrow 105\sigma_K\% \xrightarrow{持荷 5min} 0 \rightarrow \sigma_K(锚固)$

注:1. 表中 σ_K 为张拉时的控制应力值,包括预应力损失值;
　　2. 张拉钢筋时,为保证施工安全,应在超张拉放张至 90%σ_K 时装设模板、配筋、预埋件等;
　　3. 多根预应力筋同时张拉时,其初应力应一致。

为了避免台座承受过大的偏心力,单根张拉时应先张拉台座截面重心附近、对称位置的预应力筋。

1.6.4 混凝土浇筑

预应力混凝土的浇筑,其基本操作与钢筋混凝土施工相仿,只是在台座内每条生产线上的构件,其混凝土应一次连续浇筑完毕;振捣时,应避免碰击预应力筋。

1.6.5 预应力筋的放松

当混凝土强度达到设计规定的放松强度后(一般应不小于设计强度的 70%~80%),可放松受拉的预应力筋,然后再切割每个构件端部的预应力筋。

预应力筋的放松速度不宜过快。当采用单根放松时,每根预应力筋严禁一次放完,以免最后放松的预应力筋自行崩断,常用的放松方法有下列两种。

(1) 千斤顶放松

在台座固定端的承力支架与横梁之间,张拉前预先安放千斤顶(图 3-45 所示),待混凝土达到规定的放松强度后,两个千斤顶同时回油使预应力筋徐徐回缩,张拉力即被放松。

(2) 砂箱放松

以砂箱(图 3-46 所示)代替图 3-45 中的千斤顶。使用时,将活塞抽出 1/3 的长度从进砂口灌满烘干的砂,加上压力压紧,待混凝土达到规定的放松强度,打开出砂口,砂慢慢流出,活塞与横梁跟着移动,使预应力筋徐徐回缩,张紧力即被放松。

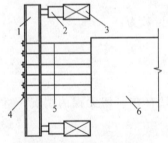
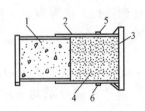

图 3-45　千斤顶放松张拉力的布置
1—横梁;2—千斤顶;3—承力支架;
4—夹具;5—钢筋;6—构件

图 3-46　砂箱
1—活塞;2—套箱;3—套箱底板;
4—砂子;5—进砂;6—出口

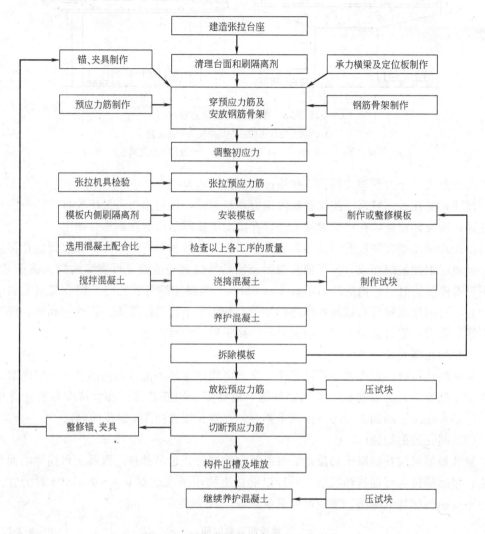

图 3-47 预应力混凝土先张法工艺流程

1.6.6 先张法制作预应力混凝土构件的基本工艺流程（图3-47）。

1.7 后张法施工工艺

后张法施工工艺是在混凝土构件达到一定的强度后，在构件的预留孔内穿入预应力筋，用机械张拉，使预应力筋对混凝土构件施加应力。后张法制作预应力混凝土构件，一般在施工现场进行，适用于大于25m的简支梁或现场浇筑的桥梁上部构造。目前，由于城市高架道路的大力发展，为满足高架道路净宽与地面道路净宽的需要，对桥墩盖梁常采用后张法施工工艺（图3-48）。

1.7.1 预留孔道
(1) 制孔器种类
为了在梁体混凝土内形成钢丝（筋）束的管道，应在浇筑混凝土前预先安放制孔器。

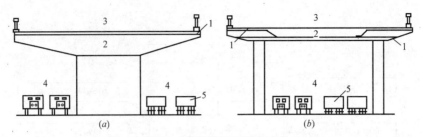

图 3-48 盖梁采用预应力示意
(a) 两边为地面道路；(b) 中间为地面道路
1—预应力筋；2—盖梁；3—高架道路空间；4—地面道路空间；5—车辆

按制孔的方式可分为预埋式制孔器和抽拔式制孔器两类。

预埋式制孔器一般采用波纹管或薄钢板卷制而成，径向接头可采用咬口，轴向接头则用点焊，按设计位置，在浇筑混凝土前，直接固定或用钢丝绑在钢筋骨架上。

抽拔式制孔器有橡胶管制孔器、金属伸缩管制孔器和钢管制孔器。橡胶管制孔器是用橡胶夹两层钢丝编织而成，为了加强刚度及控制其位置的准确，可在管内插入钢筋芯棒；当用充水橡胶管时，管内的压力不低于 0.5MPa。金属伸缩管制孔器是用金属丝编织成的软管套，内用橡胶衬管和钢筋芯棒进行加劲，并用薄钢板管作接头。钢管制孔器，仅适用于直线形孔道，钢管必须平直，表面光滑，接头用薄钢板连接。

（2）制孔器安装

安装制孔器时，可先将外管沿梁体长度方向顺序穿越各定位钢筋的"井"字网眼，然后在梁中部安装好外管接头，并固定外管，最后穿入钢筋芯棒。外管接头布置在跨中附近，但不宜在同一断面上（同一断面是指顺制孔器长度方向 1m 的范围内）。

（3）制孔器的抽拔

制孔器抽拔应在混凝土初凝之后与终凝之前进行。过早抽拔，混凝土可能塌陷而堵塞孔道；过迟抽拔，可能拔断胶管。一般以混凝土抗压强度达到 0.4~0.8MPa 时为宜。抽拔时不应损伤结构混凝土。抽拔时间可参照表 3-22 规定。

抽拔制孔器时间 表 3-22

环境温度(℃)	>30	30~20	20~10	<10
抽拔时间(h)	3	3~5	5~8	8~12

预留的孔道，应根据需要在适当位置布设压浆孔及排气孔和排水孔。

抽拔制孔器的顺序是先抽芯棒，后拔胶管；先拔下层胶管，后拔上层胶管；先拔早浇筑的半根芯管，后拔晚浇筑的半根芯管。

抽芯后，应用通孔器或压气、压水等法对孔道进行检查，如发现孔道堵塞或有残留物或与邻孔有串通，应及时处理。

1.7.2 预应力钢丝的制作

用于先张法施工的预应力筋一般亦适用于后张法施工。本处仅介绍预应力钢丝的制作。

（1）下料

钢丝下料时，应根据锚具类型、张拉设备条件确定下料长度。其计算公式为：

$$L = L_0 + n(l_1 + 0.15\text{m}) \tag{3-15}$$

式中　L——下料长度；

　　　L_0——梁的管道加两端锚具长度；

　　　l_1——千斤顶支承端到夹具外缘距离（包括缺口垫圈厚0.053m）；

　　　n——张拉端数目（1或2个）。

(2) 编束

为使成束预应力钢丝在穿孔和张拉时不致紊乱，可将钢丝对齐后穿入特制的梳丝板（图3-49），然后一边梳理钢丝一边每隔1～1.5m衬以弹簧垫圈，并在衬圈处用22号钢丝缠绕20～30道。图3-50所示为用24根φ5钢丝配合锥形锚具编制的钢丝束断面。原先大多采用钢绞线或钢绞线束。

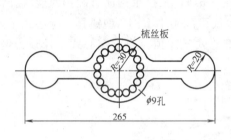

图3-49　梳丝板
（单位：mm）

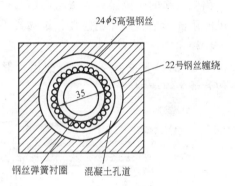

图3-50　钢丝束断面
（单位：mm）

1.7.3　预应力筋的张拉

当构件的混凝土强度达到设计强度的75%时，便可对构件的预应力筋进行张拉。

(1) 张拉原则

1) 对曲线预应力筋或长度大于25m的直线预应力筋，宜在两端张拉。如设备不足时，可先在一端张拉完毕后，再在另一端补足预应力值。

2) 张拉顺序应符合设计规定。无论在一端或两端同时张拉，均应避免张拉时构件截面呈过大的偏心受压状态。因此，应对称于构件截面进行张拉或先张拉靠近截面重心处的预应力筋，后张拉距截面重心较远的预应力筋。

(2) 张拉程序

后张法预应力筋的张拉程序与配用的锚具形式有关，可按表3-23的程序进行。

张拉时，应测量千斤顶活塞的伸长量，从而确定张拉力是否满足，张拉力的大小可通过油压表控制。对于一次不能张拉完的预应力筋，应进行第二次张拉，二次张拉的伸长量应符合设计要求。

后张法张拉预应力筋时，如须超张拉，在任何情况下其最大超张拉应力的范围与先张法须超张拉时情况相同。

预应力筋的锚固应在应力值处于稳定状态下进行，锚具外多余的预应力筋，应予以切割，切割时不应使锚具和锚固处的预应力筋过热而滑移。

(3) 操作方法

后张法预应力筋张拉程序   表 3-23

项次	预应力筋种类		张 拉 程 序
1	钢筋 钢筋束 钢绞线束		$0 \rightarrow$ 初应力 $\rightarrow 105\sigma_K\% \xrightarrow{\text{持荷 2min}} \sigma_K$（锚固）
2	钢丝束	夹片式锚具 锥销式锚具	$0 \rightarrow$ 初应力 $\rightarrow 105\sigma_K\% \xrightarrow{\text{持荷 2min}} \sigma_K$（锚固）
		其他锚具	$0 \rightarrow$ 初应力 $\rightarrow 105\sigma_K\% \xrightarrow{\text{持荷 2min}} 0 \rightarrow \sigma_K$（锚固）

注：1. 表中 σ_K 为张拉时的控制应力，包括预应力损失值；
2. 两端同时张拉时，两端千斤顶升降压、划线、测伸长、插垫等工作应一致；
3. 梁的竖向预应力筋可一次张拉到控制应力，然后于持荷 5min 后测伸长和锚固。

预应力筋的张拉操作方法与配用的锚具及千斤顶的类型有关。一般情况下，张拉钢丝束可配用锥形锚具或环销锚具、锥锚式千斤顶（图 3-51）；张拉粗钢筋可配用螺丝端杆锚具、拉杆式千斤顶（图 3-52）；张拉钢筋束或钢绞线可配用 JM—12 型锚具、穿心式千斤顶（图 3-53）；张拉钢绞线还可配用星形锚具、穿心式千斤顶。现以穿心式千斤顶为例，介绍它的工作原理。

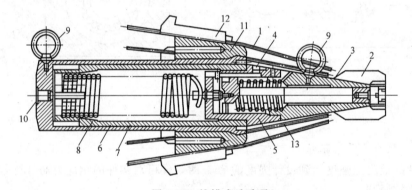

图 3-51 锥锚式千斤顶
1—钢丝；2—顶头；3—小缸活塞；4—小缸油嘴；5—小缸；6—大缸；
7—大缸活塞；8—拉力弹簧；9—吊环；10—大缸油嘴；
11—锥形卡环；12—楔块；13—复位弹簧

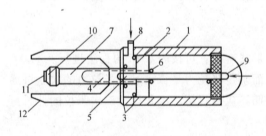

图 3-52 拉杆式千斤顶
1—大缸；2—大缸活塞；3—大缸油封圈；4—小缸；
5—小缸活塞；6—小缸油封圈；7—活塞杆；
8—前油嘴；9—后油嘴；10—套碗；
11—拉头；12—顶脚

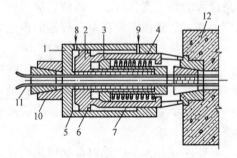

图 3-53 穿心式千斤顶
1—大缸；2—小缸；3—顶压活塞；4—弹簧；5—张拉
工作油室；6—顶压工作油室；7—张拉回程油室；
8—后油嘴；9—前油嘴；10—工具
式锚具；11—钢丝；12—锚具

YC-60型千斤顶是穿心式千斤顶典型代表（图3-53），它既可张拉，又可顶锚，故又叫双作用千斤顶，主要由油缸、活塞、弹簧、油嘴等部分组成，可用于张拉带有夹片式锚具和夹具的钢筋、钢丝、钢绞线。工作原理为：将已安装的力筋，穿过千斤顶中心孔道，于张拉油缸端面用工具锚固定，打开前油嘴，从后油嘴让高压油进入顶压油缸，张拉油缸向后退，张拉活塞顶住锚圈千斤顶尾部的工具锚将力筋张拉到施加应力的数据，关闭后油嘴的油阀，从前油嘴进油至顶压油室，使顶压活塞向前推进顶压住锚塞。

1.7.4 孔道压浆

孔道压浆是为了保护预应力筋不致锈蚀，并使预应力筋与混凝土构件粘结成整体，从而既能减轻锚具的受力，又能提高构件的承载能力、抗裂性能和耐久性。孔道压浆用专门的压浆泵进行，压浆时要求密实、饱满，并应在张拉完毕后尽早完成。

压浆所用水泥宜采用普通硅酸盐水泥，强度等级不宜低于42.5级。水灰比一般宜采用0.40～0.45，掺入减水剂时，水灰比可减小到0.35。水泥浆自调制至压入孔道的延续时间，一般不宜超过30～45min，在使用前应始终使水泥浆处于搅动状态。

压浆应使用活塞式压浆泵，不得使用压缩空气，最大压力一般宜为0.5～0.7MPa；当输浆管道较长时，应适当加大压力。浇筑完毕后，亦应按规定进行养护。

压浆顺序，应先压下孔道，后压上孔道，并应将集中一处的孔道一次压完，以免孔道串浆，将附近孔道堵塞，如集中孔道无法一次压完，应将相邻未压浆的孔道用压力水冲

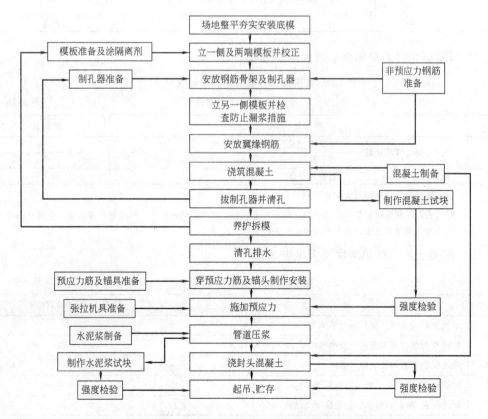

图3-54 预应力混凝土后张法工艺流程

洗，使以后压浆时通畅。曲线孔道由侧向压浆时，应由最低点的压浆孔压入水泥浆，并由最高点的排气孔排除空气和溢出水泥浆。

1.7.5 封锚

孔道压浆后应立即将锚固端水泥浆冲洗干净，端面混凝土凿毛，绑扎钢筋网和安装锚固端模板，并妥善固定，以免在浇筑混凝土时模板走样。封锚混凝土的强度等级应符合设计规定，一般不宜低于构件混凝土强度等级的80%，亦不宜低于C30。封端混凝土必须严格控制梁体长度，浇筑完毕后，亦应按规定进行养护。

1.7.6 后张法制作预应力混凝土构件基本工艺流程图

图3-54所示为采用抽芯管法成孔的T梁的工艺流程图。显而易见，后张法工艺较先张法复杂，且构件上耗用的锚具和预埋件等增加了用钢量和制作成本。但不需张拉台座，不须大型车辆运输。其他如墩台盖梁、整体现浇简支箱梁、连续梁、T形刚架桥、斜拉桥等都采用了后张法施工工艺。

1.7.7 预应力构件制作的质量标准

(1) 预应力筋张拉时，断丝、滑移限制。

1) 先张法预应力筋断丝限制见表3-24。

先张法预应力筋断丝限制　　　表3-24

项次	类别	检 查 项 目	控 制 数
1	钢丝 钢绞线	同一构件内断丝数不得超过钢丝总数的	1%
2	钢筋	断筋	不容许

2) 后张法预应力筋断丝、滑丝限制见表3-25。

后张法预应力筋断丝、滑丝限制
（钢丝、钢绞线、钢筋）　　　表3-25

项次	检 查 项 目		控制数
1	钢丝、钢绞线断丝量	每束钢丝或钢绞线断丝、滑丝	1根
		每个断面断丝之和不超过该断面钢丝总数的	1%
2	单根钢筋	断筋或滑移	不允许

注：1. 钢绞线断丝是指钢绞线内钢丝的断丝；
　　2. 超过表列控制数时，原则上应更换，当不能更换时，在许可的条件下，可采取补救措施，如提高其他束预应力值，但须满足设计上各阶段极限状态的要求。

(2) 混凝土浇筑时坍落度要求见表3-26。

混凝土浇筑时坍落度　　　表3-26

项次	结 构 类 别	坍落度(振动器)(mm)
1	小型预制块及便于浇筑振动的结构	0～20
2	桥涵基础墩台等无筋或少筋的结构	10～30
3	普通配筋率的钢筋混凝土结构	30～50
4	配筋较密、断面较小的钢筋混凝土结构	50～70
5	配筋极密、断面高而狭的钢筋混凝土结构	70～90

注：人工捣实时，坍落度宜增加20～30mm。

（3）预应力混凝土预制梁允许偏差见表3-27。

预应力混凝土预制梁允许偏差　　　　　表3-27

项次	检查项目			允许偏差(mm)
1	长度	梁、板		+5,-10
2	宽度	梁、板	干接缝	±10
			湿接缝	±20
		箱梁顶面宽		±30
3	高度	梁、板		±5
		箱梁		+5,-10
4	腹板厚度			+10,-0
5	跨度	支座中心至中心		±20
6	支座板平面高差			2

注：桥面板边缘位置偏差不得影响梁的组拼。

课题2　装配式梁桥的起吊运输与安装

2.1　构件的起吊

构件的起吊，是指把构件从预制的底座上移出来。当混凝土强度达到设计强度的70%时，即可进行这项工作。

（1）吊点位置控制

钢筋混凝土构件制作时，一般都在设计图上标明吊点位置，预留吊孔或预埋吊环。当设计无规定时，应根据构件配筋情况、外形特征等慎重确定。

1）细长构件

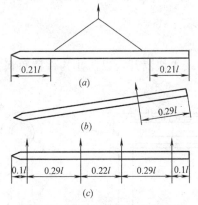 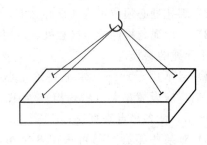

图3-55　细长构件的吊点位置图　　　图3-56　厚大构件的吊点位置

细长构件中所配的钢筋，往往是按照受力情况配置的，而吊点位置又是根据细长构件内正弯矩与负弯矩相等条件确定的。因此，吊点选择不当会使构件产生裂缝以至断裂。根据桩长的不同，一般有三种情况。（L 为桩长）

a. 桩长在10m以下时用单点吊（图3-55b）。

b. 桩长在11～16m时用单点吊或双点吊（图3-55a、b）。

c. 桩长在17m以上时用双点吊或四点吊（图3-55a、c）。

2）一般构件若以下部受拉为主的构件，如梁、板等。由于钢筋配置上下不对称，吊点均距支点不远处，以减少起吊时吊点处的负弯矩。

3）厚大构件

为防止吊运过程中构件翻身，一般多采用4点吊（图3-56）。

4）曲线梁 因曲线梁的重心很难掌握，一般通过计算得到，吊点位置的连线须通过重心，如图3-57所示。

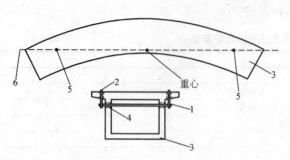

图 3-57 曲线梁吊点位置示意
1—穿过吊点的圆钢；2—穿过吊孔的8字环；3—箱梁；
4—预留孔；5—箱梁的吊点；6—吊点的连线

(2) 构件绑扎

为了节省钢材及起吊方便，吊点有时用预留吊孔来代替吊环（图3-58）。构件起吊时，须用千斤绳来绑扎，此时应注意。

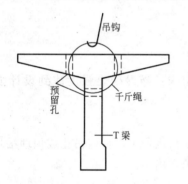

图 3-58 用预留吊孔起吊 T 梁

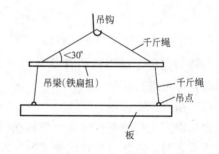

图 3-59 设置吊梁（铁扁担）示意

1）绑扎方式应符合迅速、安全、脱钩方便的要求；

2）绑扎处必须位于构件重心之上，防止头重脚轻；

3）千斤绳与构件棱角接触处，须用橡胶、麻袋或木块隔开，以防止构件棱角损坏以减少千斤绳的磨损；

4）起吊用千斤绳与水平夹角 α 小于 30°时，应设置吊梁（铁扁担），如图 3-59 所示，使各吊点垂直受力；

5）对某些箱梁起吊可采用8字吊环形式起吊，如图3-60所示。

(3) 起吊方法

首先选用机械吊车起吊，工地上一般采用电动启动的吊车，除了吊车起吊外，还有以下几种方法。

1）三角扒杆偏吊法

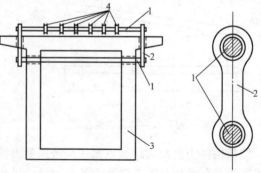

图 3-60 8字吊环起吊示意
1—圆钢；2—8字吊环；3—箱梁；4—滑轮片

将手拉葫芦斜挂在三脚扒杆上，偏吊一次，移动一次三脚扒杆，将构件逐步移出后搁在滚移设备上（图3-61为预制梁起吊横移情形），便可将构件拖移至安装处。

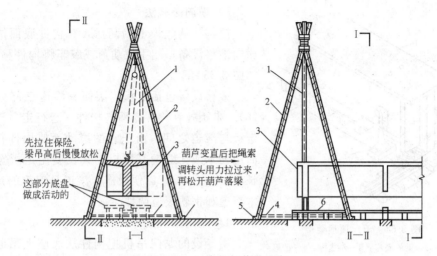

图 3-61 三脚扒杆偏吊示意

1—手拉葫芦；2—三脚扒杆；3—预制梁；4—绊脚绳；5—木楔；6—底座

2) 千斤顶起吊法

取一只长短脚马凳，将吊点搁在马凳中间，一端将千斤顶顶起，则构件就离开地面。图 3-62 为预制板起吊情形。

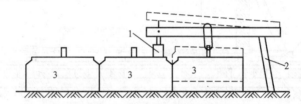

图 3-62 千斤顶起吊示意

1—千斤顶；2—长短脚马凳；3—预制板

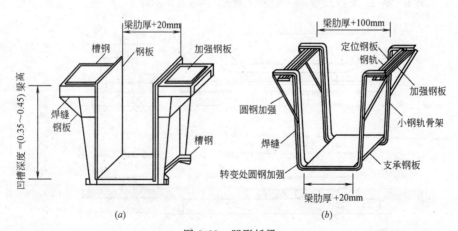

图 3-63 凹形托梁

(a) 槽钢和钢板组合；(b) 小钢轨弯制组合

当梁底有空隙时，可用特制的凹形托架（图 3-63）配千斤顶把构件从底座上顶起（图 3-64）。

3) 横向滚移法

把构件从底模上抬高后，在构件底面两端装置横向滚移设备，用手拉葫芦或绞车将构件移出底座，如图3-65示。

滚移设备包括走板、滚筒和滚道三部分（图3-66）。走板托在构件底面与构件一起行走。滚筒放在走板与滚道之间，由于它的滚动而使构件行走。滚筒用硬木或无缝钢管制成。其长度比走板宽度每边长出15~20cm，以便操作。滚道是滚筒的走道，有木滚道和钢轨滚道两种。

4) 龙门吊机法

用专设的龙门吊机把构件从底座上吊起，横移至运输轨道，安放在运构件的平车上。龙门吊机有三个方向可运动：荷重上下升降、行车横向运动和

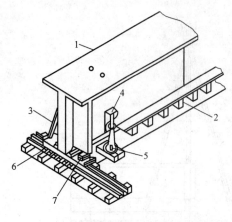

图3-64 千斤顶顶梁
1—梁；2—梁的底座；3—斜支撑；4—凹形托梁；5—千斤顶；6—滚移设备；
7—端横隔梁下面用木楔塞紧

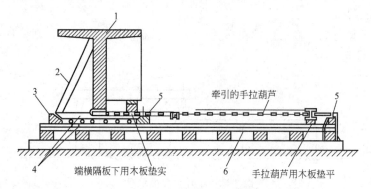

图3-65 横向滚移法
1—梁；2—I临时支撑；3—保险三角横木；4—走板及滚筒；5—千斤索；6—滚道

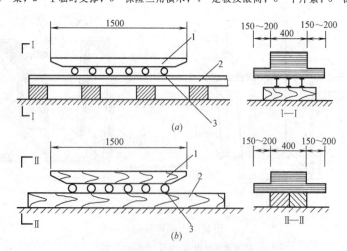

图3-66 滚移设备组合示意图（单位：mm）
(a) 钢轨滚道组合；(b) 木滚道组合
1—走板，2—滚道，3—滚筒

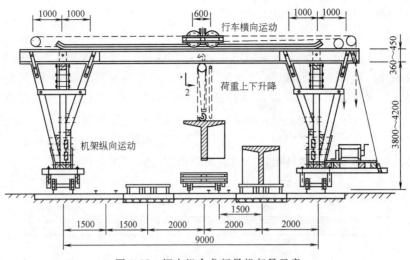

图 3-67 钢木组合龙门吊机起吊示意
(尺寸单位：mm)

机架纵向运动。图 3-67 所示为钢木组合龙门吊机。在构件预制厂也可用型钢组装龙门吊机起吊大型构件。

2.2 构件的运输

构件运输方式的选择，与运输长短、构件轻重、道路好坏等情况有关。除在水运方便地区可采用船舶运输外，一般采用下列方法。

(1) 纵向滚移法

用滚移设备，以电动绞车（卷扬机）牵引，把构件从预制场运往桥位，其运梁滚移布道如图 3-68 所示。若将前后走板换成平车，将方木滚道换成轨道，可将梁搁在平车上，沿轨道运至桥位。

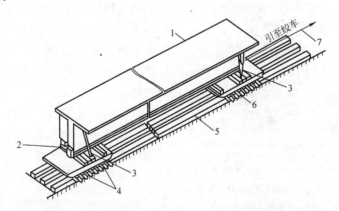

图 3-68 纵向滚移法运梁布置
1—预制梁；2—保护混凝土的垫木；3—临时支撑；4—后走板及滚筒；
5—方木滚道；6—前走板及滚筒；7—牵引钢丝绳

(2) 纵向滑移法

在构件底部前后搁置聚四氟乙烯板，用钢轨代替滑道，用电动绞车作牵引便可将构件拖至桥位。此法适用于空心板的纵向移动。

（3）汽车运输

若构件预制场离桥位较远，可采用汽车运输。把构件吊装在拖车或平台拖车上，由汽车牵引运往桥位。拖车仅能运 10m 以下的预制梁；平台拖车可运 20m 的 T 形梁（或板梁）（图 3-69）。当车短而构件长时，外悬部分可能超过允许的外悬长度，应在预制前核算其负弯矩值，必要时用钢筋加强，以防运输时顶面开裂。运输预制板时一般宜采用平台拖车，板的支点均应搁在主车与拖车上。当运预制 T 形梁时，还应设置整体式斜撑，并用绳索将梁、斜撑和车架三者捆牢，使梁有足够的稳定性（图 3-70）。

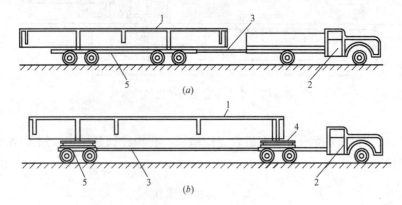

图 3-69 汽车运梁
(a) 拖车；(b) 平台拖车
1—预制梁；2—主车；3—连接杆；4—转盘装置；5—拖车

2.3 构件的安装

桥梁的预制构件安装是一项复杂的工作，方法很多。简支梁桥施工中，预制板、梁的安装是关键性工序。应结合现场条件、所掌握的安装设备、桥梁跨径、构件荷重等情况作出妥善的安装方案，各受力部件的设备、杆件应经内力验算，并报请上级主管部门审查批准。

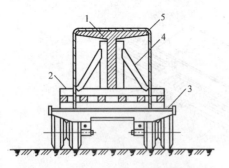

图 3-70 T 形梁在汽车上的稳定措施
1—T 形梁；2—支点木垛；3—汽车；
4—木支架；5—捆绑绳索

板、梁在安装前，应用仪器校核支承结构（墩台盖梁）和预埋件的平面位置，确定安装轴线与端线、支座位置，检查构件外形尺寸，并在构件上画好安装轴线，以便构件就位。

（1）旱地架梁

对于高度不大的中小跨径桥梁，当桥下地基良好能设置简易轨道时，可采用木制或钢制的移动支架来架梁（图 3-71）。

（2）水中架梁

由于水流较急、河较深或通航等原因不能采用上述方法时，还可采用下述一些方法

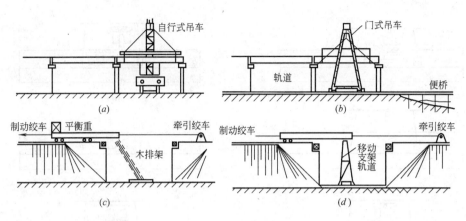

图 3-71 旱地架梁法

架梁。

1) 吊鱼法

适用于重量小于 50kN，小跨径的钢筋混凝土桥（图 3-72 所示）。

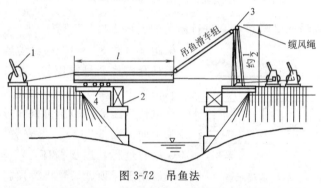

图 3-72 吊鱼法
1—制动绞车；2—临时木垛；3—扒杆；4—滚筒

a. 吊鱼法施工过程：

(a) 准备工作 在前方墩台上竖一副人字扒杆，扒杆高约为梁长之半，在扒杆顶部设一吊鱼滑车组。

在梁的前端和后方安置牵引、起吊和制动装置（须设绞车或卷扬机三部）。

在桥头路基上和梁底装设滑动或滚动装置。

在两端墩台上搭设枕木垛，后方枕木垛的高度与桥台的前墙齐平，前方的枕木垛可矮一些，但两墩台间枕木顶面的坡度应不大于3%，否则后端用千斤顶落梁时，千斤顶容易倾倒。

(b) 拖拉工作 先绞紧前面的牵引绞车，同时放松后面的制动绞车，使梁等速前进。当梁的前端悬空后，就逐渐绞紧扒杆上的吊鱼滑车组，将梁端提起。当梁的前端伸出后，后端上翘，前端低头，这时可绞紧吊鱼滑车组，将低头梁端逐渐提起，然后放松制动绞车，即前进一步。梁前进后，前端又要低头。再重复上述方法将梁吊至前方墩台为止。

(c) 落梁就位（图3-73所示，以1号梁为例） 1号梁的前端用扒杆落梁。后端墩台上设置高低马凳（图3-73a），用千斤顶顶起马凳脚，1号梁随即吊起，拆去木垛将1号梁

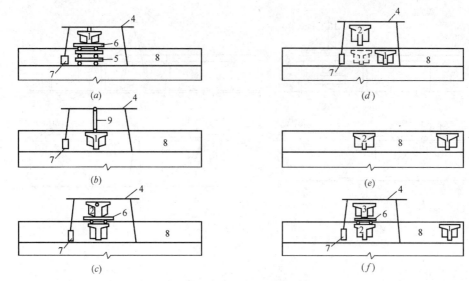

图 3-73 马凳千斤顶落梁就位

1—1 号梁；2—2 号梁；3—3 号梁；4—高低马凳；5—木板；6—托板滚筒；7—千斤顶；8—墩台；9—手拉葫芦

落下（图 3-73b）。以后的 2 号梁不必进行吊鱼法，可直接从已落下的 1 号梁上纵移，称为梁跑梁（图 3-73c），移到位置后，用千斤顶顶起马凳脚将 2 号梁顶起，把 1 号梁横移，将 2 号梁落下（图 3-73d）。抬走马凳，把 1 号梁横移就位（图 3-73e）。再将 3 号梁纵向移至 2 号梁上面（图 3-73f），再安置马凳重复图 3-73(c) 的过程，逐步循环，将全部梁安放到位，最后用千斤顶、马凳将梁顶起，放上支座，将梁落在设计位置上，如图 3-74 所示。

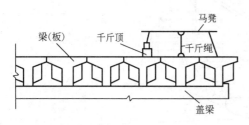

图 3-74 千斤顶、马凳落梁示意

b. 吊鱼法受力分析（图 3-75 所示） 图中 P 为荷载（预制梁重之半）×冲击系数＋吊具重，T 为拖拉时的制动力，F 为拖拉力，S_1 为吊鱼滑车组拉力，S_2 为缆风绳拉力，N 为扒杆内力，α 为吊鱼滑车组与水平面夹角。

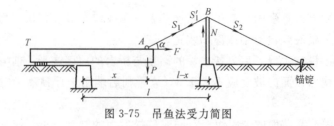

图 3-75 吊鱼法受力简图

由 A 点受力情况示（图 3-76a），当拖拉力 F 将梁拖出后，便由 S_1 代替拖拉力来拖梁，可将 F 省略。由图 3-76b 得：

初始，$x=0$ 时，起吊力 S_1' 最大，制动力 T' 最大；

终末，$x=L$ 时，起吊力 S_1' 为梁重之半＋吊具重，制动力 T 为 0。

P 为已知，可由力三角形闭合的原理求得初始力 S_1' 和 T'；由图 3-76（c）、（d），可

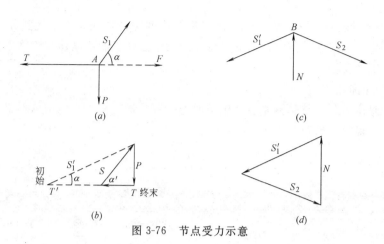

图 3-76 节点受力示意

求得 S_1'、S_2、N，并根据施工机械教材有关内容验算扒杆、吊鱼滑车组、制动力、绞车、锚锭、缆风绳和其他附属设备的强度和稳定，以保证安全。

为了减少吊鱼法施工初始 S_1' 内力过大，可在初始位置时增设一副人字扒杆（称为双吊鱼法）和在河中布设半跨的脚手支架如图 3-77 所示。

2) 扒杆导梁法

扒杆导梁是以扒杆、导梁为主体，配合运梁平车和横移设备使预制梁从导梁上通过桥孔，由扒杆起吊就位。起重量一般为 50kN～150kN，其施工布置示意图如图 3-78 所示。

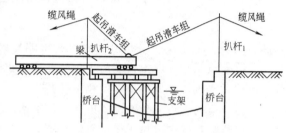

图 3-77 减轻起吊初始内力过大示意

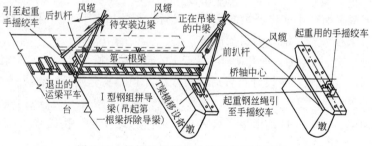

图 3-78 扒杆导梁安装的施工布置示意图

a. 准备工作

（a）在安装孔的桥墩或桥台上竖一副人字扒杆；
（b）用吊鱼法把组拼好的导梁架设于安装孔上；
（c）在安装孔的后方桥墩或桥台上竖一副人字扒杆；
（d）在导梁上铺设运输轨道及人行便道。

其中所用的导梁，其组拼材料及构件形式应根据跨径大小而定。对于跨径在 10m 以内的导梁，可采用 2 根 0.4m×0.4m 截面的方木；跨径在 10～20m 的导梁，一般采用工字钢；跨径大于 20m 的导梁，则应采用钢桁架或贝雷架组拼。

b. 落梁就位用运梁设备把预制梁从人字扒杆中间穿过，在导梁上运过桥孔，吊起梁后，即可拆去导梁，将梁放下，以后的梁可参照吊鱼法施工的梁纵移与横移方法，最后用人字扒杆进行安放支座。

3) 穿式导梁悬吊安装

穿式导梁悬吊安装，就是在左右两组导梁上安置起重行车，用卷扬机将梁悬吊穿过桥孔，再行落梁、横移、就位。起重量一般为600kN左右，施工布置如图3-79所示。

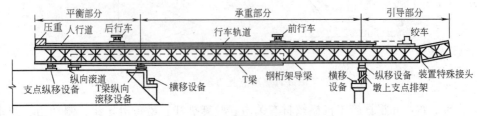

图 3-79 穿式导梁的构造及施工布置

a. 准备工作

（a）架设导梁穿式导梁悬吊安装中所用的导梁，一般采用钢桁架组拼，横向用框架连接。导梁架设采用在陆上拼装后拖过桥孔，组拼长度约为安装孔梁长的2.5倍，在平衡部分的尾部适当加压，则组拼长度稍可缩减。

（b）在导梁的承重部分铺设轨道，在其平衡、引导两部分铺设人行便道。

（c）安装起重行车，起重行车安装在导梁上，它在绞车牵引下，沿轨道纵向运行。

b. 安装工作：

（a）用纵向滚移法把预制梁运来，穿过导梁的平衡部分，使梁前端进入前行车的吊点下。

（b）用前行车上的卷扬机把梁的前端吊浮。

（c）由绞车牵引前行车前进至梁的后端进入后行车的吊点下，再用后行车上的卷扬机把梁后端亦吊离滚移设备，继续牵引梁前进。

（d）梁前进至规定位置后，即开动前、后行车的起吊卷扬机，将梁落在横向滚移设备上。

c. 落梁就位：将梁横移至设计位置后，可用千斤顶、马凳或扒杆将梁搁在支座上。

穿式导梁悬吊安装，不受河水影响，操作也较方便，一孔架设完毕后，可将穿式导梁拖至下一桥孔架梁。但需大量钢桁架，只宜在有条件的大桥工程中采用。

4) 跨墩龙门吊机安装

跨墩龙门吊机配合轻便铁轨及运梁平车安装桥跨结构是常用的方法，当桥墩很多，如跨大河桥的引桥，其特点是龙门吊机的柱脚跨越桥面，如图3-80所示。

a. 准备工作：

（a）在顺桥方向的墩台两侧修筑便道，当有浅水时，应修建栈桥，并于其上铺设轨道。

（b）拼装前、后两副龙门架并竖立好。

b. 安装工作：构件用轻轨运至龙门架下、桥孔的侧面，即可起吊、横移、下落就位。具体操作此处不再重复。

跨墩龙门吊机安装，具有安全、方便、生产效率高等优点。但由于龙门架的支承点遇河水是不行的，因此其应用受到季节性限制，只有在旱桥、干涸或浅水河道上才是可行的；若龙门吊机要通过河床断面时，还需考虑是否要封航这一问题；当桥墩很高时，龙门架的柱脚也相应增高，既不稳定，又不经济，显然不适宜。

(3) 桥梁架设的质量标准

1) 一般梁、板安装时应符合下列要求：

a. 安装平面位置：

顺桥中心线方向的允许偏差±10mm；

垂直桥中心线方向的允许偏差±5mm；

b. 相邻两构件顶面高差±10mm；

c. 支座位置接触严密不得有空隙；

d. 20cm以内的掉角不得超过2处。

2) T梁安装时一般应符合下列要求：

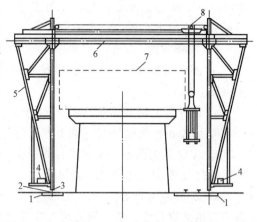

图3-80 跨墩龙门吊机安装
1—枕木；2—钢轨；3—跑轮；4—卷扬机；
5—立柱；6—横梁；7—结构轮廓；
8—起重吊车

a. T梁支座钢板，必须接触严密，没有空隙或摆动，支座必须放正，不得歪斜；

b. 安装时平面位置：

顺桥中心线方向的允许偏差±10mm；

垂直桥中心线方向的允许偏差±10mm；

c. 相邻两构件顶面高差±10mm。

课题3 拱桥施工

拱桥在我国已有悠久的历史，在桥梁建设中应用广泛。除了石拱桥外，各地还因地制宜创建了不少拱式体系桥型，如双曲拱桥（目前已基本淘汰）、桁架拱桥、二铰平板拱桥、箱形拱桥和肋拱桥等。所有这些，使我国传统的建桥技巧得到继承和发展。本章着重叙述石拱桥施工，对其他类型拱桥施工放在其他桥型施工中介绍。

3.1 石拱桥施工

石拱桥上部结构施工按其程序可分为拱圈放样、拱架设置、拱圈和拱上建筑砌筑、拱架卸落等。

3.1.1 拱圈放样和拱石编号

(1) 拱圈放样

拱圈是拱桥的主要部分，它的各部尺寸必须和设计图纸严密吻合。为了做到这一点，最可靠的方法是按设计图先在地上放出1∶1的拱圈大样，然后按照大样制作拱架、制作拱块样板。因此，放样工作十分重要，应当做到精确细致。

1) 放样台制作

放样工作必须在平坦结实的样台上进行，由于样台应用时间较长，必须保证在施工期间不发生超过容许的变形。样台宜位于桥位附近的平地上，先用碎石或卵石夯实，再铺一层20～30mm厚的水泥砂浆,也可采用三合土地坪。对于左右对称的拱圈,为节约用地,一般只需放出半孔。

2) 放样方法

① 圆弧拱放样:常用的放样方法有圆心推磨法和直角坐标法。下面仅介绍圆心推磨法(图3-81)。

a. 在样台上用经纬仪放出 $x\text{-}x$、$y\text{-}y$ 坐标。

b. 用校正好的钢尺在 y 轴上方量出 f_0,在 y 轴下方量出 $(R-f_0)$ 得 O' 点。

c. 以 O' 点为圆心,R 为半径画弧交 $x\text{-}x$ 轴于 a、b 两点,则 ab 即为圆弧拱之拱腹线,并用钢尺校核 ab 是否与 L_0 值相等。

d. 以 O' 点为圆心,$(R+d/2)$ 为半径画弧交 $O'a$、$O'b$ 延长线于 c、d 两点,则 cd 即为圆弧拱之拱背线。弧的圆心可在样台之外,但必须与样台在同一平面上。拉尺画弧时,应使尺身均匀移动,不能弯扭。

② 悬链线拱圈放样:常用的放样方法有直角坐标法和多圆心法。下面仅介绍直角坐标法(图3-82)。

a. 在样台上,以拱顶的坐标为原点,用经纬仪放出 $x\text{-}x$ 和 $y\text{-}y$ 两轴线,并以 $A\text{-}A$、$B\text{-}B$、$C\text{-}C$、$D\text{-}D$ 为辅助线,并核对四边形对角线是否相等。

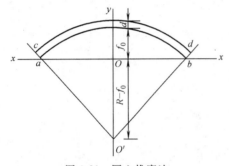

图3-81 圆心推磨法

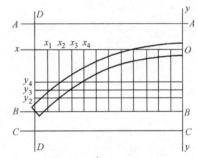

图3-82 直角坐标法

b. 沿 x 轴方向将半跨进行几等分,画出12个大小一致的矩形。

c. 在矩形的 y 轴方向,量出拱腹、拱轴、拱背坐标,用铁钉或油漆标出。

d. 用 $\phi 6\sim\phi 8$ 钢筋将拱腹、拱轴、拱背各点圆滑地连接成弧线。

(2) 拱石放样与编号

石拱桥所用的石块可自采也可外购,但石料的强度必须符合设计要求。

1) 拱圈砌筑材料

a. 片石、块石和粗料石。

砌筑拱圈的石料应符合设计规定的类别和强度等级,石质应均匀、不易风化、无裂纹。

b. 混凝土预制块与黏土砖:混凝土预制块的规格应与粗料石相同,其强度应不低于设计规定,尺寸应根据砌体形状确定;黏土砖形状应方正、尺寸准确,边角整齐,规格和质量应符合国家现行《黏土砖》标准。

2) 拱石放样与编号

拱圈的弧线画好后,可划分拱石。划分拱石前,需首先决定拱石宽度及灰缝宽度。拱

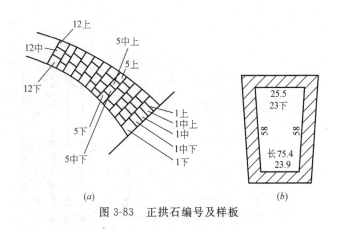

图 3-83 正拱石编号及样板

石宽度通常以 300~400mm 为宜，尺寸过大给搬运带来不便；尺寸过小块数太多，开采及砌筑所需的劳动力以及砂浆用量均会增多。

灰缝宽度一般在 10~20mm 之间，灰缝过宽，将降低砌体强度，增加灰浆用量，灰缝过窄，灰浆不宜灌注饱满，影响砌体质量。

根据确定的拱石宽度和灰缝宽度，即可沿拱圈内弧用钢尺定出每一灰缝中点，再经此点顺相应的内弧半径方向划线，即可定出外弧线上的灰缝中点。连接内外弧灰缝中点，垂直此线向两边各量出缝宽一半画线，即得灰缝边线。然后根据要求的高度和错缝长度可划分全部拱石。拱石划分后，应立即编号。如图 3-83（a）所示。

拱石编号后，还要依样台上的拱石尺寸，作成样板（图 3-83b），写明各边尺寸、号码、长度、块数。样板可用木板和镀锌铁皮制成。

当用片石、块石砌筑时，石料的加工程序大为简化，无须制作样板和按样板加工，只需对开采的石料进行挑选，将较好的留作砌筑拱圈，并在安砌时稍加修凿。

3.1.2 拱架

拱架是拱桥在施工期间用来支承拱圈、保证拱圈能符合设计形状的临时构造物。因此，拱架应满足足够的稳定性、不变形、刚度和强度，并符合构造简单、便于制作、拼装、架设和省工省料等要求。

(1) 拱架形式和构造

拱架的种类很多，按使用材料分为木拱架、钢拱架、竹拱架、竹木拱架及"土牛拱胎"等形式。木拱架制作简单架设方便，但耗用木材较多。钢拱架大多做成常备式构件，一次投资大，用钢量大，但能多次反复使用，利用率高。

在南方产竹地区，可建竹拱架及竹木混合拱架。另外，也可就地取材，先在桥下用土或砂、卵石填筑一个"土胎"（俗称"土牛"），然后在上面砌筑拱圈，砌成之后再将填土清除。

在修筑圬工拱桥时，可根据各地的条件和施工能力，因地制宜地选择经济合理的拱架形式。木拱架是最常用的，下面扼要加以介绍。

木拱架按其构造形式可分为满布式拱架、拱式拱架及混合式拱架等几种。

1) 满布式拱架，(满堂式拱架)

满布式拱架通常由拱架上部（拱盔）（若无拱盔称为支架，常用于现浇整体式桥梁上

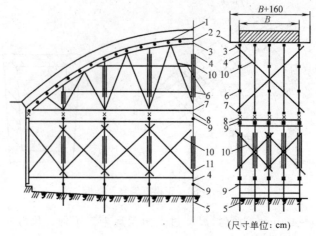

图 3-84 排架式满布拱架
1—模板；2—横梁；3—弓形木；4—立柱；5—桩；6—水平夹木；
7—拉梁；8—拆架设备；9—帽木；10—斜商夹木；11—纵向夹木

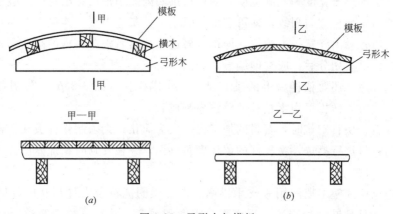

图 3-85 弓形木与模板

部构造施工），卸架设备，拱架下部三部分组成（如图 3-84 所示）。

卸架设备以上部分称为拱盔，一般由斜梁、立柱、斜撑和拉杆组成的拱形桁架。在斜梁上钉以弧形垫木以适应拱腹曲线形状，故将斜梁和弧形垫木称为弓形木。弓形木支承在立柱或斜撑上，长度一般为 1.5～2.0m。在弓形木上设置横梁，其间距一般为 0.6～0.8m；上面再纵向铺设 25～40mm 厚的模板（图 3-85a），就可在上面砌筑拱石。当拱架横向间距较密时，可不设横梁，而直接在弓形木上面横向铺设 60～80mm 厚的模板（图 3-85b）。

卸架设备在拱盔与支架之间，卸架设备以下部分为支架（拱架下部）。

立柱式支架是由立柱及横向联系（斜夹木和水平夹木）组成（图 3-84）。立柱

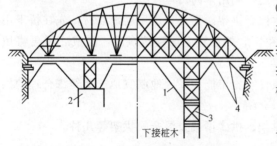

图 3-86 斜撑式满布拱架
1—斜撑；2—临时墩；3—框式支架；4—卸架设备

间距按桥梁跨径及承受拱圈重量的不同,一般在1.5~5m之间,拱架在横向的间距一般为1.0~1.7m,为了增强横向稳定性,拱架之间应设置横向联系(水平及斜向夹木)。立柱式拱架的构造和制作都很简单,但立柱数目很多只适合于跨度和高度都不大的拱桥。

撑架式拱桥是用少数框架式支架加斜撑来代替数目众多的立柱(图3-86)。木材用量较立柱式拱架少,构造上也不复杂,且能在桥孔下留出适当的空间,减少洪水及漂流物的威胁,并在一定程度上满足通航要求。

无论是立柱式还是撑架式,构造都应力求简单,避免采用复杂的节点和接头形式,以便使拱架受力明确,连接处紧密,保证拱架在荷载作用下变形最小,常用的节点构造如图3-87所示。

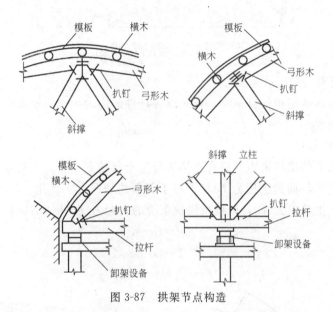

图3-87 拱架节点构造

2) 拱式拱架

与满布式拱架相比较,拱式拱架不受洪水,漂流物的影响,在施工期间能维持通航,适用于墩高、水深、流急或要求通航的河流。图3-88为夹合木拱架,其跨径在30m以内采用矩形截面;30~40m时采用工字形截面。

3) 三铰桁式拱架(图3-89)

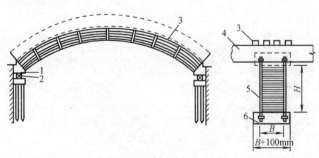

图3-88 夹合木拱架
1—三角垫木;2—卸架设备;3—模板;4—模板;5—螺栓;6—角铁

该拱架是拱式木拱架中常用的一种形式,其材料消耗率低,但要求有较高的制作水平和架设能力。三铰木桁拱架的纵、横向稳定,应特别注意。除在结构上须加强纵横联系外,还需设抗风缆索,以加强拱架的整体稳定。在施工中还应注意对称均衡地砌筑,并加强施工观测。桁架的结构形式按腹杆的布置有 N 式和 V 式。

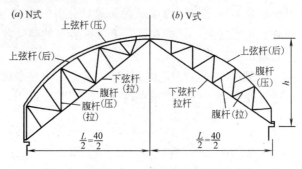

图 3-89 三铰桁式拱架

(2) 拱架计算

拱架计算与其他结构计算一样,首先求各杆件的内力,然后根据所求得的内力选择截面和验算截面强度

1) 拱块平衡条件

作用在拱架上的拱块重力,只有在拱顶处是全部传到拱架;而在其他截面处,拱块重力将分解为垂直于斜面的正压力 N 和平行于斜面的切向力 T。此外,由于 N 的作用,使拱块与模板间产生摩阻力 T_0,以抵抗拱块下滑的切向力 T(图 3-90a)。即

$$N = G\cos\varphi \tag{3-16}$$

$$T = G\sin\varphi \tag{3-17}$$

$$T_0 = \mu_1 N = \mu_1 G\cos\varphi \tag{3-18}$$

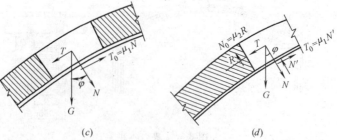

图 3-90 拱块平衡

a. 作用在拱架斜面上的拱块切向力 $T \leqslant T_0$ 时（图 3-90b），则

$$N = G\cos\varphi \tag{3-19}$$
$$T = G\sin\varphi \tag{3-20}$$

b. 作用在拱架斜面上的拱块切向力 $T > T_0$ 时（图 3-90c），则

$$\mu_1 G\cos\varphi < G\sin\varphi$$

在这区段上，摩阻力不足以阻止拱块下滑，因此拱块切向分力 T 有一部分（等于摩阻力）作用于拱架上，其余部分（$G\sin\varphi - \mu_1 G\cos\varphi$）则借下排拱块传递至拱座或支撑板。此时拱架受到的正压力 N 和切向力 T 为：

$$N = G\cos\varphi \tag{3-21}$$
$$T = T_0 = \mu_2 G\cos\varphi \tag{3-22}$$

c. 如拱块系自拱脚向拱顶逐块紧靠砌筑时，除计入拱块与模板的摩阻力外尚需考虑拱块与拱块间的摩阻力 N_0 的影响（图 3-90d），则

$$N_0 = \mu_2 R = \mu_2 (T - T_0)$$

式中　μ_2——拱块间摩阻系数，$\mu_2 = 0.5 \sim 0.6$；
　　　R——拱块间的正压力。

此时，根据平衡条件列出以下两个方程式，即

$$G\sin\varphi = R + \mu_1 N'$$
$$G\cos\varphi = \mu_2 R + N'$$

取解后可得拱架所受到的正压力和切向力为：

$$N' = \frac{\cos\varphi - \mu_2 \sin\varphi}{1 - \mu_1 \mu_2} G \tag{3-23}$$
$$T - T_0 = \mu_1 N' \tag{3-24}$$

2）满布式拱架杆件的内力计算

拱架各杆件的受力计算系假定顶部的弓形木承受拱块通过横梁传下的正压力和切向力；立柱及斜撑承受节点的轴向压力。弓形木，立柱和斜撑一般均不考虑承受拉力。底部的大梁承受斜撑的水平分力（压力或拉力）。

拱架各杆件的内力，可用节点法逐步求得。为避免计算繁琐，也可用图解法。图 3-90 为拱架顶部四种不同情况的节点受力分析图式。在图中，$N_n/2$、$N_{n+1}/2$ 为节间 n 和 $n+1$ 拱块的正压力之半；T_n、T_{n+1} 为节间 n 和 $n+1$ 拱块的切向力；S_n 为上一节点的合力 R 在杆件 n 内的分力；R 为 $N_n/2$、$N_{n+1}/2$、T_n、S_n 的合力（由于节点不承受拉力，所以 T_{n+1} 直接传至下一节点）。

图 3-91 (a) 中，节点合力 R 在 $n+1$ 和 k 杆件之间，它在杆件 $n+1$ 内的分力为 S_{n+1}，在杆件 k 内的分力为 S_k。因此，杆件 n 的内力为 T_n 和 S_n；杆件 k 的内力为 S_k；杆件 $n+1$ 传至下一节点的力为 T_{n+1} 和 S_{n+1}。

图 3-91 (b) 中，节点合力 R 在 k 和 n 杆件之间，它在杆件 k 内的分力为 S_k，在杆件 n 内的分力与 S_a、T_n 相反。因此，杆件 n 的内力为 T_a、S_n 及合力 R 在 n 内的分力；杆件 k 的内力为 S_k；杆件 $n+1$ 传至下一节点的力为 T_{n+1}。

图 3-91 (c) 中，节点合力 R 在 $k+1$ 和 k 杆件之间，它在杆件 $k+1$ 内的分力为 S_{k+1}，在杆件 k 内的分力为 S_k。因此，杆件 n 的内力为 T_n 和 S_n；杆件 k 的内力为 S_k；

杆件 $k+1$ 的内力 S_{k+1}；杆件 $n+1$ 传至下一节点的力为 T_{n+1}。

图 3-91 (d) 中，节点合力 R 在 $n+1$ 和 $k+1$ 杆件之间，它在杆件 $n+1$ 内的分力为 S_{n+1}，在杆件 $k+1$ 内的分力为 S_{k+1}。因此，杆件 n 的内力为 T_n 和 S_n；杆件 k 的内力为 O；杆件 $k+1$ 的内力为 S_{k+1}；杆件 $n+1$ 传至下一节点的力为 T_{n+1} 和 S_{n+1}。

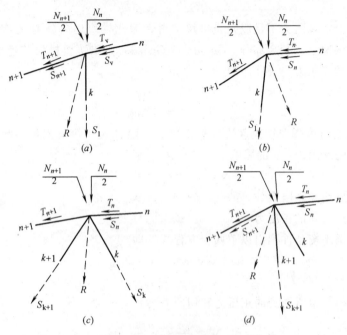

图 3-91 拱架顶部节点受力图式

由立柱或斜撑承受。从邻近拱顶的第二个节点开始，S_n 为零，T_n 不大。从第三个节点开始，T_n 和 S_n 均具有一定数值。

求得拱架各杆件的内力后，即可验算杆件截面强度。在满布式拱架和三铰桁式拱架中，满布式拱架预加拱度计算拱架承受荷载后，即产生弹性变形和塑性变形，因而拱架顶面有所沉落；拱圈卸架以后，由于重力作用、温度下降和墩台变位等因素影响，拱圈将产生弹性和非弹性下沉，使拱轴线发生变化。为了使拱圈在修建完成后拱轴线符合设计要求，施工时必须在拱架上预加拱度（现场浇筑桥梁上部构造的支架预拱度也可采用以下相关内容）。

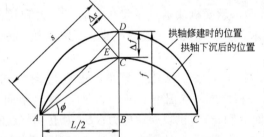

图 3-92 拱圈重力引起的弹性下沉量

a. 拱圈重力引起的拱顶弹性下沉量

图 3-92 知 $\triangle ABD \backsim \triangle CDE$ 得：

$$\frac{\Delta f}{s}=\frac{\Delta s}{f}; \qquad \Delta f=\frac{\Delta s \cdot s}{f}$$

又 $\Delta s = \dfrac{s\sigma}{E}$

故
$$\delta_1 = \Delta f = \frac{s^2 \sigma}{fE} = \frac{(L/2)^2 + f^2}{f} \cdot \frac{\sigma}{E} \tag{3-25}$$

式中 L——拱圈计算跨径；

E——拱圈材料弹性模量；

f——拱圈矢高；

σ——拱圈因恒载产生的平均压应力，可取 $\sigma = \dfrac{H_g}{A \cdot \cos\phi}$，其中 H_g 为恒载水平推力；

ϕ 为半跨径弦与水平线交角；A 为拱圈的截面积（对变截面拱，可取平均截面积）。

b. 拱圈温度变化产生的拱顶弹性下沉

$$\delta_2 = \frac{(L/2)^2 + f^2}{f} \cdot [\alpha(t_2 - t_1)] \tag{3-26}$$

式中 α——拱圈材料线膨胀系数；

t_1——年平均温度；

t_2——封拱时温度（当 $t_2 - t_1$ 为负值时表示封拱温度低，温度须上升）。

c. 墩台水平位移产生的拱顶非弹性下沉

$$\delta_3 = \frac{L}{4f} \cdot \Delta L \tag{3-27}$$

式中 ΔL——拱脚相对水平位移。

d. 拱架、支架在承重后的弹性与非弹性变形

$$\delta_4 = \delta_{4a} + \delta_{4b} + \delta_{4c} \tag{3-28}$$

（a）弹性变形

$$\delta_{4a} = \delta'_{4a} + \delta''_{4a}$$

式中 顺纹承压 $\delta'_{4a} = \dfrac{\sigma h}{E}$；

横纹承压 δ''_{4a}＝拱架中横纹承压的杆件接缝数×Δ

其中 σ——立柱或垂直支撑内的压应力；

h——立柱或垂直支撑高度；

E——立柱或垂直支撑的弹性模量；

Δ——1.5cm。

（b）非弹性变形 δ_{4b}

此种变形由接头、接榫等的局部压陷产生的。每条接缝的变形估算值为：顺纹相接取 2mm；横纹相接为 3mm；木料与金属或木料与圬工相接为 2mm。由此得式：

$$\delta_{4b} = 2k_1 + 3k_2 + 2k_1 \tag{3-29}$$

式中 k_1、k_2、k_3——分别为拱架或支架的顺纹接头数目、横纹接头数目、木料与金属或木料与圬工接头数目。

（c）卸架设备的非弹性压缩量 δ_{4c}

采用砂筒时下沉量：压力为 200kN 时，$\delta_{4c}=4$mm；压力为 400kN 时，$\delta_{4c}=6$mm；砂子未预先压实时，$\delta_{4c}=10$mm。

e. 支架基础在承载后的非弹性变形 δ_5

枕梁置于砂土上时，$\delta_5=5\sim10$mm；枕梁置于黏土上时，$\delta_5=10\sim20$mm。桩打入砂

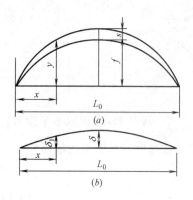

图 3-93 拱架预加拱度计算

土时，$\delta_5=5mm$；桩打入黏土时，$\delta_5=10mm$。

f. 拱顶预加拱度值为

$$\delta=\delta_1+\delta_2+\delta_3+\delta_4+\delta_5 \tag{3-30}$$

求得拱顶预拱度值后，应根据实践经验，进行适当调整。

石拱桥拱顶预拱度值可参考下式估算：

$$\delta=\frac{L}{400}\sim\frac{L}{800} \tag{3-31}$$

g. 其他各点预加拱度值

其他各点预加拱度值按二次抛物线变化计算（图 3-93）。

$$\delta_i=\frac{4\delta}{L_0^2}x(L_0-x) \tag{3-32}$$

式中 x——以拱脚为原点的横坐标；

L_0——净跨径；

δ——拱顶总预加拱度。

3.1.3 拱圈砌筑

(1) 准备工作

砌筑拱圈前必须对拱架进行全面检查，注意支撑是否稳固，杆件接头是否紧密，并校核模板顶面高程，同时检查防洪措施与安全设备。

模板高程经检查合格后，即用经纬仪测出桥梁中线，在模板上画出墨线，并由中线放出拱圈边线，再用钢尺校核腹线长度。如系料石拱圈，则需放出每排拱石灰缝的墨线。

拱圈砌筑要求尽快合拢成拱，以免拱架承载过久，增大拱架持续变形。因此在砌筑拱圈前需做好一切准备，一旦开始砌筑，就要一气呵成，不可中途停顿。

(2) 拱圈砌筑程序

跨径 10m 以下的拱圈，当用满布式拱架砌筑时，可从两端拱脚同时对称、均衡地向拱顶方向砌筑，最后砌拱顶石；当用拱式拱架砌筑时，宜分段、对称地先砌拱脚段和拱顶段，最后砌 1/4 跨径段。

跨径 13~20m 的拱圈，不论用何种拱架，每半跨均应分成三段砌筑（如图 3-94），先砌拱脚段 1 和拱顶段 2、后砌 1/4 跨径段 3，两半跨应同时对称地进行。

跨径大于 25m 拱圈砌筑，程序应符合设计规定，一般采用分段砌筑或分环分段相结合的方法砌筑，必要时应对拱架预加一定的压力。分环砌筑时，应待下环砌筑合拢后、砌缝砂浆强度达到设计要求后，再砌筑上环。

多孔连续拱桥拱圈的砌筑，应考虑连拱的影响，制定相应的砌筑程序。

(3) 拱圈砌筑工艺

1) 块石、料石、混凝土块、黏土砖

a. 座浆法适用于拱脚至拱跨 1/4 点附近段，或其余各段的上下环的砌缝上。砌筑时，先在下层拱石上铺一层厚薄均匀的砂浆，然后将上层拱石压上（图 3-95），借石料的重力将其压紧，并在灰缝上加以必要的插捣和用木锤敲击拱石，使其完全稳定在砂浆层上，直至灰缝表面出现水膜为止。

b. 抹浆法 适用于拱跨 1/4 点附近，因拱架模板坡度已逐渐缓和，座浆法不便使用，而铺石料的改为抹浆法。先用抹灰板在下层拱石面上，用力涂上一层砂浆，然后将上层拱石放下，用撬棍扒紧，并加以插捣和用木锤敲击使浆挤出。

图 3-94 拱圈分段砌筑示意

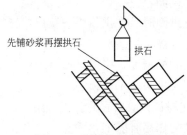

图 3-95 座浆法砌筑拱石

c. 灌浆法 适用于拱跨 1/4 点至拱顶一段，因拱石受力面已近垂直，不便采用座浆法和抹浆法，而改为灌浆法。先安砌拱石，然后在灰缝中灌以砂浆，并加以插捣，使之密实。

2) 片石拱圈砌筑

a. 立砌面轴 砌筑时石块最好竖直，称为立砌；石块大面朝向拱轴方向称为面轴。

b. 错缝咬马 当拱石高度不够时，将不同形状的石块经过适当的选配结合，彼此以最小空隙和间距相互衔接嵌挤成一整体，称为咬马（图 3-96）。咬马同时，相邻石块间灰缝应互相交错，避免出现单纯的灰缝。

图 3-96 咬马

c. 嵌缺平脚 将大石块之间的空隙，以适当大小的石块及砂浆填塞，称为嵌缺；在立砌时，拱石下端凸角可略加锤敲打平，并以砂浆及石块填满缺口，称为平脚（图 3-97）。

图 3-97 嵌缺平脚

d. 座浆挤实 先铺砂浆，然后安放石块，称为座浆。在垂直灰缝处抹砂浆至石块厚的 1/3～1/4 处，然后靠紧石块，并在缝中灌砂浆（如灰缝过大应填塞石块）捣实，称为挤实。

e. 宁高勿低 用片石砌拱圈，拱圈厚度不易掌握，因此，砌筑时拱石可略高于拱背线，以保证拱圈的有效截面。

3) 干砌石拱圈砌筑

干砌石拱圈是靠石块间的摩阻力和挤压力的作用成拱的。砌筑时，应注意以下几点。

a. 石块大面必须顺辐射面；

b. 石块接触面应尽可能多，空隙必须用小石块嵌填紧密；

c. 必须采用刹尖合拢和刹尖卸拱的办法进行施工。

(4) 拱圈合拢

砌筑拱圈时，在拱顶留一缺口，待拱圈的所有缺口和空缝全部填封后，再封闭拱顶缺口，称为合拢。

合拢时的温度，应按设计要求。当设计无规定时，应尽量接近当地的平均气温。合拢的方法有尖拱法与千斤顶法。

1) 尖拱法一般只适用于中、小跨径拱桥，对一些较大跨径的石拱桥也有采用此种方法。

尖拱的作用有三个：

a. 在拱架卸落前，可通过尖拱判断拱的作用是否正常，并使拱圈稍微脱离拱架，以便拆架；

b. 可以稍微调整拱圈截面内力；

c. 防止拱圈开裂。

拱圈砌缝都为辐射形，故拱顶缺口处形成上大下小的缺口如图 3-98 所示。

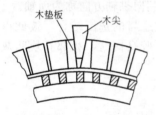

图 3-98　尖拱示意图

为消除尖拱时的振动影响，在拱顶 1/5 的拱圈长度宜先开砌，待尖拱后再灌填砂浆；不然，应在砂浆强度达到 70% 以上后再尖拱。尖拱用硬木楔进行，可以作成一种尺寸二次打入而得预定的拱圈抬高度及缺口张开度；也可以作成几套不同尺寸的硬木楔，从小到大的次序，逐次打入；还可做成复合木楔，两块紧贴拱圈石而中间木楔从缝中打入。为减少木楔夯下时的摩阻力，在缺口两侧垫上木板与青竹皮。合拢用的打入木楔个数应根据拱顶推力估算。木楔用木夯或石夯夯下，夯打时最好同时进行。尖拱完毕后，根据缺口尺寸修打刹尖石，刹尖石的尺寸不要做得太小，需要锤打下嵌紧为度。

2) 千斤顶法是将按事先计算好的拱顶缺口位置中装置千斤顶，图 3-99 所示的千斤顶的间距一般为 1~1.5m，并根据拱圈厚度采用一排或二排。按计算的推力对拱圈加压，此时拱顶缺口因受千斤顶推力而张大，拱圈向上拱起而脱离拱架。待千斤顶的推力达到计算值时，在千斤顶之间的缺口内安放拱顶石，并用快凝水泥砂浆填封砌筑。待砂浆达到一定强度后，将千斤顶取出，用同样的方法砌筑取走千斤顶后出现的缺口。这种方法比较完善，适用于大跨径拱桥的拱圈合拢。

3.1.4　拱上建筑的砌筑

拱上建筑的施工，应在拱顶石砌完，合拢砂浆达到设计要求后进行，一般不小于合拢后 3d；当拱桥跨径较大时，最好在合拢后 10d 进行。

拱上建筑施工，应避免使主拱圈产生不均匀变形。实腹式拱上建筑，应由拱脚向拱顶对称地砌筑。当侧墙砌筑好以后，再填筑拱腹填料。

空腹式拱桥，一般是在腹拱墩砌完后就卸落拱架，然后再对称均衡地砌筑腹拱圈，以免由于主拱圈不均匀下沉而使腹拱圈开裂。

在连续多孔拱桥中，当桥墩不是按单向受力墩设计时，仍应注意相邻跨间的对称均衡施工，避免桥墩承受过大的单向推力。

3.1.5 拱架卸落

拱圈砌筑完毕，待达到一定强度后即可拆除拱架。如果施工情况正常，在拱圈合拢后，拱架应保留的最短时间：跨径在20m以内时，为20d；跨径超过20m时，为30d。应施工要求必须提早拆除拱架时，应适当提高砂浆强度等级或采取其他措施。

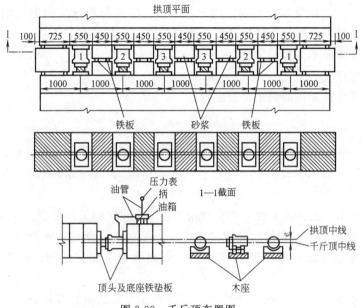

图 3-99　千斤顶布置图

单位：mm

(1) 卸架设备

为保证拱架能按设计要求均匀下落，必须设置专门的卸架设备。卸架用的设备在拱架安装时已预先就位。满布式拱架卸落设备则放在拱脚铰的位置上。卸架设备常用木楔、木凳（木马）、砂筒（砂箱）等几种（图3-100）。通常在中、小跨径中多用木楔和木凳，大跨径或拱式拱架多用砂筒或其他专门设备（如千斤顶等）。

木楔又可分为简单木楔和组合木楔。简单木楔由两块1:6～1:10斜面的硬木楔组成（图3-100a）。落架时，用锤轻轻敲击木楔小头，将木楔取出，拱架即可下落。它的构造最简单，但缺点是敲击时振动大，易造成下落不均匀。一般可用于

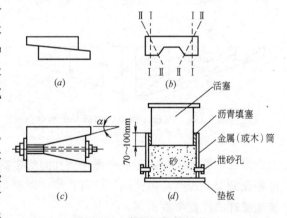

图 3-100　常用的卸架设备

中、小跨径拱桥。组合木楔由三块楔形木和拉紧螺栓组成（图3-100b）。卸架时，只需扭松螺栓，则楔木徐徐下降。它的下落较均匀，可用于40m以下的满布式拱架或20m以下的拱式拱架。

木凳（木马）是另一种形式简单的卸架设备。卸架时，只要沿 I—I 与 I—I 方向锯去木凳的两个边角（图 3-100c），在拱架自重作用下，木凳被压陷，于是拱架也随之下落。一般适用于跨径在 15m 以内的拱桥。

跨径大于 30m 的拱桥，宜用砂筒作卸架设备。砂筒是由内装砂的金属（或木料）筒及活塞（又名顶心木，为木制或混凝土制）组成（图 3-100d）。卸落是靠砂从筒的下部预留泄砂孔流出。因此，要求砂干燥、均匀、清洁、砂筒与活塞间用沥青填塞，以免砂受潮。由于砂泄出量可控制拱架卸落高度，这样就能由泄砂孔的开与关，分数次进行落架，能使拱架均匀下降而不受振动。

(2) 卸架程序

拱顶处卸落设备所需卸落的最小高度应为：

$$h = \delta_1 + \delta_{4a} + c \qquad (3-33)$$

式中　δ_1、δ_{4a}——分别为拱圈自重作用下的挠度及拱架承载后的弹性变形；
　　　　c——拆除拱架的应有净空值，一般可取为 10～30mm；大跨径拱圈可取为 100～150mm。

拱架其余各节点处卸落高度，则按直角三角形直线比例关系求出。

为保证拱圈（或拱上建筑已完成的整个上部结构）逐渐均匀地降落，以便使拱架支承的桥跨结构重量逐渐转移给拱圈来承担，因此拱架不能突然卸落，而应按卸架程序进行。

对于满布式拱架的中、小跨径拱桥，可以将各节点处的卸落量分几次，从拱顶向拱脚上对称卸落。靠近拱顶处的一般可分 3～4 次卸落，靠近拱脚处的可减少卸落次数。图 3-101 表示满布式拱架的卸落步骤示意图，图中 δ_0、δ_1、δ_2、δ_3、δ_4 表示各节点处卸落量。

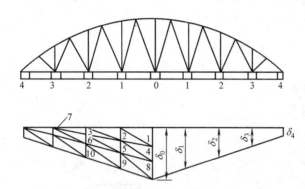

图 3-101　满布式拱架的卸落步骤示意图

对于大跨径的悬链线拱圈，为了避免拱圈发生"M"形变形，也有从两边 $L/4$ 处逐次对称地向拱脚和拱顶均衡地卸落。卸架的时间宜在白天气温较高时进行。

多孔拱桥施工时，还应考虑相邻孔间的影响。若桥墩设计容许承受单向施工荷载，就可单孔卸架。否则应多孔同时卸落拱架，以避免桥墩不能承受单向推力而产生过大位移，甚至破坏的严重事故出现。

课题 4　城市人行桥施工

随着城市交通、商业网点的日益发展，城市人口也逐日俱增。为了确保城市行人的交通安全及人行道路与商业街有机结合，人行桥的建造逐渐增多。人行桥不仅有疏导交通，保证行人安全的功能，而且一般位于闹市、人口稠密地区，因此还具有观赏作用。一般情况下，人行天桥以钢桥为多。

4.1 工厂预制

目前，人行桥由于受到工期、施工场地、地理环境、交通量、净空等限制。一般采用钢梁作为人行桥上部构造的主梁。而主梁由于制作场地的限制，常由钢厂或造船厂就地进行制作。其制作程序为：根据设计图纸进行主梁各部件的下料及制作→在钢厂或造船厂的场地上进行主梁大样放设→将已制作好的型钢进行现场焊接→根据设计要求将整体钢梁进行预拼→按操作规范进行质量检验与验收→将整桥上部主梁进行分段编号等待装运。

4.1.1 人行桥施工特征

人行桥的钢梁制作与普通城市桥梁、公路桥梁相比均有所不同，其特征如下。

（1）使用的材料及部件种类多、数量少，故材料的有效利用率低，较难做到标准化、定型化。

（2）钢材大多采用小型薄板，单位重量的焊接长度较长，一般易产生焊接变形。

（3）人行桥施工要进行大样图尺寸检查、材料检验、试组装检验、竣工验收等工序。

（4）施工人员在开工前，应进行现场测量并调查地下埋设物和地面上的障碍物。

（5）上部构造的安装顺序一定要按照设计要求进行，以免变形过大给安装带来困难。

4.1.2 人行桥施工特点

（1）人行桥均在繁忙的交叉路口施工，人流多，交通繁忙，噪音厉害，不能封锁交通，影响居民的生活与工作。

（2）由于施工场地小，主梁不能在现场制作，因此应对钢材品种规格的可供性、可施工性、可焊性、可检查性、构件的可运输性进行调查，并制定好施工方案。

（3）施工难度大，地理环境与地下管线复杂，地面上各种架线名目繁多。

（4）工期紧、质量要求高，白天影响市容，需进行晚间施工，增加照明设备与安全措施。

（5）主梁超长，运输困难，需进行施工方案优化设计。

4.1.3 构件制作要求

（1）必须经由国家认可的有施工资质的钢结构加工企业承接加工任务，必须根据批准的设计图和施工图制作；

（2）作为主要纵向受力构件的盖板、腹板及纵肋，在桥轴方向上均应为连续构件，构件制作的钢材应附有质量证明书，并符合设计文件的要求；

（3）主梁需进行现场手工焊接并须进行预拼，并按设计要求进行分段编号，以利运输与安装；

（4）焊接用的焊条必须考虑焊接金属的耐久性，机械性能，容易操作，外观良好等；使用含氢量低的焊条，焊条尽量采用启封时间最短的，一般使用新的，严禁使用药皮脱落或焊芯生锈的焊条；焊条在300～350℃温度，30～60min干燥；

（5）对厚度在25～38mm的钢材，焊接时，需进行40℃～60℃范围的预热，对雨天或可能下雨时,刚下雨不久、有强风时、气温在5℃以下时,不宜进行焊接。

4.2 细部构造的施工

人行桥细部构造,必须注意下列事项:

(1) 采用桥面薄板焊接时容易变形,应采用断续焊接,一般均采用手工焊接;半自动焊接由于在角隅处保护气体的飞散与大气中不纯物混合使焊性恶化,容易产生缺陷。有些构件施焊前需进行预热过程,以防焊接变形,尤其是垂直于桥轴方向,桥面板的焊缝应用错接,错接缝不应大于3mm,以免桥面雨水从错缝处下落。如图3-102示,上部进行连续角缝焊接,能确保密贴而不透水。

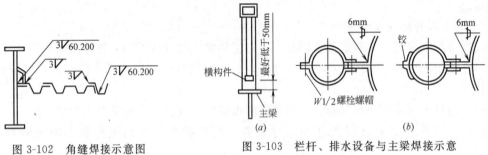

图3-102 角缝焊接示意图　　　图3-103 栏杆、排水设备与主梁焊接示意
　　　(单位:mm)　　　　　　　　　　　(单位:mm)

(2) 雨水、垃圾的堆积会产生酸性物质,是引起钢梁生锈的主要原因。施工时应注意桥面的纵横坡,以免桥面积水,并使用一定厚度的钢板以防锈蚀。

(3) 栏杆如与主梁直接焊接,易使主梁产生焊接变形,如图3-103(a)所示,在装饰板下设置横构件,只在主梁上安装栏杆柱,焊接变形在最小范围内。

图3-104 排水孔设置

(4) 排水设备应使用垃圾不易积聚的构造,尤其是主梁下部有横梁、联结系、支座等,为便于在狭小的空间安装金属管,必须充分研究它的细部,采用图3-103(b)形状的排水管安装配件,受力处用6mm角钢加强施工比较方便。

(5) 如果扶梯表面砌瓷砖,在瓷砖与砂浆、踏步板之间有浸水和积水,则会引起瓷砖与砂浆剥落,因此要用环氧树脂砂浆防水或制成泄水坡,亦可做成图3-104那样的排水孔。

4.3 下部构造施工

人行桥大多建于城市内,其下部构造与一般桥梁比要轻便简单的多,因为上部荷载小(仅自重与人群荷载),受土压力影响不大(一般仅以垂直荷载为主),施工应满足下列要求:

(1) 测量工作

根据平面图纸的要求,精确测放出每个墩的中心位置,并按设计要求测放出每个墩的基础桩位置,经复核无误后,方可开始基础桩的施工。

(2) 开挖样洞

在正式进行桩基础施工前,需对墩中心位置开挖一个直径2m的样洞,一方面可挖除地下较大的障碍物，又可探明地下公用管线的确切位置，避免损坏管线引起不必要的麻烦；并给打桩或钻桩带来一些方便。

(3) 基础施工

若采用钻孔桩须注意泥浆的排放场地；要充分考虑与选择施工方法与机具种类，以免影响附近居民的生活与工作；采用打入桩时，最好选择振动桩锤施工，以免造成噪声污染。

(4) 承台制作

桩基础工艺结束后，应根据设计要求制作承台，承台除钢筋、混凝土浇筑应符合设计规定外，其与立柱对接的地脚螺栓一定要正确；为防止预埋地脚螺栓浮起和移动，在浇筑承台混凝土前，再一次核对设计图纸，将立柱的对接预留螺栓校对正确，最好使用角钢等固定框架将地脚螺栓固定，方法是加长地脚螺栓的切削螺纹，用螺母在固定框架和模板上下紧紧锚固。

(5) 立柱安装

待承台混凝土强度等级达到设计强度等级的70%以上，便可进行立柱安装。立柱是由钢管（筒）或型钢制成，安装时应将立柱的法兰盘螺孔对准承台的长脚螺栓，并由经纬仪校核立柱的垂直度；用水准仪测出立柱的高程，并用小楔块将立柱垫实整平并拧紧螺栓。立柱安装完毕后，即可在柱顶精确测放出墩柱中心位置，并用钢尺精确丈量柱间跨径，安装并焊接柱靴，以便安装上部钢梁。

4.4 钢梁的运输与架设

当下部构造施工完毕后，根据施工进度要求进行上部构造架设，首先是将钢梁从预制场运至施工现场。

4.4.1 准备工作

(1) 架设钢梁之前，应对墩柱的顶面高程、中线及每孔跨径进行复测，不超过允许偏差即可安装。

(2) 铺设钢梁段接头点的支架，以便钢梁段与段的焊接。

(3) 处理妨碍起吊钢梁的各种线路，如电车架空线、电力线和其他障碍物。

(4) 安装前应编制施工组织设计，其中应包括施工辅助结构在内的施工结构设计和安全操作要求，经批准后组织实施。

(5) 钢梁安装程序必须保证结构的稳定性，并能保持或及时校正结构的预拱度和平面位置。

4.4.2 钢梁运输

施工期间与封锁交通时间的长短，往往是建造人行桥的一个重要因素。运输前，要与所辖交通管理部门及有关单位就运输方法、运输路线、时间流程、吊装方法、运输设置等作周密协商，并通过广播、电台、报纸通告市民什么时间内封锁交通、进行钢梁架设，并请相关单位作好准备。等一切准备工作就绪，就可通知钢梁预制所在地，按钢梁预拼后的先后编号，逐段运出。

4.4.3 架设工作

架设人行桥的钢梁一般在封锁交通的情况下进行，所以争取在最短时间内完成。通常安排在夜间进行。

(1) 构件架设方法

人行桥的钢梁一般采用汽车起重机或履带式起重机安装。当分段的钢梁运至现场后,首先丈量钢梁的长度、钢梁段的编号是否符合设计要求,再用吊车将钢梁吊至预先铺设的支架上,用千斤顶调整钢梁段接头的高低,当再次检查与设计无误后,便可进行钢梁焊接。

(2) 人行桥上部结构施工顺序

为防止起吊荷载过大,由钢梁加工厂运至工地的钢梁仅为钢骨架,当整体钢骨架拼装焊接后,便可进行主梁的加劲梁焊接、横间钢板焊接、扶梯安装与焊接、栏杆安装与焊接、装饰板安装、扶手安装与焊接、照明设备的布置、油漆施工。

(3) 钢梁安装要求

1) 由于钢梁是一个柔性构件,易变形,起吊时,尽量采用二台吊机同时起吊。若采用一台吊车起吊钢梁,起吊臂与起吊千斤绳应尽量长一些,避免千斤绳过短引起钢梁的轴心压缩。

2) 先安装的构件不得妨碍后安装构件的安装和起重吊车的移动。

3) 架设主梁骨架时,在墩柱上端的侧向盖梁用临时支撑加固,保证吊装时的稳定与安全。

4) 晚间钢梁安装时,要有充分的安全防护措施与足够的照明设备。

5) 钢梁连接的高强度螺栓孔的直径应比螺杆公称直径大 1.5~3.0mm,并符合表3-28的规定。

高强度螺栓孔允许偏差 表 3-28

序号	名称		公称直径及允许偏差(mm)						
1	螺栓	公称直径	12	16	20	22	24	27	30
		公称偏差	±0.43		±0.52			±0.84	
	螺栓孔	公称直径	13.5	17.5	22	24	26	30	33
		允许偏差	+0.43 0		+0.52 0			+0.84	
2	不圆度(最大和最小直径之差)		1.00			1.50			
3	中心线倾斜度		不应大于板厚的3%,且单层板不得大于2mm,多层板迭合不得大于3mm						

6) 人行桥构件安装质量要求

a. 焊缝检查

外观检查:所有的焊缝必须进行外观检查,不得有裂纹、未溶合、夹渣、未填满弧坑和超出表3-29规定的缺陷。零部(杆)件的焊缝应在焊接24h后进行无损检验,检验方法有超声波探伤与射线探伤两种;其探伤范围与质量要求按技术规范中规定。

b. 支承面、支座和地脚螺栓允许偏差见表3-30。

c. 钢柱安装允许偏差见表3-31。

d. 钢梁安装后的允许偏差见表3-32。

焊缝外观检查允许缺陷（mm） 表3-29

序号	项目	质量要求		
1	气孔	横向对接焊缝	不容许	
		纵向对接焊缝、主要角焊缝	直径小于1	每米不多于3个，间距不小于20
		其他焊缝	直径小于1.5	
2	咬边	受拉部件横向对接焊缝	不允许	
		竖加劲贴角焊缝腹板侧受拉区		
		受压部件横向对接焊缝≤0.3		
		纵向对接及主要角焊缝≤0.5		
		其他焊缝≤1		
3	焊脚尺寸	埋弧焊 K_0^{+2} 手弧焊 K_{-1}^{+2} 手弧焊全长10%范围内允许 K_{-1}^{+3}		
4	焊波	$h<2$（任意25mm范围内）		
5	余高（对接接头）	$b\leq15$ 时 $h\leq3$，$15<b\leq25$ 时 $h\leq4$ $b>25$ 时，$h\leq4b/25$		
6	余高铲磨（对接接头）	$\Delta_1+0.5$ $\Delta_2-0.3$ 表面粗糙度 $\frac{60}{\nabla}$		
7	平均未熔透	（箱形杆件）$\Delta\leq\sqrt{2T}+2$		

支承面、支座和地脚螺栓允许偏差 表3-30

序号	项目		允许偏差	检验频率		检验方法
				范围	点数	
1	支承面	高程	±2.0mm	每件	2	用水准仪测量
		不水平度	1/1000			
2	支座表面	高程	±1.5mm		2	
		不水平度	1/1500			
3	地脚螺栓位置	在支座范围内	±5.0mm		2	用尺量
		在支座范围外	±10.0mm			
4	地脚螺栓伸出支承面长度		±20.0mm		1	
5	地脚螺栓的螺纹长度		只许加长		1	

钢柱安装允许偏差　　　　　　　表 3-31

序号	项目		示意图	允许偏差(mm)	检验频率 范围	检验频率 点数	检验方法
1	轴线对行、列定位轴线(q)			≤5.0	每件	2	用经纬仪测量,纵、横向各计1点
2	桩基高程	有行车梁的柱		+3.0 −5.0	每件	4	用水准仪测量,四周各计1点
2	桩基高程	无行车梁的柱		+5.0 −8.0	每件	4	用水准仪测量,四周各计1点
3	挠曲矢高			$H/1000$,但不大于15.0	每件	4	拉小线和尺量,每侧面各计1点
4	钢柱轴线的不垂直度(q)	H≤10m		≤10.0	每件	2	用经纬仪或垂线测量,纵、横向各计1点
4	钢柱轴线的不垂直度(q)	H>10m		≤$H/100$,但不大于25.0	每件	2	用经纬仪或垂线测量,纵、横向各计1点

钢梁安装后的允许偏差　　　　　　　表 3-32

序号	项目	允许偏差(mm)
一	钢梁与设计中线和高程关系	
1	墩台处钢梁中线对设计中线偏差	±10
2	简支梁与连续梁间、两联(孔)间相邻横梁中线相对偏差	±5
3	墩台处钢梁底部与设计高程偏差	±10
4	两联(孔)相邻横梁相对高差偏差	5
二	支座与设计中线关系	
1	支座纵横线扭转偏差	±1
2	固定支座纵横线中点与设计位置顺桥向偏差,连续梁或60m以上简支梁 60m以下简支梁	±20 ±10
3	辊轴或活动橡胶支座位置偏移按设计气温安装,灌注定位前	±3
4	支座底板四角相对高差	2

4.5　桥上构筑物施工

（1）桥面铺装

人行桥的桥面,要求耐磨性好、方便行人、便于施工、美观。适合于桥面的材料有混凝土、彩色混凝土、沥青混凝土、聚胺脂砂浆、塑胶等。

钢板不能直接用作桥面，因为噪声大、易滑，钢板上焊钢筋网，然后铺设混凝土或沥青桥面，可保证桥面不会翘曲脱皮。

桥面板上铺砌预制块，无论是钢板或波形钢板，均需在钢板上先铺砂浆，然后再铺砌预制块，砌块的排列要注意排水坡度。

(2) 扶梯的铺装

扶梯接触面要用不易打滑、耐磨耗、吸音性能好的混凝土、沥青混凝土、聚胺脂、防滑瓷砖等材料。铺砌瓷砖的施工顺序为先湿润瓷砖反面和踏步上面，铺上砂浆，再铺一层很薄的水泥浆，然后铺砌瓷砖，使砂浆与瓷砖完全密封，不能产生间隙。瓷砖要平坦，接缝要均匀。

(3) 侧板的安装

主梁和扶梯栏杆的腰部，有时也设置遮掩行人裙子的侧板。侧板要经受风吹雨淋，要注意选择耐久性好、强度高，美观的优质材料。有些人行桥，选用铝合金板或不锈钢作侧板，效果良好。

(4) 油漆施工

1) 钢梁和其杆件在表面涂漆作业前，应进行除锈，打毛和喷涂防锈层，表面清净度符合表 3-33 要求后，方可进行涂漆作业。

钢件除锈清净度　　　　　　　　　　　　　　　表 3-33

清净度	适用条件	质量要求	适用范围
一级	1. 大气含盐雾的沿海地区； 2. 大气含 SO_3 大于 $250\mu g/m^3$ 的工业地区； 3. 杆件浸水部分； 4. 使用无机富锌涂料聚氨脂涂料、喷锌或喷铝层； 5. 防腐要求高的钢梁及构件	所有氧化铁皮、铁锈和外附物（包括油垢及其他污物）均需清除干净，清理后钢件表面要有均匀的金属光泽，仅允许有个别的微小斑点	喷铝或涂富锌漆的表面
二级	年平均相对湿度在 50% 以上及有一般大气污染的工业地区	使钢表面完全没有油垢和其他杂质，仅允许有少许不明显的斑点或条痕形的氧化铁皮及铁锈，但不得超过面积的 5%，在任何 25mm×25mm 的面积，应有 90% 以上裸露钢的金属光泽	主体结构
三级	除一、二级适用条件以外的其他地区	氧化铁皮、铁锈和一切外附物应基本清除干净，钢件表面应有 80% 以上和任何 25mm×25mm 的面积应有 65% 以上裸露的金属光泽	附属结构

2) 油漆的施工方法、顺序、材料的使用规格与公路桥大致相同，运输与架设过程中发生的油漆损伤亦可在施工现场补漆。另外，主梁与扶梯的连接等在现场不能涂饰的部分可在加工厂内预先油漆。

3) 扶梯的踏步表面、侧板下部等易脏，易锈蚀的地方，宜采用环氧树脂系防锈涂料。

4) 在施工现场油漆，为防止危险物下落，宜选在交通量小的夜间进行。

5) 油漆的颜色应将栏杆及装饰板漆成浅色,梁身漆成深色,由于色觉差异,栏杆在远视时几乎在空间消失,因而使梁的细长度增加,显得十分轻盈美观。

6) 钢桥涂装层数和涂膜总厚度,应按设计文件办理,设计无规定时,可参照表3-34施工。

钢桥涂装的层数和涂膜总厚度　　　　　　表3-34

部　位	最小干膜总厚度(μm)	涂膜层数	
		底漆	面漆
板梁、箱梁上盖板和桁梁桥面系上盖板	240	3	4
其他部位	180	2	3

注:底面漆每层厚度为$30\sim40\mu m$。

(5) 附属设备施工

附属设备有照明、用于防止积雪的防雪栅、高压线下的静电保护栅、桥面加热化雪器。为确保行人安全,在扶梯和通道靠近居民住宅一侧,应根据具体情况设置防护栅栏或挡板。

为了行人(或残疾人)上下人行桥的方便、养护的要求、考虑城市的美观,一些大、中城市将人行桥用不锈钢材料修建后,并装上自动扶梯,桥四周采用彩色灯光照明。每当星夜当空,彩灯闪亮,给城市的夜景带来一幅美妙的图画。

课题5　其他桥型的施工工艺简介

5.1　连续梁桥施工

连续梁桥是承重结构(板、T形梁或箱梁)不间断地连续跨越几个桥孔而形成的一种超静定结构。连续梁可以做成两跨一联或三跨一联的,也可以做成多跨一联的。连续梁中间墩上只需设置一个支座,而在相邻两联连续梁桥墩上仍需设置两个支座。

连续梁由于在荷载作用下支点截面产生负弯矩,从而显著地减小了跨中的正弯矩,这样不但可减小跨中的建筑高度,而且能节省钢筋混凝土数量,跨径增大时,这种节省愈益显著。由于连续梁桥具有受力性能好,跨越能力大,行车平顺等优点,特别是随着预应力混凝土施工技术的发展,预应力混凝土连续梁桥得到了广泛地应用。

本章主要介绍连续梁桥的支架法施工、悬臂法施工和顶推法施工的内容。需要指出的是,支架法施工除应用于连续梁桥的施工外,简支梁桥和悬臂梁桥等桥涵的施工中也常被采用;悬臂法施工还可用于悬臂梁桥、T形刚构桥等桥型的施工。

5.1.1　支架法施工

搭设支架,安装模板、钢筋,就地浇筑梁体混凝土的施工方法是一种古老的方法,通常称之为支架法施工或就地浇筑法施工。虽然施工需要大量的支架和模板,但根据地形及桥梁结构特点等情况,在采用其他施工方法比较困难或费用较高时,支架法施工经常被采用。

(1) 现浇梁支架

支架的形式可根据桥梁具体情况及施工单位现有的支架材料情况确定。支架按其构造分为立柱式、梁式和梁—柱式支架；按其材料可分为木支架、钢支架、钢木混合支架、万能杆件拼装支架、WDJ 碗扣式脚手架支架等。

1) 支架按其构造划分

a. 立柱式支架：立柱式支架构造简单，主要适用于旱地浅滩及桥墩高度较小的小跨径桥梁。支架可采用木排架式，主要由排架和纵梁等构件组成。排架可设置在枕木上或桩基上，其基础需坚实可靠，以保证排架的沉陷值不超过规定。纵梁为抗弯构件，其跨径一般不大于 4m。卸架设备一般采用斜度为 1：8 的木楔，设置在纵梁的支点处或桩顶，如图 3-105（a）、（b）所示。

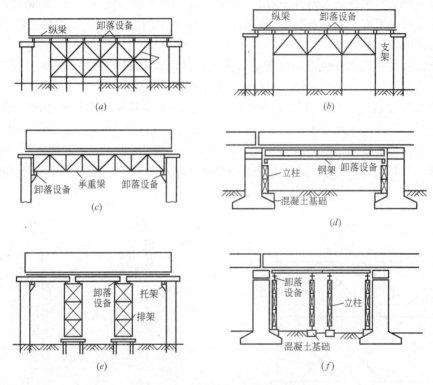

图 3-105 常用支架的主要构造

立柱式支架也可采用 $\phi 48mm$、壁厚 3.5mm 的钢管搭设，水中支架需先设置基础、排架桩，钢管支架在排架上设置。陆地现浇桥梁，可在整平的地基上铺设碎石层或砂砾层，在其上浇筑混凝土作为支架基础。钢管排架纵、横向密排，下设槽钢支承钢管，钢管间距依桥高、现浇梁自重及施工荷载大小而定，通常为 0.4~0.8m。钢管由扣件接长或搭接，上端用可调节槽形顶托固定纵横木龙骨，形成钢管立柱式支架。搭设钢管支架要设置纵横水平杆加劲，桥较高时还需加剪刀撑，水平加劲杆和剪刀撑均需用扣件与立柱钢管连成整体。排架顶标高应考虑设置施工预拱度。

b. 梁式支架：根据跨径不同，梁可采用工字钢、钢板梁或钢桁梁，如图 3-105（c）、（d）所示。一般跨径小于 10m 时用工字钢，跨径小于 20m 时用钢板梁，钢桁梁用于跨径大于 20m 的情况。梁可以支承在桥墩上预留的托架或支承在桥墩处的横梁上。

c. 梁-柱式支架：当桥梁较高、跨径较大或必须在支架下设置通航或排洪通道时，可用梁—柱式支架（图 3-105*e*、*f*）。梁支承在墩台以及临时支柱或临时墩上，形成多跨梁—柱式支架。

2）支架按材料划分

支架除可采用木材及型钢钢材外，各种定型的可拼钢支架在桥梁施工中得到了广泛的应用，如万能杆件拼装支架、WDJ 碗扣式脚手架支架、装配式公路钢桁架拼装支架等。下面简单介绍前两种支架的构造。

a. 万能杆件拼装支架

万能杆件又称为拼装式钢脚手架。万能杆件由大小不同的角钢杆件、角钢杆、节点板及螺栓等连接件组成。具有拆装容易、运输方便、利用率高、大量节约辅助结构所需木材、适用范围较广的优点。

万能杆件可拼装成各种跨度和高度的支架，其跨度与高度须与杆件本身长度（2m）成倍数。用万能杆件拼装的支架，在荷载作用下的变形较大，而且难以预计其数值。因此必要时考虑预加压重。预压重量相当于浇筑的混凝土及其模板和支架上机具、人员的重量。

用万能杆件拼装的桁架的高度分为 2m、4m、6m 或 6m 以上，当高度为 2m 时，腹杆为三角形，当高度为 4m 时，腹杆为菱形，当高度超过 6m 时，腹杆为多斜杆的形式，如图 3-106 所示。

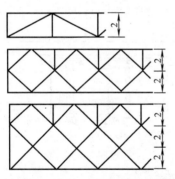

图 3-106 万能杆件组拼桁架示意图
（单位：m）

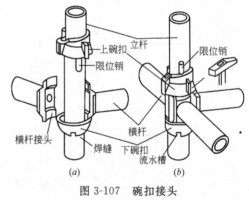

图 3-107 碗扣接头
(*a*) 连接前；(*b*) 连接后

b. WDJ 碗扣式多功能脚手架支架

WDJ 碗扣式支架是一种承插式钢管脚手架，已广泛应用于建筑、市政及交通各个领域，深受施工单位的欢迎。具有强度高、拼装快、功能多、安装可靠、外观整齐、便于管理等优点。

(*a*) 主要构造：碗扣接头是 WDJ 碗扣式脚手架的核心部件，接头由上碗扣、下碗扣、横杆接头和上碗扣限位销组成，如图 3-107 所示。

该种脚手架在确定组架方案时，可根据不同荷载和不同高度适当选用碗扣架构件规格（见表 3-35）组成不同框宽、框长、框高的框架单元。碗扣式构件的设计荷载见表 3-36。

扣架构件规格表　　　　　　　　　　　　表 3-35

构件名称	型号	A(mm)	理论质量(kg)	备注
立杆	LG.120	1200	7.41	
	LG.180	1800	10.67	
	LG.240	2400	14.02	
	LG.300	3000	17.31	
横杆	HG.30		1.67	
	HG.60		2.82	
	HG.90		3.97	
	HG.120		5.12	
	HG.150		6.28	
	HG.180		7.43	
	HG.240		9.73	
斜杆	XG.150		7.11	用于 900mm×1200mm 框架
	XG.170		7.87	用于 1200mm×1200mm 框架
	XG.216		9.66	用于 1200mm×1800mm 框架
	XG.234		10.34	用于 1500mm×1800mm 框架
	XG.255		11.13	用于 1800mm×1800mm 框架
	XG.300		12.87	用于 2400mm×1800mm 框架
立杆可调底座		可调范围(mm)		
	KTZ.30	0~300	5.24	
	KTZ.50	0~500	6.75	
	KTZ.60	0~600	7.50	
立杆可调托撑		可调范围(mm)		
	KTC.30	0~300	4.95	
	KTC.50	0~500	6.45	
	KTC.60	0~600	7.20	

碗扣式构件的设计荷载　　　　　　　　　表 3-36

构件名称	设计荷载
立杆	横杆步距为 0.6m 时,每根立杆荷载 40kN 横杆步距为 1.2m 时,每根立杆荷载 30kN 横杆步距为 1.8m 时,每根立杆荷载 25kN 横杆步距为 2.4m 时,每根立杆荷载 20kN
横杆	0.9m 横杆:$P_{max}=6.77kN$　$Q_{max}=14.81kN/m$ 1.2m 横杆:$P_{max}=5.08kN$　$Q_{max}=11.11kN/m$ 1.5m 横杆:$P_{max}=4.06kN$　$Q_{max}=8.80kN/m$ 1.8m 横杆:$P_{max}=3.39kN$　$Q_{max}=7.40kN/m$
可调早拆翼托	$P=15kN$
支承柱	支承高度 $H \leqslant 5m$ 时,荷载为 180kN 支承高度 $5m < H \leqslant 10m$ 时,荷载为 150kN 支承高度 $10m < H \leqslant 15m$ 时,荷载为 100kN

(b) 搭设和拆除支架的要点和要求：

a）地基处理：碗扣式脚手架支架在搭设时，首先应对地基进行处理。对软弱地基上的重载脚手架，应根据荷载情况验算地基承载能力并据此制定相应的技术措施。

在支架组装范围内的场地必须平整、坚实，标高应基本一致；在基土找平夯实后，应铺设通长的枕木或50mm厚的木脚手板；支架地基应排水通畅，不得积水；支架底部必须用专用可调底座，以保证横杆的平直符合设计要求。

b）组装方法及要求

根据施工需要确定的布架设计，首先安放立杆底座，然后将立杆插在其上。在装立杆时应及时设置扫地横杆，将所安装的立杆连成整体，以保证立杆的整体稳定性。立杆与横杆的连接靠碗扣接头锁定。

碗扣式脚手架的底层组架最为关键，其组装的质量直接影响到整架的质量，应严格控制。当组装完两层横杆后，应检查并调整水平框架的直角度使之小于3.5；检查纵向直线度使之小于$L/200$；检查横杆的水平度使之小于$L/400$；同时应逐个检查立杆底脚，确保所有立杆不浮地松动。当底层架子符合搭设要求后，检查所有碗扣接头，并锁紧。在搭设过程中随时检查上述内容，并调整使其符合要求。脚手架的垂直度偏差应不大于全高的1/500。

c）斜杆及剪刀撑

斜杆及剪刀撑对加强脚手架的稳定和提高其承载能力均有重要意义。斜杆同立杆的连接和横杆与立杆的连接相同，其节点构造如图3-108（a）所示。对不同尺寸的框架配备相应长度的斜杆。斜杆可装成节点斜杆或非节点斜杆（指斜杆接头同横杆接头在或不在同一碗扣接头内），其构造如图3-108（b）所示。在脚手架端部节间及拐角处，应沿全高设置腹杆。

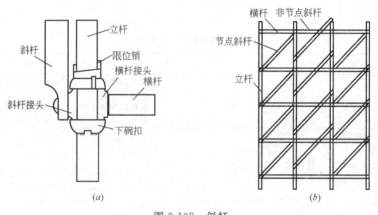

图3-108 斜杆
(a) 斜杆构造；(b) 斜杆布置

当采用钢管和扣件设置剪刀撑时，既可减少斜杆的用量，又能使脚手架的受力性能得以改善。其布置方式可每隔4～6跨设置一组全高连续搭设的剪刀撑，每道剪刀撑跨越5～7根立杆，斜杆与地面的夹角为45°～60°。剪刀撑用的钢管必须用扣件与立杆连接。设剪刀撑的跨内不再设碗扣式斜杆。

d）连墙撑的布置

连墙撑又称连墙拉结，它是保证脚手架与建筑物（如桥墩）牢固连接的重要技术措施，对提高脚手架的整体刚度及承受水平荷载能力具有重要的作用。连接方法可用工具式支撑件或用钢管与结构连接，以及预埋铁件的方法。连接件必须具有拉接与支顶的功能。

e) 脚手架的拆除

拆架前应对脚手架全面检查，清除全部剩余材料、器具及杂物；拆架时，必须划出安全区，设警戒标志，并设专人看管；拆除时应从顶层开始，先拆横杆，后拆立杆，逐层往下拆除。拆除下的杆件应成捆用吊具送下或人工搬下，禁止抛掷。连墙拉结只能在拆除到该层时才能解除，禁止预先拆除。

（2）施工预拱度

施工预拱度的考虑可参照课题3图3-93和公式3-31计算。

（3）混凝土的浇筑

混凝土浇筑前必须对支架及模板、钢筋及钢束位置等预埋件、混凝土浇筑前的准备工作逐一进行严格的检查，以保证混凝土浇筑工作不因准备不足而受到影响。

1) 混凝土浇筑速度

为达到桥跨结构的整体性要求和防止浇筑上层时破坏下层，浇筑层次的增加需有一定的速度，保证在先浇筑的一层混凝土初凝前完成次一层的浇筑。混凝土浇筑最小增长速度的计算可采用下式：

$$h \geqslant s/t \tag{3-34}$$

式中　h——浇筑时混凝土面上升速度之最小允许值（m/h）；

　　　s——搅动深度，以浇筑时的规定为准，一般可为0.25～0.5m；

　　　t——混凝土实际初凝时间（h）。

2) 梁式桥混凝土浇筑顺序

任何一种梁式桥在确定混凝土浇筑顺序时均应考虑以下因素：不应使模板和支架产生有害的下沉；为了对浇筑的混凝土进行振捣，浇筑混凝土应采用相应的分层厚度；当斜面或曲面上浇筑混凝土时，一般应从低处开始；采取合理的浇筑次序，保证混凝土连续浇筑。

a. 简支梁混凝土浇筑

（a）水平分层浇筑：对于跨径不大的简支梁桥，可在一跨全长内分层浇筑，在跨中合拢。分层厚度视振捣器的能力而定，一般选用15～30mm。为避免支架不均匀沉陷的影响，浇筑速度应尽量快，以便在混凝土失去塑性之前完成。

（b）斜层浇筑：对于跨径不大的简支梁桥的混凝土浇筑亦可从主梁的两端用斜层法向跨中进行浇筑，在跨中合拢；T形梁和箱梁采用斜层浇筑的顺序如图

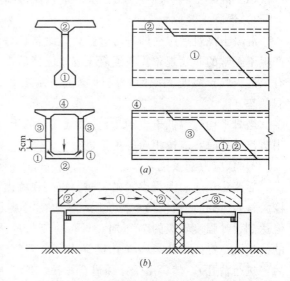

图3-109　简支梁桥在支架上的浇筑顺序

3-109（a）所示。当采用梁式或梁—柱式支架时，则应在支架下沉量最大的位置先浇筑混凝土，使应该发生的支架变形及早完成，其浇筑顺序如图 3-109（b）所示。采用斜层浇筑时，混凝土的倾斜角与混凝土的稠度有关，一般可为 20°～25°。

对跨径较大的 T 形梁桥，可用水平分层或斜层法先浇筑纵横梁，待纵横梁浇筑后，再沿桥的全宽浇筑桥面板混凝土，在桥面板与纵横梁之间应按照工作缝处理。

对大中跨径的预应力混凝土简支箱梁，可分两次浇筑，第一次浇筑至腹板顶部，第二次浇筑顶板及翼缘板，这样施工便于布束及绑扎钢筋。

（c）单元浇筑法：当桥面较宽且混凝土数量较大时，可分为若干纵向的单元分别浇筑。每个单元的纵、横梁应沿全长用分层或斜层法浇筑，此时应在纵梁的横梁间设置工作缝，于各纵向单元浇筑完毕后填缝连接，桥面板混凝土可沿全宽一次浇筑完成，桥面板与纵横梁之间设置水平工作缝。

b. 连续梁、悬臂梁混凝土的浇筑

连续梁、悬臂梁上部结构的混凝土浇筑时，因桥墩为刚性支撑，桥跨下的支架为弹性支撑，桥墩和支架将产生不均匀沉降。因此，在浇筑混凝土时，必须采取有效的措施，以防止上部结构在桥墩处产生裂缝。通常采取的方法是，在浇筑混凝土时应从跨中向两端的墩、台进行，同时相邻跨也从跨中或悬臂端向桥墩、台进行，在桥墩处设置临时工作缝（后浇段），待梁体混凝土浇筑完毕，支架稳定，上部构造沉降停止后，再将此工作缝填筑起来，如图 3-110 所示。

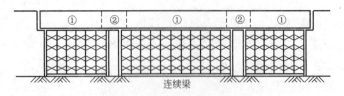

图 3-110 连续梁在支架上浇筑的程序

（4）混凝土养护、预应力筋张拉和落架拆模

1）混凝土养护

混凝土浇筑后应立即进行养护，以维持良好的硬化条件（适当的温度和湿度），防止产生不正常的收缩现象。在混凝土浇筑完毕后 10～12h，应即开始覆盖并浇水；在炎热和有风的天气，浇筑完毕后，应即覆盖，并在 2～3h 后即行浇水，并经常维持一定的湿润状态。

当日平均气温低于+5℃或日最低气温低于-2℃时，应按冬期施工要求进行养护。当用蒸汽养护时，应按相应的规定进行。

2）预应力筋张拉

后张法预应力混凝土梁施工时，需要在梁内设置穿入预应力筋的孔道（常用波纹管或橡胶管），绑扎普通钢筋，浇筑混凝土，待混凝土达到设计要求的强度等级或无设计要求但达到设计强度等级的 75%时，即可将制好的预应力筋（多用高强钢丝或钢绞线）从梁的一端孔道穿入，从另一端孔道穿出（穿束前应对孔道进行全面的检查，确保通畅无阻后，进行清孔），然后用千斤顶进行张拉。预应力筋的张拉程序应按照设计规定进行。每束预应力筋的张拉程序视所用预应力筋和锚具种类之不同而略有差异。每根预应力筋张拉锚固完毕并尽快压浆后,后张法预应力梁即完成。

3) 落模方法和设备

现浇梁的落模方法和设备可参阅拱架卸落方法和设备。

(5) 质量要求和允许偏差

根据《市政桥梁工程质量检验评定标准》(CJJ 2—90),现场浇筑的混凝土梁、板的允许偏差及预埋件、预留孔的允许偏差见表 3-37。

现场浇筑的混凝土梁、板的允许偏差　　　　表 3-37

序号	项　目		允许偏差(mm)	检验频率		检验方法
				范围	点数	
1	预埋件	锚定板、支座板、联结板等 位置	10	每个预埋件、预留孔洞、预应力筋孔道(每一类型抽查10%,且不少于5件)	1	用尺量或水准仪测量
		高程	±5		1	
		平面高差	±5		1	
		螺栓、锚筋等 位置	10		1	
		外露长度	±10		1	
2	预留孔洞	位置	15		1	
		孔径	+20 0		1	
		孔深	+20 0		1	
3	预应力筋孔道	位置	梁端10		1	
		孔径	+3 0		1	

5.1.2 悬臂施工法

悬臂施工法是充分利用了预应力混凝土能抗拉和便于承受负弯矩的特性,将设计和施工的要求密切配合在一起而出现的新方法。它既把跨中的最大施工困难移至支点,又用支点的扩大截面来承受施工期间和通车后的最大弯矩,所以能用较低的造价来修建大跨度的桥梁。

(1) 适用范围

悬臂施工法应用范围很广,能建造大跨度的挂孔悬臂梁、铰接悬臂梁、连续梁、刚架桥、斜拉桥等体系的桥梁。为了增加梁体的刚度,它们的横截面几乎都是箱形(单箱或多箱)。

(2) 施工方法

1) 悬臂浇筑法

桥墩首先浇筑桥墩上方的主梁(俗称0#块)后,在其两侧安装托架支撑,以利浇筑墩顶两侧的①、①'、②、②'块,再穿束张拉,将①、①'、②、②'牢牢固定在墩的两侧,最后在墩顶安装挂篮(图 3-111)。

挂篮是实施悬臂浇筑的主要设备。它是一个能够沿轨道行走的活动脚手架,并悬挂在已经完成悬臂浇筑施工的悬臂梁段上,用以进行下一梁段施工,如此循环直至梁段浇筑完毕。

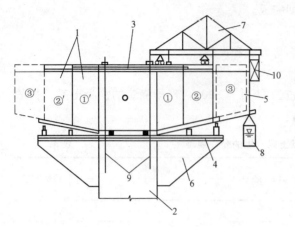

图 3-111 连续梁桥悬臂浇筑示意
1—利用托架浇筑并张拉完毕的梁段；2—墩柱；3—预应力张拉索；4—混凝土托架预应力索；5—待浇筑梁段；6—混凝土托架；7—挂篮；8—控制梁段高程的水箱；9—临时固结桥墩的竖向预应力筋；10—张拉工作平台

由于梁段的模板架设、钢筋绑扎、管道安装、混凝土浇筑、预加应力及管道压浆等均在其上进行又系高空作业，所以挂篮设置除应保证强度安全可靠外，还应满足变形小，行走方便，锚固、装拆容易以及各项施工作业的操作要求，并须注意安全设施。挂篮的设计由桥梁设计单位提供或由施工单位自行设计。

挂篮（图 3-112）由底模板、悬挂系统、桁架、行走系统、平衡重及锚固系统、工作平台等组成。

每段的混凝土经养护达到设计强度等级要求后，再经过孔道检查和修理孔口等工作，即可进行穿束、张拉、压浆和封锚。

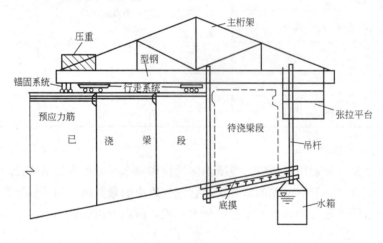

图 3-112 挂篮构造示意

2) 悬臂拼装法

预先利用墩身的预埋件而制作成的托架，拼装 1、1′ 和 2、2′ 块件，并进行预应力张拉，然后在墩顶安装悬臂吊机，亦可将锚固在墩柱顶面的双悬臂吊机改装成两个独立的单悬臂吊机，预制拼块可用大型船只装运（图 3-113 起 4 号块进行拼装）。

悬臂施工时，最主要是悬臂的平衡问题。保持悬臂在桥墩两侧绝对平衡是办不到的，即使在两侧进度一样，也难保证各工序两边也完全一致。因此，同一单元的两个悬臂段有错开安排的工序，但其两侧的差额应保持在一定的限度以内。这要求桥墩必须具备能平衡这一差值的能力，或者要桥墩能够承受产生的不平衡弯矩。

5.1.3 顶推法

顶推法是先在台后路堤上逐段浇筑箱形梁段（也可采用拼装的方法），待有 4～5 段后，即在梁端安装钢导梁和临时预应力索，并用千斤顶将箱梁从聚四氟乙烯滑板上顶出。

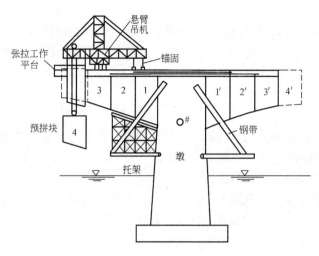

图 3-113　T 构桥悬拼示意

(1) 适用范围

预应力混凝土桥的跨径在 50~80m 时,常采用顶推法施工。更大跨径如 130m,用顶推法施工也是可能的。特别对桥下难以树立支撑的深涧峡谷的桥梁和桥下不准中断交通的跨越通航频繁河段、铁路或公路干线的桥梁,采用顶推法施工更显得有利。

(2) 特点

顶推法发挥了后张法、悬浇法的优点,弥补了它们的缺点。它是有分块预制的好处而无块件与块件的接缝问题,还具有以下特点:

1) 节省劳力、减轻劳动强度和缩短工期;
2) 施工管理方便;
3) 造价低。

(3) 顶推法施工方案

当顶推的大梁悬出桥台时,其跨中截面要承受负弯矩,所以要将大梁加固,除配置设计荷载所需的预应力筋外,还需设置临时的施工用预应力筋以承受顶推时引起的弯矩。

为减少顶推时产生的内力,有以下三种方法（图 3-114）。

1) 在跨径中间设临时墩;
2) 在梁前端安装导梁;

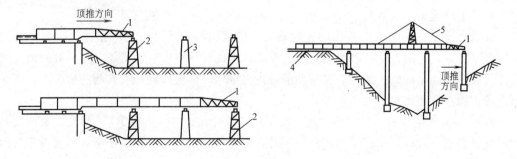

图 3-114　顶推时的加强措施
1—导梁；2—临时墩；3—桥墩；4—制作台；5—吊索

3) 梁上设吊索架。

以上三种方法要结合地理条件、施工难易、桥梁跨径、经济因素等原因适当选择，一般将1与2法、2与3法组合施工。导梁宜选用变高度的轻型结构，以减轻重量，其长度约为施工跨径的60%左右。

（4）施工概要

1）梁段预制

顶推法施工其梁段也可采用现场拼装，如某跨越铁路的三跨连续梁桥（40m＋40m＋40m）就采用预制构件拼装再顶推就位的方法。

下面介绍现浇梁段的顶推法施工。

为使梁顺利地适应顶推时截面上应力的变化，主梁一般均作成等高度的箱形梁。混凝土的浇筑工作可在桥台后方固定场地上进行，其布置如图3-115所示，为避免承载后场地发生沉陷，场地应牢实可靠。

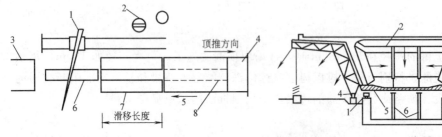

图3-115 桥台后面场地布置示意
1—塔式吊机；2—混凝土拌合机；3—钢筋加工场；
4—桥台；5—移回内模车供下次用；6—底板
模板；7—固定外模；8—刚完成的块件

图3-116 箱梁模板横断面
1—滑移支承；2—可动的内模；3—固定
外模；4—铰；5—在前一循环已浇好
的底板；6—中间支柱

梁段的箱梁截面大多呈梯形，箱顶上两侧悬出相当宽的车道板，腹板有一定斜度，底板宽度则为减少墩宽而缩窄。

箱梁底板常在拼装场外浇好并与完成的箱节连在一起成为整体，当梁段滑移出1节，预制好的底板亦随着推移至梁两外侧腹板模板之间，在这个部位底板下设有中间支柱，以承受内模、腹板和顶板的重量（图3-116）。

腹板外侧模板顶起就位并固定后，即可安装钢筋骨架，腹板内模就位于浇制好的底板上，再安装顶板钢筋和需要的预应力筋并浇筑混凝土。图3-116为一箱梁底板的横断面，它在构造上应满足下列要求：

a. 梁底板的底模上应装表面磨光的钢板，以减少移动梁底板的摩阻力。腹板下方的底板愈平愈好，它对保证顺利滑动是很重要的，因此底板边上0.5m宽应用平滑的钢板制成并放在一道磨光的钢托架上。在滑动前，先将中间的模板放低，使其与底板脱离，则底板直接支承在边部钢板上便于滑动。

b. 侧模为固定模板，其构造要能够旋转和高度可调整的。从图3-116可见，每侧的两片外模是各成一片的，用轻型钢桁加劲，并在根部铰接，当两边支柱松下，模壳很容易同混凝土脱离。

c. 内模可做成沿轴向移动的构造。从图3-116可见中间部分顶板内模先落下，然后将两边模板向内松移。模壳滑行操作简单,可在数分钟内用液压设备来完成。

2) 施工工序

箱梁采用分段浇筑顶推,每预制、顶推一个梁段为一个作业循环,其工艺流程如图3-117所示。

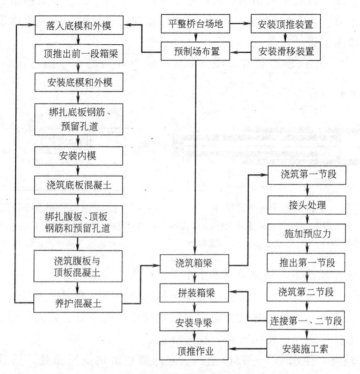

图 3-117 顶推法工艺流程示意图

3) 顶推装置

a. 用拉杆顶推装置如图 3-118 (*a*) 所示在桥台前面安装一对千斤顶,使其底座靠在桥台上,拉杆一端与千斤顶连接,另一端是用顶推靴固定在箱梁侧壁上。当施加推力时,装在顶推靴上的自动开放楔子便将装在梁身两侧的拉杆箍住,使梁体随着推力而滑移,如图 3-118 (*b*) 所示。

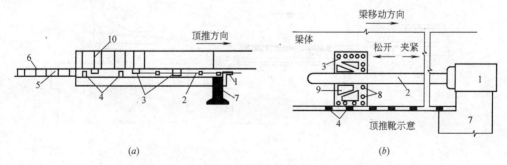

图 3-118 用拉杆的顶推装置

1—顶推的千斤顶;2—拉杆;3—拉杆顶推靴;4—滑动支座;5—中间支柱
6—底板;7—桥台;8—螺栓;9—楔子;10—模板

b. 利用张拉钢绞线的顶推装置：采用穿心式千斤顶、张拉所用的钢绞线、锚固设备来拖拉梁体（图 3-119 所示）。

钢绞线的一端锚固在梁的两侧，另一端用一左一右两个工具锚夹住钢绞线。当活塞进油带着右工具锚夹住钢绞线拉伸并带动梁体前进，此时左工具锚不受力，不能夹住钢绞线；当千斤顶活塞带着右工具锚回油时，右工具锚不受力，而左工具锚由于钢绞线回缩力的作用而夹住钢绞线，不让其回缩。当再一次活塞向右移动时，又将梁体带动前进，如此重复进行将梁段拖至设计位置。

c. 水平-垂直千斤顶顶推装置：图 3-120 所示为其构造示意图，其原理与顶推步骤如下：

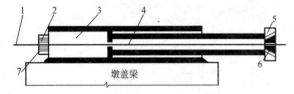

图 3-119 穿心式千斤顶拖拉梁体
1—钢绞线；2—左工具锚；3—穿心式千斤顶；4—千斤顶活塞；5—右工具锚；6—齿状锚塞；7—固定螺栓

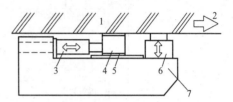

图 3-120 用水平-垂直千斤顶的顶推装置示意图
1—梁段；2—推移方向；3—水平千斤顶；4—滑块；5—聚四氟乙烯滑板；6—垂直千斤顶；7—滑台

（a）垂直千斤顶落下，使梁体支承于水平千斤顶前端的滑块上；

（b）开动油泵，水平千斤顶进油，活塞向前推动滑块，利用梁底混凝土与橡胶的摩阻力大于聚四氟乙烯板与不锈钢板的摩阻力来带动梁体向前移动至最大行程后停止；

（c）垂直千斤顶进油，使梁升高，脱离滑块；

（d）开动油泵，使水平千斤顶回油，活塞回缩把滑块退回原处，然后再将垂直千斤顶落下，使梁又支承于滑块上继续顶进。如此重复，直到整个梁就位。顶推时，墩、台两侧的千斤顶同时起步，一起顶推梁，避免受力不均导致梁体偏离滑道。

图 3-121 中滑块可用铸铁或钢板组成，顶面垫以橡胶与梁体接融，底面垫以聚四氟乙烯板，该板直接置于抛光的不锈钢板形成的滑道上。其摩阻系数很小而不需添加润滑剂。随着梁体的外顶，荷载增加与速度减慢，摩阻系数反而减小，一般在 0.02～0.05 之间。

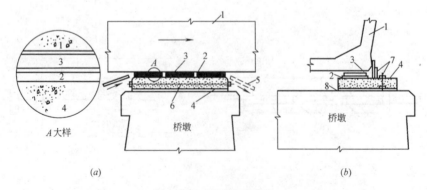

图 3-121 滑动支座构造
1—推移梁部；2—不锈钢板；3—聚四氟乙烯滑板；4—混凝土块；5—推移出的聚四氟乙烯滑板；6—固定不锈钢板螺栓；7—垫有滑板的横向导具；8—砂浆层

4) 滑移装置

当顶推装置工作时，梁应支承在滑动支座上，以减少推进阻力，梁才得以向前，滑动支座构造如图 3-121 所示。它由混凝土块、抛光不锈钢板和在其上顺次滑移的聚四氟乙烯板所组成。由于梁底可能不平及聚四氟乙烯滑板厚薄不均，所以在推移中，滑板必须连续跟上，以免影响推进。在顶推时，应经常检查梁底边线位置，发现偏差，及时用木楔和氟板横向导向装置（图 3-121b）进行纠偏。

5) 落梁就位

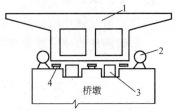

图 3-122 落梁示意
1—梁体；2—顶推千斤顶；
3—落梁千斤顶；4—盆式支座

全梁顶推到达设计位置后，可用多台千斤顶同时将梁顶起（图 3-122 所示），拆除滑道，安上正式支座，进行落梁就位。必要时，还须根据设计要求，松弛施工预应力。落梁温度应符合设计要求，一般在 20℃ 左右。

5.2 其他拱桥施工

石拱桥前面已经讲过，拱桥的类型还有很多，本节仅对钢筋混凝土桁架拱桥、二铰平板拱桥和钢筋混凝土箱形拱桥作简单介绍。

5.2.1 钢筋混凝土桁架拱桥

桁架拱桥上部构造施工的主要内容为预制和安装桁架拱片、横向联结系、桥面微弯板以及浇筑桥面混凝土填平层。

(1) 桁架拱片预制

桁架拱片采用卧式预制。预制工作包括：放样、立模、钢筋骨架成型入模及混凝土浇筑等工序。

由于桁架拱片的杆件是由上弦杆、下弦杆（下拱肋）、竖杆、斜杆等部分组成整体的，预埋件很多，因此对放样精度要求高，放样时必须认真细致、反复核对。

桁架拱片放样时，上、下边缘纵坐标值均应计入预加拱度，它由基本预加拱度和附加预加拱度两个部分组成。基本预加拱度主要是考虑桁架拱片在全部恒载作用下下沉和混凝土收缩徐变两个因素，其值一般可取净跨径的 (1/1200)～(1/1600)；矢跨比小的，用较大值。附加预加拱度与墩台位移、施工季节和安装方法等因素有关，其值按具体情况确定。求得跨中预加拱度后，其余各点预加拱度按直线变化计算。

预制桁架拱片的模板有砖模、木模和钢木结合模三种。

砖模就是按放样定出的轮廓线，用黏土泥浆砌砖作底模和侧模，并用纸筋石灰抹面。为抵抗混凝土浇筑时的侧压力，侧模外还需培土夯实。木模一般用砂浆地坪作底模，地坪上嵌入地枕木，以固定侧模。砖木混合模，就是在桁架拱片的上、下边缘用木模，其余用砖模。

由于桁架拱片的钢筋骨架很大，而且节点处钢筋多层交错，给成型与入模带来较大困难，故一般采用分部成型整体入模的方法，即先将桁架拱片各部分的骨架分别扎好，在模板顶上每隔 1.5～2m 放 1 根小方木条，把扎好的上、下弦杆及实腹板段的钢筋骨架搁上，然后将腹杆的钢筋骨架拼上，并布置好节点构造钢筋。这样，桁架拱片的整个骨架就基本成型。入模前，先将钢筋骨架逐段抬起，抽掉小方木条，再将骨架放入模内。入模后，还需校正骨架位置，调整保护层，最后将节点的钢筋绑扎好，或点焊好。拱片混凝土浇筑应一次完成，不留施工缝。

(2) 桁架拱片的分段与接头

桁架拱片的分段数量和接头位置，应根据吊装设备的起吊能力决定。分段接头位置可参照下述方法确定（图3-123）。

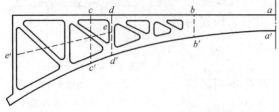

图3-123 桁架拱片分段示意

分两段施工时，沿跨中截面 $a—a'$ 分段；分三段施工时，一般沿桁架部分与实腹段交界处的截面 $b—b'$ 分段。如需要再在桁架部分分段，可沿桁架节间内的截面 $c—c'$ 或竖杆中线 $d—d'$ 分段；有时因桁架部分高度过大，吊装不便，也可沿 $e—e'$ 方向将腹杆切断；将桁架部分边段再分成上下两半。桁架拱片的接头基本上可分为湿接头和干接头两类。湿接头，就是现浇接头，适用于有支架安装；干接头，就是钢板电焊接头和法兰螺栓接头，适用于无支架施工。

(3) 桁架拱片的运输

桁架拱片混凝土强度等级达到设计强度等级的70%时，即可出坑运输。由于桁架拱片平面尺寸大，侧向刚度小，在出坑和运输过程中，应特别注意防止混凝土的扭裂和损伤。吊点和支点数量及位置应通过计算确定，以使桁架拱片受力均匀，避免出现过大应力。

(4) 桥面施工

桥面施工主要是安装预制微弯板和现浇混凝土填平层。由于桁架拱片竖向刚度大，桥面施工在同跨内的加载顺序，并不严格要求均衡对称，可由两端向跨中或由跨中向两端进行；也可由一端向另一端进行，因此施工比较方便。

5.2.2 二铰平板拱桥

二铰平板拱桥施工方法可分为预制安装和就地浇筑两种。在这里仅介绍现场浇筑的施工方法。

(1) 空心模制作

浇筑空心截面的二铰平板拱时，需要内模（即空心模）。空心模一般用混凝土浇筑而成。为保证混凝土心模与现浇混凝土结合良好，心模外表面应力求粗糙，并在混凝土初凝前拉毛。空心模与现浇混凝土结成整体而共同受力，并为结构设计尺寸的一部分。

空心模在纵向桥孔半跨长度内（扣除拱桥和拱顶横隔板厚度）分成数节（节长一般按等重划分）。节数不宜过多，且每节也不宜过重，以便抬运。空心模的壁厚一般为2～3cm，其形状为倒U形，如图3-124示。

混凝土空心模制作时必须保证其尺寸准确，碎石粒径不应大于10mm，并要求有良好的和易性，否则容易卡壁形成空洞。

(2) 桥面混凝土浇筑

现场浇筑混凝土时，应从拱脚两端同时向拱顶进行。此外应注意以下几个问题。

1) 尽量减少混凝土收缩，因而在满足混凝土强度和施工的条件下，水灰比要用得小

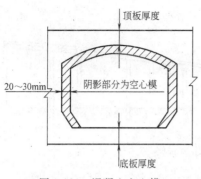
图 3-124 混凝土空心模

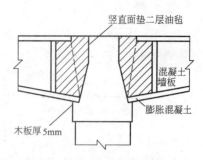
图 3-125 拱脚接头大样

一些，水泥用量不要太多。同时，在拱脚两端处要留出空缝（图3-125），待5～7d后，再根据设计要求的合拢温度用膨胀混凝土填缝，这样做既可减少混凝土的收缩应力，也便于控制合拢温度。

2）要注意各部尺寸和钢筋位置的准确，尤其是空心截面顶板、底板、肋都很薄，不允许有较大的误差。

3）当空心桥面底层的钢筋安好后，即可浇筑底板，浇好一段，随即将空心模安好，继续浇筑，使空心模与底板有较好的结合。

4）平铰斜面上不垫任何东西，是否涂油或涂蜡，取决于所采用的铰面摩擦系数。不涂油时，铰面混凝土的摩擦系数较大，桥面下滑的可能性小，因而增加降温温度应力，但桥面较平整，对行车有利；如设计时要求有轻微下滑，为减小摩擦系数，需要涂油。油要涂匀涂薄，使铰面混凝土有一紧密接触，不致影响平板拱的受力，桥面也不致有较大的下滑。

(3) 桥台施工

平板拱桥的矢跨比小，恒载、活载、升温产生的水平推力很大，这些水平推力绝大部分是由桥台承受，因此桥台的施工质量应予以重视。基坑开挖须尽量不扰动原状土，开挖完毕后立即浇筑或砌筑台基，不使基坑泡水或暴露在空气中太久。砌筑时，灰浆要饱满。

台背填土是保证桥台能否承受较大水平力的关键，必须保证质量。回填土要选好的，必要时采用灰土（掺石灰5%～10%），于最佳含水量时夯实，密实度要求在90%以上。夯填长度不应小于2倍台高。

5.2.3 钢筋混凝土箱形拱桥

钢筋混凝土箱形拱桥，一般跨径较大，其施工多采用预制安装。

箱肋截面可根据工地具体条件及起吊设备能力预制成开口箱或闭口箱。开口箱就是将拱箱预制成U型截面，待吊装成拱后再立模板浇筑顶板；闭口箱就是顶板、侧板、底板和横隔板分别预制，最后组装而成。闭口箱较开口箱工序少，受力条件好，但起吊重量大。

箱型拱桥的施工内容较多，下面仅叙述端头定位座设置和箱肋组装工艺流程。

(1) 端头定位座设置

为使拱箱分节预制件的尺寸准确，在每节拱胎两端设立端头定位座（图3-126），共同组成拱箱组装台座。

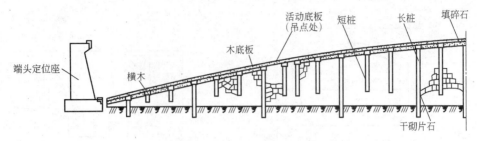

图 3-126 端头固定组装台座

端头定位座由座身、基础和端头接融面3部分组成。座身一般用 C20 混凝土浇筑，并预埋型钢以利固定拱肋接头部件。端头接融面可用木板、钢板、角钢作成，且必须保证拱肋接头表面平整和便于脱模，地基须坚实，以保证在施工过程中不发生沉陷。

由于这种台座周转次数多、使用时间长，承受重量大，避免不了产生这样或那样的变形，故在每次使用前，都应对拱胎坐标和端头定位座各部尺寸进行检查。

(2) 箱肋组装的工艺流程

在底模板上涂油一道→将拱箱的拱脚角钢用螺栓上紧在端头定位台座上、下角钢上→拱箱底板主筋就位后，与焊在接头角钢上的钢筋搭焊→侧板、隔板安装就位时，要用砂浆垫块垫至要求高度，并用木卡和斜撑临时固定→搭焊侧板、隔板接头钢筋→穿好底板模筋，并绑扎底板钢筋→安装底板侧模→浇筑底板混凝土→安装侧板、横隔板接缝模板→浇筑接缝混凝土→安装顶板模板（顶板侧模先安装一边，待顶板钢筋安装后，再安另一边）→安装、焊接顶板钢筋→浇筑顶板混凝土→养护。当顶板混凝土达到设计强度的70%后，构件起吊存放。

5.3 刚架桥施工

刚架桥的主要承重结构是梁和立柱或竖墙整体结合在一起的刚架结构，梁和柱的连接处具有很大的刚性，如图 3-127 (a) 所示。在竖向荷载作用下，梁部主要受弯，而在柱脚处也具有水平反力，如图 3-127 (b) 所示，其受力状态介于梁桥与拱桥之间。刚架桥跨中的建筑高度就可以做得较小。当遇到线路立体交叉或需要跨越通航江河时，采用这种桥型能尽量降低线路高程，以改善纵坡并能减少路堤土方量。T形刚构（图 3-127c）是修建较大跨径钢筋混凝土桥曾采用的桥型，它是结合了刚架桥和多孔静定悬臂梁桥的特点发展起来的一种多跨结构。对于普通钢筋混凝土 T 形刚构桥，由于悬臂根部的负弯矩很大，修建时钢材用量大，跨径不宜做得太大。

预应力混凝土工艺的发展，使得T形刚构桥和连续刚构桥得到了很大的推广。特别是由于采用了悬臂拼装或悬臂浇筑的分段施工方法，克服了要在江河或深谷中搭设支架的困难。多跨连续刚构桥，如图 3-127d 所示，属多次超静定结构，在设计中一般应减小墩柱的抗弯刚度，否则会在结构内引起较大的附加内力。对较长的桥梁，为了降低这种附加内力，往往在两侧的边跨设置活动铰支座，甚至将主跨的墩柱做成双壁式结构。

当跨越陡峭河岸和深邃狭谷时，修建斜腿式的刚构桥往往既经济合理，造型又轻巧美观，如图 3-127 (e) 所示。由于斜腿墩柱置于岸坡上，有较大的斜角，在主梁跨度相同的条件下，斜腿刚构桥的桥梁跨径比门式刚构桥要大得多。

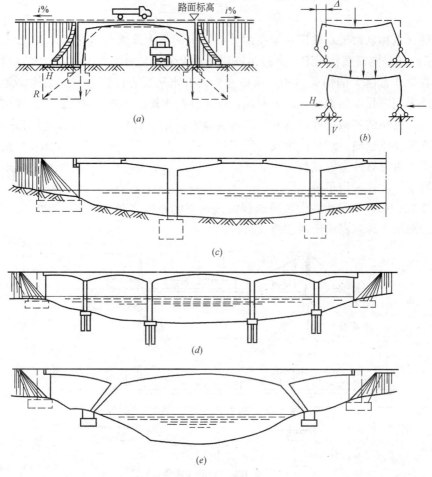

图 3-127 刚架桥

T型刚构桥的悬臂主梁,主要承受负弯矩,因此,横截面宜用箱形截面。连续刚构桥和斜腿刚构桥的主梁受力与连续梁相近,通常也采用如图 3-128（a）～（e）所示的各式横截面。

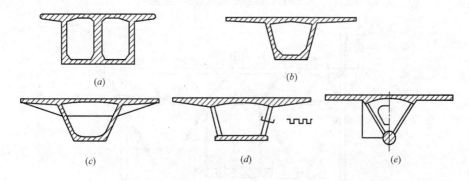

图 3-128 横截面形式

（a）多室箱形梁；（b）大挑臂箱形梁；（c）带横肋的箱梁；（d）具有金属腹板的组合箱梁；（e）具有钢管混凝土下弦的三角形箱梁（或桁架）

5.4 吊桥施工

吊桥（也称悬索桥）采用悬挂在两边塔架上的强大缆索作为主要承重结构，如图3-129所示。在竖向荷载作用下，通过吊杆使缆索承受很大的拉力，通常就需要在两岸桥台的后方修筑非常巨大的锚碇结构。吊桥也是具有水平反力（拉力）的结构。现代的吊桥上，广泛采用高强度的钢丝成股编制缆，以充分发挥其优异的抗拉性能，因此结构自重较轻，就能以较小的建筑高度跨越其他任何桥型无法相比的特大跨度。吊桥的另一特点是：成卷的钢缆易于运输，结构的组成构件较轻，便于无支架悬吊拼装。我国在西南山岭地区和在遭受山洪泥石冲击等威胁的山区河流上，以及对于大跨径桥梁，当修建其他桥梁有困难的情况下，往往采用吊桥。

图3-129（a）所示为在山区跨越深沟或河谷的单跨式吊桥。图3-129（b）所示则是在大江或湖海上跨越深水区的三跨式吊桥。

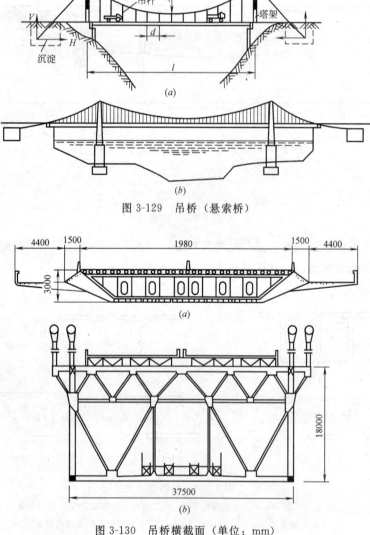

图 3-129　吊桥（悬索桥）

图 3-130　吊桥横截面（单位：mm）

图 3-130 示出二种较典型的吊桥加劲梁横截面。图 3-130（a）是现代大跨度公路悬索桥最常采用的钢制扁箱梁结构，而图 3-130（b）是顶层行驶公路和下层铺设铁轨通行铁路的公铁两用吊桥的横截面构造。

然而，相对于其他体系而言，吊桥结构刚度差，在车辆动荷载和风荷载作用下，桥面有较大的变形和振动。

5.5 斜 拉 桥

斜拉桥由斜索、塔柱和主梁所组成，如图 3-131 所示。用高强钢材制成的斜索将主梁多点吊起，并将主梁的恒载和车辆荷载传至塔柱，再通过塔柱基础传至地基。这样，跨度较大的主梁就像一根多点弹性支承（吊起）的连续梁一样工作，从而可使主梁尺寸大大减小，结构自重显著减轻，既节省了结构材料，又大幅度地增大桥梁的跨越能力。此外，与悬索桥相比，斜拉桥的结构刚度大，既在荷载作用下的结构变形小得多，且其抵抗风振的能力也比悬索桥好，这也是在斜拉桥可能达到的大跨度情况下使悬索桥逊色的重要因素。

斜拉桥的斜索组成和布置、塔柱形式以及主梁的截面形状是多种多样的。我国常用高强钢丝束、钢绞线束等制作斜索，并用热挤法在钢丝束上包一层高密度的黑色聚乙烯（PE）外套进行防护。

斜索在立面上也可布置成不同形式。各种索形在构造和力学上各有特点，外形上也各具特色。常用的索形布置为竖琴形（图 3-131b）和扇形（图 3-131c）两种。另一种是斜索集中锚固在塔顶的辐射形布置（图 3-131a），因其塔顶锚固结构复杂而较少采用。

常用的斜拉桥是三跨双塔式结构，但在实践中也往往根据河流、地形、通航要求等情况而采用对称与不对称的双跨独塔式斜拉桥，如图 3-132 所示。

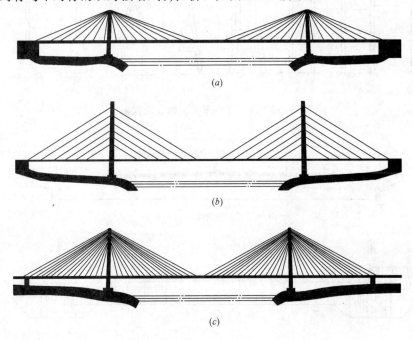

图 3-131 斜拉桥
(a) 放射形；(b) 竖琴形；(c) 扇形图

在横向，除了常用双索面布置的斜拉桥外，还采用中间布置单索面的结构。对于特别宽（8车道或以上）的桥梁，采用三索面或四索面的结构可能更趋经济合理。

斜拉桥塔柱的形式更是丰富多姿。从桥的立面来看，塔柱有独柱（塔）形、A形和倒Y形三种。从桥梁行车方面看，可做成独柱形、双柱形、门形、H形、A形、宝瓶形和倒Y形等，如图3-133所示。

斜拉桥主梁的截面形式，视采用材料、索面布置、施工工艺等的不同而各异。从力学体系上说，主梁在纵向可以做成连续的、带悬臂的和既连续又与桥墩固结的等。常用钢斜拉桥的主梁截面形式与悬索桥的类同，见图3-130（a）。

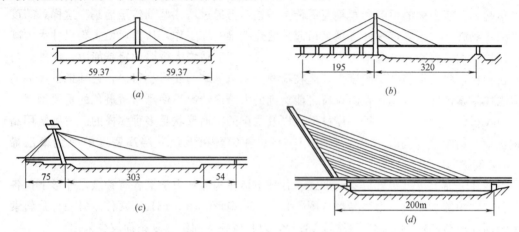

图3-132 独塔（柱）式斜拉桥（单位：m）

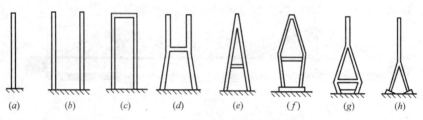

图3-133 塔柱在行车方向的立面视图

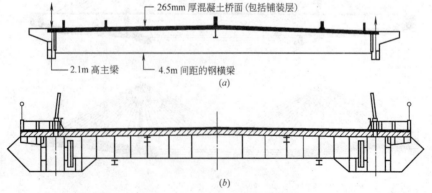

图3-134 结合梁主梁的横截面
（a）工字梁主梁；（b）箱梁主梁

图 3-134 示出采用结合梁主梁的横截面,而图 3-135 示出各种混凝土主梁的横截面构造。在图 3-135 中的 (d)、(e)、(h) 是单索面布置在桥面中夹分隔带内和塔、梁、墩固的截面构造。图 3-135 中的 (g) 是双索面靠近布置在桥面中央而具有大挑臂的截面结构。

斜拉桥是半个多世纪来最富于想像力和构思内涵最丰富而引人注目的桥型,它具有广泛的适应性。一般说来,对于跨度从 200～700m 的桥梁,斜拉桥在技术上和经济上都具有相当优越的竞争能力。诚然,随着斜拉桥跨度的增大,将会面临桥塔过高和斜索过长等一系列技术难点,这不仅涉及到高耸塔柱抗震和抗风等动力稳定方面的问题,而且还有主梁受压力过大以及长斜索因自重垂度增大而引起的种种技术问题。另外,必须提到的是,斜拉桥的斜索可以说是这种桥梁的生命线,至今国内外已发生过几起通车仅几年就因斜索腐蚀严重而导致全部换索的工程实例。

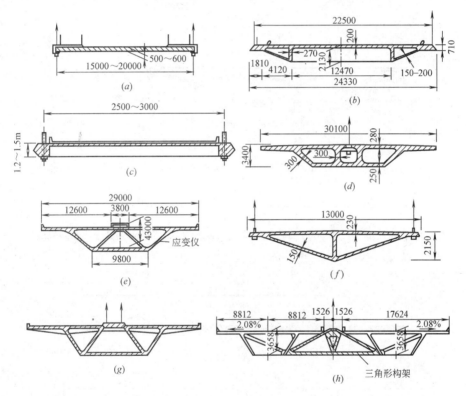

图 3-135 混凝土主梁的横截面(单位:mm)

因此,如何做好斜索的防腐工作,确保其使用寿命,仍是当今桥梁界十分关切和重视的重要课题。可以相信,随着高性能新材料的开发、计算理论的进一步完善、施工方法的改进,特别是设计构思的不断创新,斜拉桥还在向更大跨度和更新的结构形式发展。

5.6 组合体系桥梁

除了以上几种桥梁的基本体系以外,根据结构的受力特点,由几种不同体系的结构组合而成的桥梁称为组合体系桥。图 3-136 (a) 所示为一种梁和拱的组合体系,其中梁和拱都是主要承重结构,两者相互配合共同受力。由于吊杆将梁向上(与荷载作用的挠度方向相反)吊住,这样就显著减小了梁中的弯矩;同时由于拱与梁连接在一起,拱的水平推力就传给梁来承受，这样梁除了受弯以外尚且受拉。这种组合体系桥能跨越较一般简支梁桥更大的跨度，而对墩台没有推力作用，因此，对地基的要求就与一般简支梁桥一样。

图 3-136（b）所示为拱置于梁的下方、通过立柱对梁起辅助支承作用的组合体系桥。图 3-137 示出几座大跨度组合体系钢桥的实例。图 3-137 中（a）所示是钢桁架和钢拱的组合；图 3-137（b）所示是钢梁与悬吊系统的组合；图 3-137（c）所示是钢梁与斜拉索的组合；图 3-137（d）所示是斜拉索与悬索的组合。

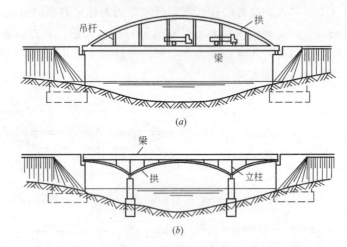

图 3-136 拱梁组合体系桥梁

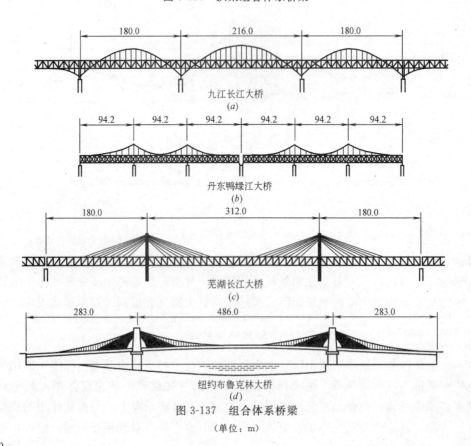

图 3-137 组合体系桥梁
（单位：m）

5.7 缆索承重桥梁的架设简介

缆索承重体系的桥梁主要包括地锚式主缆的悬索桥和自锚式斜拉索的斜拉桥，这两种桥梁的塔墩、塔柱施工，悬索桥加劲梁的拼装以及斜拉桥主梁的浇筑或拼装，均与梁桥的施工方法大同小异，这里就不一一赘述，以下就其架设步骤和缆索施工特点加以说明。

5.7.1 地锚式缆索体系桥梁的架设

当采用全部地锚的缆索体系时，其架设步骤如图3-138所示，此即常用悬索桥架设的六个阶段：

阶段1：主墩、塔柱和锚碇的施工；

阶段2：主缆的架设；

阶段3：加劲梁从主跨中央开始架设。当加劲梁的重量逐步加于主缆时产生大的位移和曲率变化，因此应先使加劲梁节段的联结做成近似铰接，以避免梁段过分受弯；

阶段4：边跨加劲梁的架设以减少塔顶索鞍的水平位移；

阶段5：塔柱处加劲梁闭合段的架设；

阶段6：加劲梁所有接头的固结封合。

以上所述架设步骤的优点是：靠近塔柱的梁段是在主缆刚好达到其最终形状时就位的，这样使靠近塔柱的索箍最后夹紧后只有很小的永久角变，因此就能减小主缆内的次应力。

另一种架设步骤是从塔柱处开始向两侧架设加劲梁，最后在主跨中央的加劲梁从跨中向塔柱架设的地锚式悬索桥合拢。这种架设方法使塔柱边主缆的角变量增大，引起的次应力也大。其优点是操作人员可方便地被从主墩送至桥面，并可方便地来往于主、边跨之间。

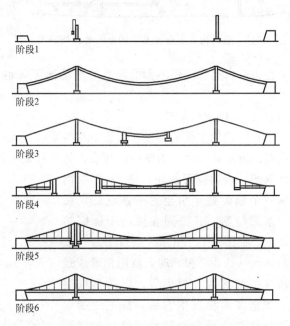

图3-138 地锚式缆索体系桥梁的架设步骤

5.7.2 自锚式斜拉索体系桥梁的架设

对于自锚式的斜拉桥，常用从塔柱处开始向两侧的平衡悬臂法进行悬浇或悬拼施工。这样可使斜拉索的水平分力经由主梁传至塔柱处达到平衡，如图3-139所示。其架设步骤为：

阶段1：在主墩上安装塔柱和主梁的零号段，当主梁与塔墩为非固结结构时，需加以临时固结；

阶段2：利用桥面上操作的动臂吊机起吊并拼装梁

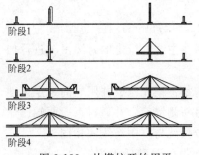

图3-139 从塔柱开始用平衡悬臂法架设斜拉

段，或通过挂篮悬浇主梁梁段，进行平衡悬臂施工；

阶段3：随着悬臂的伸展，安装斜拉索，并初步张拉以降低梁内弯矩；

阶段4：桥梁在主跨中央合拢，再铺设桥面、栏杆等附加荷载，进行索力调整。

采用这种架设步骤时，主梁与塔墩的固结作用很重要，因为在主梁到达边墩之前整个结构的稳定性依赖于这一固结作用。而且梁也要有足够的横向弯曲刚度以保证主跨在合拢前大悬臂状态的横向稳定性。另外拉索在梁上锚固点的索距不能太大，否则在悬臂施工时需要用临时拉索做临时支承。在施工过程中，为能传递相当大的轴力，主梁梁段就位时就应封合接头。

在桥下易设临时支墩的情况下，也可用一般方法先架设全部主梁，然后再安装塔柱和拉索，待全部拉索安装完毕后再拆除临时支墩。在此情况下，需要将梁架设在设置预提高量的位置，以便当全部恒载传至拉索时，梁能达到最终所要求的几何形状。此法的优点是施工方便，并可有效地控制几何尺寸和拉索拉力，缺点是必须设置昂贵的临时支墩，且施工中桥下有碍通航。

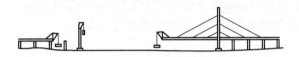

图 3-140 边跨内具有中间支墩的单侧悬臂法施工

在边跨内具有间距不大的辅助墩的情况下，也可采用如图 3-140 所示的单侧悬臂法施工。

5.7.3 缆索的架设

(1) 悬索桥主缆的架设 在缆索承重桥梁内最大的缆索是悬索桥的主缆。目前有两种架设主缆的方法，一种称为空中纺线法，另一种是束股牵引法。空中纺线法是将运至工地的卷盘钢丝，借助圆形纺轮，将4～8根钢丝从一个锚碇处牵引至另一锚碇处，在空中来回纺制，并锚固在伸出于锚碇的索靴上，如图 3-141 所示。当拉出适当数量的钢丝（约 300 根）时，就用铝带或强力塑料带将其捆扎成束股，以防单根钢丝愈纺愈多而易发生缠结。待主缆的全部钢丝纺制完毕并经调整垂度后，就沿主缆用紧缆机将全部钢丝束股压紧成圆形（空隙率在 18%～22% 以内），并用扁钢条间隔捆紧，接着就安装悬挂吊索的

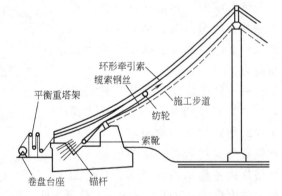

图 3-141 空中纺线法架设主缆

索箍。然后再用缠丝机将退火软化的镀锌钢丝（直径为 3.5～4.5mm）在 150MPa 左右拉力下在索箍之间捆绕缆索。待安装完吊索之后，就可利用在主缆上行走的跨缆吊车进行加劲梁的安装工作。

架设悬索桥主缆的束股牵引法与空中纺线法不同，它是将预先制成并用卷筒运至工地的六边形钢丝束股，一股股地从一侧锚碇在空中牵引至另一侧锚碇，并通过束股两端已做好的锚头将束股锚在从锚碇上伸出的钢构件上，其后的步骤就与空中纺线法相同。

不管用哪种方法架设悬索桥的主缆，均须先用钢绳架设位置稍低于主缆的工作便道，俗称"猫道"。待加劲梁工作完成后就铺设桥面，接着就再紧索箍，并进行主缆的防护

工序。

（2）斜拉桥拉索的架设

斜拉桥拉索的截面和长度一般均比悬索桥主缆小得多，这就自然导致不同的架设方法。

斜拉桥的拉索一般都在工厂内按不同截面和长度精确地整根预制成圆形钢丝束。拉索两端设有锚具，并常用热挤法做成高密度的聚乙烯（PE）护套。制成的拉索可在卷轴上运输至工地。为了消解在卷索时聚乙烯护套内不可避免的塑性变形，拉索在安装前最好应拉直放置一些时间。拉索在施工中应倍加爱护，以免聚乙烯（PE）防护套局部损坏。

拉索可以直接用吊车将一端提升至桥塔锚固点进行穿索安装。对于很长的拉索，除吊车外，往往需要借助手链葫芦施加一定的水平拉力才能将拉索安装就位。图3-142表示一种用临时导向索和牵引索将拉索从船上拉起的安装方法。此法可显著减少拉索在安装前的垂度。

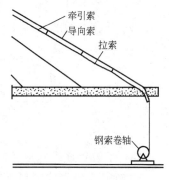

图3-142 利用临时导向索安装拉索

拉索安装完成后，即可用具有较大行程的穿心式千斤顶在塔柱上（或在主梁下）进行张拉并锚固。

对于千吨以上的大型拉索，为了避免安装和张拉整根拉索的困难性，目前还开发了一种用多根带PE防护的钢绞线所组成的拉索。这样就只要使用轻型的千斤顶逐根张拉钢绞线，并应做到使整根拉索内的钢绞线受力均匀（必要时用行程很小的大千斤顶再整根补拉一次）。拉索张拉完毕并锚固后，整索再加PE外护套防护。

缆索承重桥梁属柔性结构，施工过程中的变形起伏大，为了使全桥在成桥后能达到比较理想的索力状态和设计线型，对于各阶段缆索的张拉和主梁安装的高程，都必须进行严密的科学分析和严格的施工管理。

实 训 课 题

【观摩教学】

1. 参观桥梁预制场，了解钢筋混凝土构件及预应力混凝土构件的制作工艺。

内容要求：

（1）了解预制构件的场地布置。

（2）了解预制构件模板的支设方法，底模和芯模的形式。

（3）了解预制构件混凝土浇筑的施工工艺及技术要求。

（4）掌握预应力构件中预应力钢筋的张拉工艺。

（5）掌握预制构件的质量检验方法。

2. 认识桥梁施工机械的基本性能和操作要求。

内容要求：

（1）了解钢筋弯曲机、调直机、切断机等钢筋加工机械及电焊机、对焊机的基本性能和操作要求。

(2) 认识木工平刨床、木工圆锯机等机械的基本性能及操作要求。

(3) 掌握混凝土搅拌、运输、振捣机械的基本性能及操作要求。

(4) 了解桥梁吊装设备、架桥机、预应力张拉设备的基本性能及操作要求。

【实操训练】

1. 学习钢筋的原材检验、下料、加工、绑扎及验收方法。

任务要求：

(1) 对钢筋进行强度、冷弯、可焊性试验，检验原材料的质量。

(2) 计算下图的下料长度。

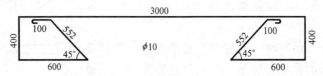

图 3-143　下料长度（单位：mm）

(3) 了解钢筋绑扎成型的方法及钢筋工序的检查验收标准。

2. 确定 C20 现浇混凝土施工配合比。

任务要求：

(1) 了解混凝土中砂、石子、水泥、水等原材料的试验方法。

(2) 根据理论公式计算混凝土的理论配合比。

(3) 试拌校验、和易性调整、强度检验确定实验室配合比。

(4) 实测砂石含水率，确定施工配合比。

(5) 如已知混凝土理论配合比（重量比）为

$$水：水泥：砂：石子=0.44：1：1.8：3.7$$

砂含水率为 2%，石料含水率为 1%

计算 2 袋水泥（每袋 50kg）时，混凝土的施工配合比。

思考题与习题

1. 名词解释

(1) 钢筋等面积代换

(2) 钢筋等强度代换

(3) 减水剂

(4) 早强剂

(5) 缓凝剂

(6) 先张法

(7) 后张法

(8) 时效

(9) 悬臂法施工

(10) 挂篮

(11) 顶推法

2. 思考题

(1) 简述模板的种类与要求。
(2) 模板拆除有哪些要求?
(3) 钢筋试件如何检验?
(4) 简述钢筋调直方法。
(5) 钢筋配料注意事项有哪些?
(6) 简述钢筋骨架的施焊顺序。
(7) 常用外加剂有哪几类?
(8) 混凝土运输时应满足哪些要求?
(9) 混凝土施工中工作缝如何处理?
(10) 混凝土浇筑前的准备工作有哪些?
(11) 混凝土养护方法有哪些?
(12) 如何进行现浇钢筋混凝土桥的落架工作?
(13) 简述混凝土冬期、雨期和高温下施工的技术措施。
(14) 简述先张法与后张法的施工程序、适用范围及优缺点。
(15) 简述孔道压浆的目的及压浆顺序。
(16) 孔道压浆对水灰比的要求有哪些?
(17) 简述后张法预应力筋的张拉程序。
(18) 简述旱地架梁方法。
(19) 简述水中架梁的类型及适用范围。
(20) 简述圆弧拱拱圈和悬链线拱圈放样方法。
(21) 简述拱圈的砌筑程序。
(22) 简述块石拱圈砌筑方法、适用范围及注意事项。
(23) 简述人行桥施工特点。
(24) 简述钢梁架设方法和安装要求。
(25) 钢梁油漆如何进行?
(26) 简述拱桥、刚架桥、吊桥和斜拉桥的桥型特点。
(27) 简述万能杆件拼装支架优点。

单元 4　桥面及附属工程施工

【知识点】
1. 桥梁支座主要有板式橡胶支座、盆式橡胶支座、球型支座和钢支座等。
2. 桥梁伸缩缝分为锌铁皮伸缩缝、梳形板式伸缩缝、橡胶伸缩缝和 TST 填充式伸缩缝。

【教学目标】
通过本章学习，应了解桥梁支座、伸缩缝、桥面铺装、人行道、栏杆或护栏等桥梁附属工程的分类、施工方法。重点掌握桥梁支座伸缩缝的种类、施工方法和质量要求，桥面防水层、铺装层等施工工艺和技术要求。

课题 1　桥梁支座施工

桥梁支座是桥梁结构的一个重要组成部分，但由于它在桥梁工程造价中所占的比例很小，故而往往未引起工程技术人员的重视。20 世纪 70 年代之前，我国的桥梁上常不设支座或仅设置传统的钢支座。随着桥梁建设事业的发展，各种桥式大跨度桥梁不断涌现。因而对桥梁支座的承载能力、对支座适应位移和转角的能力的要求不断提高，需要开发和研究与之相适应的各种新型桥梁支座。

从 20 世纪 60 年代起，国际上桥梁支座技术有了很大的发展，先后在桥梁上推广使用了板式橡胶支座、盆式橡胶支座等其他一些类型的支座，并取等了良好的技术经济效益。本课题着重介绍板式橡胶支座、盆式橡胶支座的构造特点与安装方法。

1.1　概　　述

1.1.1　桥梁支座的作用

桥梁支座是连接桥梁上部结构与下部结构的重要结构部件，它能将桥梁上部结构的反力和变形（位移和转角）可靠地传递给桥梁下部结构，从而使结构的实际受力情况与计算的理论图式相符合。

桥梁支座必须满足以下功能要求：
（1）具有足够的承载力，以保证安全可靠地传递支座反力；
（2）对桥梁变形（位移和转角）的约束力尽可能小，以适应梁体自由伸缩及转动的需要；
（3）便于安装、养护和维修，并在必要时进行更换。

1.1.2　桥梁支座的分类

桥梁支座可分别按变形的可能性、所用的材料和结构形式分为三种。
（1）按支座变形可能性分类

1）固定支座。

2）单向滑动支座。

3）多向滑动支座。

(2) 按支座用材料分类

1）钢支座：平板支座、弧形支座、摇轴支座、辊轴支座。

2）聚四氟乙烯支座。

3）橡胶支座：板式、盆式、四氟板式。

4）混凝土支座。

5）铅支座。

(3) 按结构形式分类

1）弧形支座。

2）摇轴支座。

3）辊轴支座。

4）板式橡胶支座。

5）四氟板式橡胶支座。

6）盆式橡胶支座。

7）球型支座。

支座是一种承受高应力的结构部件，上部结构的荷载通过支座集中作用，在一个很小的面积上，由于支座的构造形式不同，支座反力的应力也不同，如图 4-1 所示，辊轴支座的反力通过辊轴与滚动平面的线接触传力，应力产生明显的集中现象（图 4-1b）。因此，要求接触面承受较高的接触应力。而板式橡胶支座、盆式橡胶支座和球型支座等应力的传

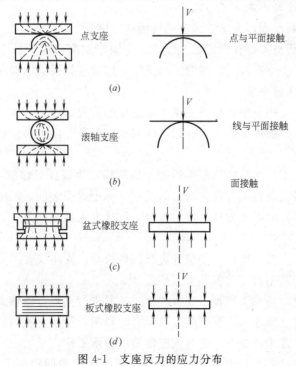

图 4-1 支座反力的应力分布

递,通过平面传递到平面(图 4-1a、c、d),传力通顺,不发生应力集中现象,因而是一种比较合理的传力方式。

1.1.3 支座的布置原则

支座的布置原则主要和桥梁的结构形式有关。通常在布置支座时要考虑以下的基本原则:

1) 上部结构是空间结构时,支座应能同时适应桥梁顺向和横向的变形;
2) 支座必须能可靠地传递垂直和水平反力;
3) 支座应使由于梁体变形所产生的纵向位移、横向位移和纵、横向转角尽可能不受约束;
4) 当桥梁位于坡道上时,固定支座一般应设在下坡方向的桥台上;
5) 当桥梁位于平坡上时,固定支座一般应设在下坡方向的桥台上;
6) 较长的连续梁桥固定支座设在桥长中间部位的桥墩上较为合理,因为此处支座的垂直反力较大,且两侧的自由伸缩长度比较均衡;
7) 固定支座宜设在具有较大支座反力的地方;
8) 墩顶横梁的横向刚度较小时,应设置横向易转动的桥梁支座;
9) 在同一桥墩上的几个支座应具有相近的转动刚度;
10) 在预应力梁上的支座不应对梁体的横向预应力产生约束,也不得将施加梁体横向预应力的荷载传给桥墩;对于斜桥及横向易发生变形的桥梁不宜采用辊轴和摇轴等线支座;连续梁可能发生支座沉陷时,应考虑支座高度调整的可能性。

总之桥梁支座的布置原则是既要便于传递支座反力,又要使支座能充分适应梁体的自由变形

1.1.4 简支梁桥的支座布置形式

1) 简支梁桥一端设固定支座,另一端设活动支座。
2) 箱型截面的简支梁桥在固定墩上设置一个固定支座和一个横向活动支座,在活动墩上设置一个纵向活动支座和一个多向活动支座,以适应箱梁的纵横向变形。

1.1.5 桥梁支座的安装

正确地安装桥梁支座是保证桥梁支座正常工作的重要措施。

支座在出厂时,一般应有明显的标记,注明支座型号、反力和位移,以免在安装时发生混淆。

有些支座通常在工厂组装好后整体运抵工地现场,为保证运输过程中支座的整体性,常用临时定位装置将支座各部连接起来。因此在支座正式安装前,须将支座的临时固定装置予以拆除,具体拆除时间与方法,应由工地工程技术人员根据支座的形式、结构受力状态及安装顺序而定。

在支座安装前,应对支座的安装位置进行测量检验,支座安装平面应和支座的滑动平面或滚动平面平行,其平行度的偏差不宜超过 2‰。

支座安装时,应对活动支座顶、底板的相对位置进行检查。辊轴支座和滑动支座的预制位移量必须符合设计要求。当受支座安装温度的限制,活动支座的预计位移量必须进行调整时,应在专业工程师的指导下进行支座位移的预调工作。

支座安装后,滚动和滑动平面应水平,其与理论平面的倾斜度不大于 2‰;支座上、

下板中心应对中，其偏差不大于 2‰。

为保证支座安装平整，一般应在支座底面与支承垫石顶面之间铺筑 20～50mm 厚的干硬性无收缩砂浆垫层，该砂浆垫层的强度必须与结构混凝土等强；当支承平面较大时，也可先铺设塑性的砂浆垫层，砂浆中间呈凸球型，支座坐下时使砂浆压平。

当支座安装时，采用螺丝或钢楔块等措施进行支座调平并灌注砂浆垫层；垫层凝固后，必须拆除调平螺丝或钢楔块，以保证砂浆垫层传力均匀。

在安装预制梁体时，一般应先用辅助结构支承梁体自重，待支承砂浆凝固并达到要求的强度后，才能承受梁体的自重。

1.2 板式橡胶支座

板式橡胶支座是一种常用的简支梁桥的桥梁支座。它具有构造简单，加工制作容易，用钢量少，成本低廉，安装方便等优点。目前已在桥梁工程上得到广泛的应用。

板式橡胶支座主要用于 6～25m 的中小跨径的钢筋混凝土、预应力混凝土桥梁上，最大支座反力约达 2.2×10^3 kN。

1.2.1 板式橡胶支座的构造特点

板式橡胶支座在垂直方向上应具有足够的刚度，一般要求支座在最大竖向荷载作用下所产生的压缩变形不得超过橡胶厚度的 15%；在水平方向则应具有一定的柔性，以适应车辆的制动力、温度、混凝土收缩和徐变及活载作用下梁体的水平位移；同时，支座的厚度要能适应梁体转角的需要。

板式橡胶支座一般分为非加劲支座与加劲支座两种。非加劲支座只有一层橡胶构成，在水平力作用下支座能满足水平位移的需要，但在竖向荷载作用下，支座的垂直压缩变形过大，橡胶向侧向膨胀，在四周产生较大的臌突，此处橡胶有较大的拉伸变形，而产生应力老化。为了既可承受较大的垂直荷载，又能满足支座水平位移量的要求，通常可用若干层橡胶片（厚度分别为 5、8、11、15mm 等）和薄钢片（厚度分别为 2、3、5mm 等）为刚性加劲物组合而成（加劲物也可用帆布、钢丝网或钢筋）。各层橡胶与钢板之间经涂胶粘剂加压硫化牢固地粘结成为一体。支座在竖直荷载作用下，嵌入橡胶片之间的钢板将约束橡胶的侧向膨胀，从而使垂直变形相应减少，可大大提高支座的竖向刚度。此时支座的竖向总变形将为各层薄橡胶片变形的总和。加劲钢板在阻止橡胶层侧向膨胀的同时，对支座抗剪刚度几乎没有什么影响，加劲橡胶支座在水平力 H 作用下的位移量 Δ_2 与相同厚度的不加劲橡胶支座的位移量 Δ_1 大致相同。支座的水平位移量 Δ 仅与支座橡胶的净厚有关。此外为防止加劲钢板的锈蚀，在板式橡胶支座的上、下面及四周均应有橡胶保护层。

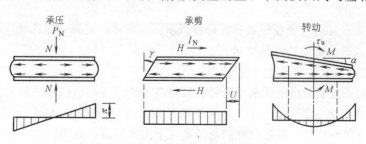

图 4-2 板式橡胶支座的应力分布状态

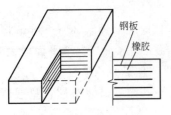

图 4-3 加劲板式橡胶支座构造图

图 4-2 为板式橡胶支座在承压、承剪和转动时的应力分布状态。

加劲板式橡胶支座的构造如图 4-3 所示。板式橡胶支座的适用反力为 $2.2×10^3$ kN 以下较为合理，大于 $2×10^3$ kN 的支座采用盆式橡胶支座较为经济。

1.2.2 板式橡胶支座的安装

板式橡胶支座的安装是保证支座正常使用的关键。要求支座安装位置准确，支承垫石水平，每根梁（板）端的支座尽可能受力均匀，不得出现个别支座脱空现象，以免支座受力后产生滑移和脱落。

(1) 板式橡胶支座的质量检验

支座安装前必须对支座的产品质量进行检查、验收。所用的橡胶支座必须有产品合格证明书，并且有生产厂家的标志。

支座质量检验包括内在质量和外观质量两部分。内在质量包括支座胶料物理机械性能及成品物理力学性能等项目；支座的外观质量包括支座外形尺寸和外观缺陷等。

(2) 板式橡胶支座安装

板式橡胶支座结构高度低，安装好，将直接影响支座的应力状态，对于支座的正常使用（不滑移和脱落）及使用年限都有较大的影响。然而，一般施工单位对支座的安装质量不太重视，直接把支座放置于梁（板）底与墩（台）顶之间，对支承垫石不作任何处理，使支座在活载作用下发生转动和脱落；有的支座由于局部应力过大，使支座中的橡胶很快发生龟裂。为保证板式橡胶支座的正常工作，通常常用以下措施：

1) 支承垫石顶面要求水平，新制桥墩（台）的支承垫石面应用水平尺测量找平，旧桥墩（台）的支承垫石顶面应仔细校核，不平处用 1∶3 干硬性水泥砂浆或环氧砂浆找平，每块垫石相对水平误差不超过 1mm，每片梁（板）两端点垫石面误差在 3mm 以内。

2) 为保证混凝土梁（板）底面的平整度，应保证梁（板）底模的平整度（特别是搁支座的部位），平面误差小于 0.5mm。

3) 在板式橡胶支座下放置 30～50mm 的砂浆垫石，以保证橡胶支座与梁（板）体及墩（台）顶面的紧密接触，保证支座正常工作。

总之，板式橡胶支座的安装对支座的应力状态及使用寿命均有较大的影响，施工单位对此应有足够的重视。

1.3 盆式橡胶支座

盆式橡胶支座是用设置在钢盆中的橡胶板承压和转动，用聚四氟乙烯板和不锈钢板之间的平面滑动来适应桥梁的位移要求。

1.3.1 盆式橡胶支座的构造特点

图 4-4 为盆式橡胶支座的构造示意图。现将其主要部分的功能简述如下：

(1) 承压橡胶板（氯丁橡胶板）：承压橡胶板用来传递支座反力。由于承压橡胶板（厚约直径的 1/10～1/15）被密封在钢制凹盆（下支座）内，处于三向应力状态，因而承载能力大为提高，一般情况下，只要钢盆不破坏，橡胶就不会丧失承载能力，其破坏应力可达150～225MPa（板式橡胶支座只有70～100MPa），因而盆式橡胶支座适用于大吨位的桥梁支座。

（2）聚四氟乙烯板与不锈钢板：因聚四氟乙烯板的表面粗糙度高及平面度高的不锈钢板（或镀铬钢板）之间的摩擦系数很小，所以通过聚四氟乙烯板与不锈钢板的相对滑移，可以满足支座位移的要求。聚四氟乙烯板的厚度一般为4～8mm，板厚的一部分（不小于2.5mm）嵌入中间钢衬板的凹槽内，一部分高出衬板（约1.5～3mm），以便与不锈钢滑动。

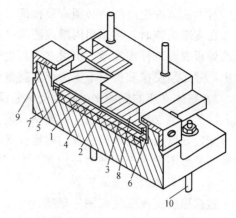

图4-4 盆式橡胶支座构造示意图
1—氯丁橡胶板；2—聚四氟乙烯板；3—不锈钢板；4—中间衬板；5—钢紧固圈；
6—橡胶密封圈；7—下支座板；8—上支座板；9—上下支座连接板；10—支座锚栓

（3）中间衬板：中间衬板位于承压橡胶板与聚四氟乙烯板之间，中间衬板下面凸起嵌入下支座钢盆内，并略小于凹盆内径（约1mm），以保证支座的灵活转动。衬板上部设有凹槽，以便镶嵌聚四氟乙烯板。

（4）钢紧固圈：在承压橡胶板上设有环形钢紧固圈，其厚度约4mm。它的外径与钢盆内径相近，镶嵌在氯丁橡胶的顶面。

（5）橡胶密封圈：它可使承压橡胶板基本上处于密封状态，有利于防止橡胶老化。

（6）下支座板：采用铸钢或钢板焊接而成的钢盆，用于约束橡胶板的变形。

（7）上支座板：通常采用厚钢板，表面用自动氩弧焊焊接上2mm厚的不锈钢。此外，盆式橡胶支座一般不应设置支座围板，以保证支座滑动面的清洁。

1.3.2 盆式橡胶支座的优点

盆式橡胶支座构造简单、结构紧凑、滑动系数小，转动灵活，与一般铸钢辊轴支座相比，具有重量轻、建筑高度低、加工制造方便、节省刚才、降低造价等优点；与板式橡胶支座相比，具有承载能力大、容许支座位移量大、转动灵活等优点，因此盆式橡胶支座特别适宜在大跨度桥梁上使用。

1.3.3 盆式橡胶支座的安装

（1）盆式橡胶支座的质量检验

盆式橡胶支座质量检验主要依据公、铁路桥梁盆式橡胶支座有关行业标准进行。检验的主要内容包括：内在质量、外观质量和整体支座性能测定等。

1）盆式橡胶支座的内在质量：主要是指支座各部件（橡胶、聚四氟乙烯板、不锈钢板、钢件等）用料，必须符合质量要求，并在支座加工过程中均有严格的质量检验记录。

2）盆式橡胶支座的外观质量：主要是指各部件加工的外观尺寸及其公差配合，都必须满足有关图纸及技术条件的要求，主要应注意以下几点：

不锈钢板表面粗糙度及平整度；

下支座钢盆内径与中间刚衬板凸缘外径的公差配合；

钢紧固圈与钢盆内径的公差配合；

聚四氟乙烯板的尺寸公差及其与中间钢衬板的公差配合。

对上述部件生产厂商必须有质检部门进行质检，并有合格标记。

在支座组装时，必须用丙酮或酒精（乙醇）将支座相对滑动面（不锈钢斑表面与聚四氟乙烯板表面）仔细擦净，不得夹有灰尘和杂质。承压橡胶板应用木锤轻轻敲入下支座钢盆中，并必须使橡胶板与下支座钢盆底密贴，不得在钢盆内夹有空气间层。

3）整体支座的性能测试：因受试验设备能力限制，一般经厂方和用户协商，选择有代表性的小型支座进行试验。试验项目包括：支座中心受压时的竖向压缩变形和盆环径向变形测定，以及支座摩擦系数的测定。支座的竖向压缩变形不大于支座总厚的2%；盆环的径向变形不得大于盆环内径的0.5%；支座的摩擦系数不得大于0.25。

（2）盆式橡胶支座的安装

盆式橡胶支座安装前注意事项：

1）检查桥墩、台支承部位的尺寸、预留（或预埋）螺栓孔的位置、支座的安装标高。要求支座支承平面水平及平整，支承面四角高差不得大于2mm。

2）支座安装前方可开箱，并检查安装清单、包括配件清单、原材料检验报告复印件。支座产品合格证和使用说明书，施工单位开箱后，不得任意松动上、下支座连接板，并不得任意拆卸支座。

3）支座出厂前，应由生产厂家将支座调平，并紧固上、下支座连接板，以防支座在运输过程中改变位置。如支座需要预设位移时，可由生产厂家在装配时预先调好。

4）盆式橡胶支座安装步骤如下：

a. 支座开箱并检查装箱清单及合格证。

b. 在桥墩、台支承部位划出中心线位置，并在支座顶底板上标注中心线位置。

c. 安装支座及地脚螺栓：先在下支座板四角用钢楔块调整支座水平，并使下支座板底面高出桥墩顶面20~50mm，找正支座纵、横向中线位置，使之符合设计要求。用环氧砂浆灌注地脚螺栓孔及支座底面垫层（图4-5）。

支座安装也可以先把地脚螺栓用M5砂浆或细石混凝土锚固在预留螺栓孔中，待砂浆或混凝土达到强度后，放上支座，上好锚栓的螺母，用四角钢楔块调平支座水平，并使下支座板底面高出桥墩顶面30~80mm，然后用M5干硬性砂浆仔细捣入支座底板与桥墩之间，或者用重力压浆法向支座底板与桥墩之间注入M5无收缩砂浆，如图4-6所示。当地脚螺栓采用套筒螺栓方式时，套筒螺栓必须用模板准确定位，支承垫石灌注的顶面标高应

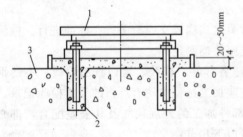

图4-5 盆式橡胶支座的安装（环氧砂浆灌注）
1—盆式橡胶支座；2—环氧砂浆注入预留螺栓孔中；
3—墩台顶面；4—环氧砂浆垫层

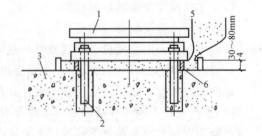

图4-6 在盆式橡胶支座与支承垫石间
设无收缩砂浆垫层
1—盆式橡胶支座；2—先在锚孔中灌入砂浆将地脚螺栓定位；
3—墩台顶面；4—M5级无收缩砂浆；5—重力压浆
法注入；6—四角临时调平用钢楔块

低于设计标高 30~80mm,以便安装支座后,灌注无收缩砂浆。在安装支座时,宜在套筒螺栓顶面设置一层石棉垫圈,以免钢套筒在拆除支座四周的钢垫块后成为下支座的刚性支点。

d. 在环氧砂浆或无收缩砂浆硬化后,拆除支座四角临时钢楔块,并用砂浆填满抽出钢楔块的位置,以免钢楔块成为下支座板的刚性支点。

e. 在梁体安装完毕后,或现浇混凝土梁体形成整体并达到设计强度后,在张拉梁体预应力之前,拆除上、下支座连接板,以防止约束梁体的正常转动和位移。

f. 拆除上、下支座连接板后,检查支座外观,并及时安装支座外防尘围板。

g. 当支座与梁体及墩、台采用焊接连接时,应先将支座准确定位,然后用对称间断焊缝将下支座与墩、台上预埋钢板焊接。焊接时应防止烧伤支座及混凝土。

由于盆式橡胶支座各方的转动性能一样,因此在预制 T 型梁上使用盆式橡胶支座时,应特别注意安装阶段的侧向稳定性,为此应在梁端支座两侧附加适当临时支撑,以防止梁体侧倾。只有待两片 T 梁之间的横隔板连接件焊成整体后,才允许拆除临时支撑,使两片 T 梁整体工作。

1.4 其他支座构造

1.4.1 球型支座构造

球型支座是在盆式橡胶支座的基础上发展起来的一种新型桥梁支座。图 4-7 为球型支座的构造示意图。它有下支座凹板、球冠衬板、上支座滑板、聚四氟乙烯滑板(平面和球面各一块)及橡胶密封圈和防尘罩等部件组成。

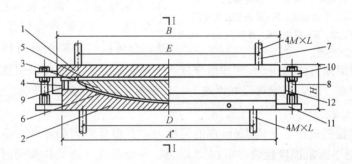

图 4-7 球型支座构造示意图
1—上支座板;2—下支座板;3—钢衬板;4—钢挡圈;5—平面聚四氯乙烯板;
6—球面聚四氯乙烯板;7—锚固螺栓;8—连接螺栓;9—橡胶防尘条;
10—上支座连接板;11—下支座连接板;12—防尘围板

球冠衬板是球型支座的核心。它的平面部分开有镶嵌四氟板的凹槽,用以固定平面四氟板。

下支座凹板由钢板或铸件制成,主要起固定球面四氟板的作用并将支座反力分散传递到桥墩、桥台上。

平面四氟板和球面四氟板是支座的主要滑动部件,在四氟板表面用专用模具压制成硅脂贮油坑,并涂以 295 硅脂,以减少四氟板的滑动摩擦及磨耗。平面四氟板与上支座板的不锈钢板之间的滑动能满足支座的位移需要,其工作原理与盆式橡胶支座完全一致。

球型支座和多向活动三种形式如图 4-8 所示。通过在上支座板上设置导向槽或导向环可约束支座的单向或多向位移，可以制成球型支座的单向活动支座、多向活动支座及固定支座。

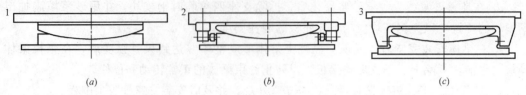

图 4-8　球型支座的三种形式
（a）多向活动支座；（b）单向活动支座；（c）固定支座

1.4.2　四氟板（聚四氟乙烯）式橡胶支座构造

由于板式橡胶支座是靠橡胶的剪切变形来适应桥梁伸缩位移的需要，因此它应用在有较大伸缩位移要求的桥梁上就有一定困难，一般只适用于中小跨径的简支梁。因此，有必要在普通板式橡胶支座的表面粘贴一层聚四氟乙烯板，制成四氟板式橡胶支座，作为桥梁活动支座使用，同时也可以用作顶推法施工桥梁中的滑块。四氟板式橡胶支座由上支座板、不锈钢板、四氟板式橡胶支座、下支座和防护罩组成。图 4-9 为四氟板式橡胶支座构造图。

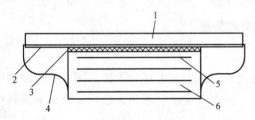

图 4-9　四氟板式橡胶支座构造图
1—上支座板；2—不锈钢板；3—聚四氟乙烯板；
4—防护罩；5—钢板；6—橡胶

（1）上支座板一般由 10～16mm 厚的 Q235 钢板制成。钢板表面的平面粗糙度一般为 R_A25。该钢板可以预埋在梁的支点处，也可以在梁架设时用环氧树脂与梁底粘结。钢板下表面刨有深为 1mm 的凹槽作嵌放不锈钢板之用。也可以用氩弧焊将不锈钢板和基层钢板焊在一起；当梁体设在纵坡上，该钢板也可制成楔形，以使支座与钢板接触平面保持水平。

（2）不锈钢板镶嵌在上支座 1mm 深的宽槽内，并用环氧树脂粘结。不锈钢一半的厚度为 2mm，表面平面粗糙度建议在 $R_A6.3$ 以上。一般是在支座就位架梁时完成，以免不锈钢板被擦伤。

（3）四氟板式橡胶支座由纯聚四氟乙烯板、氯丁橡胶和 Q235 钢板硫化粘结而成。下面的板式橡胶支座部位构造与一般的板式橡胶支座完全相同，表面为一层厚度 1.5～2mm 的四氟板，采用特种工艺与橡胶粘结在一起。为减小四氟板与不锈钢板之间的摩擦系数，四氟板表面也可以和盆式橡胶支座的四氟板一样，压制成硅脂储油坑，并涂以 5201 硅脂。

（4）下支座钢板为 10～12mm 厚的 Q235 钢板制成，预埋在墩台顶面。

（5）防护罩用人造革或优质漆布制成，设在四氟板式橡胶支座外围，其目的是隔绝或减少紫外线多橡胶老化的影响，另外保护不锈钢板表面的清洁。

1.4.3　拉压支座构造

桥梁中有些支座为克服上拔支座反力而必须承受拉力，此时支座既要承受压力又要承受拉力。板式橡胶支座、盆式橡胶支座和球型支座都可以做成拉压支座的形式。

（1）图4-10为板式橡胶支座的拉压支座。在板式橡胶的中心设一根拉力螺栓，将支座顶板和下滑板连接在一起，支座下滑板与底板及锚固扣板之间设不锈钢与聚四氟乙烯滑板，以便支座可以纵向滑动。

（2）盆式橡胶支座固定支座的拉压支座可以通过在支座中心穿一根预应力钢筋，预应力钢筋在支座高度范围内，应设有封闭的套管，以构成能使支座转动的软垫缓冲层，构造如图4-11所示。

1.4.4 盘式支座构造

盘式支座是用聚醚聚氨脂橡胶代替氯丁橡胶和天然橡胶材料的一种盘石橡胶支座其性能远优于普通橡胶支座，承载能力可达到一般板式橡胶支座的16倍。图4-12为盘式支座的构造示意图。

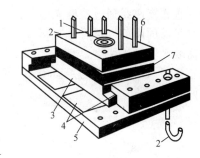

图4-10 板式橡胶支座拉压支座
1—拉力螺栓；2—锚固螺栓；3—滑板；
4—不锈钢板；5—下支座板；6—上支座板；7—加劲板式橡胶支座

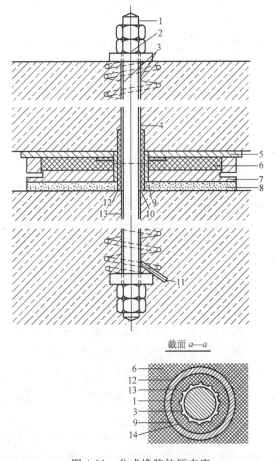

图4-11 盆式橡胶拉压支座
1—预应力锚头；2—排气孔；3—压注水泥浆；4—油灰堵缝；5—底板；6—氯丁橡胶；7—顶盖；8—砂浆垫层；9—钢或塑料管；10—塑料套管；11—压浆管；12—钢套管；13—波纹管；14—带有纵向肋的塑料管

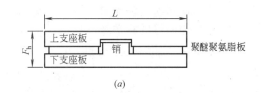

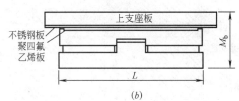

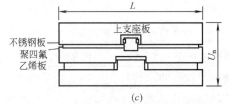

图4-12 盘式支座构造示意图
(a) 固定支座；(b) 多向活动支座；(c) 单向活动支座
注：(a) 中聚醚聚氨脂板平均压应力为35MPa；
(b) 中聚四氟乙烯板平均压应力为25MPa；
(c) 中支座承受水平力为10%的支座垂直反力

盘式支座是通过聚醚聚氨脂的变形来适应支座的转动要求,因此聚醚聚氨脂橡胶圆盘应有足够的刚度以承受垂直荷载,不发生过度的变形,同时又要有足够的柔度以适应转角的需要,不发生脱空,且不会产生过大的应力传递给其他的构件。支座的位移仍通过聚四氟乙烯板与不锈钢板的平面滑动来实现。聚醚聚氨脂橡胶圆盘应固定好位置,以免滑离正确的位置。

课题 2 桥梁伸缩缝施工

2.1 桥梁伸缩缝概述

桥梁伸缩缝装置的主要作用是适应桥梁上部结构在气温变化、活载作用、混凝土收缩与徐变等因素的影响下变形的需要,并保证车辆平稳通过桥面。一般设在两梁端之间以及梁端与背墙之间。特别要注意在伸缩缝附近的栏杆、人行道结构也应断开,以满足梁(板)体的自由变形。

2.1.1 桥梁伸缩缝的构造

(1)梁伸缩缝暴露在大气中,直接经受车辆、人群荷载的反复摩擦、冲击作用,稍有缺陷或不足就会引起跳车等不良现象,严重时还会影响到桥梁结构本身和通行者的生命安全,是桥梁中最易损坏而又较难于维修的部位,需经常进行养护,并更换。

桥梁伸缩缝的类型有锌铁皮伸缩缝、钢板伸缩缝和橡胶伸缩缝。

(2)伸缩缝的构造要求:

为了保证伸缩缝作用的正常发挥,伸缩缝结构应满足下列要求:

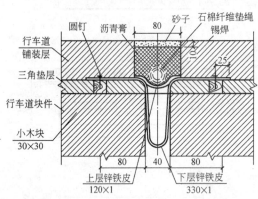

图 4-13 U形镀锌铁皮伸缩缝(单位:mm)

1)在平行、垂直与桥轴线的两个方向均能自由;

2)牢固可靠;

3)车辆驶过时应平顺、无突跳和噪声;

4)要防止雨水、垃圾及泥土渗入;

5)安装、检查、养护、维修、清除污物等工作都要简易方便。

2.1.2 锌铁皮伸缩缝

图 4-13 为 U 形镀锌铁皮伸缩装置,是以镀锌薄钢板为跨缝材料的伸缩缝。施工时,镀锌薄钢板弯制成断面呈 U 形的长条,沿桥的横向嵌没于缝内,其两边与两侧混凝土梁(板)或梁(板)与桥台背墙顶面固定在一起。U 形槽内用软性防水材料,如沥青砂等填塞。

该伸缩缝构造简单,梁(板)变形量在 20~40mm 之间时非常有效,一般多用于中小跨径桥梁。

2.2 钢板伸缩缝

2.2.1 梳形板式伸缩装置

图 4-14 是一种常用的伸缩装置,由分别连接在相邻两个梁(板)端的梳形钢板交错

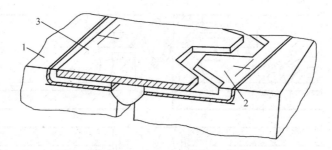

图 4-14 梳形板式伸缩装置
1—混凝土桥面板；2—固定齿板；3—活动齿板

咬合而成，并利用梳齿的张合来满足桥梁伸缩要求。以钢板作为跨缝材料，钢板厚度约为 10mm，其变形量可达 40mm 以上，适用于中、大跨径桥梁。

2.2.2 梳形式伸缩安装要求

（1）安装时一般根据梁（板）温度确定，可按下式计算：

$$\Delta_1 = l - l_1 + l_2 \quad (mm) \tag{4-1}$$

式中 Δ_1——安装时的梳形板间隙；

l——梁（板）总伸长量；

l_1——施工时，梁（板）伸长量，应考虑混凝土干燥收缩引起的收缩量，预应力混凝土梁（板）还应考虑混凝土徐变引起的收缩量；

l_2——余量。

（2）施工前必须认真做好伸缩缝装置部位的清理工作。施工中应加强锚固系统的锚固，防止锚固系统螺栓松动，螺帽脱落，注意养护。

（3）应设置橡胶缝封条防水。

2.2.3 平板式伸缩缝

若伸缩量在 40～60mm 时，也可将梳齿板做成平板式，加工方便，只需将厚 10mm 左右的钢板一端固定一端自由地覆盖在缝隙上即可，省去了加工齿形钢板的麻烦。

2.3 橡胶伸缩缝

2.3.1 条形橡胶伸缩缝

条形橡胶伸缩装置是我国 20 世纪 70 年代在小跨径桥上常用的一种伸缩装置，如图 4-15 所示，它主要是利用夹在伸缩缝中的条形橡胶的弹性来达到伸缩的目的。橡胶的截面可做成空心板形（图 4-15b）、M 形（图 4-15c）、和管形（图 4-15a）等弹性变形较大的形式，其伸缩量仅有 20mm 左右，且橡胶极宜老化，目前已较少使用。

2.3.2 板式橡胶伸缩缝

板式橡胶伸缩装置是我国 20 世纪 80 年代以来用得较多的一种伸缩装置（图 4-16 所示）。它是利用一整块橡胶板嵌在伸缩缝中而成，利用橡胶板的弹性和表面做成的伸缩槽来达到伸缩的目的，并在橡胶板中设置钢板以加强橡胶的承载能力，伸缩量可以达到 60mm。如果在橡胶板下增设梳形板，一面用梳形钢板来支托橡胶板，一面用橡胶板来防水，二者同时起伸缩的作用，其伸缩量可以增加到 200mm。板式橡胶伸缩装置构造简单，

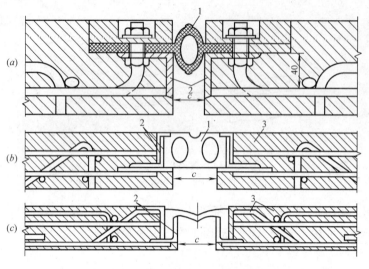

图 4-15 条形橡胶伸缩缝装置
1—橡胶；2—角钢；3—混凝土

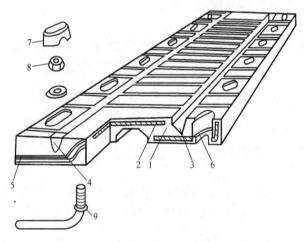

图 4-16 板式橡胶伸缩装置
1—合成橡胶；2—加强钢板；3—伸缩用槽；4—止水块；5—嵌合部；
6—螺帽垫板；7—轻型盖帽；8—螺帽；9—螺栓

价格便宜，但安装较困难，伸缩时会出现高差变化，伸缩变形时阻力较大，使用时有时会出现橡胶板脱落事故。

施工时，一般先用与板式橡胶伸缩装置等宽的木板预先放置在梁（板）或梁（板）与桥台背墙的缝上，当桥面混凝土浇筑完毕达终凝后，小心翘出木板，则可做出板式橡胶伸缩装置的预留槽。

2.3.3 钢与橡胶组合的模数式伸缩缝

钢与橡胶组合的模数式伸缩装置是在条形橡胶伸缩装置的基础上发展起来的一种伸缩量大，结构较为复杂，但功能比较完善的一种伸缩装置（图 4-17 所示），是通行高速路的桥梁上主要使用的一种伸缩装置。它的主要部分是由异形钢与各种截面形式的橡胶条组成

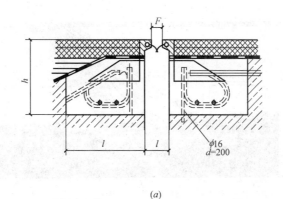

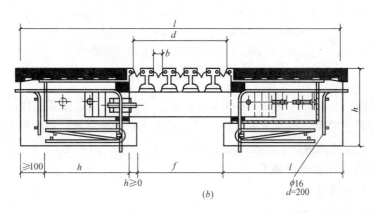

图 4-17　钢与橡胶组合的模数式伸缩装置（单位：mm）
(a) 具有单个密封橡胶带时；(b) 具有多个橡胶密封带时

的，犹如手风琴式的伸缩体，加上支承横梁、位移控制系统以及弹簧支承系统。每个伸缩体的伸缩量为 60~100mm。伸缩量更大时，可以用两个以上伸缩体，中间用若干根中梁隔开。中梁支承在下设横梁（顺桥向）上，其作用是承受大部分车轮压力。为了保证伸缩时中梁始终处于正确位置，作同步位移，将中梁底部连接在连杆式或弹簧式的位移控制系统上。当伸缩体做成 60mm、80mm、100mm 三种型号时，视中梁根数不同，可以组合成宽度为 60mm、80mm、100mm 倍数的各种伸缩缝。因此，称这种伸缩缝为异型钢与异型橡胶组合的伸缩缝是一种缝宽可按模数变化的伸缩装置。图 4-18 为钢与橡胶组合的模数式伸缩缝的组成部分。

2.3.4　橡胶伸缩缝安装注意事项

(1) 条形与板式橡胶伸缩缝安装注意事项

a. 气温低于 5℃ 以下时，不得进行橡胶伸缩缝安装；

b. 检查桥面板端部预留空间尺寸，钢筋，注意不受损伤；

c. 安装时，注意环境温度，并计算橡胶伸缩装置的模板宽与螺栓间距；

d. 及时安装伸缩装置，并在螺栓孔内灌注防蚀剂后及时盖好帽盖。

(2) 模数式伸缩缝安装注意事项

a. 核对预留槽的尺寸；

b. 根据安装时的温度用专用卡具将其固定；

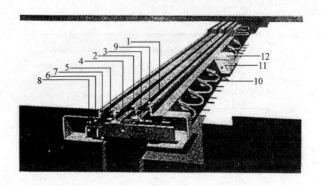

图 4-18 钢与橡胶组合的模数式伸缩装置
1—边梁；2—中间梁；3—中间梁联结块；4—支撑横梁；
5—滑板；6—压紧支承；7—滑动支承；8—控制弹簧；
9—密封带；10—车行道锚筋；11—带头箱筋；
12—位移控制箱

c. 伸缩装置的中心要与桥梁中心线重合，顶面标高要与设计标高吻合；

d. 浇筑混凝土前要将间隙填满，防止浇筑混凝土把间隙堵死，影响伸缩；

e. 待伸缩装置两侧混凝土强度满足设计要求后，方可开放交通。

2.3.5 伸缩缝安装允许偏差

a. 缝宽：符合设计要求；

b. 与桥面高差 2 (mm)；

c. 纵坡：大型 ±0.2%；
　　　　一般 ±0.3%；

d. 横向平整度：用 3m 直尺，不大于 3mm。

有经验表明，我国桥面连续构造的连续部分桥面易产生开裂，若将桥面做成简支连续结构，即梁（板）为简支，而桥面为连续，使多跨简支梁桥在一期荷载作用下，处于简支体系受力，在二期恒载和活载作用下处于连续体系受力。这种简支-连续结构具有施工方便、减少桥面伸缩缝，行车平顺等优点，所以得到越来越多广泛的使用。图 4-19 所示为简支-连续桥面结构示意图。

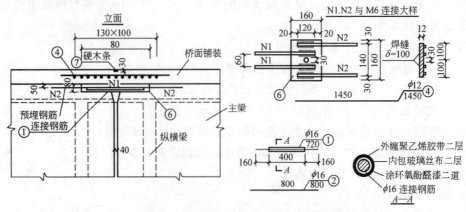

图 4-19 桥面连续构造（尺寸单位：mm；钢筋直径：mm）

2.3.6 改性沥青填充型伸缩装置

改性沥青填充型伸缩装置是由橡胶、塑料、沥青等为主的高分子聚合物与碎石拌和后，填充于桥梁伸缩缝槽口内而成的一种无缝伸缩装置，其构造如图 4-20 所示。

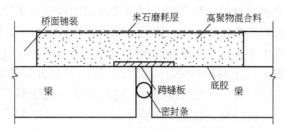

图 4-20 改性沥青填充型伸缩装置示意图

该伸缩装置施工简便，行车平稳，防水可靠，较适合于伸缩量小于 50mm 的中、小桥。

改性沥青填充型伸缩装置施工程序如下：
(1) 按设计图纸预留或切割槽口，并对槽口作好清理工作。
(2) 在伸缩缝间隙填入泡沫嵌条。
(3) 采用跨缝板盖住缝口，在跨缝板中央位置钉入定位铁钉。
(4) 采用热粘合剂均匀涂刷槽壁一遍，把调配、加热好的弹性混合料浇入槽口。
(5) 在热混合料上面铺一层米石作为磨耗层，压实、冷却后可开放交通。

该伸缩装置的使用性能受混合料的配比和施工影响很大，通常要由专业施工队伍施工。

课题 3 桥面系施工

桥面系是桥梁桥跨系统上部许多附属设施的统称，主要包括：桥面铺装、人行道、栏杆或护栏、伸缩装置等设施。这些设施尽管对桥梁的主体承载影响不大，但如果施工中出现质量问题，会严重影响桥梁的使用性能。

3.1 桥面铺装、防水及排水设施

桥面的常用构造层次有：铺装层、防水层（图 4-21）。

3.1.1 防水层

防水层设置在铺装层下，它可以防止雨水渗入主梁中引起钢筋的锈蚀。

常用的防水层有：卷材防水层、涂料防水层、水泥砂浆防水层等。

防水层施工前应保持桥面板平整、干燥、清洁。在桥面板上预先泼洒粘层沥青或涂刷冷底子油，使其与防水层紧密相连。

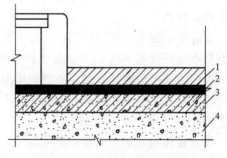

图 4-21 桥面铺装构造层次图
1—铺装层；2—防水层；3—钢筋混凝土桥面板；4—主梁

铺贴沥青卷材时，除预制梁拼缝两侧50～100mm范围内不粘贴外，均应用胶粘剂或防水涂料将卷材与基面密贴，并用滚筒碾平压实。应沿水流方向将上层卷材压住下层卷材，上下层的搭接缝应错开半幅，纵缝搭接长度应为80～100mm，横缝搭接不应少于100mm。接缝处应填充接缝材料。相邻两幅横缝错开的距离应大于每卷长度的1/3。

涂料防水层是以涂刷各种高分子聚合物防水涂料以形成防水层。防水涂料的配合比应按照设计规定或涂料说明书执行。配制时应搅拌均匀。防水涂料可用手工涂刷或喷涂，要求厚度应均匀一致。第一层涂料涂刷完毕，必须干燥结膜后方可涂刷下一层，一般涂刷2～3层。如涂料防水层中夹有各类纤维布时，应在涂刷一遍涂料后，逐条紧贴纤维布。要求使涂料吃透布料，不得起鼓、翘边、皱折。

为防止损伤防水层，宜在防水层上铺设保护层。保护层可采用沥青砂或单层沥青表面铺筑。

3.1.2 桥面铺装

常用的桥面铺装有水泥混凝土和沥青混凝土两类。水泥混凝土面层的耐久性好，但养护期长，维修较麻烦；沥青混凝土面层施工速度快，维修养护方便，但易老化、变形，在引桥纵坡较大处易出现推移、拥包等常见弊病。

（1）水泥混凝土桥面铺装

水泥混凝土铺装施工要经历备料、运料、安装模板、绑扎钢筋、摊铺、振捣、接缝施工、表面整修、养护等过程。施工中必须注意振捣要密实，接缝要平整，养护要及时、充分。

混凝土运至施工场地后，均匀卸成若干堆。铲运时采用"扣锹法"，禁止抛甩，以减少混凝土出现离析的可能。振捣时，先用插入式振捣器沿模板边角均匀插捣；然后用平板振捣器对中间部分混凝土振捣，直至混凝土不再下沉；最后用振动梁进行抄平、提浆。

接缝施工是水泥混凝土面层施工的关键，其施工质量极大影响整个铺装层的使用和耐久性。接缝中最多的是缩缝。缩缝通常采用切缝法施工。切缝时要注意时机，使缝口平整，并及时灌注填缝料。

浇筑完后应及时养护。常用养护方法有：覆盖草麻袋、草帘，薄膜覆盖，洒水等。

（2）沥青混凝土桥面铺装

沥青混凝土桥面铺装施工包括：混合料的制备、运输，摊铺，碾压，养护等步骤。施工中必须注意控制好混合料各阶段的温度、碾压的密实度、面层的平整度和抗滑性等关键技术和指标。

沥青面层宜采用高温稳定性好的中粒式热拌热铺沥青混凝土铺筑。沥青混凝土摊铺时应控制环境温度在10℃以上。混合料各阶段温度控制在规范允许范围内。

摊铺后要及时碾压。碾压不得采用大型振动压路机，以免破坏桥梁结构。压路机行驶速度要缓慢、均匀，在纵坡较大的地方不允许急转和刹车。碾压成形后，必须待沥青温度降至50℃以下方可开放交通。

沥青桥面铺装工程质量标准见表4-1。

3.1.3 桥面排水设施

桥面雨水通过横坡排入泄水管，然后由泄水管把水排出桥面。常用的泄水管有金属泄水管和钢筋混凝土泄水管。其构造如图4-22、图4-23。

沥青桥面铺装工程质量标准 表 4-1

检查项目	检查频度	允许偏差		检查方法
		高速公路、一级公路、城市快速路、主干路	其他公路与城市道路	
厚度	每100m² 1点	0~10mm		取芯
平整度(标准差)	连续测定	1.8mm	2.5mm	用3m平整度仪
平整度(最大间隙)	连续测定	3mm	3mm	用3m直尺
宽度	每100m 10点	0~5mm		用尺量
压实度	每100m² 1点	96%		取芯
横坡	每100m 10点	±0.3%		用水准仪
中线高程	每100m 10点	0~10mm		用水准仪

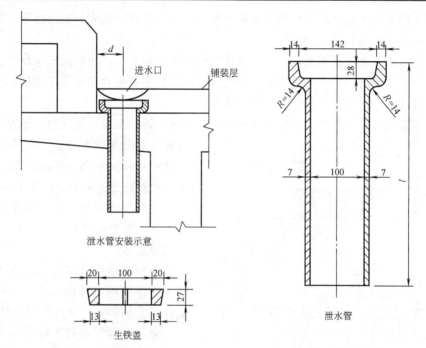

图 4-22 金属泄水管构造（单位：mm）

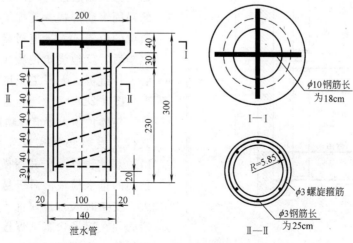

图 4-23 钢筋混凝土泄水管构造（单位：mm）

泄水管的安装，宜在浇筑主梁时预留孔洞，在做桥面铺装一起时埋入。施工时注意进水口四周和铺装层要做严实，泄水管壁和防水层衔接处要做好防水，防止雨水渗入结构层。

城市桥梁宜设置封闭式排水系统。

对于一些跨径不大的桥梁，或主梁上不宜留孔的桥梁，可以直接在行车道两侧的安全带或缘石上预留横向排水孔，用铁管将水排出桥面。管口伸出 20～30mm，以便滴水。

3.2 人行道、栏杆及护栏施工

3.2.1 人行道施工

桥面人行道是用路缘石或护栏及其他类似设施加以分隔，供人行走的部分。在实际使用中，桥面人行道的构造多种多样。

人行道按施工方法的不同，分为就地浇筑式、预制装配式、装配现浇混合式。就地浇筑式的人行道用于跨径较小的桥梁中，常把人行道与行车道板及梁整体连接在一起，做在梁体的悬挑部分。这种做法现在已经较少采用。

预制装配式人行道是将人行道做成预制块件，然后进行安装。按预制块件的形式分为整体式和分块式两种。预制装配式人行道具有构件标准化，拼装简单化等优点，被各种结构形式的桥梁广泛采用。

装配现浇混合式人行道是指部分构件预制，部分构件现浇，施工灵活方便，使用也较多。

下面以预制装配式人行道为主，介绍人行道的构造和施工方法。其他人行道施工方法类似，可以作为参考。

分块预制安装的人行道是将人行道横梁置于行车道的主梁上，一端悬臂挑出，另一端通过预埋的钢板与主梁预留的锚固钢筋焊接。支撑梁用以固定人行道梁的位置。人行道横梁及支撑梁安装完毕后，就地浇筑混凝土缘石，最后安装人行道板。人行道板铺装在人行道梁上（图4-24）。

整体预制人行道在顺桥向分块预制。人行道横梁必须座浆安装，砂浆采用M20稠水泥砂浆，并用横梁形成人行道顶面的排水横坡。对于悬臂挑出距离较大，安装时人行道块件不能自稳，座浆后必须在起吊状态下焊接预埋钢板和锚固钢筋，这样才能在以后松脱吊点。实

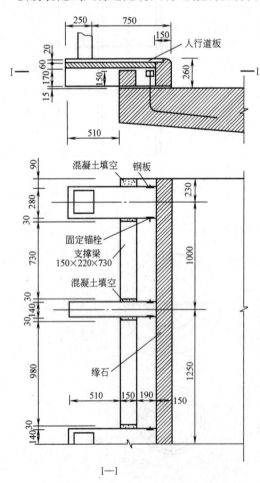

图 4-24 预制装配式人行道

际施工中，可以设个别块段作为现浇段，以便调整安装时的误差。为减少从缘石与桥面铺装中渗水，缘石宜采用现浇，使其与桥面铺装的底层混凝土结为整体（图4-25）。

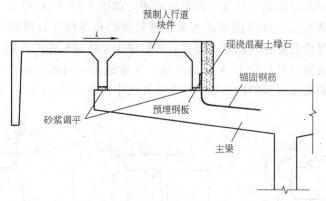

图4-25 整体预制人行道示意图

人行道板常采用预制拼装，也可现浇。在预制或现浇人行道板时，要注意预留出安装栏杆和灯柱的位置，埋设好预埋件。

人行道应在桥面断缝处设置伸缩装置。

3.2.2 栏杆与护栏施工

栏杆和护栏是设置于桥梁两边或中央分隔带的结构物，但两者在功能上有所区别。栏杆既防止行人和非机动车辆掉入桥下，又兼具装饰性，通常不具有防止失控车辆越出桥外的功能；护栏主要在于防止车辆突破护栏、冲出桥面。

（1）栏杆构造与施工

栏杆常用混凝土、钢筋混凝土、花岗岩、金属或金属与混凝土制作。由立柱、扶手、栏杆板（柱）等组成（图4-26）。

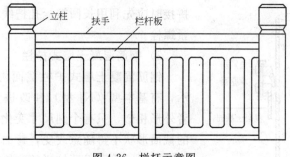

图4-26 栏杆示意图

栏杆块件预制或现浇时应严格控制混凝土质量，表面尽量光洁、平整，不允许出现影响美观的蜂窝、麻面现象。

栏杆块件必须在人行道板铺设完毕后方可安装。安装立柱时必须全桥对直、校平（弯桥、坡桥要求平顺），竖直后，用水泥砂浆填缝固定。

采用钢管作为栏杆或扶手时，钢管应在工厂内进行除锈处理，拼装焊接后应补涂防锈底漆，再统一涂刷面漆。

（2）护栏构造与施工

桥梁护栏常用的是波形梁护栏、钢筋混凝土墙式护栏、组合式护栏等。

1) 波形梁护栏

波形梁护栏由波形横梁、立柱、防阻块组成，如图 4-27（a）所示。波形梁由钢板或带钢经冷弯加工成型。立柱常用形式为薄壁管状断面和薄壁开口槽型断面，皆为型钢制造。防阻块是波形梁与立柱间的承力部件，可以减少立柱对车轮的拌阻，吸收车辆冲击能量。按防撞等级波形梁护栏分为 A 级和 S 级，A 级适用于高速公路和一级公路，S 级适用于特别危险、需要加强保护的路段。护栏立柱的中心距 A 级为 4m，S 级为 2m。

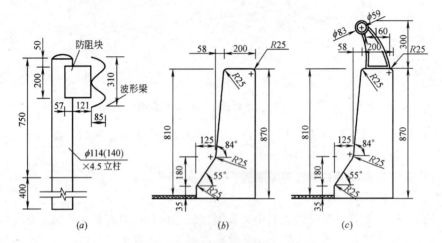

图 4-27 护栏构造图（单位：mm）
（a）波形梁护栏；（b）钢筋混凝土护栏；（c）组合式护栏

波形梁护栏可采用预留孔插入或地脚螺栓和桥面板连接。采用预留孔插入，立柱埋在混凝土中不小于 40cm。为了适应养护、更换，在条件允许的情况下，宜采用抽换式护栏立柱，如图 4-28。波形梁通过拼接螺栓相互拼接，并由连接螺栓固定于立柱或防阻块上。拼接时应先利用长圆螺栓孔把线形调整平顺后，再拧紧螺栓。

2) 钢筋混凝土墙式护栏

钢筋混凝土墙式护栏截面构造如图 4-27（b）所示，有基本型（NJ 型）和改进型（F 型）两种。两者外形相似，只有个别尺寸变化。使用中，护栏正面的截面形状不得随意改变，背面可根据实际情况采用合适形状。为了保证护栏的防撞性，钢筋保护层厚度不小于 50mm。

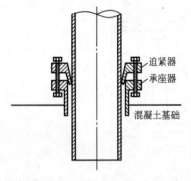

图 4-28 抽换式护栏立柱

钢筋混凝土墙式护栏施工可采用现浇法，也可采用预制件。实际使用中采用现浇方式为多，把钢筋伸入现浇桥面板，和桥面板连成整体。钢筋混凝土护栏每节长度在浇筑、吊装条件允许的情况下，应尽可能采用较长的尺寸。对于预制件一般为 2~6m，对于现浇护栏，纵向长度应按横向缩缝确定，采用 4~5m。

现浇护栏要保证模板位置准确和足够的刚度；混凝土浇筑要连续，每节护栏一次浇完，不得间断；钢筋混凝土护栏的振捣、养护要充分；护栏和桥面板的联结要牢固；预埋件位置要准确。

预制护栏构件安装前,应先精确放样定位,在桥面板上预留传力钢筋。安装过程中应使每块护栏构件的中线与桥梁中线相一致。吊装时不得损坏构件的边角。就位的同时,应座浆平稳、高程一致,和传力钢筋准确连接。

3) 组合式护栏

组合式护栏是钢筋混凝土墙式护栏和金属梁柱式护栏的组合形式。它兼具墙式护栏坚固和梁柱式护栏美观的优点,被广泛用于我国汽车专用公路桥梁上。

组合式桥梁护栏的构造如图 4-27 (g) 所示。钢筋混凝土护栏顶部预埋钢板和螺栓,用以连接混凝土护栏上的铸钢支承架,支承架按一定间距布置,中间穿有钢管。

组合式护栏的施工和钢筋混凝土墙式护栏相似。只是浇筑混凝土时注意在护栏顶部预埋钢板和螺栓的位置必须准确。钢管扶手在护栏伸缩缝处必须断开。外露钢构件必须经防腐处理(涂刷两道红丹)后再上面漆。

3.2.3 质量要求和容许偏差

安全带、缘石、人行道、栏杆必须牢固,线条直顺、整齐美观,各种缝隙应灌浆饱满、平整。

安全带、缘石、人行道边沿平面容许偏差(长桥 30m 通线检查)±5mm。

栏杆柱顶面高差±4mm。

栏杆平面容许偏差(每 5 根柱通线)±4mm。

栏杆扶手平面容许偏差±3mm。

相邻栏杆扶手高差±5mm。

安全带、缘石、人行道接头高差±2mm。

实 训 课 题

【实操训练】

对支座、伸缩缝施工进行质量控制与验收。

任务要求:

(1) 认识支座和伸缩缝的类型、技术性能和选择要求。

(2) 了解支座及伸缩缝的安装方法。

(3) 按照施工质量标准对支座、伸缩缝进行现场检查验收。

思考题与习题

1. 名词解释

(1) 板式橡胶支座

(2) 盆式橡胶支座

(3) 桥梁防水层

2. 思考题

(1) 简述桥梁支座的作用及分类。

（2）简述板式橡胶支座构造特点。
（3）简述板式橡胶支座及盆式支座的安装方法。
（4）板式橡胶伸缩缝如何施工？
（5）简述橡胶伸缩缝安装注意事项。
（6）简述改性沥青填空型伸缩缝的种类及施工过程。

单元 5　桥梁工程施工组织设计的编制

【知识点】

1. 桥梁施工组织设计是用来指导桥梁工程施工全过程中技术、经济和组织等活动的综合性文件。

2. 桥梁施工组织设计的内容一般有编制说明、编制依据、工程概况、施工总体部署、施工准备工作计划、主要工序施工方案、施工总体进度计划、各种资源需求量计划、施工平面布置图、质量、安全、技术、组织保证措施、文明施工和环保措施等。

【教学目标】

通过本单元学习应了解桥梁施工组织设计的编制原则和一般程序，重点掌握桥梁施工组织设计的编制方法和内容。

桥梁工程中标后，在开工之前，施工单位必须编制施工组织设计。施工组织设计应根据合同工期及有关的规定进行编制，并且要广泛征求各协作施工单位的意见，以求更加合理和切合实际。

对结构复杂、施工难度大以及采用新技术、新工艺的项目，要进行专门研究，必要时应组织专门会议，邀请有经验的专业工程技术人员和技术工人参加，集中群体的智慧，制定出科学合理的施工方案和各种措施。

编制桥梁施工组织设计，不仅仅是技术部门的事，还要充分发挥各职能部门的优势和作用，应吸收人事、劳资、材料、财务、机械、安全、保卫等部门参与编制和审定，以充分利用施工企业内部的技术优势和管理优势，统筹安排，扬长避短。同时也使各职能部门在贯彻实施施工组织设计过程中做到心中有数。

当比较完整的施工组织设计方案提出之后，要组织参加编制的人员及单位进行讨论，逐项逐条地研究、修改和定稿，最终形成正式文件，报主管部门审批。

课题 1　编制桥梁工程施工组织设计的原则和一般程序

1.1　编制桥梁施工组织设计的原则

（1）必须严格执行基本建设的程序。

（2）应科学地安排施工顺序。要重点突出控制工期的工程项目，做到保证重点，统筹安排。

（3）尽可能采用流水施工方法和网络计划技术，制定出最合理的施工组织方案，以进行有节奏、均衡、连续的施工。

（4）落实季节性施工的措施，科学合理地安排冬雨季施工项目，确保能连续施工。

(5) 在条件允许的前提下,尽量采用新技术、新工艺、新材料和新设备。

(6) 提出确保工程质量的技术措施和安全措施,当采用新技术、新工艺时更应高度重视。

(7) 在满足施工需要的前提下,尽量减小临时设施的规模,合理储备物资,减少物资运输量;合理布置施工平面图,减少用地,以节约各项费用,降低工程成本,提高经济效益。

(8) 遵循国家环境保护的有关法规,制定必要的措施,做到文明施工,减少或降低施工中对环境的污染。

1.2 编制桥梁施工组织设计的一般程序

编制桥梁施工组织设计时,除应采用正确合理的编制方法外,还要按照施工的客观规律,采用科学的编制程序,协调处理好各种影响因素的关系,同时必须注意有关信息的反馈。编制桥梁施工组织设计的一般程序为:

(1) 研究分析合同文件和设计文件,进行必要的调查研究。
(2) 计算工程数量。
(3) 选择施工方案,确定施工方法。
(4) 编制施工进度计划。
(5) 计算人工、材料和机具设备等资源的需要量,并制定供应计划。
(6) 确定临时工程、供水、供电和供热计划。
(7) 工地运输组织。

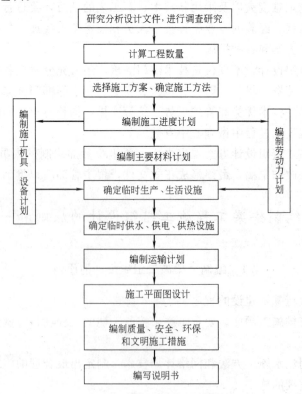

图 5-1 桥梁施工组织设计的编制程序

(8) 施工平面图布置。
(9) 确定施工组织管理机构。
(10) 编制技术措施计划。
(11) 编制质量、安全、环保和文明施工措施计划。
(12) 计算主要技术经济指标。
(13) 编写说明书。

图 5-1 为编制程序的相互关系。

课题 2　桥梁工程施工组织设计的编制

2.1　桥梁工程施工组织设计编制前的准备工作

在编制总体施工组织设计前，要进行一些准备工作，主要是进行施工合同文件和设计文件的研究和现场环境条件的调查，以便为编制施工组织设计提供必要的资料。

2.1.1　合同文件和设计文件的研究

通过对合同文件和设计文件的研究，要明确合同文件中规定的承包方（施工企业）的权利、义务和责任，以及工程的规模、性质和其他内容。

(1) 工程地点和工程名称

明确承包的工程项目，并为调整材料价差及计算施工单位调迁费等提供依据，同时也为施工组织设计提供工程概况的依据。

(2) 承包范围

明确该项内容的目的在于对所承包的桥梁工程项目有一个总的了解，主要应了解各单位工程的名称、工程结构形式、工程量大小、施工内容、开竣工日期和工期等内容。

(3) 开工前准备工作的分工

明确施工单位在开工前的准备工作内容和任务，例如：施工场地的平整，施工区内的用水、用电，便桥便道及其他临时设施的施工；提供总体施工组织设计所需的资料，从而有利于在总体规划中安排好材料的采购和储备，合理安排施工力量，以及准备施工机械设备等。

(4) 设计图纸

主要是明确发包方（业主）向承包方（施工单位）交付设计图纸的日期和份数、设计变更通知办法、有关设计施工合理化建议的批准手续等，通过明确这些内容，有利于在施工组织设计的编制中，采用合理的施工方案，严格按照施工图及设计说明书的要求组织施工，确保工程质量，按合同如期完工和交付使用。

(5) 物资供应分工

通过对合同文件的分析，明确各类材料、机械设备和配件供应的分工及供应办法，以便在施工组织设计的编制中，制定主要建筑材料、构件、非标准设备、施工机具的需要量计划和节约措施。

施工合同文件的内容还有：工程质量监理和监督、交工验收、奖惩条款、工程保险、计量支付和施工结算，以及其他条款等。合同文件的内容是编制施工组织设计的基本依据之一，对其进行充分研究，有利于全面、准确、合理地编制总体施工组织设计。

2.1.2 现场环境条件的调查

做好现场环境和各项技术经济条件的调查工作，有利于一切从实际出发，根据客观实际条件来编制总体施工组织设计。

2.2 桥梁施工组织设计的编制内容

2.2.1 编制说明和编制依据

（1）编制说明

总体施工组织设计的编制说明，亦可称为前言，是对所编制的施工组织设计的一个简略、概要的说明，其作用是使审批者和使用者能在很短的时间内迅速了解该施工组织设计的概貌。

（2）编制依据

编制依据是指在编制施工组织设计时，遵循、引用和参照了哪些文件、资料、技术规范，要一一列出。桥梁施工组织设计的编制依据一般包括以下内容：

1）与业主签订的施工合同文件；

2）工程招标文件；

3）工程投标书；

4）工程的设计文件和设计图纸；

5）国家和行业的有关标准、规范和规程，如《市政工程施工技术规范》、《市政工程质量检验评定标准》及有关的设计规范和试验规程等。

2.2.2 工程概况

桥梁施工组织设计中的工程概况介绍，是对整个工程项目的一个总说明。具体而言，要对桥梁建设项目的工程规模、结构形式、施工的条件和特点等作一个简明的、重点突出的文字介绍，一般还要附上桥位布置图和上下部主要工程的构造图等，同时要列出主要工程量一览表。通常有以下内容：

（1）工程项目的主要情况

主要包括：工程性质、工程位置、建设意义、工程规模、结构形式、技术标准、总工期、总投资额和总标价、主要工程数量和工程结构简图等。

（2）施工条件

包括工程施工的自然条件、施工现场条件和技术经济条件，主要有：地形地貌、水文、工程地质和水文地质情况、气象；施工现场的动迁、地区的施工能力、资源供应情况、交通运输和水电等条件。

（3）工程施工的特点分析

由于不同类型的结构、不同环境和条件下的桥梁工程施工，均有其不同的施工特点，因此需要对其特点进行必要的分析，以便在选择施工方案、组织物资供应和技术力量配备等方面采取相应的措施。

（4）工程项目划分

根据工程的实际情况，将整体工程项目划分为单位工程、分部工程和分项工程。其作用是有利于确定施工顺序、做好施工任务划分和组织安排、编制各类计划以及为施工过程中的质量检验和交工验收时的质量评定打好基础。

2.2.3 施工总体部署

施工总体部署是对整体桥梁工程项目施工的全局所做的统筹规划和全面安排，其目的是要解决影响全部施工活动的重大战略问题。施工总体部署的内容主要有：建立施工管理机构、划分施工任务及组织安排；确定施工顺序等。但由于不同的桥梁工程在性质、规模和客观条件上存在差异，其施工总体部署的内容和侧重点也可能会有所不同。

(1) 施工管理机构和施工任务划分

施工管理机构是为组织、计划、协调和控制全部施工活动而设立的指挥决策机关，具体形式为项目经理部。在进行施工的总体部署时，建立一个精干、高效的施工管理机构对于全面实现施工的预期目标是非常重要的。

施工管理机构即要有明确的目的性、应能保证决策指挥的统一、要创造人尽其才的环境以及有利于全过程和全局的控制。

建立施工管理机构要根据施工现场的客观需要来设计组织结构，其基本形式一般以直线职能制为宜。为了进行项目的各项管理和技术工作，在项目经理之下应设置一定的职能部门，分别处理有关的职能事务，向项目经理提供信息和有关决策的参考意见。至于应设置哪些部门，要根据桥梁工程项目的规模大小及其复杂程度来决定，一般情况下，应设置工程、技术、质检、材料、机械、安全、人事、财务等基本职能部门。视环境及其他条件，还应当有管理职工生活的服务机构，管理合同变更、签证、索赔和处理合同纠纷的合同事务管理部门，以及负责思想政治工作的部门。施工劳务管理层次及其生产队组的设置，要坚持精兵强将上一线的原则，确定综合性和专业化队伍的施工组织。

在确立项目施工管理体制和建立施工管理机构的条件下，要划分各参与施工单位的工作任务及施工阶段；明确总包与分包、各施工单位之间分工与协作的关系，确定各单位的主要工程项目和次要工程项目。

(2) 施工顺序

根据桥梁工程的施工特点，要在总体上确定施工的顺序，分清主次，统筹安排各类工程项目施工，保证重点，兼顾其他，以确保工期，并实现施工的连续性和均衡性。按照各单位工程和分部分项工程的重要程度不同，应优先安排那些工程量大、结构复杂、施工难度大和工期长的主体工程项目，以及供施工使用的大型临时设施。对工程量小、施工难度不大的一些辅助工程，则可考虑与主体工程相配合，作为平衡施工的项目穿插在主体工程的施工过程中进行。

桥梁工程应按照先地下后地上的顺序进行施工，应能使工期最短，同时必须考虑施工工艺、施工质量和安全生产的要求，以及水文、地质和气候对施工的影响。如下部工程最好避开雨季汛期，安排在枯水期进行施工，悬臂浇筑的主梁施工到最大悬臂时应尽量避开台风季节等等。施工顺序还应与所采用的施工方法和施工机具相协调。

2.2.4 施工准备工作计划

单位工程的施工方案确定后，应拟定施工前的各项准备工作内容，以使施工能按预定的方案和进度顺利开展。而为了落实各项施工准备工作，加强对其检查和监督，必须根据施工准备工作的内容、时间和人员等情况，编制施工准备工作计划。

施工准备工作计划的表格形式如表5-1所示。

施工准备工作计划 表 5-1

序号	施工准备项目	简要内容	负责单位	负责人	起止时间		备 注
					月·日	月·日	

2.2.5 主要工序的施工方案

主要工序的施工方案是桥梁工程施工组织设计的核心部分。选择什么样的施工方案是决定工程全局成败的关键，它的合理与否将直接影响工程的施工效率、质量、工期和技术经济效果。施工方案一经确定，则工程的进度安排、工料机需要量、工程质量控制、施工安全措施、工程成本控制和现场规划布置等都将随之而定。因此对于如何正确选择施工方案必须引起足够重视。

选择和制订施工方案的基本要求为：符合现场实际情况，切实可行；技术先进、能确保工程质量和施工安全；工期能满足合同要求；经济合理，施工费用和工料消耗低。

施工方案主要包括施工方法的确定、施工机具选择、确定施工顺序等方面的内容。

(1) 施工方法的确定

施工方法是施工方案中的关键问题，它直接影响施工进度、质量、安全和工程成本。对于同一项工程，有多种施工作业方法可供选择，施工方法合理与否对工程的顺利实施具有决定性作用。因此，施工方法应根据工程特点、工期要求、施工条件、资源供应情况以及施工单位拥有的施工经验和设备等因素经综合考虑后来进行选择。

确定施工方法应注意突出重点，对于下列情况：

1) 工程量大，在单位工程中占重要地位的分部或分项工程项目；
2) 施工技术复杂；
3) 采用新技术、新工艺及对工程质量起关键作用的项目；
4) 不熟悉的特殊结构或工人在操作上不够熟练的工序。

在确定施工方法时，应详细而具体，不仅要拟订出操作过程和方法，还应提出质量要求和技术措施。必要时应单独编制施工作业设计。

对常规施工方法和工人熟练的项目，则不必详述，提出应注意的特殊问题即可。

(2) 施工机械选择

施工机械的选择一般来说是以满足施工方法的需要为基本依据。但在现代化施工的条件下，施工方法的确定往往取决于施工机械，特别在一些关键的工程部位更是如此，即施工机械的选择有时将成为主要问题。因此，应将施工机械的选择与施工方法的确定进行综合考虑。

选择施工机械时应注意以下几点：

1) 应根据工程特点来选择适宜的主导工程的施工机械。
2) 所选择的机械必须满足施工的需要，但要避免大机小用。
3) 选择辅助机械时，要考虑其与主导机械的合理组合，互相配套，充分发挥主导机械的效率。
4) 考虑通用性，尽可能选择标准机械。

5）应考虑充分发挥施工单位现有机械的能力，当本单位的机械能力不能满足工程需要时，方考虑租赁或购置所需新型机械或多用途机械。

（3）施工方案的技术经济评价

任何一项工程，都有几种可行的施工方案，对施工方案进行技术经济评价，其目的是通过比较，从中选出一个工期短、能保证质量、节省材料、劳动力安排合理、能降低工程成本的最优方案。

施工方案的技术经济评价一般有定性分析评价和定量分析评价两种方法。

1）定性分析评价法

此法是结合施工实际经验，对若干施工方案的优缺点进行分析比较，如技术上是否可行、施工复杂程度和安全可靠性如何、劳动力和机械设备能否满足需要、是否能充分发挥现有机械的作用、保证质量的措施是否完善可靠、对冬雨季施工带来多大困难等。

2）定量分析评价法

此法是通过计算各方案的几个主要技术经济指标，进行综合比较分析后从中选择技术经济指标较佳的方案。

2.2.6 施工总体进度计划

施工总体进度计划是在既定施工方案的基础上，根据规定工期和各种资源供应条件，按照施工过程的合理施工顺序及组织施工的原则，从施工准备工作开始直到工程竣工为止的全部施工过程，利用横道图、垂直图或网络图等形式来确定其全部施工过程在时间和空间上的安排、相互间配合关系以及各工序之间的衔接关系。

施工总体进度计划的主要作用是：统筹全局，指导单位工程中的全部施工生产活动，控制工程的施工进度；为编制季度、月度生产作业计划，确定劳动力和各种资源需要量计划等提供依据。

（1）编制依据

工程施工总体进度计划在编制时主要依据以下资料：

1）经过审批的全部工程施工图纸和采用的标准图，以及水文、地质、气象和其他技术经济资料。

2）总体施工组织设计对本单位工程的有关要求。

3）施工工期要求及开、竣工日期。

4）确定的分部分项工程的施工方案，包括施工顺序、施工方法、施工段划分、质量及安全措施等。

5）施工条件，劳动力、材料、机械的供应条件及分包单位的情况等。

6）劳动定额及机械台班定额。

7）其他有关要求和资料。

（2）编制的内容、步骤和程序

1）编制内容和步骤

a. 对施工图纸、有关技术经济资料及施工条件进行研究；

b. 划分施工项目，计算工程量；

c. 确定劳动量和机械台班数量；

d. 计算各施工过程的实际工作量；

e. 确定各施工项目的施工天数或生产周期；
f. 设计并绘制施工进度图的初始方案；
g. 检查、调整和优化施工进度计划；
h. 正式绘制施工进度图。

2）编制程序（图 5-2）

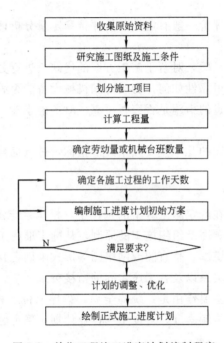

图 5-2 单位工程施工进度计划编制程序

（3）资源需要量计划

1）劳动力需要量计划

劳动力需要量计划，是平衡、调配劳动力和衡量劳动力耗用指标、规划布置生活福利设施的主要依据。其编制方法是将施工进度计划表内所列各施工项目每天（或旬、月）所需工人人数按工种进行汇总，并按表 5-2 的格式来表示。

劳动力需要量计划　　　　　　　　　　表 5-2

序号	工种名称	总人数	需要时间						备注
			×月			×月			
			上旬	中旬	下旬	上旬	中旬	下旬	

2）材料需要量计划

材料需要量计划，是备料、供料和确定仓库、堆场面积及组织运输的依据。其编制方法是将施工进度计划表中各施工项目的工程量，按材料的名称、品种规格、数量及使用时间计算汇总，并按表 5-3 的格式来进行表示。

主要材料需要量计划   表5-3

序号	材料名称	规 格	需 要 量		供应时间	备注
			单 位	数 量		

3) 施工机械设备需要量计划

施工机械设备需要量计划，主要用于确定施工所需的机械设备类型、数量和进退场时间。其编制方法是将单位工程施工进度计划表中的每一个施工项目，每月（或旬）需要的机械设备类型、数量及使用起止时间进行汇总，并按表5-4的格式进行表示。

施工机械设备需要量计划   表5-4

序号	机械名称	类型、型号	需 要 量		货 源	使用起止时间	备注
			单 位	数 量			

2.2.7 施工平面布置图

施工平面布置图是针对施工现场来规划和布置的，它是施工组织设计中不可缺少的重要内容，也是实现施工现场有组织有计划进行文明施工的先决条件。

工程施工平面布置图的绘制比例一般为1：500～1：2000。

（1）施工平面布置图绘制的依据

施工平面图绘制前，应对施工现场的情况进行认真细致地勘察调查，取得第一手资料，使施工平面布置图的规划布置能符合现场的实际情况，有利于施工的顺利进行。除此以外，施工平面布置图还需依据以下资料来进行设计：

1) 工程平面图和施工总平面图。

2) 桥位所在地区自然条件和技术经济条件的调查资料，包括设计文件中已有的相关资料。

3) 桥梁结构施工图设计资料。

4) 已确定的单位工程施工方案和施工进度计划。

5) 各种材料、半成品的供应计划和运输方式。

6) 临时设施的规划成果。

7) 机械设备的类型和数量。

（2）施工平面布置图绘制的原则

1) 在保证施工顺利进行的前提下，现场布置尽量紧凑，减少用地。

2) 合理布置施工现场的运输道路，减少材料的二次搬运和场内的搬运距离。

3) 混凝土搅拌站、构件预制场等的布置，应以生产工艺流程为依据，并有利于生产的连续性。

4) 各种场地应与确定的施工方法、施工进度和机械设备相适应。

5) 施工管理机构的位置应便于指挥生产，生产生活设施应满足工人在施工操作和生活上便利的需要。

6）符合环保、安全和防火的要求。

根据上述原则，并结合施工现场的实际情况，对现场布置可能有的多种方案进行综合比选，最终确定出最经济、最安全和最合理的方案。比选可根据临时用地面积、施工场地利用率、场内运输道路总长度、各种临时管线总长度、临时房屋的面积、是否符合国家规定的技术安全和环保要求等技术经济指标进行。

（3）施工平面布置图绘制的内容和步骤

1）施工平面布置图绘制的内容

a. 单位工程施工用地范围内的地形地物，包括一切地上地下已有的房屋、构筑物和其他设施，以及拟建桥梁单位工程的平面位置和尺寸。

b. 测量放线的标桩位置及性质。

c. 场内临时便道、便桥、航道码头等设施的位置和尺寸。

d. 施工管理机构、生产和生活临时设施的位置和尺寸。

e. 临时供水、供电、供热设施的位置尺寸及管线分布图。

f. 混凝土搅拌站、构件预制场、材料堆场、机械设备停放场和维修车间、各种加工厂、仓库的位置和尺寸。

g. 所有安全、消防设施的位置。

对于重要的分部分项工程，如在单位工程施工平面图中不易表达清楚的，还应绘制局部的施工平面布置详图，以真正有效地指导施工。

2）施工平面布置图绘制的步骤

a. 收集、分析研究原始资料。

b. 确定平面运输和垂直运输的方式，以及起重吊装等机械设备的布置。因这些设备的位置，对于混凝土搅拌站、料场、构件预制场、仓库等的位置以及水电管线和道路的布置有直接影响。

c. 确定混凝土搅拌站、材料堆场、仓库、构件预制场和加工厂的位置。

d. 布置现场的运输道路。

e. 布置各种临时设施，包括生产设施和生活设施。

f. 布置水、电、热管网。

2.2.8 工程管理和保证措施

（1）质量管理和质量保证措施

施工企业的质量管理和质量控制，应根据全面质量管理的基本观点和方法，建立起自身的质量体系，以对工程项目施工的全过程进行质量管理和质量控制。

1）质量目标

工程项目施工应达到的质量目标主要有：

a. 工程项目领导班子应坚持全员、全过程质量管理，保持并实现工程项目达到规定的要求。

b. 应使企业领导和上级主管部门相信工程施工正在实现并能保持所期望的质量，开展内部质量审核和质量保证活动。

c. 开展一系列有系统、有组织的活动，提供正式文件，使建设单位、政府质量监督部门和工程监理单位确信该工程项目能达到预期的目标。

2）建立质量保证体系

质量保证体系是为实施质量管理的组织机构，具有保证质量、工期、服务的人力和物力，明确有关部门的职责和权力，以及完成任务的程序和活动。质量保证体系是一个组织落实、职责明确、有物资保障、有具体工作内容的有机整体。工程项目为了实施质量管理，实现其质量目标，必须建立健全质量保证体系。

3）质量保证体系要素

质量保证体系要素是构成质量保证体系的基本单元，它是产生和形成工程产品的主要因素。桥梁工程项目施工管理过程一般由17个要素构成，如图5-3所示。

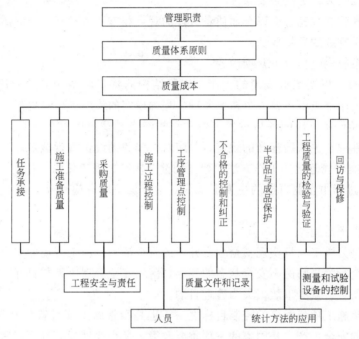

图 5-3　质量体系要素构成

4）质量控制措施

施工质量控制措施可分为事前控制、过程控制和事后控制三个阶段（亦分别称为初步控制、生产控制、合格控制）：

a. 事前质量控制是指在正式施工前进行的质量控制，其控制重点是做好施工准备工作，且施工准备工作要贯穿于施工全过程中。

b. 过程质量控制是指在施工过程中进行的质量控制，其策略是：全面控制施工过程，重点控制工序质量。具体措施有：

（a）工序交接检查；

（b）隐蔽工程验收；

（c）质量预控对策；

（d）计量器具校正复校；

（e）技术措施交底；

（f）图纸会审记录；

(g) 质量事故处理复查；

(h) 材料试验及配比试验；

c. 事后质量控制是指在完成施工过程形成产品后的质量控制。其具体工作内容有：准备竣工验收资料，组织自检和初步验收；按规定的质量评定标准和办法，对完成的分项、分部工程和单位工程进行质量评定；组织竣工验收。

5) 建立企业自检系统

施工单位作为工程产品的直接生产者，要依照合同计划完成工程建设的费用、进度和质量要求，在工程建设的质量保证体系中占有重要地位。因此，实行工程质量的企业自检是实现工程建设三大目标的必要条件。

自检系统的建立和完善应以全面质量管理的观点和方法为基础，建立质量体系，加强质量控制，提供有效的质量保证。

建立自检系统应包括以下几项内容：

a. 配备人员。根据工程规模的大小、工程结构的特点配备相应的称职的质检人员，施工的每一道工序都应由质检人员按照监理工程师规定的程序提供自检报告和试验报表。

b. 配备试验设备。应配备与工程规模和结构特点相适应的试验设备，其类型、规格应符合合同文件中有关试验标准的规定，并应对一些关键设备进行核定。

c. 采用标准、规范化的工作方法，建立和健全标准、规范化的工作制度。

d. 在施工过程中企业自检的主要形式为：生产班组的自检、互检，工序交接检查及专项检查等。

(2) 安全管理措施

安全管理是为施工项目实现安全生产开展的管理活动。施工现场的安全管理，重点是进行人的不安全行为与物的不安全状态的控制，落实安全管理决策与目标，以消除一切事故、避免事故伤害、减少事故损失为管理目的。

安全生产是施工项目重要的控制目标之一，也是衡量施工项目管理水平的重要标志。搞好施工项目的安全生产，是国家的一项重要政策，是企业管理的首要职责，也是调动员工积极性的必要条件。没有安全的保障，就没有员工的高度积极性，也就没有施工生产的高效率。因此，施工项目必须把实现安全生产当作组织施工活动时的重要任务。同时，安全技术措施和安全制度也是编制施工组织设计时一项必不可少的重要内容。

1) 施工安全管理的范围

预防和杜绝工伤事故，保证施工生产的安全；防预和消灭职业病；保护施工手段和施工对象即施工设施、设备和结构物的安全。

2) 安全管理的原则

a. 预防为主，综合考虑

要搞好安全管理，应坚持预防为主的原则，防患于未然，着眼于事先控制。从施工开始，就要将人、财、物综合加以考虑，要有专门机构和人员负责抓安全工作，要相应地安排安全设备和必要的安全设施。

b. 安全管理应贯穿于施工全过程

施工安全问题要贯穿于整个施工全过程，事先要做充分的调查研究，针对现场实际情况，对施工中可能遇到的安全问题和不安全因素加以认真分析，制定施工方案，采取对策措施。

  c. 全员管理，安全第一

  在安全管理中，要树立安全第一的思想，"生产必须安全，安全为了生产"。必须全企业、全体人员在全过程各阶段自觉地共同努力，保证安全施工。

  d. 管生产者必须同时管安全

  安全寓于生产之中，并对生产起促进与保证作用。管生产同时管安全，不仅要对各级领导人员明确安全管理责任，同时也向一切与生产有关的机构和人员明确业务范围内的安全管理责任。

  3）安全管理措施

  a. 建立安全保证体系

  施工项目应设立安全管理机构，工地设立专职安全员，班组设兼职安全员，从而形成一个健全的安全保证体系。

  安全管理机构主要负责贯彻执行国家有关安全施工的方针政策、法令、规章制度和上级有关规定，协助领导在"安全第一、预防为主"的方针指导下组织和推动施工中的安全工作。

  工地专职安全员的职责是认真贯彻执行上级有关安全施工的规定，推动和组织施工中的安全工作，在业务上接受上一级安全管理部门的领导。

  班组兼职安全员协助班组长组织安全活动，进行现场安全检查，模范遵章守纪，对违章作业者进行批评教育，组织学习安全规程、制度及上级颁发的有关文件，指导班组人员正确使用个人防护用品等。

  b. 落实安全责任，实施责任管理

  根据"全员管理、安全第一"的原则，建立各级人员安全生产责任制，明确规定各级领导、职能部门、工程技术人员和生产工人在施工生产中的安全责任。

  c. 强化安全教育与训练

  进行安全教育与训练，能增强人的安全生产意识，提高安全生产知识，有效防止人的不安全行为，减少人的失误。安全教育包括知识、技能、意识三个阶段的教育，教育的主要内容有：进行安全思想教育，学习国家劳动保护法规、安全施工管理条例等；进行安全技术、工业卫生的科学知识教育，进行典型经验和事故教训的教育；进行法制教育等。通过教育和训练，不仅要使操作者掌握安全生产知识，而且能正确认真地在作业过程中表现出安全的行为。

  d. 安全检查

  安全检查是发现不安全行为和不安全状态的重要途径，是消除事故隐患，落实整改措施，防止事故伤害，改善劳动条件的重要方法和措施。

  安全检查的形式有普遍检查、专业检查和季节性检查等。

  e. 作业标准化

  在操作者的不安全行为中，不知正确的操作方法，为了干得快而省略必要的操作步骤，以及坚持自己的操作习惯等原因所占比重很大。因此，按科学的作业标准规范人的行为，有利于控制人的不安全行为，减少人的失误。

  f. 施工设计应考虑安全技术的因素，并对操作者进行交底

各分部、分项工程在施工进行之前,根据工作的具体情况和结构特点所做的施工设计、操作方案等,应充分考虑安全因素,方案应有必要的安全防护措施,以保证施工过程中的人身、设施设备和结构物的安全。为使操作人员充分理解方案的全部内容,减少实际操作中的失误,避免操作时的事故伤害,要将方案的设计思想、内容和要求等,向作业人员进行充分交底。

g. 优化安全技术组织措施

包括以改善施工劳动条件、防止伤亡事故等为目的的一切技术措施:

(a) 开展以机械化、自动化为中心的技术革新,积极改进施工工艺和操作方法,改善劳动环境条件,减轻劳动强度,消除危险因素,保证安全生产。

(b) 机械设备应有安全装置。

(c) 设置安全设施,如在施工现场设置安全围栏、防火设施,坚持使用高空作业的安全网、安全带、安全帽措施等。

h. 建立健全各种切实可行的规章制度

施工安全制度主要有:安全生产责任制度、安全生产教育制度、安全检查制度、安全技术措施制度、安全交底制度、事故分析和处理制度等。

(3) 文明施工和环境保护措施

1) 文明施工

文明施工是指在施工现场管理中,要按现代化施工的客观要求,使施工现场保持良好的施工环境和施工秩序。

文明施工的措施主要有:

a. 组织管理措施

(a) 建立健全管理组织机构。施工现场应成立以项目负责人为组长,生产、技术、质量、安全、消防、保卫、材料、行政卫生等管理人员为成员的文明施工管理组织。

(b) 健全管理制度,包括:个人岗位责任制、经济责任制、检查制度、奖惩制度、会议制度和各项专业管理制度等。

(c) 健全管理资料。

(d) 开展竞赛。

(e) 加强教育培训工作。

(f) 积极推广应用新技术、新工艺、新设备和现代化管理方法,提高机械化作业程度。

b. 现场管理措施

(a) 合理布置。是指将全工地施工期间所需要的物资在空间上合理布置,实现人与物、人与场所、物与场所、物与物之间的最佳结合,使施工现场秩序化、标准化、规范化,体现文明施工水平。它是现场管理的一项重要内容,是实现文明施工的一项重要措施,是谋求改善施工现场环境的一种科学的管理办法。

(b) 目视管理。目视管理就是用眼睛看的管理,亦可称之为"看得见的管理"。它是利用形象直观、色彩适宜的各种视觉感知信息来组织现场施工生产活动,达到提高劳动生产率,保证工程质量,降低工程成本的目的。目视管理是一种简便适用、透明度高、便于员工自主管理、自我控制、科学组织生产的一种有效的管理方式。这种管理方式可以贯穿

施工现场管理的各个领域之中,具有其他方式不可替代的作用。其主要内容与形式如下:

a) 施工现场各项管理制度、操作规程、工作标准、施工现场管理实施细则布告等应用看板、挂板或写后张贴在墙上公布,展示清楚。

b) 在布置过程中,以清晰的、标准化的视觉显示信息落实定置设计,实现合理布置。

c) 施工现场的管理岗位责任人采用标牌显示,以更好地落实岗位责任制,激发岗位人员的责任心,并有利于群众监督。

d) 在施工现场合理利用各种色彩、安全色、安全标志等,并实行标准化管理,有利于生产和员工的安全。

e) 将施工现场管理的各项检查结果张榜公布。

2) 施工现场环境保护

环境保护是我国的一项基本国策。施工现场的环境保护,是指按照国家、地方法规和行业、企业要求,采取措施控制施工现场的各种粉尘、废水、废气、固体废弃物以及噪声、振动等对环境的污染和危害。

保护和改善施工环境是保证人们身体健康、消除外部干扰保证施工顺利进行的需要,也是现代化大生产的客观要求。

环境保护的措施一般有以下几条:

a. 实行环保目标责任制。

b. 加强检查和监控工作。

c. 对要保护和改善的施工现场环境,进行综合治理。

d. 要有技术措施,严格执行国家的法律、法规。

e. 制定有效措施防止大气污染、水源污染和噪声污染。

实 训 课 题

【实操训练】

参观某桥梁工程施工现场,根据该桥梁工程的特点编制一份施工组织设计。

任务要求:

(1) 了解编制桥梁施工组织设计的一般要求和基础资料。

(2) 掌握施工组织设计编制内容。

思考题与习题

1. 简述编制桥梁施工组织设计一般程序。
2. 简述桥梁施工组织设计编制前的准备工作。
3. 在确定施工方法时,哪些内容应详细而具体?
4. 施工平面布置图绘制的内容有哪些?

主要参考文献

1. 交通部第一公路工程总公司. 桥涵. 北京：人民交通出版社，2002
2. 王常才. 桥涵施工技术. 北京：人民交通出版社，2003
3. 天津市市政工程局. 道路桥梁工程施工手册. 北京：中国建筑工业出版社，2004
4. 王穗平. 桥梁构造与施工. 北京：人民交通出版社，2002
5. 高杰. 桥梁工程. 北京：科学出版社，2004
6. 王晓谋. 基础工程. 北京：人民交通出版社，2003
7. 田克平，张志新，张铁成. 桥梁施工组织设计与实例. 北京：人民交通出版社，2004
8. 庄军生. 桥梁支座. 北京：中国铁道出版社，2000
9. 张明君. 城市桥梁工程. 北京：中国建筑工业出版社，1998
10. 孙明强. 桥梁工程施工与管理. 北京：中国建筑工业出版社，2003
11. 邵旭东. 桥梁工程. 武汉：武汉理工大学出版社，2002
12. 游浩，瞿义勇. 市政工程设计施工系列图集. 北京：中国建材工业出版社，2003